国际经济与贸易专业系列教材

国际经济合作

第六版

International Economic Cooperation

施锦芳 主编

东北财经大学出版社
Dongbei University of Finance & Economics Press
大连

图书在版编目（CIP）数据

国际经济合作 / 施锦芳主编．—6版．—大连：东北财经大学出版社，2024.2

（国际经济与贸易专业系列教材）

ISBN 978-7-5654-5142-3

Ⅰ.国…　Ⅱ.施…　Ⅲ.国际合作-经济合作-高等学校-教材　Ⅳ.F114.4

中国国家版本馆CIP数据核字（2024）第008563号

东北财经大学出版社出版

（大连市黑石礁尖山街217号　邮政编码　116025）

网　　址：http://www.dufep.cn

读者信箱：dufep@dufe.edu.cn

大连雪莲彩印有限公司印刷　　东北财经大学出版社发行

幅面尺寸：170mm×240mm　字数：392千字　印张：19　插页：1

2024年2月第6版　　2024年2月第1次印刷

责任编辑：李　彬　龚小晖　　责任校对：一　心

封面设计：原　皓　　版式设计：原　皓

定价：45.00元

教学支持　售后服务　　联系电话：（0411）84710309

如有印装质量问题，请联系营销部：（0411）84710711

国际经济与贸易专业系列教材编委会

总序

国际经贸活动是在原始社会末期和奴隶社会初期随着阶级和国家的出现而产生的，直至资本主义生产方式确立后才获得了广泛的发展，才真正具有了世界性。对国际经贸活动的系统研究始于15世纪的重商主义学派，至今已形成涉及领域广泛、结构完整的学科知识体系。

与一国国内经济不同，国际经贸活动要涉及两个或两个以上国家（或地区）的当事人，而全球范围内又不存在一个超国家的权力机构对这些活动进行规范和管理，因此，国际经贸活动的习惯做法及各种规则往往是先发国家国内做法和规则的延伸，由此决定了先发国家和后发国家在国际经贸人才培养方面的差异：先发国家由于国内外经贸活动的做法和规则差异不大，因此很少专门设立国际经贸类专业，而是将其内容分散在相关专业的课程中进行介绍；后发国家由于国内外经贸活动的做法和规则差异很大，因此往往专门设立国际经贸类专业。

中华人民共和国成立后，在计划经济体制下，国际经贸本科层次人才的培养主要集中在少数几个财经类院校。改革开放以后，国内各类高校在本科层次纷纷设立了名称各异的外经贸相关专业或方向，包括对外贸易、国际贸易、国际经济、世界经济、国际经济合作、工业外贸等。1993年，国家教委印发了《普通高等学校本科专业目录》，将国际经贸本科层次专业规范为三个，即经济学学科门类下的“国际经济”专业和“国际贸易”专业、工学学科门类下的“工业外贸”专业。在1998年教育部颁布的《普通高等学校本科专业目录》中，进一步将1993年目录中的三个专业及原目录外专业“国际商务”合并为“国际经济与贸易”专业。2012年发布的《普通高等学校本科专业目录》中，“国际经济与贸易”专业没有调整，是经济学学科门类下的“经济与贸易类”专业之一。

最先在国家（或地区）之间发生的经贸活动是货物贸易，它至今仍是国际经贸领域的重要内容。关于国际货物贸易的教学与研究起步早、成果多、课程体系完整，主要包括理论、实务与惯例、专业外语三类课程。随着国际经贸活动领域的不断拓展，国际经贸类专业的课程体系也随之完善，增加了诸如“国际技术贸易”“国际经济合作”“国际投资”“国际服务贸易”“国际物流”等课程，国内部分院校还基于这些领域设立了专业方向，细化了课程体系。

21世纪是一个催人奋进的时代，科技革命迅猛发展，知识更替日新月异，国际竞争日趋激烈。

从国际经济环境看，跨国投资飞速发展，世界各国和地区间的经济依赖程度不断加深，经济全球化和区域经济一体化趋势不断加强，协调国际经济日益重要，经济集团内部以及经济集团之间的合作与竞争日益成为关注的焦点。

从国内经济环境看，社会主义市场经济体制的建立与不断完善改善了我国企业参与国际竞争的条件，加入世界贸易组织后逐步调整我国产业结构和贸易结构也为我国企业参与国际竞争提供了机遇和挑战。

为了培养熟悉国际经济运行规则、符合社会主义市场经济建设需要的人才，优化人才的知识结构，我们组织东北财经大学国际经济贸易学院的专业骨干教师编写了“21世纪国际经济与贸易专业系列教材”。这套教材在保留原有教材体系优点的同时，结合教师多年教学的经验，尽可能地反映本学科领域最新的研究成果和发展趋势。

我们深知，教材从编写出来的那一天起就已经“过时”了，这就需要教师在讲授过程中不断充实、调整有关授课内容，我们也将根据国内外经济环境的变化适时修订本系列教材。为了便于读者深入理解相关知识和在教材使用期间及时更新信息，我们在部分教材（尤其是理论类教材）中设计了“延伸阅读”栏目，提供相关章节的主要数据来源和建议阅读的书目。

本系列教材是专门为国际经济与贸易专业本科生课程编写的，同时也适合于其他经济类专业和有兴趣学习国际经济与贸易知识的人士使用。

由于作者学识和资料所限，本系列教材难免有不足之处，敬请广大读者批评指正。

21世纪国际经济与贸易专业系列教材编委会

第六版前言

中华人民共和国成立70多年特别是改革开放40多年来，我国经济持续高速增长，在“引进来”和“走出去”战略引导下，我国的对外经济合作有了很大的发展，国际经济合作事业也迈上了一个新台阶。近年来，贸易保护主义抬头使经济全球化受阻，2020年年初突发的新冠肺炎疫情又给全球经济发展带来了新的不确定性，国际经济合作事业面临挑战和困难。

2022年10月，中国共产党第二十次全国代表大会胜利召开。党的二十大报告指出，中国坚持对外开放的基本国策，坚持经济全球化正确方向，推进双边、区域和多边合作，促进国际宏观经济政策协调，共同营造有利于发展的国际环境，共同培育全球发展新动能。这是以习近平同志为核心的党中央站在新的历史起点上，就维护多元稳定的国际经济格局和经贸关系，不断增强国际经济合作新优势作出的重大部署。以党的二十大精神为指引，深入学习、了解和掌握国际经济合作的新动态、新变化和新趋势就显得尤为重要。

《国际经济合作》作为“国际经济与贸易专业系列教材”之一，自2020年出版第五版以来，得到了广大学生、教师及社会各界读者的关注和欢迎。近年来，教育部多次强调，高等教育发展的关键是在内涵上下大功夫。根据教育部建设高水平教学体系，适应新时代对人才培养的新要求，我们结合最新国内外经济形势和发展变化状况进行了第六版的修订。与第五版相比，第六版教材的主要特色和创新之处为：第一，紧盯全球国际经济合作前沿理论，将RCEP、USMCA等最新政策写入教材，保障了教材内容的先进性和科学性；第二，全面、动态地更新了国际经济合作的发展进程和数据资料，丰富和完善了国际经济合作的国际条约和法规，与时俱进；第三，紧扣高校思政课程建设标准和“新文科”建设内涵，开辟“课程思政”栏目，将思政元素浸润至教材之中，培养学生的民族自豪感和爱国主义情怀；第四，将案例、视频、图片等教学资源电子化，以二维码的形式嵌入纸质教材中，拓展了教材的功能和表现形态。

本书第六版各章的编写分工如下：第1章、第3章、第8章和第10章由施锦芳编写；第4章、第5章由鄂立彬编写；第2章、第9章由蓝天编写；第6章、第7章由郑磊编写。本书由施锦芳担任主编并负责统筹全书。

由于水平所限，书中难免存在疏漏或不准确之处，恳请读者批评指正。

编　者

2024年1月

目　录

第1章 / 国际经济合作概述

学习目标

通过本章学习，掌握国际经济合作基本概念，研究对象，国际经济合作的主要类型与方式；了解有关国际经济合作的产生与发展；熟悉并研究中国对外经济合作现状、主要合作活动以及发展趋势。

1.1 国际经济合作的基本概念

1.1.1 国际经济合作含义

第二次世界大战后，在科技革命的推动下，生产力迅猛发展，各国之间的经济联系日益加强。各国在国际分工基础上相互联系、相互依赖、竞争协调、共同发展，构成当今世界经济体系。没有哪一个国家能够脱离这个体系，独立地存在于世界上。任何国家要实现经济现代化都必须遵循世界经济发展规律，参加国际分工，发展同别的国家长期而稳定的经济贸易合作关系。只有这样，这些国家才能够在未来的国际经济竞争中立于不败之地，世界经济才能够得到发展，这是世界生产力发展的客观要求与结果。如果有哪个国家仍然实行闭关锁国政策，或因惧怕经济全球化会带来"陷阱"而拒绝实行开放政策和进行改革，那么，该国家不仅现在经济得不到发展甚至会出现倒退，而且在以后的经济发展中也将会付出更多的成本和更大的代价。因此，在坚持对外开放的同时，积极发展对外经济合作，符合世界经济发展的历史潮流。

开展国际经济合作对参与各国和世界经济都具有重大的意义。随着国际分工越来越向更广和更深发展，各国及其企业可以通过国际经济合作，解决资源、资金、技术设备的困难，获得先进的管理方法以及扩大产品出口等；通过开展国际经济合作，生产要素从生产效率较低的地区或部门转移到生产效率较高的地区或部门，从而使资源得到充分开发、合理分配和有效利用；通过国际经济合作，促进了生产要素在国际上的流动，取他人之长，补自己之短，实现优势互补，缩小世界经济发展的不平衡，推动整个世界经济的发展。

怎样理解国际经济合作（International Economic Cooperation）的含义？合作一词是指双边或多边为了达到某个共同目标而建立起来的协作与配合关系。结合当代国际经济合作参与的主体，包括的内容、从事的领域以及应遵循的原则，国际经济合作一词的定义应是：不同主权国家政府、企业及国际经济组织之间为了共同的利益，通过竞争与协调，在平等互利的基础上，侧重在生产领域中，以生产要素的移动和重新组合配置为主要内容而开展的经济协作活动。

根据上述定义，国际经济合作应该具有这样几方面的含义：

第一，关于国际经济合作的主体。这里所指的国际经济合作主体是各国政府、企业及国际经济组织。国际经济合作是指在它们之间开展的经济技术协作活动，既包括不同国家政府之间、企业之间和国际经济组织之间的合作，也包括政府与企业之间、政府与国际经济组织之间、企业与国际经济组织之间的合作。有时参与合作的主体可以是该国的自然人，如单个劳务输出等。国际经济组织是指联合国系统的经济组织、区域经济组织以及其他国际经济机构。值得注意的是，这里的国家政府是指主权国家政府，有别于历史上宗主国与殖民地之间剥削与被剥削，统治与被统治的不平等关系。在这种关系里所从事的经济活动不是平等互利原则上的合作，因此，它不属于国际经济合作研究的范畴。此外，国际经济合作的迅速而广泛的发展是从第二次世界大战以后开始的，这时的帝国主义殖民体系全面瓦解，许多殖民地国家纷纷走上独立和解放道路，为了发展本国经济，它们积极开展对外贸易与国际经济合作。这时的国际经济合作才真正具有普遍意义。

第二，关于国际经济合作的内容。国际经济合作是不同国家生产要素的优化组合。由于各国自然条件和经济发展水平的不同，各国所拥有的生产要素（如资本、劳动力、技术、土地、自然资源、现代管理、大数据等）存在一定的差异，只有将不同国家的优势生产要素结合起来，才能更快发展自己的经济，进而促进整个世界经济的发展。通过国际经济合作，各国可以直接利用其他国家的生产要素，弥补本国生产要素的不足。通过生产要素在不同国家间的相互转移，使一种生产要素从具有优势的国家流向在这种要素方面不具有优势的国家，与当地具有优势的其他生产要素重新组合与配置，实现生产要素的优化组合。一个国家可以通过国际经济合作活动，输入本国经济发展所必需的各种生产要素，同时输出本国具有优势和丰裕的生产要素，使生产要素在国际流动中得到优化配置，达到发展经济、共同繁荣的目的。正是认识到这一点，各国政府千方百计推动本国企业以各种方式积极参与国际分工和国际经济协作活动，力争获得最大的经济利益。一般来说，国际投资合作主要研究资本要素在国际上的移动，国际科技合作主要研究技术要素跨国间的转让，国际劳务合作主要研究劳动力要素在国际上的移动等。可见，无论以何种形式和类型出现，国际经济合作的内容都是围绕着生产要素国际移动展开的。

第三，关于国际经济合作的领域。与国际贸易有所不同的是，国际经济合作是不同国家在生产领域里的相互协作。随着科学技术和生产力的发展，国家间的相互经济联系不断加强，整个世界经济生活日趋国际化。过去的那种主要发生在流通领域的国际经济交流方式已经不能适应科技进步和生产力发展的需要了。现代国际化生产要求在生产领域中实现最有优势的生产要素组合和采用最先进的科技成果，以取得最佳的经济效益。国际经济合作就是世界各国之间在生产领域所进行的经济协作和配合，以及由此产生的经济政策方面的协调。

第四，关于国际经济合作的基本原则。开展国际经济合作的基本原则是：主权国家的政府、国际经济组织、区域性经济组织、超越国界的自然人和法人等之间，在平等互利原则的基础上，各以其所具有优势的生产要素通过一定的经济协调机制，共同开展较为长期的经济协作活动。所谓平等互利原则，是指在相互的经济交往中，根据双方的需要与可能，有来有往，互惠互利。例如，在进行洽谈或签订各种协议、合同时，要在平等的基础上通过协商，兼顾双方的权益，使双方都有利可图。任何一方均不能强加给对方任何不平等的条件和不合理的要求；协议或合同一经签订，双方都应严格执行，任何一项条款没有履行，都属于违约行为。合作各方也可在平等的基础上，通过协商或其他途径解决合作中的争议和纠纷。

第五，关于国际经济合作中的竞争与协调。国际经济合作的实践告诉我们，合作与竞争是一个事物的两个方面。有合作就会产生矛盾，或发生冲突，就需要协调解决。在当今社会中，各国或集团、企业之间的相互依赖往往都是处于竞争、矛盾、协调、合作错综复杂的混合状态中的。因为任何一种国际经济行为（如某个经济问题的解决或某个项目的实现等），都反映了该行为主体所要追求的特定价值、利益和目标。在取得这些价值、获得这些利益和实现这些目标的过程中，该行为主体将会遇到其他行为主体的支持或反对，他们之间就难免会发生矛盾或冲突。如果发生了矛盾或冲突，各方既要坚持独立自主、平等互利的原则，也需要通过国际经济协调方式来解决。只有这样，才能消除国际经济活动中的矛盾或冲突，推动国际经济合作的发展。

1.1.2　国际经济合作研究对象

根据上述定义，国际经济合作研究的实质是，国际上各种生产要素的移动与重新组合配置的规律以及各国间的经济协调机制，具体包括：

1）研究国际经济合作形成与发展的理论基础

早在100多年前，马克思在《政治经济学批判》导言中曾提到应当研究“生产的国际关系、国际分工、国际交换、输出和输入、汇率等问题”。当时马克思设想过国际经济关系的许多问题，但由于受到客观条件的限制，没有完成这些研究。在当时的时代背景下，马克思的设想可以说具有相当的远见。如今，随着国际分工的深入发展和经济生活的日益国际化，国际经济关系的发展中出现了很多理论问题需要去研究和探索，如生产要素在国际上的流动及表现形式，各国在国际经济交往中表现出来的相互依赖、相互竞争与合作的关系，区域经济合作的发展前景等。这些问题都与国际经济合作的形成与发展紧密相连。国际经济合作是伴随着国际分工的广泛和深入而发展起来的，其内容主要是围绕着生产要素的组合配置展开的，国际经济相互依赖、相互作用是它的重要特征之一，经济全球化、一体化是国际经济合作乃至世界经济的发展趋势。研究这些理论，需要我们运用马克思主义的立场、观点和方法进行分析，揭示国际经济合作形成与发展的规律。

2）研究国际经济合作政策与国际经济协调机制

从宏观角度来说，国际经济合作主要研究：各国为鼓励或限制资本、技术、劳务等生产要素的国际流动而采取的宏观调控政策和经济措施；为了解决国际经济交往中出现的矛盾，减少摩擦而建立起来的国际经济协调制度和法律保护问题；当前世界经济发展中区域经济一体化趋势等问题。探讨不同经济制度、不同经济发展水平国家之间在平等互利基础上开展国际经济合作的必要性及国际经济合作的发展趋势。

3）研究国际经济合作的具体方式与内容

从微观角度来说，国际经济合作主要研究：合作的范围领域、合作的具体内容、合作的方式及合作的环境；合作各方如何通过一定形式在生产、投资、科技、劳务、大数据管理等领域里进行合作，获取经济利益；相关的国际市场、国际经济合作环境和有关的法律法规以及国际惯例。一般来说，国际经济合作的具体方式有：国际投资合作、国际信贷合作、国际科技合作、国际工程承包、国际劳务合作、国际租赁和国际发展援助。

1.2 国际经济合作与相关学科的关系

1.2.1 国际经济合作与国际贸易的关系

国际经济合作与国际贸易都是国际分工的表现形式。从历史发展进程看，国际经济合作是在国际贸易的基础上发展起来的，是传统意义上国际贸易的扩大和延伸，两者之间存在着密切的关系。从广义上看，国际经济合作与国际贸易同属于一个研究范畴。从狭义上看，两者在研究上又有各自不同的侧重点。国际经济合作无论就其内容、方式还是就其运动规律看，都具有与国际贸易完全不同的特殊性。

1）国际经济合作与国际贸易的共同之处

（1）两者都是国际经济交往的重要形式，是各个国家参与国际分工，获得比较利益的重要手段。两者都离不开国际市场这个重要的交易环境，都受到国际经济贸易法律规范的保护和国际经济协调机制的调节。

（2）两者都与生产要素相关。一般来说，各国开展国际经济合作的具体方式反映了其生产要素的禀赋情况，同样各国大量进出口的商品生产中也都密集地使用了其禀赋稀缺（或丰裕）的生产要素。生产要素的禀赋既决定了国际经济合作中各种生产要素的组合形式和结构类型，也决定了国际贸易中各国参与交换的商品种类和数量。

（3）两者经常结合起来，形成综合性的国际经济活动。例如，国际投资、国际工程承包等国际经济合作方式，就是国际商品贸易、国际资本输出、国际技术转让和国际生产的结合。

2）国际经济合作与国际贸易的主要区别

（1）研究对象不同。国际经济合作是研究国际上各种生产要素重新组合与配置的运动规律及其协调机制，其侧重点主要是生产领域的直接合作；国际贸易则是研究国际上商品流通的规律性，其侧重点是商品的进出口贸易活动，属于流通领域的范畴。

（2）具体方式不同。国际贸易的业务程序往往是一笔商品交易签约后，出口方的责任是按合同要求的商品品质、规格、数量及时交货。进口方的责任是按合同规定及时支付货款，一旦双方完成交货与付款后，交易即告结束。国际经济合作则完全不同，在项目谈判时，双方要根据项目的特点和各自的需要来确定一个适当的合作方式；达成协议后，还需要组成一个联合性质的经济实体。参加实体的有关各方对项目的经营成败有着共同的利害关系，有的项目还要共同管理、共担风险和共负盈亏。

（3）业务周期长短不同。国际贸易从洽谈、成交、签约到交货收汇的时间，一般在一年以内。而国际经济合作的项目周期都比较长，内容也较复杂，从谈判、签约到合同执行完毕需要花费较长的时间，一般在一年以上，有的甚至长达几十年。

（4）国际经济合作可以发挥独特的作用。通过国际经济合作，可以绕开贸易壁垒，在东道国投资办厂，就地生产和销售，有利于谋求自身在国际市场上的生存和发展。通过国际经济合作，可以直接获得比较先进的技术和管理知识，有利于本国落后产业的改造，建立新的产业，实现产业结构的优化组合。

1.2.2　国际经济合作与服务贸易的关系

如前所述，国际经济合作研究侧重在生产领域中，以资本、技术、劳动力等生产要素的移动和重新组合配置为主要内容而开展的经济协作活动，包括国际经济合作的具体方式、国际经济合作政策、国际经济协调机制等内容。

国际服务贸易指跨越国界进行服务交易的商业活动，即服务提供者从一国境内向他国境内，通过商业或自然人的商业现场向消费者提供服务并取得外汇报酬的一种交易行为。其具体包括：从一成员的国境向另一成员的国境提供服务；从一成员的国境向另一成员的服务消费者提供服务；由一成员的自然人在另一成员境内提供服务；通过一成员的法人在另一成员的商业存在提供服务。这里的“提供服务”包括任何部门的任何服务（实施政府职能活动所需要提供的服务除外），包括生产、分销、营销、销售和传递等项服务。

从上述概念中我们不难看出国际服务贸易研究的领域更宽、涉及业务范围更广，包括金融、保险、旅游、教育、医疗、投资等，也包括许可证贸易、技术咨询和技术服务。应当说，国际服务贸易的范围涉及除了货物贸易以外的其他经济活动内容，与国际经济合作研究内容有较多的交叉。但国际经济合作作为一个单独的研究领域，从研究的角度和范围以及研究的专业深度上与国际服务贸易有一定的区别。

思政视频 1-1

你了解服务贸易吗？服务贸易就在你我身边，涉及12大领域国际经济合作从生产要素国际直接移动与组合配置角度，研究资本要素、技术要素、劳动力要素以及组织管理等一些新要素跨国移动的运动规律和表现形式。国际经济合作还研究由此产生的国际上的竞争与协调关系。国际经济协调常常不直接伴随着生产要素的跨国移动，但作为主权国家在经济合作问题上的相互承诺，成为生产要素跨国移动的国际规则，对国际经济合作发挥着重要的作用，成为当代国际经济合作的主要特征之一。

专栏 1-1　　国际服务贸易范围

世界贸易组织《服务贸易总协定》根据提供服务的方式界定了服务贸易的范围，包括跨境交付、境外消费、商业存在和自然人流动四个方面。

（1）跨境交付。跨境交付（Cross Border Supply）是指服务的提供者在一成员的领土内向另一成员领土内的消费者提供服务。这种服务提供方式特别强调卖方和买方在地理上的界限，跨越国境和边界的只是服务本身。

（2）境外消费。境外消费（Consumption Abroad）是指服务的提供者在一成员的领土内向来自另一成员的消费者提供服务。这种服务提供方式的主要特点是，消费者到境外去享用境外服务提供者所提供的服务。

（3）商业存在。商业存在（Commercial Presence）是指一成员的服务提供者在另一成员领土内设立商业机构或专业机构，为后者领土内的消费者提供服务。这种服务提供方式有两个主要特点：一是服务的提供者和消费者在同一成员的领土内；二是服务提供者到消费者所在国的领土内采取了设立商业机构或专业机构的方式。一般认为，商业存在是四种服务提供方式中最为重要的方式。

（4）自然人流动。自然人流动（Movement of Natural Persons）是指一成员的服务提供者以自然人身份进入另一成员的领土内提供服务。

自然人流动与商业存在的共同点是，服务提供者到消费者所在国的领土内提供服务；不同之处是，以自然人流动方式提供服务，服务提供者没有在消费者所在国的领土内设立商业机构或专业机构。

1.3 国际经济合作的类型与方式

1.3.1 国际经济合作的主要类型

国际经济合作的范围不断扩大，主要包括投资、金融、贸易、技术、劳务、管理与大数据等领域的合作。近年来，世界各国政府，特别是发达国家之间，不断加强宏观经济政策的协调与合作，共同解决经济发展中出现的问题，如经济与社会发展问题、环境保护问题、影响经济平稳发展的汇率问题、通货膨胀问题、失业问题等。不仅如此，国际经济合作的内容也日益丰富，既有有关资本、技术、劳动力、管理和大数据等生产要素移动、组合与配置等合作内容，也有政府之间、国际经济组织与政府之间、地区之间经济协调等内容。将这些内容进行分类，可以分成许多类型，比较常见的有：

1）宏观国际经济合作与微观国际经济合作

根据参加国际经济合作主体的不同，国际经济合作可以分为宏观国际经济合作和微观国际经济合作。宏观国际经济合作主要是指国家政府之间、国际经济组织之间以及政府与国际经济组织之间开展的经济合作活动。其具体内容包括：签订双边或多边条约、调整和确定本国的涉外经济法律法规及措施，对有关的国际经济合作活动提供法律保护、通过经济外交形式不断协调本国与其他国家间的经济合作关系。所谓微观国际经济合作主要指不同国家的公司或企业间开展的各种经济合作活动。例如，兴办独资或合资企业、对外工程承包、技术转让等。

2）多边国际经济合作与双边国际经济合作

根据宏观国际经济合作参加方的数量多少不同，国际经济合作可以分为双边国际经济合作和多边国际经济合作。双边国际经济合作是指两国政府之间进行的经济合作。多边国际经济合作，顾名思义就是两个以上国家政府之间进行的经济合作。一国政府与国际经济组织之间、国家集团之间、区域经济组织内部的经济合作等均属于多边国际经济合作。

3）不同类型国家间的合作

根据经济发展程度和经济制度的不同，国际经济合作可以分为发达国家之间、发展中国家之间（即南南合作）、发达国家与发展中国家之间（即南北合作）、东西方国家之间的经济合作。

4）区域经济合作

思政视频1-2

大道众行远
携手启新程

根据目前世界各地区所成立的区域性经济组织的不同，国际经济合作可以分为不同区域经济组织内部的合作，这些区域组织主要有欧洲联盟、北美自由贸易区、亚太经济合作组织等。近年来又出现洲际间经济合作日益增强的趋向，如已经召开的欧亚会议、亚非会议、欧非会议等。

5）水平型国际经济合作与垂直型国际经济合作

根据参与方经济发展水平的不同以及合作涉及的领域和内容的不同，国际经济合作可以分为水平型国际经济合作和垂直型国际经济合作。水平型国际经济合作是指经济发展水平相近的国家、技术和生产水平接近的厂商或商品生产处于同一产品阶段的企业之间的经济合作。垂直型国际经济合作则是指经济发展水平差异较大的国家、技术和生产水平差异较大的厂商或者商品生产处于前后不同阶段的企业之间的经济合作。

1.3.2　国际经济合作的主要方式

由于社会和科技的进步，国际分工的深度和广度不断发展。各国或企业在从事对外经济合作的过程中，呈现出各自不同的特点，对合作方式不断有新的要求。因此，各种各样的国际经济合作方式便应运而生，且花样不断翻新。但其内容归根结底是围绕着生产要素在各国间的移动和重新组合配置。生产要素在国际上的移动和重新组合配置可以采取单一的方式，也可采取多种要素复合移动方式。根据国际经济合作学科的研究对象，所涉及的生产要素种类、特点，以及国际经济合作实际业务的性质及做法，我们将国际经济合作的实务操作归纳为如下几种方式：

1）国际投资合作

国际投资合作主要研究国际资本要素在国际上移动的表现形式及具体内容。它包括国际直接投资和国际间接投资两种形式。国际直接投资是指投资者在东道国设立独资企业、合资企业，或收购当地企业等形式的国际投资行为。国际间接投资主要是研究国际证券市场的运行机制。

2）国际信贷合作

国际信贷合作主要是研究与资本要素国际移动关系密切的国际上的资金信用方面的合作，如外国政府贷款、国际金融组织贷款、出口信贷、商业银行贷款、混合贷款、国际租赁等。

3）国际科技合作

国际科技合作主要研究技术要素国际移动的有关内容。国际科技合作包括国际技术转让和国际科技交流。国际技术转让的具体方式有硬件的交易和许可证贸易。国际科技交流有国际上交换科技情报、资料、仪器样品等；召开国际科学技术专题讨论会；互派专家讲学与专家传授技术；共同研究、设计与实验科研发展项目、联合国有关科技研究机构的建立等。

4）国际劳务合作

国际劳务合作主要研究劳动力要素在国际上移动的具体表现形式，如国际工程承包、国际劳务输出、国际咨询业务、国际旅游等。

5）国际信息与管理合作

国际信息与管理合作主要研究信息与管理要素在国际经济合作中的作用。其中，经济信息是指世界上一切事物的运动状态和特征的反映，虽然信息本身不能直接生产出经济效益，但信息可以像黏合剂一样，将各种生产要素组合起来，进行经济合作活动。通过这种方式，信息可以发挥巨大作用，带来可观的经济效益。

经济管理是人类为了某种需要，对经济活动过程的一种自觉控制，即通过计划、组织、指挥、协调等手段使生产要素在时间、空间和数量上更合理地组合起来。经济管理同信息一样，本身不能产生经济效益，但一旦与其他生产要素结合起来，能够提高整个项目的经济效益。

6）国际经济发展援助

国际经济发展援助主要研究国际经济发展援助的主要方式与如何实施国际经济发展援助。国际经济发展援助是国家政府之间、政府与国际经济组织之间，通过资本、技术和劳动力等要素的国际移动展开的经济技术合作活动。

1.4　国际经济合作的产生与发展

国际经济合作已成为当代经济生活国际化发展的必然趋势，是各国人民要求发展经济的客观需要。为了解现代国际经济合作的性质和特点，以便更好地参与国际经济合作，有必要对国际经济合作的产生与发展的历史背景和经济政治条件加以探讨。

1.4.1　早期的国际经济合作模式

国际经济合作是国际经济关系在一定历史条件下所采取的一种方式。因此。对国际经济合作的产生与发展必须在整个国际经济关系的发展历史中加以考察。国际经济关系，顾名思义就是国家与国家之间进行经济交往的关系。自从国家出现以后，国际经济关系便开始发展起来。虽然国际经济合作在国家出现以后以各种形式出现过，但我们无法断定最早的国际经济合作是在什么时候、在哪些国家之间进行的，只能根据历史上少有的例子得知当时已有了进行国际经济合作的必要性。例如，公元14世纪，在欧洲封建社会最有名的盟约组织当推“汉萨同盟”。汉萨（HANSA）一词源自德语，意思为“公馆”“行会”。在当时，手工业行会组织在各地纷纷成立，由于王权势力单薄，各城市手工业组织不能得到国家的有力支持，全国也未形成一个统一的经济中心。在这种情况下，德国北部地区以吕贝克为中心联合其他几个城市，并逐渐扩大，西到伦敦，北到挪威的卑尔根，东到俄国的诺夫哥罗德，先后有近200个来自不同国家的城市结成同盟，保护盟员的利益。同盟有自己的武装和金库，主要任务是统一商法，抵御封建势力的干预，促进对外贸易，保护商队安全。同盟存在的时间长达300年，对沟通广大原料产地和手工业的联系、促使北欧和西北欧历史上第一次形成一个统一的经济区、促进欧洲经济发展起了积极的促进作用。至今，欧洲人还怀念着昔日的“汉萨精神”，特别是在过去参加过汉萨同盟的城市，更是在行动上表示要发扬汉萨传统，加强各城市之间的经济关系与经济合作。1980年，他们在荷兰的兹沃勒市召开了“现代汉萨同盟会议”，决定以后每年在一个“汉萨城市”举行一届会议。

这是比较早的国际经济合作模式，这种例子在世界许多地区都出现过。在这个漫长的历史时期，由于商品生产还不发达，交通运输工具也很缺乏，各国国内所需的物质资料基本上能自给自足，因而国际经济交往甚少，这时的国际经济关系表现在各国间范围有限的商品流通关系即国际贸易关系上，而且当时的国际贸易商品结构也主要是供统治阶级享乐的金银器皿、装饰品、宝石、香料等奢侈品。虽然也有少量的生产资料，但当时的国际上商品贸易还没有成为各国社会再生产过程不可缺少的环节。即使这样，也还出现了一些国际经济合作的事例。从这些事例中可以看出，当国与国之间开始了一般的经济交往活动之后，如果具备了两个条件，它们之间就有可能建立国际经济关系。一个条件是：双方或各方有经济合作的需要，也就是说通过国际经济交往可以给自己带来经济利益，因此有必要保持和发展这种关系；另一个条件是：需要有和平的国际环境。只有在和平发展时期，双方才可以较长期地进行公平买卖，如果两国处于交战状态，别说合作，就连一般的贸易往来也要中断。我们上面谈到的时期正是封建割据、相互吞并、战争连绵不断时期，因而国际经济合作现象不常见，更未形成世界经济体系。国际经济合作的发展只能在以商品生产占统治地位的资本主义制度建立以后。

第二次世界大战前百余年间，世界先后发生了两次科技革命，第一次科技革命是以蒸汽机和纺织机器的发明为标志；第二次科技革命是以电机的发明为起点，以电力的广泛应用为标志的。至此，资本主义生产过程进入到了机器大工业时代，生产快速增长，社会生产力得到空前提高。到19世纪后期，资本主义由自由竞争时期进入垄断时期。所谓垄断，是指某些国家或大企业通过不正当手段（如武力）独占生产领域和市场，排除竞争者，以获取高额垄断利润。这是帝国主义的特征。这一时期少数几个帝国主义列强统治着世界，代表着资本主义经济的存在和发展。他们不是靠正常的国与国之间的经济往来，靠公平的商品交换或平等互利的国际贸易来支撑，而是靠对广大殖民地的剥削和掠夺来维持的。它们从殖民地廉价取得所需要的原料，畅通无阻地向殖民地倾销他们的过剩产品，也把殖民地当成对他们有利的投资场所。资本主义已成为极少数“先进”国对世界上大多数居民实行殖民压迫和金融遏制的世界体系。在这期间，帝国主义国家相互之间一方面进行残酷的斗争，努力扩大自己的势力范围，压倒竞争对手；另一方面为各自的利益服务，也建立了一定的经济合作关系。这期间国际经济合作的主要方式有：

1）签订国际公约

19世纪，由于欧洲各国在争夺殖民地的过程中战争频繁，危及海上的货物运输，为了确保货物安全、减少各自的损失，国际海运业务中出现了“共同海损”方式的航运合作，即由船方、货主方和运费支付方三方按价值比例分担对船货为脱离危险和海难而支出的特殊费用，这一原则至今仍是国际贸易海运业务中的一条通用原则。第一次世界大战后，有关国家根据海牙规则签订了《关于统一提单的若干法律规定的国际公约》，专门规定了承运人的职责，以保证货物的安全。伴随着商品和资本货物的输出，商标和专利技术的输出也在不断扩大。虽然许多国家陆续建立了知识产权保护制度，但是一个国家的知识产权立法对其知识产权的保护是有地域限制的，当一种知识产权技术从一国移动到另一国，如果得不到另一国法律的保护，技术所有人就无法控制和保护他的技术，从而会影响技术在这些国家之间的转移。因此，一些大的跨国企业迫切要求外国给予其商标和专利一定的保护。为了解决这些问题，1883年3月，一些国家发起并签订了世界上最早的保护知识产权的《保护工业产权巴黎公约》（简称《巴黎公约》），以此来推动商标与专利保护的国际化。在《巴黎公约》的影响下，其他一些知识产权国际公约也相继签订，如《保护文学和艺术作品伯尔尼公约》《商标国际注册马德里协定》等。国际知识产权公约的签订极大地推动了知识产权国际保护的进程，为技术在国际上的移动创造了良好的国际环境。

2）对外直接投资

早在19世纪末20世纪初就出现了一批大的垄断企业，如英国的帝国化学工业有限公司、德国的法本康采恩、英荷壳牌石油公司、美国福特汽车公司、美孚石油公司等。这些大企业通过向海外进行直接投资而变成了最早的一批跨国公司。但是这期间的对外直接投资主要是投向当时的殖民地国家，发达资本主义国家相互间的直接投资数量较少，而且在整个第二次世界大战前的时期，资本主义国家的产业资本输出与借贷资本和商业资本输出相比规模最小。尽管如此，资本主义国家之间的这种有限的相互投资仍然对它们彼此扩大销售市场、引进先进技术起到了一定的作用。

此外，一些大的垄断企业为了达到联合瓜分世界市场的目的，按行业组成国际垄断，即国际卡特尔。在这一时期，国际经济关系中还出现了一种新的合作关系形态，即苏联社会主义国家的诞生和由此产生的社会主义国家和资本主义国家之间的经济合作关系，也称东西方合作关系。

总之，第二次世界大战前经过两次科技革命，资本主义生产力有了很大提高，生产国际化和资本国际化也有了较大的发展。但由于当时帝国主义殖民体系的存在，有一大批国家丧失了独立自主的主权，被剥夺了参加平等互利的国际经济合作的权利。因此，当时的国际经济合作不能形成普遍的、全球性的局面。国际经济合作真正发展起来是在第二次世界大战以后。

1.4.2　第二次世界大战后迅速发展的国际经济合作

从第二次世界大战结束至今，国际政治经济形势发生了根本的改变。

第一，帝国主义殖民体系瓦解，许多亚非拉国家获得独立，并形成了国际政治经济舞台上一支新生的力量，再加上一批社会主义国家的出现，战前几个主要资本主义国家完全主宰整个世界命运的时代结束了，整个世界经济呈现出一个多极化和多元化的局面。

第二，从第二次世界大战后至20世纪80年代的40多年间，世界形势的基本特征是美苏两个超级大国争霸。围绕着这两个超级大国形成了社会主义和资本主义两大阵营，即所谓的东西方关系。随着冷战的加剧，西方国家对社会主义国家实行经济封锁。在这一期间，两大阵营之间的经济往来减少，而两大阵营内部的经济关系迅速发展。从20世纪80年代中期开始，东西方关系趋于缓和，相互之间由“对抗”转变为“对话”形式。到了20世纪80年代末，苏联解体了，这对世界新秩序产生了巨大的影响，整个世界由两极对峙的局面转为多极化发展的局面，全球政治、军事对抗呈现逐渐弱化的趋势，各国之间的竞争转向经济技术领域。

第三，世界政治格局的改变必然带来经济活动的变化。第二次世界大战后，世界经济中出现了不同社会制度、不同经济发展水平的三大类国家。它们是西方发达资本主义国家、社会主义国家和广大的发展中国家。其中，发达国家在世界经济总产值（1980年）中占65%，占主要地位。由于相互间的经济联系的加强和出于考虑各自国家利益的目的，这三大类国家内部和彼此间发生了多层次、多领域、多种形式的国际经济活动。

第四，第二次世界大战后，人类历史上出现了第三次和第四次科技革命。科技革命推动了世界生产力的发展，进一步扩大各国生产规模，驱动各国经济结构产生较大调整，使得国际经济关系也发生了改变。其主要表现在：科技革命引起各国贸易结构发生质的变化，传统的由自然条件决定贸易比较利益的重要性相对减弱，而由社会经济条件、生产力，特别是科学技术状况决定生产和贸易比较利益的重要性日益增强。贸易结构的变化引起各国国际分工和贸易地理方向的改变，以往典型的先进工业国与落后农业国之间的垂直分工与交换被迅速增长的发达国家之间的贸易所替代，在国际贸易中占重要地位。另外在科技革命的影响下，世界经济活动方式和范围都发生了明显变化。例如，技术知识在国际上的转让成为世界无形贸易的重要组成部分，对外投资的部门与方式都发生了改变，新兴产业成为投资的重要领域，资本与技术结合成为投资的主要方式，跨国公司则是这种投资的最大载体。

知识扩展1-1

科技革命

第五，自20世纪90年代到21世纪初，世界区域经济一体化和经济全球化趋势不断加强，组建各种区域经济一体化组织已经成为经济全球化的具体发展模式之一。经济全球化相继经历了贸易全球化、生产全球化、金融全球化三个阶段。但一系列挑战逐渐浮现：2008年国际金融危机的爆发对各国经济尤其是发达国家经济打击很大，使过去潜藏的弊病暴露出来，导致经济全球化进程出现拐点；2016年，英国举行了全民公投并决定退出欧盟；2017年特朗普总统上台后，美国和中国的贸易摩擦加剧，双方在部分产品上互相征收高额关税，美国尤其限制同中国在高科技领域的合作。以上事件都被视为逆全球化的明显信号，反映了各国对跨国合作和全球一体化的不满和担忧。

但这些挑战并不能转变全球化发展方向，因为经济全球化的现实基础仍然存在。一是各国开放政策和所选择的经济自由化方向没有改变。面对艰难困境的各国领导人仍然信守了开放边界和贸易的承诺，世界贸易组织制定的规则依然在体现它的价值。二是一直以来推动经济全球化不断前进的技术创新并没有停止，反而加快了各国生产部门结构的调整和升级，推动世界经济朝着知识化、服务化、高效化方向发展。三是国际经济协调的作用更加突出。金融危机使得国际贸易保护主义抬头，贸易摩擦、投资摩擦、货币摩擦等问题表现突出，各国都寄希望于多边管理机制，虽然其中一些结果不尽如人意，但它的存在对世界经济的协调发展是不可替代的。

专栏1-2　　中美贸易冲突

贸易冲突通常指的是两个或多个国家或经济体之间，由于贸易政策、关税、配额、补贴等经济手段引发的经济争端和紧张关系。贸易冲突可能发生在各种层面，包括双边、多边以及区域性的范围。贸易冲突的内涵包括：政策分歧，即国家之间在贸易政策、标准、规定等方面存在不一致或分歧；关税和非关税壁垒，即当一个国家提高关税或设置非关税壁垒以保护其国内产业时，其他国家可能会回应；补贴问题，即一个国家为其国内产业提供补贴，可能会导致国际市场上的价格扭曲；知识产权，即关于专利、商标、版权和其他知识产权的争端；市场准入和投资，即一个国家可能会限制外国公司在其国内市场的活动或投资；强制技术转让，即某些国家可能会要求外国公司为进入其市场而进行技术转让。

中美贸易冲突是2018年以来中美两国之间发生的一系列贸易争端和摩擦。起因是特朗普当选为美国总统后，他多次批评中美贸易不平衡，并称中国的贸易政策是不公平的。2017年8月，特朗普政府启动了对中国知识产权、技术转让和创新政策的调查，根据1974年的《贸易法》第301条，2018年3月22日，特朗普宣布对价值500亿美元的中国商品征收关税，作为对中国"侵犯知识产权"的回应。中国迅速反击，宣布对价值500亿美元的美国商品征收关税。双方此后多次互相增加关税，涉及的商品总值逐渐增加。2018年12月，特朗普和中国国家主席习近平在阿根廷G20峰会上会晤，并同意停止升级关税等贸易限制措施，进入90天的谈判期。2019年5月，美国宣布将2 000亿美元中国商品的关税从10%提高到25%，并威胁对额外3 000亿美元的中国商品征收关税。中国随后也提高了对600亿美元美国商品的关税。此后，中美之间进行了多轮谈判，但在关键问题上的分歧依然存在。到2020年1月15日，中美签署了所谓的"第一阶段"贸易协议。在这一协议中，中国承诺在两年内增加2 000亿美元的美国商品和服务进口，同时改进知识产权保护，美国则同意取消部分已经宣布的关税增加措施。

2020年伊始，受到COVID-19大流行和其他经济压力影响，实际的购买额度在2020年和2021年都未能完全达到"第一阶段"贸易协议中的目标。尽管如此，双方都表示对协议的执行表示乐观，并继续与对方保持沟通。COVID-19大流行对全球贸易、供应链和经济产生了巨大影响，这也间接影响了中美贸易摩擦的进展。双方在疫情处理、疫苗分发以及疫情起源问题上存在分歧，但这并没有直接导致贸易摩擦的升级。

2021年1月，乔·拜登就任美国总统。他的政府在对华政策上采取了稍微不同的立场，强调与盟友的合作以及对中国的有竞争性的接触。中美双方继续进行贸易讨论，探讨如何进一步执行"第一阶段"协议以及其他潜在的贸易和经济合作。尽管贸易战的紧张局势有所减弱，但中美在高新技术和国家安全领域的竞争仍然很激烈。美国对中国的一些科技公司，如华为和字节跳动，继续实施制裁。

2023年11月14日，中国国家主席习近平抵达美国旧金山参加中美元首会晤，同时应邀出席亚太经合组织（APEC）第三十次领导人非正式会议。在坦诚和相互尊重的气氛里，两国元首就事关中美关系的战略性、全局性、方向性问题以及事关世界和平和发展的重大问题坦诚深入地交换了意见。这一会晤为面临困难局面的中美关系重新导航定向，取得了20多项重要成果。

上述这些变化对国际经济合作的发展产生了很大影响，国际经济合作规模日益扩大，其内容和形式更加丰富多彩，常常是多种生产要素的复合转移。以生产要素国际移动为基本内容的国际经济合作活动成为新的国际分工格局中的重要内容。

1.4.3 当代国际经济合作发展的基本特征

国际经济合作已发展成了一种涉及一切国家，遍及各个社会经济生活领域、多层次的国际经济关系体系，并形成当代国际经济合作发展的基本特征。

1）国际经济合作反映了一种新型的国家间关系

与历史上的国家间经济协作相比，第二次世界大战后的国际经济合作有着完全不同的特征。国际经济合作中所反映出来的是一种新型的国家间关系，是主权国家间的经济合作。其主要标志是相互尊重主权，坚持平等互利的基本原则。相互尊重主权就是所有参加国际经济合作的国家政治上是平等的，应该相互尊重，任何一方不得损害对方的政治独立和主权，更不能以武力逼迫对方接受自己的合作条件。平等和互利是紧密相连的，在平等的基础上，双方根据自己的需要和可能，自行决定合作的方式与内容，在合作过程中要兼顾对方的利益，各自以自己占优势的生产要素参加合作。对相互间产生的矛盾与纠纷应按国际惯例和有关法律进行协调和解决。

2）国际经济合作已形成了全球性、广泛性和多层次的格局

国际经济合作的全球性是指各种不同类型的国家间发展了广泛的经济合作关系。第二次世界大战后，国际政治经济格局最显著的变化是世界上出现了经济发展水平不同、社会制度不同的三大类国家，即发达资本主义国家、发展中国家和社会主义国家。由于经济相互依赖和联系的加强，为了各自的利益，三大类国家内部和相互之间产生了各种类型的国际经济合作：发达国家之间的经济合作、发达国家与发展中国家之间的经济合作（南北合作）、发展中国家之间的经济合作（南南合作）、社会主义国家之间的经济合作、社会主义国家与发达资本主义国家之间的经济合作（东西方合作）。可以说，此时国际经济合作的开展已经遍及全球。不仅如此，国际经济合作的领域也具有广泛性，几乎遍及经济生活的各个方面和所有领域，渗透到各个层次。从合作领域看，它包括生产、贸易、金融、科技和各国的宏观经济政策协调等方面的内容。从合作的层次看，国际经济合作可以是企业间的合作，也可以是政府之间、政府与国际经济组织之间，或是区域经济组织之间的合作；合作可以是在微观领域展开的，也可以是宏观经济方面的；合作的主体可以是从事具体业务活动的企业和个人，也可以是政府首脑。

3）国际经济合作常常是多种生产要素的复合转移

国际经济合作是当代国际分工发展的产物，是以现代科学技术为动力，以生产国际化为基础建立起来的，其目标是通过生产要素的国际移动来实现全球资源的合理配置。在以生产要素国际移动和重新组合、配置为主要内容的国际经济合作活动中，生产要素的国际移动有时是单一的要素移动，但更多情况下是资本、技术、劳动力、资源、大数据与管理等多种生产要素的复合转移。例如，跨国公司在对外直

接投资时，常常会伴随着技术和管理的输出；再如，国际工程承包是劳动力、设备与技术、管理等多种生产要素结合在一起的。所以，生产要素的复合转移是当代国际经济合作的又一特征。

4）国际经济合作中存在着竞争与合作、矛盾与协调的运动规律

中国的一些专家学者将国际经济关系中存在的既相互联系、相互合作，又相互矛盾、相互竞争的现象概括为“4C规律”，即竞争（competition）—矛盾（contradiction）—协调（coordination）—合作（cooperation）。“4C规律”反映了国际经济合作中普遍存在的运动规律。

所谓国际经济竞争，是指参与国际经济活动的各个行为主体为了取得某种经济上的优势而在国际上展开的一种经济实力的较量和自觉的活动。竞争是商品经济的必然产物，它并非资本主义的特有范畴，不论社会制度如何，只要有商品经济，就必然会有竞争。如今，竞争机制已经进入国际经济生活的各个方面和国际经济关系的全过程。这种竞争不仅存在于发达国家之间，也存在于发展中国家与发达国家之间，并且发展中国家之间的竞争也越来越激烈。竞争的领域已由国际商品市场扩展到了国际生产要素市场，如资本市场的竞争、技术市场的竞争、劳务市场的竞争、信息市场的竞争等。尤其是在高科技领域的竞争日益激化，已经到了谁能先在技术上取得成功，谁能先掌握高科技领域的支配权，谁就能在未来的竞争中占有优势，谁就能到国际市场上去拼搏和把握竞争的主动权的境地。

所谓国际经济矛盾，是指在国际经济竞争中，任何一种国际经济行为都反映了该行为主体所要追求的价值、利益和目标。在这些价值、利益和目标的实现过程中，各行为主体之间必然会遇到这样或那样不一致的问题，因而产生摩擦、冲突，甚至是对立，这些都是经济矛盾的表现形式。国际经济关系中的矛盾是普遍的、大量的、经常性地存在的。这些不仅是由于不同的国家、民族、集团或企业在谋求自身经济利益时共同面临着有限的资源和市场，也由于各种非经济因素都可以导致国际经济矛盾的产生。当前国际经济关系中存在的矛盾主要表现在：发达国家之间的经济矛盾，如美国、日本、西欧国家之间的市场争夺战、投资战和科技战；南北经济关系中的矛盾，主要是发展中国家的经济发展落后，外债负担沉重，与发达国家的贫富差距日益扩大等。此外，发展中国家间也存在一些经济矛盾。这些矛盾对世界经济持续稳定地发展是十分不利的，需要得到妥善的解决，国际经济协调就是一种解决这些矛盾的有效途径。

所谓国际经济协调，是指参与国际经济活动的各经济行为主体为了解决相互存在的矛盾与问题，通过对话协商、召开国际会议、谈判、国际仲裁和国际司法等方式进行协调，以求得协商一致的一种机制。对国际经济关系中出现的矛盾与问题进行必要的协调，已经成为国际社会的共同愿望和要求。只有通过国际经济协调机制的有效运转，国际经济合作才能顺利开展，各国开展国际经济合作的目标才能得以实现。

所谓国际经济合作，是指不同主权国家政府、企业及国际经济组织之间为了共

同的利益，通过竞争与协调，在平等互利的基础上，侧重在生产领域中，以生产要素的移动和重新组合配置为主要内容而开展的经济协作活动，即经济合作是各行为主体为达到某个经济目标，经过上述提到的竞争、矛盾和协调而建立起来的协作关系。当然，这里所提到的竞争、矛盾、协调、合作不是必然的顺序，它们常常交织在一起，形成错综复杂的关系。

1.5 中国的对外经济合作

19世纪上半叶，中国沦为半殖民地半封建社会，基本上丧失了国家主权，技术落后，经济不发达，不具备开展对外经济合作的条件。中华人民共和国成立以后，中国政府本着国际主义精神，在一些亚、非、拉国家援建了一大批农业生产、基础设施和工业成套项目，同许多发展中国家建立了真诚合作关系，树立了中国企业的良好形象，积累了国外施工和提供技术服务的经验。这些对外援助的基础为当时中国企业了解国际市场和开展对外工程承包提供了重要的经验保障和市场基础。自20世纪50年代开始，中国也曾经开展利用外资的工作，主要是借用苏联政府的贷款。60年代由于中苏关系恶化，中国利用外资工作基本停止。总之，从中华人民共和国成立一直到70年代末，由于当时国际国内的特殊环境和条件，中国对外经济合作的开展是非常有限的。

1978年12月18日，党的十一届三中全会召开了，这次会议将对外开放确定为中国的一项基本国策，从此，中国走上了改革开放、强国富民的康庄之路。在改革开放40多年时间里，中国经济发生了巨大变化，对外经济合作取得丰硕成果，特别是在利用外资、技术贸易和积极开展境外国际经济合作方面。2001年12月11日，中国正式成为世界贸易组织成员。自加入世界贸易组织以来，中国努力实现自身发展和促进世界共同发展相结合，积极化挑战为机遇，在更大范围、更高水平上参与国际经济合作和竞争，大力发展开放型经济，使中国与世界的关系发生了举世瞩目的变化。2013年，习近平总书记提出“一带一路”倡议。倡议旨在加强从中国到欧洲的陆地和海上的贸易和基础设施连接，涉及60多个国家或地区，覆盖亚洲、非洲、欧洲。该倡议提出以来，无论是在进出口贸易方面，还是在利用外资与对外直接投资、对外工程承包与劳务合作、技术引进与技术出口等国际经济合作方面都取得了新的、更大的发展。在国际经济协调领域，中国也发挥着越来越重要的作用。

1.5.1 利用外资与对外直接投资

1）利用外资

中国利用外资的渠道和形式多样化，大致分为三类：对外借款，包括外国政府、国际金融组织贷款以及外国商业银行贷款、出口信贷、对外发行债券等；外商直接投资，包括组建中外合资和合作企业、外商独资企业等；外商其他投资，包括国际租赁、补偿贸易、加工装配以及对外发行股票等。2002—2022年全国利用外资情况见表1-1。

表1-1　　2002—2022年全国利用外资情况统计表

年份	新设外商投资项目（个）	同比（%）	实际利用外商直接投资额（亿美元）	同比（%）
2002	34 171	30.72	527.40	12.50
2003	41 081	20.22	535.05	1.45
2004	43 664	6.29	606.30	13.32
2005	44 019	0.81	724.10	19.43
2006	41 496	-5.73	727.20	0.43
2007	37 892	-8.69	835.20	14.85
2008	27 537	-27.33	1 083.10	29.68
2009	23 442	-14.87	940.60	-13.16
2010	27 420	16.97	1 147.30	21.98
2011	27 717	1.08	1 239.90	8.07
2012	24 934	-10.04	1 210.70	-2.36
2013	22 819	-8.48	1 239.10	2.35
2014	23 794	4.27	1 285.00	3.70
2015	26 584	11.73	1 355.80	5.51
2016	27 908	4.98	1 337.10	-1.38
2017	35 662	27.78	1 363.20	1.95
2018	60 560	69.82	1 383.10	1.46
2019	40 910	-32.45	1 412.20	2.10
2020	38 578	-5.70	1 493.40	5.75
2021	47 647	23.51	1 809.60	21.17
2022	38 497	-19.20	1 891.32	4.52

资料来源：国家统计局。

中国不断完善法律法规，为外商投资创造友好的制度环境，1979年颁布《中华人民共和国中外合资经营企业法》以来，全国人大和国务院先后颁布了500多个涉外经济法律法规，为外商来中国投资提供了法律依据和保障。1995年首次发布

《外商投资产业指导目录》，截至2022年1月已修订7次，分别为1997年、2002年、2004年、2007年、2011年、2015年、2017年。《外商投资产业指导目录》鼓励和支持外商在农业综合开发、能源、交通、重要原材料、高新技术、资源综合利用、环境保护等领域投资。2019年，第十三届全国人民代表大会第二次会议通过了《中华人民共和国外商投资法》，取代之前的“外资三法”，成为外商投资领域的基础性法律，确立了我国新型外商投资法律制度的基本框架，确定了我国对外开放、促进外商投资的基本国策和大政方针，对外商投资的准入、促进、保护、管理等作出了统一规定。此外，自20世纪80年代初开始，中国投入人力、物力和财力，相继建成一大批基础设施，为外商在中国投资办厂创造了良好的环境。

自2001年12月11日正式加入世界贸易组织以来，中国全方位对外开放格局已形成，对外开放的领域进一步扩大；外商投资保持了较大的规模，外资的来源国家和地区持续增加，越来越多大型跨国公司进入中国，资金、技术密集的大型项目和基础设施项目增加较多，外商投资结构不断优化。中国的积极努力取得了显著成效，从1979年到2022年，全国累计批准设立外商投资企业约80.65万家，中国实际利用外商直接投资金额28 081.3亿美元，外商投资遍及制造业、服务业、农业、基础设施等领域。至2022年，超过90%的全球大型跨国公司在华投资，有2 000多家外商投资企业研发中心在中国运营，高新技术产业和服务贸易领域开始成为外商投资的新热点。联合国贸发会在2021年1月份的《全球投资趋势检测报告》中指出，2020年疫情期间，中国吸引外资逆势增长4%，超越美国成为全球最大外资流入国。中国巨大的市场和无限的商机吸引众多的外国企业来华投资，这些企业带来了雄厚的资金，先进的技术、管理和营销经验，外资让我们与世界越来越紧密相连。

知识扩展1-2

《中华人民共和国外商投资法》

与此同时，中国借用国外资金也逐年增加，近年来每年都达到数百亿美元。从产业分布来看，中国借用的长期资金主要投向交通运输、能源、通信、原材料、机械、化学工业等国民经济发展中的重要部门；借用的短期资金则主要投向轻纺织工业、商业、服务业等能创汇、见效快的行业。改革开放40多年来，在国家宏观调控政策下，中国基本上形成了借、用、还的良性循环。

2）对外直接投资

中国在积极利用外资的同时，中国企业在境外的直接投资也有了很大的突破。截至2022年年底，中国对外直接投资流量1 631.2亿美元，连续11年位列全球前3名，中国对外直接投资存量达2.75万亿美元，连续6年位列全球前3名。2022年，中国境内投资者共在全球190个国家和地区设立境外企业4.7万家，近60%分布在亚洲，13%分布在北美洲，10%分布在欧洲。其中，在共建“一带一路”国家设立境外企业1.6万家。①

中国企业阔步“出海”，投资领域也越来越广泛。2022年，中国对外直接投资

① 资料来源：《2022年度中国对外直接投资统计公报》。

涵盖了国民经济的18个行业大类，流向租赁和商务服务、制造、金融、批发零售、采矿、交通运输等领域的投资均超过百亿美元。其中，对外投资的产业结构持续优化，绿色投资成为一大亮点。新能源成为对外投资项目数量最多的领域，占比约58%，包含太阳能发电、风力发电等。

中国对外投资始终秉持着“互利共赢”的理念，助力当地经济发展。2022年，中国对外投资企业向东道国纳税750亿美元，雇用外方员工近250万人，带动货物进出口2 566亿美元。其中，非金融类境外企业经营有显著提高，实现销售额3.5万亿美元，同比增长14.4%。

中国对外投资的投资方式也更加灵活多样，除了传统的投资方式，还开始运用并购、参股等投资方式。中国以并购方式开展对外直接投资的高峰出现在2016年，当年并购金额为1 353.3亿美元，占对外投资总额比重为44.1%。而近年来，受疫情等多重因素的影响，并购金额有所下降。2022年中国以收购方式实现直接投资200.6亿美元。

收购领域主要涉及采矿业、制造业、电力生产和供应业、专业技术服务业等。代表性项目有中石化集团（通过中国香港公司）以71.09亿美元收购雷普索尔公司巴西子公司40%股权；中石油集团联合壳牌能源公司以35亿澳元共同收购澳大利亚Arrow能源有限公司；浙江吉利控股集团公司以17.88亿美元收购瑞典沃尔沃轿车公司100%股权；国家电网公司以9.89亿美元收购巴西7家输电公司及其输电资产30年经营特许权项目等。

总之，中国的对外投资已经从初级阶段进入快速发展期，中国在世界经济中扮演的角色正在发生从“产品生产者”向“资本输出者”的历史性转变。其主要表现在：

（1）境外投资领域在不断拓宽，已由初期的以贸易、航运和餐饮为主，拓展到以工业制造、建筑、石油化工、资源开发、交通运输、水利电力、电子通信、商业服务、农业等行业为主，并广泛涉及国民经济其他诸多领域，如环境保护、航空航天、核能和平利用以及医疗卫生、旅游餐饮、咨询服务和研究开发等众多领域。

（2）境外投资方式也在增多，从过去以投资办厂的绿地投资方式发展到跨国并购、股权置换、境外上市、建立研发中心、创办工业园区等多种形式。

（3）境外投资水平逐步提高，单个投资项目的平均对外投资额不断增加，一批境外研发中心、工业产业集聚区逐步建立，投资的产业结构不断优化。

（4）境外投资主体日趋多元化，国有企业比重下降、民营企业成为“走出去”的主力军，工业企业取代贸易公司，在境外生产性投资中发挥了积极作用。随着中国经济与世界经济相互依存和交融的程度不断加深，中国企业在国际市场的竞争中逐渐成长起来，涌现出一批如海尔、格力、中国石化、中国电力、中国银行、华为、联想、方正、新浪、搜狐、吉利等在国际上有影响的跨国公司。

知识扩展1-3

中国石油的海外合作之路

1.5.2 对外工程承包与劳务合作

改革开放以来，中国的对外经济合作事业经历了从无到有，不断壮大的发展历程。自1979年4月首批批准建立的4家国营公司率先开展对外工程承包业务以来，在伊拉克、沙特阿拉伯、也门、埃及、索马里、马耳他等国和中国香港地区签订了36项对外承包、劳务合同，总金额5 117万美元。此后，中国从事对外工程承包劳务的企业数量迅速增加，业务发展速度每年递增20%左右。尤其是20世纪80年代中后期开始，正值东亚、东南亚地区经济迅速发展，该地区的基础设施建设和工农业生产出现前所未有的繁荣景象，国际工程承包市场迅速形成。中国公司及时抓住有利时机，进入了东亚和东南亚工程承包市场，并取得了突破性进展，对外工程承包市场开始向多元化发展。2001年，中国对外工程承包新签合同额130.39亿美元，完成营业额88.99亿美元，年末对外劳务合作在外人数为41.47万人，对外承包工程在外人数为6万人。截至2001年年底，中国对外工程承包签订合同额累计996.9亿美元，完成营业额713.41亿美元。除了传统的中东地区和亚洲地区外，中国对外工程承包和劳务合作业务开始逐渐扩展到非洲、欧洲、北美洲、拉丁美洲和大洋洲。入世后18年间，中国对外经济合作各项业务更是实现大幅增长（见表1-2）。2002—2022年，中国对外承包工程累计完成营业额21 526.56亿美元，签订合同额32 489.7亿美元；中国对外劳务合作累计派出各类劳务人员440.68万人，远远超过了之前的总数。2022年，中国对外承包工程稳步发展，全年完成营业额1 549.9亿美元；新签合同额2 530.7亿美元；全年派出劳务合作人员25.9万人，较上一年度同比增长36.5%，年末在外人数54.3万人，同比增长62.6%。现在中国对外工程承包和劳务合作方式越来越多样化，对外承包工程不断向EPC总承包、BOT等更高层次发展，大项目不断增多，技术含量日益提高。越来越多的企业开始尝试BOT、PPP等高端模式，设计咨询类业务新签合同额同比大幅增长。对外劳务合作逐步摸索出团队整建制派出、基地先培训后派出、政府间协议派出等方式，海员、护士、工程师等高级劳务外派不断增加。

表1-2　2004—2022年对外承包工程和对外劳务合作派出人员情况统计表

年份	对外承包工程合同金额（亿美元）	对外承包工程完成营业额（亿美元）	对外劳务合作派出各类劳务人员（万人）	年末在外各类劳务人员（万人）
2004	241.95	176.15	17.3	41.94
2005	299.68	219.90	18.34	41.87
2006	664.16	303.21	21.48	47.52
2007	786.32	411.26	21.49	50.51
2008	1 054.50	570.60	22.49	46.71
2009	1 262.10	777.06	18.01	45.03

续表

年份	对外承包工程合同金额（亿美元）	对外承包工程完成营业额（亿美元）	对外劳务合作派出各类劳务人员（万人）	年末在外各类劳务人员（万人）
2010	1 343.67	921.70	18.68	47.01
2011	1 423.32	1 034.24	20.91	48.84
2012	1 565.29	1 165.97	27.84	50.56
2013	1 716.29	1 371.43	25.57	48.26
2014	1 917.56	1 424.11	29.26	59.69
2015	2 100.74	1 540.74	27.68	61.83
2016	2 440.10	1 594.17	26.4	59.6
2017	2 652.76	1 685.87	30.02	60.23
2018	2 418.04	1 690.44	26.5	60.61
2019	2 602.45	1 729.01	27.6	62.41
2020	2 555.36	1 559.35	16.23	34.98
2021	2 584.94	1 549.43	18.98	33.39
2022	2 530.70	1 549.90	25.9	54.3
累积	32 159.93	21 274.54	440.68	955.29

资料来源：国家统计局。

目前，中国对外工程承包、对外劳务合作等对外经济合作业务遍及全世界近200个国家和地区，基本形成了“亚洲为主，发展非洲，拓展欧美、拉美和南太”的多元化市场格局。开展对外经济合作对促进国民经济和对外关系发展的作用日益增强。国家实施“走出去”战略，鼓励和支持有条件的各种所有制企业对外投资和跨国经营，主动参与各种形式的国际经济技术合作，是中国对外开放新阶段的重大举措。通过“走出去”，中国在境外形成了若干个原油和矿产资源生产基地，获得了国民经济和社会发展所需的油气、矿产资源、木材等。

中国企业在境外从事家电、机电、纺织、服装、轻工等行业的加工贸易，促进了国内产业结构调整。中国企业“走出去”，在近200个国家和地区开展经济合作，有利于东道国发展经济、创造就业、增加税收等，实现互利共赢，促进共同发展，受到世界各国特别是广大发展中国家的普遍欢迎。总之，实施“走出去”战略，积极开展对外经济合作，对缓解国内资源短缺矛盾、推动产业结构调整、扩大出口、增加就业，以及增进对外友好合作关系等方面的作用日益明显。

1.5.3 技术引进与技术出口

1）中国的技术引进

改革开放以来，中国通过各种方式积极大量引进国外先进技术和设备，改造落后的技术装备，弥补技术空白，还先后设立了经济特区、沿海经济开放地区作为引进国外先进技术、设备、科学知识和先进管理方法的窗口。这一时期，中国技术引进工作发生了深刻的变化，主要表现在：引进模式由以新建企业为主转向为现有企业技术改造服务；引进方式由原来以成套设备进口为主发展为许可证贸易、补偿贸易、合资经营、合作生产、技术咨询、技术服务、租赁等多种方式；引进工作由中央统一计划安排转变为中央、地方、部门多方面积极安排；引进资金由主要靠国家拨款发展为国家拨款、银行贷款、利用外资、企业自筹等多种渠道；引进的对外工作由少数外贸公司办理发展为众多外贸公司、工贸公司、自营进出口发展企业和先进企业集团办理；引进国家（地区）由少数主要工业发达国家转变为日、美、西欧、北欧、东欧等许多国家。1997年年底，国家又颁布了重点鼓励发展的产业、产品目录和鼓励外商投资产业指导目录，为进一步引进国外先进技术和设备创造了良好的环境。在良好政策引导下，中国的技术引进工作获得了新的发展。1991年全国对外签订技术引进合同359项，合同金额仅为34.59亿美元，其中技术转让、技术许可、技术咨询、技术服务等技术费约占全部技术引进合同金额的20%多。

近年来，中国技术引进呈现出一些新的特点。一是自主创新与技术引进并重。中国不再单纯依赖外部技术转移，而是在引进技术的基础上，加强自主研发，推动技术创新。二是高技术领域的重点引进。与过去不同，中国现在更加注重在半导体、生物技术、新能源、人工智能等高技术领域的技术引进。三是加强国际合作，进一步加深与欧盟、日本和美国等传统技术引进来源地的合作，同时积极开拓与韩国等国的技术合作。四是技术引进与产业升级相互结合。技术引进不再是孤立的，而是与产业升级、产业链优化相结合，推动整体产业的发展。五是知识产权保护。为鼓励技术引进和创新，中国加强了知识产权的保护力度，提供了更好的技术和创新环境。

此外，中国技术引进也存在新的挑战，主要是自2018年中美贸易冲突以来，以美国为首的部分发达国家限制对中国的技术出口。2022年的一项企业调查显示，美国是中国引进专利技术的最主要国家，由于美国政府出台诸多技术出口方面的禁令，国内有近40%的企业因此面临技术引进困难等问题①。

中华人民共和国成立70多年来，中国通过技术引进工作，在短时间内改变了工农业生产技术装备落后的面貌，缩短了与工业发达国家的技术差距，促进了科技发展，提高了综合国力和人民群众的生活水平。技术引进对中国经济充分利用后发优势快速发展起了重要作用，主要表现在：

（1）产业升级效应。技术引进不仅可以缩小技术差距，还可以帮助发展中国家培育新的产业。技术引进、技术模仿和技术创新是发展中国家工业化进程中产业发展的必然阶段。中国家电工业的迅速发展证明了这一点。

（2）扩大出口的效应。引进国外先进技术，建立外商投资企业，在调整产业结构、增加产品品种和提高产品质量的基础上扩大了出口。引进技术提高了中国经济

① 资料来源：《2022中国专利调查报告》。

发展水平和中国在国际市场上的竞争能力，而且企业利用来华投资商的商业信誉和销售渠道进入国际市场，为企业“走出去”从事跨国经营创造了条件。

（3）提高产品的竞争能力。引进技术帮助企业增加了产品品种并提高了产品质量，实现了出口产品的多样化和高档次化。在国际市场的竞争中，产品的价格固然重要，但产品的质量和差异性已经越来越成为企业能否立足于市场的关键。对于发展中国家来说，引进技术是迅速增加产品品种和提高产品质量的重要途径。

（4）促进企业的技术研究与开发。引进技术为中国节省了大量技术研究与开发的时间和成本，实现企业技术进步的跳跃式发展，缩小了本国与西方发达国家技术水平上的差距。

（5）提高企业的管理水平。企业在引进先进技术的同时，往往还获得了国外企业，尤其是跨国公司的先进管理技巧和宝贵经验，而且通过技术引进还培养了技术和管理人才。先进技术、组织管理技能和高级人才是发展中国家企业向现代跨国企业发展中迫切需要的重要因素。

2）中国的技术出口

自20世纪80年代开始，中国技术出口经历了探索阶段、起步阶段、初步发展阶段和快速发展阶段。在探索阶段，中国技术出口是无计划、自发地进行的，出口主要以新技术、新工艺等软件技术为主，以工业发达国家为主要出口国和地区，国家没有明确的归口管理部门、管理法规及相应鼓励扶植政策。因此，这一阶段的技术出口额很小，成交金额每年约1 000万美元。20世纪80年代后期，中国技术出口进入起步阶段，确定了明确归口管理部门、技术出口政策、审批权限和程序。这一阶段开始了有组织、有管理的技术出口工作，出口金额逐年上升，出口品种不断增加，出口地区扩大到了发展中国家。20世纪90年代初期，中国技术出口开始有了初步发展，成交金额迅速上升，以技术出口带动成套设备出口的项目不断增加，技术出口取得了可喜的成绩。1996年，中国技术出口合同共有1 238项，合同金额46.94亿美元，分别比上年增长了123%和85.39%，大型成套设备和高技术产品是中国技术出口拳头产品。1997年，中国技术出口合同共有2 532项，合同金额55.2亿美元，金额比上年增长了17.6%，但技术许可费和技术咨询费只有5 500万美元和3.46亿美元，占技术出口比重比较低。而大型成套设备和高技术产品出口规模进一步扩大，占技术出口额的55%，比上年增长了11.7%。

进入21世纪，中国技术贸易更是迅速发展，“软件”技术出口的比重加大了，技术出口的水平有了很大的提高。2009年，技术许可费和技术咨询费这两项金额分别是4亿美元和186亿美元，是1997年的7.27倍和53.76倍。但值得一提的是，1999年国家开始实施科技兴贸战略，发展高新技术产品出口。科技兴贸战略的核心就是大力促进高新技术产品出口和利用高新技术改造传统产业，优化出口商品结构，提高出口商品的质量、档次和附加值，增强国际竞争力。2000年科技兴贸战略取得新进展，并陆续出台一系列扶持鼓励措施。在优惠政策的支持下，中国高新技术产品出口一直保持高速增长的态势。2003年，中国高新技术产品出口达到

1 103亿美元，是实施科技兴贸战略前1998年202亿美元的5倍多。高新技术产品出口占全部外贸出口的比重已从1998年的11%跃升至2003年年底的25.2%。2005年，全年高新技术产品贸易额首次突破4 000亿美元，达到4 159.6亿美元，比上年同期增长27.2%，占全国外贸总额的比重达到了29.2%；全年高新技术产品出口额占全国外贸出口额的比重首次跨越28%的门槛，创28.6%的历年新高，比2004年增长0.7个百分点。到2013年，虽然受金融危机给世界经济和国际贸易带来的严重影响，中国高新技术产品的出口额仍然增长到6 603.3亿美元，同比增长9.8%，位居世界各国高新技术产品出口额前列。[①] 金融危机以来，全球经济增长乏力，逆全球化主义抬头，中国高新技术产品出口也出现些许波动，2015年和2016年高新技术产品出口额就有所降低，但在2017年以后又连续回升。2022年，我国高新技术产品出口9 513亿美元，进口7 635亿美元[②]。应当说，中国“科技兴贸”战略的成果已显露出来，高新技术产业发展迅猛。

思政视频1-3

美打压中国芯片，中国禁止24项技术出口，这一次轮到美国被“卡脖子”

1.5.4　中国与国际经济协调

中国对国际经济协调机制从认识到积极参与，是在长期国内经济建设和经济外交发展中逐步实现的。中华人民共和国成立后，面对东西方两大阵营相互对立的国际格局，中国大力发展与社会主义国家的经济合作，在坚持和平共处、平等互利的基础上，向外国学习一切值得学习的东西，成功建立起独立的、比较完整的工业和国民经济体系。但在改革开放前由于受到国内外政治因素限制，中国经济总体上处于落后状态，对外经济贸易联系比较少，参与国际经济协调的能力也非常局限，当时的外交活动更多的是出于政治目的。改革开放后，中国确立了社会主义市场化的改革目标，发展同世界各国的经贸往来，积极参与国际分工合作，综合国力得到很大提升，中国的外交活动也逐渐转向以服务对外开放为主要内容。伴随着中国对外开放的不断深入和经济的迅速发展，经济外交开始走向前台，中国开始积极参与国际经济协调活动。加入世界贸易组织后，中国得以在更大范围、更广领域、更高层次上参与国际经济技术合作和竞争，对外经济贸易持续增长，开始在国际经贸舞台崭露头角，经济外交更是成为中国参与国际经济活动、提升开放型经济水平、维护国家利益的重要手段，中国在国际经济协调领域发挥的作用越来越重要。

中国参与国际经济协调的方式主要有：参加国际经济组织、参与区域一体化的建设、参加重要的国际会议以及其他经济外交途径。

1）中国与国际经济组织

（1）联合国

1971年恢复了合法席位后，中国对联合国事务的参与经历了一个由陌生到逐渐熟悉的过程。改革开放以后，中国的外交政策进行了较大的调整，中国的战略发

① 资料来源：中国服务贸易指南网。
② 资料来源：《2022年中国电子信息行业经济运行报告》。

生了大的变化，需要为经济建设营造一个和平安宁的国际环境，需要在国际社会争取更多的朋友。在这种情况下，在联合国，我们主张积极开展多边合作，支持联合国在国际上发挥作用。此外，中国始终站在发展中国家一边，坚定地维护发展中国家的利益，积极开展南南合作，与其他发展中国家一道为建立国际经济新秩序而努力。

（2）国际货币基金组织

自1980年4月中国恢复在国际货币基金组织（International Monetary Fund，IMF）的合法席位以来，中国与国际货币基金组织的联系与合作日益频繁。中国先后两次使用IMF信贷共13.85亿特别提款权（Special Drawing Right，SDR），但IMF不是中国利用外资的主要来源。在技术援助方面，中国曾多次获得IMF传授的金融规划、货币和财政政策、银行统计和经营管理等方面的知识。这对于改善中国的宏观政策调控机制，增强宏观政策制定的科学性和实施的有效性均起到了积极的作用。此外。IMF作为中国与世界各国交流合作的重要平台，为中国创造良好的外部国际环境起到了积极作用。更为重要的是，随着中国对世界经济的影响力不断增强，IMF已经成为中国在国际政治经济舞台上履行大国责任的重要途径。30多年来，中国在IMF中的角色逐渐由被动的接受者转变为主动的参与者。例如，中国1994年向IMF提供了1亿特别提款权的贷款，用于支持重债穷国的债务调整，同时还向该贷款的贴息账户捐款1 200万特别提款权；1997年金融危机后，中国政府在IMF框架下向泰国政府贷款10亿美元；1999年，中国又向IMF捐助1 313万特别提款权，继续支持穷国减债计划；2005年印度洋海啸后，中国政府也积极为IMF的“冲突后和自然灾害紧急援助贴息账户”注资，为受灾国提供援助。中国人民银行副行长朱民也于2010年2月被任命为IMF总裁特别顾问，为IMF能更好地应对所有成员国未来面临的挑战，并加深基金组织对亚洲和新兴市场的了解做出贡献。除此之外，2010年IMF改革后，中国成为仅次于美国和日本的第三大股东国，投票份额也提高到6.07%。2016年10月1日，人民币正式加入特别提款权货币篮子。今后，中国与IMF的交流与合作还将进一步加强，人民币国际化问题成为一个非常重要的合作议题。截至2022年年底，中国在IMF中的投票权为6.41%。

专栏1-3　　特别提款权的作用

特别提款权（SDR，Special Drawing Right）是国际货币基金组织创设的一种储备资产和记账单位，也称为“纸黄金（Paper Gold）”，是国际货币基金组织分配给会员国的一种使用资金的权利，是国际货币基金组织对原有普通提款权以外的一种补充，所以称为“特别提款权”。

特别提款权的作用是：当会员国发生国际收支逆差时，可用它向国际货币基金组织指定的其他会员国换取外汇，以偿付国际收支逆差或偿还国际货币基金组织的贷款，还可与黄金、自由兑换货币一样充当国际储备。但由于其仅是一种记账单位，不是真正的货币，使用时必须先换成其他货币，不能直接用于贸易或非贸易的支付。

2015年11月30日，国际货币基金组织宣布将人民币纳入国际货币基金组织特别提款权（SDR）货币篮子。2016年10月1日该决议生效。2022年5月11日，国际货币基金组织执董会完成了五年一次的特别提款权定值审查，SDR货币篮子由人民币、美元、欧元、日元和英镑五种货币组成，并将人民币占比从10.92%上调至12.28%。

（3）世界银行集团

中国自1980年5月恢复在世界银行集团（以下简称“世行集团”）的合法席位以来，一直与世行集团保持着良好的合作关系。特别是在贷款合作方面，这是中国与世行集团合作的重要内容之一，也是开展其他合作的基础。截至2010年6月，世行集团对华贷款承诺总额约为478亿美元，共支持建设了326个项目。世行集团对华项目贷款遍及我国内地（除西藏之外的各省、自治区、直辖市），主要集中在交通、农业、城建和环境、能源、工业、教育、卫生等领域。世行集团的贷款不仅补充了我国经济建设和社会发展所需的资金，而且在推动我国制度创新、技术创新等方面也发挥了明显作用。例如，通过世行集团贷款引进的竞争性招标机制、工程监理制度、业主负责制已成为我国重大工程项目的标准做法；通过世行集团项目引进的供水、污水收费制度已在全国推行，为我国水资源的可持续发展奠定了基础；通过世行集团项目率先试点的区域卫生资源规划、医疗扶贫基金等为我国卫生体制改革与发展提供了宝贵的可借鉴经验。此外，中国还与世行集团的多边投资担保机构（Multilateral Investment Guarantee Agency，MIGA）进行了合作。随着中国经济的快速发展和国际影响的扩大，中国作为世行集团的重要成员国，积极参与世行集团内部治理改革，2010年4月，世行集团就投票权从发达国家向发展中国家和转轨国家转移3.13个百分点达成一致。中国的投票权由2.77%增加到4.42%，跃升为第三大股东国，仅次于美国和日本。截至2022年年底，中国在世界银行的投票权小幅增加至近4.5%。

（4）世界贸易组织

2001年12月11日，中国正式成为世界贸易组织（World Trade Organization，WTO）成员。入世后，中国逐步扩大农业、制造业和服务业的市场准入，下调进口产品的关税税率，取消所有进口配额、许可证等非关税措施，全面放开外贸经营权，大幅降低外资准入门槛。比如，关税总水平由15.3%降至7.5%，远低于发展中国家平均水平；服务贸易开放部门达到100个，接近发达国家水平。中国致力于提高对外开放政策的稳定性、透明度和可预见性。入世后，中央政府30个部门清理各种法律法规和部门规章2 300多个，地方政府共清理地方性政策和法规19万多个，使涉外经济法律法规与入世承诺相一致；开展了大规模知识产权立法修改工作，符合了世界贸易组织的要求。

入世以来的实践证明，中国加入世贸组织带来的是一种共赢，不仅中国从加入世贸组织中获益了，其他国家也同样从中受益。通过加入世贸组织，中国成功巩固了多年持续开放取得的进步。中国成功带领数亿人摆脱贫困，在脱贫方面取得了举世瞩目的成就。中国获得了市场准入、贸易争端解决、贸易规则制定等方面的便利，也增强了外国投资者对中国的信心，帮助中国赢得了大量投资。通过履行入世承诺，中国巩固了经济改革成果，使中国在经济、政治和社会等各方面受益。对于其他世贸成员来说，中国加入世贸组织意味着巨大的市场机遇。一方面，中国工业制成品和农产品进口税率在发展中国家中处于较低水平；另一方面，过去几年，中国在出口规模猛增的同时，进口规模每年也以较快的速度增长。中国在世界贸易中的地位决定了：如果离开中国，世贸组织就不能称为“世界”贸易组织。中国作为这个贸易体系的一部分，为维护体系的持续稳定提供了重要保障，这一点在国际金融危机期间表现尤为明显，当世界经济在许多方面经历严重衰退时，贸易体系保持了基本稳定。

思政视频1-4

“入世”二十年：中国是怎样加入世贸组织的？

2）中国与区域经济一体化的建设

随着自由贸易区的快速发展，越来越多的国家开始重视自由贸易区建设，将其提到了与WTO同等重要甚至更为优先的地位，并且制定了相应的自由贸易区战略。在这样的国际背景下，一直致力于推动多边贸易谈判的中国也充分认识到参与区域经济合作的必要性，并开始有针对性地进行自贸区建设。目前，中国已签订的自由贸易协定有19个，正在谈判的自由贸易协定有10个，正在研究的自由贸易区有8个。从自由贸易区的总体发展情况可以看出，中国的自由贸易区战略正在稳步推进并具有一定特征：第一，涉及的地域范围不断扩大。中国的自由贸易区建设呈现出的是由周边国家逐步向全球范围辐射的战略布局。第二，协议内容不断深化，合作领域不断拓展。例如，2013年签署的《中国—瑞士自由贸易协定》，除货物与服务贸易外，中瑞自由贸易协定还涉及一系列新规则，包括环境、劳工与就业合作、知识产权、政府采购信息交流等方面的内容，体现了中国自由贸易区内容不断拓展和深度一体化的特征。2015年签订的《中国—韩国自由贸易协定》首次将金融服务和电信章节独立成章，并在中韩自由贸易协定第二阶段谈判中，首次使用负面清单方式进行服务贸易和投资谈判，体现了我国在不断追求探索高水平自由贸易协定。第三，战略推进模式多样化。在自由贸易区建设的过程中，中国一直坚持从实际出发，根据自贸区伙伴国各自的特点探索出多种不同的FTA战略推进模式。例如，以CEPA为代表的“一国两制”模式、与发展中国家的南南型合作模式、与少数发达国家的南北型合作模式。第四，坚持以共同利益为根本。中国的自由贸易区建设之所以能够实现如此快速的发展，最根本的是因为中国政府在自贸谈判中，注重本国利益与贸易伙伴国利益的协调和统一，坚持与贸易伙伴国共享贸易自由化带来的利益。例如，中国在与东盟建立CAFTA的过程中，为了使各成员国能够尽快享受自由贸易区带来的好处，中国主动提出实施“早期收获”计划，此外，还对东盟新老成员实行不同的降税安排，充分考虑了东盟新成员国的利益。第五，坚持互利公平的原则。例如，2020年11月15日正式签署的《区域全面经济伙伴关系协定》（RCEP），规则上以公平贸易取代自由贸易，以互利对等取代最惠国待遇，在争端解决机制等方面都体现了公平互利的原则。

知识扩展1-4

区域全面经济伙伴关系

推动区域经济一体化建设对中国经济发展有积极意义：有利于中国经济实力的增强和产业结构的优化升级；有利于中国赢得周边国家的信任与支持，减少经济发展中的摩擦和阻力；有利于中国经济制度安排日益适应经济全球化发展的要求；有利于中国参与国际事务并在贸易、投资及市场准入等方面与国际经济全面接轨；有利于中国企业“走出去”，获得海外发展新空间；有利于解决我国经济快速发展带来的对自然资源和能源的需要；有利于增强我国在经济全球化中的应对能力。总之，推动区域经济一体化建设是和我国的经济全球化战略相辅相成的，它不仅使中国能从容面对经济全球化带来的挑战，更为中国积极利用经济全球化创造了良好的经济基础和政治条件，有利于中国更有效地参与经济全球化进程。

思政视频 1-5

11个月11.8万亿惠及22亿人口央视盘点一周年RCEP给世界带来信心

专栏1-4　　中国涉及的自由贸易协定

中国涉及的自由贸易协定见表1-3。

表1-3　　中国涉及的自由贸易协定

（截至2023年11月）

已签订未生效3个	马尔代夫（2017年12月7日签订） 厄瓜多尔（2023年5月11日签订） 塞尔维亚（2023年10月17日签订）	
已签协议并且生效16个	中国香港、中国澳门CEPA（2003年签署，2004年生效） 东盟CAFTA（2002年11月签署，2005年7月生效；2015年11月签订升级协定书，2019年10月22日全面生效） 智利（2005年11月18日正式签订，2006年7月1日正式生效；2017年11月11日升级议定书签订，2019年3月1日生效） 巴基斯坦（2006年11月24日正式签订，2007年7月1日生效，2019年4月签订第二阶段协定书，2019年12月1日生效） 新西兰（2008年4月7日签订，2010年1月生效，2021年1月26日升级议定书签署，2022年4月7日生效） 新加坡（2008年10月23日签订，2009年1月1日生效，2018年11月12日升级议定书签署，2019年10月16日生效） 秘鲁（2009年4月28日，2010年3月1日生效；2016年11月21日启动升级协定谈判） 哥斯达黎加（2010年4月8日签订，2011年8月1日生效）	冰岛（2013年4月15日签订，2014年7月1日生效） 瑞士（2013年5月24谅解备忘录签订，2014年7月1日生效；2017年5月18日，启动协定升级研究） 澳大利亚（2015年6月17日签订，2015年12月20日生效） 韩国（2015年6月1日签订，2015年12月20日生效；2018年3月22日，第二阶段首轮谈判启动） 格鲁吉亚（2017年5月13日签订，2018年1月1日生效） 毛里求斯（2019年10月17日签订，2021年1月1日生效） 柬埔寨（2020年10月12日签订，2022年1月1日生效） 《区域全面经济伙伴关系协定》（RCEP）（2020年11月15日签订，2022年1月1日生效）
正在谈判中8个	海合会（2022年9月29日第十轮谈判） 中日韩（2019年11月29日第十六轮谈判） 斯里兰卡（2017年1月16日第五轮谈判） 以色列（2023年3月28日第八轮谈判）	挪威（2019年9月12日第十六轮谈判） 摩尔多瓦（2018年9月20日第三轮谈判） 巴拿马（2019年4月24日第五轮谈判） 巴勒斯坦（2019年1月30日首轮谈判）
正在研究中7个	哥伦比亚（2012年5月9日，启动可行性研究） 斐济（2016年11月14日，启动第二轮可行性研究） 尼泊尔（2016年3月21日，启动可行性研究） 蒙古国（2017年5月12日，启动可行性研究）	加拿大（2017年9月12日，可行性研究第四次会议） 孟加拉国（2018年6月20日，可行性研究首次会议） 巴布亚新几内亚（2020年8月6日，启动可行性研究）

3）中国与其他国际经济组织和重要国际会议

知识扩展1-5

中日韩自由贸易区（China-Japan-Korea FTA）

（1）亚太经济合作组织

亚太经济合作组织（Asia-Pacific Economic Cooperation，APEC）也称亚太经合组织，是亚太地区最有影响力的经济论坛，是世界上最具有经济活力的经济合作组织之一。中国是亚太经合组织中人口最多、最大的发展中国家，中国在APEC中占了将近1/3的区域和1/2的人口。同时，中国的主要贸易伙伴和投资来源地多是亚太经合组织成员。加强与亚太经合组织各成员的合作关系，在亚太地区建立稳定、便利的贸易投资环境，对中国的发展有着重要意义。从1991年加入亚太经合组织以来，中国始终本着积极参与、求同存异、推动合作的精神，全面参与亚太经合组织的各项活动。中国领导人参加了历届领导人非正式会议，并且于2001年在上海成功举办了第9届领导人非正式会议，为亚太经合组织的合作和发展做出了重要贡献，也有力地推动了中国改革开放的进程，提高了中国参与国际合作的能力。APEC第22次领导人非正式会议于2014年11月在北京举行，主题是“共建面向未来的亚太伙伴关系”，会议讨论了推动区域经济一体化，促进经济创新发展、改革与增长，加强全方位基础设施与互联互通建设三项重点议题。2022年在泰国曼谷举办了第29次亚太经合组织领导人非正式会议，以“开放、联通、平衡”为主题，聚焦亚太和世界经济平衡、包容和可持续增长，促进贸易投资合作，共同应对挑战。

（2）上海合作组织

在中国参与的数十个多边国际组织中，上海合作组织是第一个不仅由中国参与创建，而且是在中国境内宣布成立、第一个以中国城市命名、总部设在中国的多边国际组织。中国在这个组织的成立以及此后的发展中所发挥的积极作用，反映了中国参与多边外交的状况和政策。上海合作组织是由中国、俄罗斯、哈萨克斯坦、塔吉克斯坦、吉尔吉斯斯坦五国在原有的五国会晤机制上成立的，是相关国家在解决历史遗留的边界问题基础上形成的。五国在军事安全领域的互信不断加强，也使合作逐步扩展和外溢到政治、外交、经济、文化等领域。2001年6月，在吸收乌兹别克斯坦由观察员正式成为成员后，六国元首决定将“上海五国”机制提升为“上海合作组织”。上海合作组织的宗旨是为了“加强各成员之间的相互信任与睦邻友好；鼓励各成员在政治、经贸、科技、文化、教育、能源、交通、环保及其他领域的有效合作；共同致力于维护和保障地区的和平、安全与稳定；建立民主、公正、合理的国际政治经济新秩序”。上海合作组织发展过程中所形成的“互信、互利、平等、协商、尊重多样文明、谋求共同发展”等基本内容被称为“上海精神”，成为新世纪上海合作组织成员国之间处理相互关系的准则。

思政视频1-6

上合组织成立至今“朋友圈”不断扩大

上海合作组织的建立和发展顺应了冷战结束后人类要求和平与发展的历史潮流，展示了不同文明背景、传统文化各异的国家通过互尊互信实现和睦共处、团结合作的巨大潜力。中国积极参与和推动上海合作组织的建立，支持其在维护国际安全，加强国际合作方面所发挥的重要作用，不仅成为促进中国与相关国家关系的重要平台，也成为维护中国西北边疆的重要安全保障，是中国多边外交的重要成就。

（3）金砖国家

“金砖国家”原来被称为金砖四国（Brazil，Russia，India and China，BRICS）简称由巴西、俄罗斯、印度和中国的英文首字母组成，后来由于南非的加入改称为“金砖国家”。

金砖国家都是重要的发展中国家和新兴市场国家，社会经济发展的目标有很多相似之处，对许多国际议题立场相近，对改革现有世界政治经济体制、建立更为平衡的全球治理体系有共同的要求。这些共同的利益和相近的立场是将各国凝聚在一起的重要因素。金砖国家合作机制建立以来，通过成员国协调立场与采取共同行动，在一些重要国际事务中取得了重要成果。例如，2010年，金砖国家和其他国家推动二十国集团成为国际经济协调与合作的主要平台；同年，金砖国家共同推动了世界银行和国际货币基金组织的改革。这些改革是一次最大规模的有利于新兴市场和发展中国家的权力调整，大大提高了发展中国家和新兴市场国家的话语权。在哥本哈根气候变化大会上，中国、印度和巴西具有共同立场，认为保护环境和减少温室气体排放必须坚持《京都议定书》的原则：共同但有区别的责任。这一立场为大会取得切实成果作出了贡献。金砖国家领导人第六次会晤于2014年7月15日至16日在巴西福塔莱萨举行，此次峰会正式宣布成立金砖国家新开发银行，总部设在上海，按计划金砖国家新开发银行2016年开始运营。2015年7月21日金砖国家新开发银行（BRICS Development Bank）正式开业。金砖国家新开发银行的设立将简化金砖国家间相互的结算与贷款业务。与金砖国家新开发银行同期宣布正式启动的还有金砖国家“应急储备安排”。在金砖国家新开发银行建设中，中国是主要推动者之一，并且作出了重要贡献，这充分表明中国等新兴经济体在全球金融体系中将发挥更大的作用。

思政视频1-7

金砖国家形象宣传片：金色未来

（4）20国集团峰会

从2008年开始的以经济为主要议题的20国集团峰会（以下简称“G20峰会”）现已发展成为全方位的国际政治、经济和外交舞台。中国在全球已是比较重要的经济体，是G20所有成员国中一个重要利益攸关方。中国经济的好坏，会直接影响到外部世界；同时，中国也是开放经济体，外部的贸易环境对中国影响也非常大。虽然中国的全球治理经验有限，但是这并不妨碍其在全球治理中发挥作用。中国对自己的经济治理是比较有心得的，也是全球效仿的一个对象，这里面也有很多经验会慢慢地在G20中得以传播。此外，因中国与全球经济的外部环境已密不可分，所以中国在参与G20过程中是比较积极主动的，也会引导一些全球规则的制定，协调不同经济体之间的立场。2016年9月在中国杭州召开G20峰会，主题为“构建创新、活力、联动、包容的世界经济”，取得了五大成果，制订了未来5—10年世界经济增长务实、宏大的发展计划。2020年3月26日，G20峰会由沙特阿拉伯主办，会议由沙特阿拉伯国王萨勒曼主持，以视频会议方式召开，会议重点讨论了如何应对新型冠状病毒肺炎疫情对全球经济和社会带来的负面影响，中国国家主席习近平在北京出席会议。2023年G20峰会在印度首都新德里举行，该次峰会上非洲联盟成为二十国集团的正式成员。

思政视频1-8

G20习近平主席定世界经济合作“中国方案”

● 本章小结

1.国际经济合作一词的定义应是：不同主权国家政府、企业及国际经济组织之间为了共同的利益，通过竞争与协调，在平等互利的基础上，侧重在生产领域中，以生产要素的移动和重新组合配置为主要内容而开展的经济协作活动。

2.从广义上看，国际经济合作与国际贸易同属于一个研究范畴。若从狭义上看，两者在研究上又有各自不同的侧重点。国际经济合作无论就其内容、方式还是就其运动规律看，都具有与国际贸易完全不同的特殊性。

3.国际经济合作的内容日益丰富，既有有关资本、技术、劳动力、管理和信息等生产要素移动、组合与配置等的合作，也有政府之间、国际经济组织与政府之间、地区之间的经济协调。将这些内容进行分类，可以分成许多类型和若干种具体实务方式。

4.第二次世界大战后，世界政治经济格局发生的巨大变化对国际经济合作发展产生了很大影响。国际经济合作规模日益扩大，其内容和形式更加丰富多彩，常常是多种生产要素的复合转移。以生产要素国际移动为基本内容的国际经济合作活动成为新的国际分工格局中的重要内容。国际经济合作已发展成了一种涉及一切国家，遍及各个社会经济生活领域、多层次的国际经济关系体系，并形成当代国际经济合作发展的基本特征。

5.中国经济在改革开放40多年时间里，发生了巨大变化，对外经济合作也取得了丰硕成果，特别是在利用外资与对外投资、国际工程承包与对外劳务合作、技术引进与技术出口等方面都获得了长足发展。此外，伴随着中国对外开放的不断深入和经济的迅速发展，经济外交开始走向前台，中国开始积极参与国际经济协调活动。

● 延伸阅读

1.世界贸易组织每年发布《国际贸易统计年鉴》(International Trade Statistics)，包括上一年度世界贸易发展概述、各类货物和服务以及各地区贸易的统计数据，可以在世界贸易组织网站免费下载。

2.商务部网站包括中国投资指南网、中国服务贸易指南网等可以查询有关中国利用外资与对外投资、对外工程承包与劳务合作、技术贸易等国际经济合作相关统计数据。

● 基本概念

国际经济合作　宏观经济合作　微观经济合作　多边经济合作　双边经济合作　垂直型经济合作　水平型经济合作　“汉萨同盟”　“4C规律”　“科技兴贸战略”　对外经济合作

● 复习思考题

1.怎样理解国际经济合作的含义?

2.国际经济合作的研究对象是什么?

3.国际经济合作的主要类型有哪些?

4.国际经济合作包括哪些具体的业务方式?

5.为什么说国际经济合作与国际贸易既有联系又有区别?

6.第二次世界大战后国际经济合作发展的主要特征是什么?

7.请结合国际经济合作实例来解释“4C”规律。

8.简述中国利用外资与对外投资发展概况。

9.简述中国工程承包与劳务合作发展概况。

10.简述中国技术贸易发展概况。

11.简述中国参与国际经济协调的主要方式与取得的成果。

第2章 / 国际经济合作基本理论

学习目标

通过本章学习，熟悉和了解国际分工、国际投资、国际相互依赖等理论；重点学习和掌握有关经济国际化、一体化、全球化的概念，经济全球化的内容、特征、影响等；深入研究和思考经济全球化时代的国际经济合作相关问题。

2.1 国际分工理论

英国古典经济学的创始人亚当·斯密认为，劳动分工是经济增长的源泉，劳动分工依赖于市场的大小，市场大小又取决于运输条件。社会各微观经济主体按自己的特长实行分工，进行专业化生产，并通过市场进行交易，最终可以实现社会福利的最大化。当这种交易活动超出一个国家的范围时，就产生了国际分工和国际贸易。亚当·斯密这段论述对劳动分工与国际分工的关系作了精炼的概括。根据以上论述，我们可以给国际分工定义如下：国际分工是指世界各国之间的劳动分工，是超越国家界限的专业化分工，是社会分工的延伸和发展。当社会生产力发展到一定阶段后，一国国民经济内部分工冲破国家界限，即出现了国际分工。

2.1.1 国际分工理论的演进

1）绝对优势理论和比较优势理论

早期的国际分工理论与贸易理论相联系，以亚当·斯密的绝对优势理论和李嘉图的比较优势理论为代表。这两种理论分别通过国家之间的绝对优势或比较优势来说明国际分工产生和存在的必要性。

亚当·斯密在其代表作《国富论》中提出了"绝对优势理论"，这是国际贸易理论的开端。斯密认为，如果一国在某种产品的生产上所花成本绝对低于他国，就称为具有绝对优势，该国就应该发展并出口这种具有绝对优势的产品，以换回他国在生产上占有绝对优势的产品，这就是斯密的绝对优势理论。但斯密忽略了一点，即并不是每一个国家都具有这种绝对优势。按照斯密的理论，那些不具备任何绝对优势的国家将被排除出国际贸易领域，但事实并非如此，因此，斯密理论不能完全解释国际贸易产生的原因。

1817年，大卫·李嘉图在《政治经济学及赋税原理》一书中提出了"比较优势理论”。他发展了亚当·斯密的绝对优势理论，从理论上证明即使在生产上没有任何绝对优势的国家，因为它与其他国家在生产各种产品上相对成本不同，仍可通过专门生产其相对成本较低的产品以换取它自己生产相对成本较高的产品，从而得到利益。由此只要两国生产的相对成本存在差异，两国之间就有分工和贸易的可能性。两国都专门生产自己具有相对优势的产品，并换回所需的其他商品。比较优势理论不仅是国际贸易理论研究的重大突破，也对国际投资等国际经济理论产生了深远影响。

2）赫克歇尔–俄林的要素禀赋论（H-O理论）

从18世纪到19世纪末，机器大工业的最终确立使国际分工格局得以形成，国际分工理论也有了新的发展，其中最有代表性的是赫克歇尔–俄林模型。

李嘉图的比较优势理论以两国产品比较成本的差异来论证国际贸易产生的原因，但是为什么两国产品比较成本存在着差异呢？H-O理论认为，正是由于各国所拥有的生产资源数量不同，同时也由于不同产品生产中所使用的要素投入比例不同，造成了各国生产相同产品的相对成本不同。劳动力丰富的国家，就发展劳动密集型产品；资本丰裕的国家就发展资本密集型产品；还有的国家自然资源比较丰富，于是就发展资源密集型产品。因此我们可以看出，一国拥有量较为丰富的生产要素其相对价格必然较低，因而密集使用这一丰裕要素的产品其相对成本也必然较低，反之亦然。于是在这一理论的推导下，俄林认为各国在密集使用其丰裕要素的产品生产中具有相对优势。根据李嘉图的比较优势理论，各国应出口密集使用其丰裕要素的产品，以交换密集使用其稀缺要素的产品。由此可见，H-O要素禀赋理论进一步完善了李嘉图的比较优势理论，生产要素禀赋的差异既决定了各国的相对优势和贸易格局，又是进行国际贸易的基本原因。

在赫克歇尔–俄林模型中，具有重要意义的是引入了“资源禀赋”这一概念，从生产要素供给的角度分析了国际分工产生的原因。该模型认为，各种生产要素彼此是不能完全代替的，不同商品的生产对各种要素的数量有着不同的要求。根据商品中所包含的要素密集程度，可将商品分为劳动密集型商品和资本密集型商品两大类。每个国家都以本国相对丰富的生产要素从事商品的专业化生产和国际交换而获益。当然，这一时期关于国际分工理论的探讨也仅局限于国际贸易领域，而未涉及国际生产领域。

3）萨缪尔森的要素价格均等化学说

该理论认为，由于每个国家出口的商品生产中都密集地使用了它所拥有的丰富的生产要素，当生产要素在各国间不能直接移动的情况下，国际贸易将导致各国生产要素的相对价格和绝对价格的平均化。因此，国际贸易在一定程度上是国际上生产要素流动的代替物。

按照该理论，国际贸易会导致低工资国家的工资提高和高工资国家的工资降低，导致不同国家的资本获取相同的利润，土地获取相同的地租。同样，国际贸易也会导致利润率高的国家利润率下降，使利润率低的国家的利润率上升，从而减小两国间利润率的差异。

不仅如此，国际贸易还会导致各种要素相对价格的完全平均化。因为在各种要素相对价格有差异，各种商品的相对价格有差异的情况下，贸易将继续扩大，而贸易的扩大将会减少两国间要素价格的差异。贸易将会持续下去，直至两国国内各种商品的相对价格完全均等化为止。同样，两国国内的要素相对价格也将平均化。

4）国际贸易新理论

第二次世界大战后，第三次科技革命、信息化与全球化极大地推动了世界经济的发展，国际分工得到了进一步的深化，国际分工理论也有了新的发展，其中以罗默的新增长理论、维农的产品周期理论以及保罗·克鲁格曼的理论最具有代表性和影响力。

新增长理论中的要素贸易理论对赫克歇尔-俄林的模型进行了扩展，极大地扩充了要素的范围，把劳动者的智力投资、培训、科技进步与创新、广泛地获取信息，都列入生产要素的范畴，并特别强调“人力资本”和“自然资源”作为生产要素的重要性。强调人力资本的新增长理论认为，人力资本与贸易、许可证和国际直接投资有着密切的关系，国际直接投资实际上包括人力资本在各国间的转移，而国际贸易有可能是建立在技能密集型（人力资本）基础上的产品出口，许可证的转移也往往产生于某国人力资本的优势；强调自然资源的新增长理论认为，自然资源禀赋除了能够解释国际贸易外，还可以解释传统的国际直接投资，尤其是企业为了获得原材料的供给而进行的向后垂直一体化国际直接投资。在科技不断进步前提下，新的生产要素范围将不断扩大，不仅包括有形的实物资本，还包括无形的技术、工艺、创意及商业信息等。新增长理论中的新技术理论进一步认为，各国在生产技术方面存在着重大差异，这是国际分工产生的重要原因。由于技术的原因，传统的生产要素在决定国际分工时变得相对不太重要，强调要素丰裕程度并不是解释国际分工的唯一基础。新技术理论强调一国由于技术创新而获得垄断地位，国际贸易恰好发生在垄断优势存在的时滞期，国际分工在技术的传播及其标准化过程中不断进行分化。随着技术优势的消失，国家之间的生产函数逐渐接近，比较利益将偏向于劳动成本较低的地区。新技术理论关于技术差异来源的分析与海默的垄断优势理论是相融合的，特别是与约翰逊、凯夫斯和尼克博克等人在发展垄断优势理论过程中的各种解释极为相似。

产品周期理论成功地将国际直接投资与国际分工联系起来。该理论从技术进步、技术创新、技术传播的角度分析了现代国际分工的基础。产品周期理论从新产品的发展阶段（即创新阶段、成长阶段、成熟阶段和衰老阶段）入手，在周期的不同阶段，不同国家的企业行为、生产、出口、投资等都有着不同的特征，从而将产品的生命周期与现代国际分工理论有机地结合起来。按照该理论，在产品生命周期的第一阶段，美国创新企业对其研究和开发出的新产品拥有垄断权，国外富有的消费者开始向美国购买这种产品，出口量开始不断增长。在第二阶段，美国新产品在国外打开销路后，吸引了大量的国外消费者。高额的利润和潜在的市场促使这些国家的企业产生了生产这种产品的动机。于是，其他国家开始仿制该产品，美国竞争力下降。在产品生命周期的第三阶段，大量外国廉价的仿制品挤占国际市场，美国出口下降。进入到第四阶段，美国的出口减少到几乎没有了，开始了进口竞争时期。这时，美国不仅失去了国外市场，而且进口大量该产品，国内生产趋于停止。虽然该产品的生命周期在美国完结，但在其他仿制国还继续延续着。在这四个阶段中，要素的投入是随着新产品的生命周期的变化而变化的。在创新阶段需要大量科学技术力量的投入，这时产品是属于技术密集型的；在成长阶段，技术工艺已基本定型，大规模的批量生产需要资金的投入，因此这时的产品转为资本密集型；当进入成熟阶段后，技术工艺完全成熟，对技术的要求降低，而资本方面的不足可以由劳动替代，这时的产品生产已转入劳动力丰富而资本短缺的相对落后国家进行，产品也就成为劳动密集型的了。正是因为产品要素密集度的不断变化，使其具有了不同的比较优势，所以产品的生产才能在不同的国家间开展。

此外，值得一提的还有保罗·克鲁格曼。20世纪70年代后期开始，理论界开始提出一系列新的国际贸易理论，这些理论既是对古典贸易理论的继承，也是对国际贸易理论新发展的反映和阐述。国际贸易新理论最根本的观点是，各国并不一定因为本国的资源禀赋而参与国际分工，国际贸易产生的原因并不完全是比较优势，在很大程度上是由规模报酬递增驱动的。贸易新理论的代表性人物保罗·克鲁格曼认为，相当一部分国际贸易特别是经济特征相似国家之间的贸易，其产生的原因是报酬递增形成的国际分工，而不是国与国之间在资源禀赋上存在的差异。传统贸易理论认为贸易本身的扩大决定了国际分工的模式，但是贸易新理论认为历史上偶然性也可能成为形成国际分工模式的重要因素。

21世纪初，国际贸易理论又有了新的进展。一方面，2003年，梅里兹以克鲁格曼垄断竞争贸易模型为框架，考虑了企业间异质性对国际贸易的影响。梅里兹指出：只有高生产率的企业才会开展国际贸易并从中获利；中等生产率的企业只能在国内市场中开展经济活动，并由于受到外国出口企业的竞争而遭受一定利润损失；最低生产率的企业将被迫退出市场，且退出市场的概率要高于没有贸易的封闭情况。梅里兹认为国际贸易除了带来规模经济以及产品多样性收益外，还将通过资源优化配置效应，激励社会中的优胜劣汰，进而提升产业生产效率，最终提高社会福利水平。

另一方面，2002年，伊顿和卡特姆创造性地拓展了李嘉图的相对比较优势理论，除了打破两国-两产品的简单分析范式，还构建了多国多行业的理论框架。另外，伊顿和卡特姆的研究还在李嘉图理论中引入了技术和地理两大影响贸易的要素，为比较优势理论注入了新的生命力。2015年，卡里恩多和帕罗进一步拓展了伊顿和卡特姆的理论框架，即在比较优势理论中纳入了多行业之间相互投入产出模型，更加深入地挖掘加深国际贸易带来的福利效应。

专栏2-1　　国际分工理论五大流派①

1.世界体系视角的国际分工理论

“世界体系视角”即在分析国际分工格局时，把世界生产体系作为一个整体考察，旨在发现这一体系结构的变化规律。

世界体系理论是对依附理论的一个发展。20世纪70年代，沃勒斯坦提出了一个以世界体系为分析单位、以核心—半外围—外围为基本结构的“世界体系”理论，对依附理论进行了发展（Wallerstein，1990，1999）。在世界体系论学者看来，16世纪开始形成的资本主义世界体系是第一个市场贸易充分发展且经济势力支配一切的世界经济，在这个体系中不同的地区执行不同的经济职能，这样就构成了世界体系的三级结构：最上层是主要生产高利润、高技术、高工资的多样产品的中心国，最下层是主要生产低利润、低技术、低工资且种类不多产品的外围国，介于其间的是相对于中心处于外围位置，相对于外围则俨然中心、兼具被剥削者与剥削者角色的半外围国家。这种三级结构避免了两极分化可能造成的尖锐对立，从而巩固了世界体系。各国在世界体系内的位置会有所变动，即核心可能下降为半外围，外围可能上升为半外围，半外围可能上升为核心。资本主义体系本身的结构始终是有升有落，但不可能所有的国家都同时“发展”为国强民富的中心国。与自由贸易理论所主张的贸易对交换双方均有利的观点不同，世界体系理论认为，资本主义世界体系之所以能够发展，其根本动力在于存在着不等价交换和剥削（张宇，2004）。

2.市场视角的国际分工理论

“市场视角”即分析国际分工的逻辑起点是存在跨越国界的“自由市场”，国家与国家之间的绝对成本差异、比较成本差异、资源禀赋差异、要素禀赋差异带来的分工好处可以通过“市场机制”得以实现。

魁奈、萨伊、斯密、李嘉图、赫克歇尔、俄林、底西特等人是这一流派国际分工理论的重要代表人物。魁奈（1694—1774）（1979）第一个提出“普通自由贸易”的概念（李斯特，1841），他提出，所有国家的商人是处于一个商业联邦之下的，这是国际分工具有必要性的重要基础。萨伊（1767—1832）（1963）在《政治经济学概论》一书中进一步阐述了这个概念。斯密、李嘉图进一步分析了不同国家分工贸易得以展开的理论基础。斯密的贡献一是绝对优势说，二是论证了“分工受到市场范围的限制”（Smith，1776）。李嘉图（1772—1823）针对斯密的“绝对优势说”指出，国际分工与国际贸易不仅仅取决于各国生产成本的绝对差异，而且取决于生产成本的相对差异（Ricardo，1817）。赫克歇尔、俄林等人对李嘉图的理论进行了很大的深化和扩展，提出了H-O理论/HOS理论，其重要结论是，随着国际贸易的进行，各国要素相对价格将一致，即要素价格均等化理论。不过新李嘉图主义者（Steedman，1979；Dixit，1981；Metcalfe和Steedman，1981）主张重新回归

① 资料来源：张苏．国际分工理论流派及其综合［J］．中央财经大学学报，2008（8）：85-90.

到李嘉图传统，即主张用李嘉图的比较利益论来解释国际贸易和国际分工。可以归于这一流派的国际分工理论还有Dixit-Stiglitz新贸易理论（Dixit和Stiglitz，1977），该理论重点探讨了市场中规模经济和多样化消费之间两难冲突过程中形成的对国际分工和贸易的影响。

3.国家视角的国际分工理论

“国家视角”即分析国际分工时核心概念是“国家利益”，基本内容是如何利用国家主权影响国家参与国际分工的方式、程度以及策略。

李斯特（1789—1846）是这一流派的重要代表。李斯特认为，“在斯密理论中，有个人利益，有世界利益，就是不提民族国家。实际是利用个人，摧毁国家，让英国控制世界”。他认为斯密主义抹杀了国家和国家利益的原则，甚至完全否定了国家和国家利益的存在。“然而在个人利益与世界利益之间有一个中介者、调解者，这就是民族国家。”“个人主要依靠国家并在国家范围内获得文化、生产力、安全和繁荣，同样地，人类的文明只有依靠各个国家的文明和发展才能设想，才有可能。”（List，1841，Ch15）李斯特认为，即使是参与国际分工，也必须是由国家引导的。李斯特把国家发展分为原始未开化时期、畜牧时期、农业时期、农工业时期、农工商业时期，而参与国际分工的次序分为三个阶段：第一阶段——以农业参与国际工业—农业贸易。“国家由未开化阶段转入畜牧、转入农业、进而转入工业与海运事业的初期发展阶段时”，“实现这种转变的最迅速有利的方法是对先进的城市和国家进行自由贸易”，“输出农产品、输入工业品”，使本国脱离未开化状态，并求得农业的发展。第二阶段——保护国内贸易。李斯特认为，一个国家在农业、工业、社会、政治、内政上已经有了充分的发展，而仍然以农产品与原料向国外交换工业品，那么它在这些方面的发展程度愈高，通过国外贸易在改善国内社会状况方面所得的利益将愈少，在与比它先进的工业国家的优势竞争中它所受到的损害也愈大，这就要用国际贸易限制政策促进本国工业的发展。第三阶段——回到国际贸易。也就是国家的精神与物质资本以及技术能力与进取精神不断提高，工业已经有了相当的力量，已经没有任何理由害怕国外的竞争时，重新回到国际分工格局中来（List，1841，Ch15）。

4.企业视角的国际分工理论

“企业视角”即重点考察“企业内分工”“企业机制”对国际分工的影响。

海默是这一理论流派的重要开拓者。在一篇开创性的论文中，海默探讨了跨国企业如何进行国内、国外投资风险权衡，从参与国内分工走向国际分工，实现“企业特定优势”的条件（Hymer，1960）。海默的论证方法被称为“市场不完全分析法”，从方法论上来看，弗农的研究实际上与海默的研究是一脉相承的：弗农提出的产品生命周期模型利用市场不完全分析法论述了跨国公司如何根据产品的市场性质调整国际分工战略（Vernon，1966）。海默、弗农的观点受到小岛清的批评（Kiyoshi，1987）。小岛清认为，海默的垄断优势论和弗农的产品生命周期理论都是建立在垄断优势基础之上的，只能解释美国跨国公司的对外投资行为，并不具备普遍意义。他指出，现有的跨国公司理论忽略了对宏观经济因素的分析，尤其忽略了国际分工原则的作用。他运用赫克歇尔-俄林的资源禀赋原理分析日本的对外直接投资，提出了边际产业扩张理论。这一理论认为，对外直接投资应从对投资国家来说已经成为或即将成为比较劣势的产业，即边际产业依次进行，资本密集型产业和技术密集型产业由于技术含量高，应该在国内组织生产，这样的直接投资可以扩大投资国与被投资国的比较成本差距，为投资国创造出新的比较成本优势，从而可以扩大对有比较优势的中间产品的出口，扩大投资国的对外贸易。投资国与东道国的技术差距越小，国际直接投资所导致的技术转移就越容易移植、普及和固定下来，从而可以把东道国没有发挥出的潜在优势挖掘出来，扩大两国间的比较成本差距，从而创造更多的国际贸易机会。邓宁是这一理论流派的重要思想家。他提出的折中范式是对当前企业视角的国际分工理论的综合，涵盖了垄断优势理论（Hymer，1960），内部化理论（Buckly和Casson，1976，1988；Rugman，1980），区位理论（Dunning，1958），投资发展路径理论（Dunning，1981，1988，1993，2001；Narula，1996）等主要分支理论。邓宁重点分析了跨国企业的三种优势对参与国际分工的影响。这三种优势分别是：所有权特定优势、企业内部化激励优势、区位特定优势。

5.个人分工视角的国际分工理论

杨小凯、黄有光等人创立的新兴古典微观经济学对马歇尔（1920）形式化的古典经济学进行了创新：用“既是消费者又是生产者的个人”替代“纯消费者和纯生产者”。这种替代在他们的分工理论中贯穿始终，我们从这个意义上说新兴古典分工理论是个人视角的分工理论。关于这一论断还可以从其分工理论框架中得出来：第一层次——个人技术、偏好、禀赋初始分布、游戏规则的分析；第二层次——个人分工决策（第一层次是条件）；第三层次——个人分工决策相互作用形成的均衡结果；第四层次——这种均衡的福利意义（杨小凯和黄有光，1999）。这四个层次都是基于个人视角的。

该理论试图从交易效率视角为国内分工和国际分工（与贸易）提供一个统一的解释，并论证了分工水平提高如何产生内生比较利益，从而导致收入的差别；这一过程中，欠发达国家的国际贸易条件有可能恶化，但其从分工中得到的好处会更多以及人均真实收入会提高（Cheng等，2000；张定胜，2000）。

2.1.2　当代国际分工的形式

随着科技革命的深入开展，世界生产力获得极大提高，跨国公司大量涌现，区域经济集团化发展，这些都使国际分工发生了许多变化。当今世界不仅存在发达国家与发展中国家间的国际分工，还存在发达国家之间和发展中国家之间的国际分工。还有一个突出的发展趋势，就是部门间的分工逐步向部门内部、工厂之间的专业化分工发展。当然这些国际分工的特点各不相同，但各国参与国际分工的形式基本上有以下三种：

1）垂直型国际分工

它表现为农业、矿业和制造业的分工，是发展中国家和工业发达国家之间一种重要的分工形式。在这种分工形式中，上游国家主要进口原料和出口工业制成品，下游国家则是出口原料和进口制成品。例如日本，它是一个岛国，地域狭窄，资源贫乏，需要大量进口原料以支持其工业的发展，因此其进口额中原料占80%以上，而工业制成品却占出口的90%。日本是典型的垂直型国际分工中的上游国家。另外，中东石油输出国则主要出口原油，并用所得换回所需的大量制成品，它们则是处于垂直型国际分工中的下游国家。

2）水平型国际分工

这主要是指经济发展水平基本相当的国家之间的专业化和协作生产。20世纪70年代中期以来，发达国家之间水平型分工取得了较大的发展，主要表现为制造业内部的分工发展。它不仅包括不同产业之间的分工，还包括同产业之间产品的分工，甚至产品的加工程序的分工。因此，第二次世界大战后发达国家之间的贸易获得迅速发展，而在同一时期发达国家与发展中国家的制成品贸易相对缩减。水平型国际分工的发展不仅推动了发达国家经济的进一步发展，成为支持其对外贸易发展的主要动力，也使发达国家间的经济联系进一步加深，推动了区域性经济集团化的发展。

知识扩展2-1

英特尔公司的全球分工布局

3）混合型国际分工

它是指一国在参加国际分工中，既有垂直型分工，又有水平型分工。例如欧美一些发达国家，它们与发展中国家的分工是垂直型的，从这些国家获取所需的大部分原料和其他初级产品；它们对于与自己发达程度相当的一些国家则是水平型分工。这一现象在欧盟内部特别典型。

2.2 国际投资理论

2.2.1 国际直接投资理论

1）垄断优势论

1960年，海默在他的论文中第一次论证了国际直接投资不同于一般意义上的国际金融资产投资，从理论上开创了以国际直接投资为研究对象的新领域。海默认为国际直接投资不仅仅是简单的资产交易过程，它还包括非金融和无形资产的转移，是跨国公司使用和发挥其内在组织优势的过程。他的基本论点是：市场不完全竞争和以垄断资本集团独占为中心内容的“垄断优势”是第二次世界大战后国际直接投资急剧上升的关键所在。金德尔伯格强调市场结构的不完全性和垄断优势。他认为，企业不以出口或技术转让的形式获取利润而在外国投资经营，承受其生产组织成本，其原因在于市场结构，尤其是技术和知识市场结构的不完全性。比如技术市场存在信息不对称现象，造成买卖双方交易的不确定性，提高了交易成本。这样，就使拥有垄断技术的跨国公司进行国际直接投资成为可能，并且成为市场机制不完善的重要补充。海默和金德尔伯格认为，跨国公司之所以存在，是因为它们拥有垄断优势。这些垄断优势可以是：①对某种专门技术的控制；②对原材料来源的垄断；③规模经济优势；④对销售渠道的控制；⑤产品开发和更新能力等。具有某些垄断优势是开展国际直接投资必要的主观条件。而当国际投资环境又具备赚取超额利润的因素时，就能使国际直接投资的动机成为现实。这些因素是：①某些部门的不完全竞争足以证实其垄断优势的存在；②在国外生产销售比在国内生产然后出口更为有利；③利用技术优势转换为产品优势比转让技术专利权更为有利。

2）市场内部化理论

市场内部化理论是英国学者巴克莱和卡森发展并用于分析国际直接投资的。市场内部化理论认为外部市场机制的不完善造成中间产品（如原材料、半成品、技术、经验等）交易的低效率。跨国公司通过其有效的组织手段，变市场上的买卖关系为企业内部的供需关系——市场内部化，使中间产品在公司内部自由流动，提高了交易效率。市场内部化理论强调生产过程中中间产品市场的非完全性。这里中间产品的含义不仅包括生产过程中的基本要素——原材料、资本、半成品等，还包括与生产过程相关的知识、技术、技术诀窍、生产与管理经验、市场声誉等。市场内部化使买卖双方对这些商品的质量和价格有准确认识，避免因交易不确定性而导致的高交易成本。内部化贸易还可以减少贸易壁垒的影响，可以通过“转移价格”使税收支出最小化。巴克莱等认为，正是市场内部化的动机，促使企业进行国际直接投资。

3）国际生产折中理论

邓宁归纳出决定跨国公司行为和外国直接投资的三个最基本要素：①所有权优势；②位置优势；③市场内部化优势，这就是所谓的OLI模式。所有权优势包括对有价值资产的拥有，如对原材料或生产技术的垄断，有效的行政管理能力等。位置优势是指不同的国家或地区的劳动力、能源、原材料等生产要素具有不同的价格结构和质量，通信和交通设施状况也不一样。市场内部化优势是指为避免不完全市场给企业带来的影响，而保持的组织管理上的优势。跨国公司通过国际直接投资将不完全的市场内部化，以降低交易成本。邓宁归纳出进行外国直接投资应具备的两个基本必要条件：①国外生产成本比国内生产成本低；②跨国公司的生产成本比当地企业的生产成本低。当跨国公司具备三大优势和这两个基本必要条件时就倾向于进行国际直接投资生产。

4）边际产业扩张理论

20世纪70年代中期，日本学者小岛清从国际分工原则出发，系统阐述了他的对外直接投资理论，即边际产业扩张理论。小岛清的边际产业扩张理论的基本核心是：对外直接投资应该从本国（投资国）已经处于或即将处于比较劣势的产业（可称为边际产业）依次进行。在小岛清的对外直接投资理论中，“边际产业”所包括的范围较广。小岛清认为，与发展中国家相比，由于劳动力成本的提高，日本的劳动密集型产业已经处于比较劣势，变成“边际性产业”。同是劳动密集型的企业，可能一些大企业还保持着较强的比较优势，而中小企业则处于比较劣势，从而成为“边际性企业”；在同一企业中，也可能有一些部门保持较强的比较优势，而另一些部门则处于比较劣势，成为“边际性部门”。小岛清将这些“边际性产业”“边际性企业”“边际性部门”统称为“边际产业”或“边际性生产”。

知识扩展2-2

福耀集团的“走出去”战略

2.2.2 国际间接投资理论

1）不发达国家引进外资论

美国经济学家讷克斯在其所著的《不发达国家的资本形成问题》一书中较为系统地论述了不发达国家引进外资与资本形成、外债清偿能力之间的关系，提出了不发达国家引进外资理论。讷克斯认为，资本形成不足是制约不发达国家经济发展的主要因素。资本形成是指社会不把它现有的生产活动全部用于目前消费的需要，而是把其中的一部分用来制造资本品，其中包括物质资本和人力资本，即各种能提升生产力效果的实际资本，资本形成问题是不发达国家发展问题的核心。讷克斯对阻碍不发达国家资本形成的机理和供求特点进行了分析，认为贫穷的恶性循环是阻碍不发达国家资本形成或积累的最主要的循环关系。资本形成的供方障碍是储蓄能力低，储蓄能力低是因为收入水平低，必须挖掘储蓄能力，并减少储蓄能力的漏损，限制消费，强制储蓄，这需要由政府通过贸易政策控制消费品进口，更多地吸引外资。资本形成的需求方障碍是投资刺激小，而投资刺激小是因为生产率低造成的市场容量小，打破需求方恶性循环的办法是平衡增长，同时在各个不同的工业部门中投资。

讷克斯在讨论利用国外资本、加速资本形成问题时，将资本的国外来源分为外国直接投资、国际借款和赠与，并分别研究了三种来源对资本形成的可行性。外国直接投资：对本国经济发展的作用在很大程度上取决于它把对劳动力和其他当地资源的需求增加到什么程度及它把多少利润重新投资到该国，但由于多种因素，如果仅靠这一途径，不发达国家资本形成的前景是渺茫的。国际借款和赠与：可以由政府统筹使用，建设公共服务事业和充作社会经营资本，从而奠定国家经济发展的基础，但是外国投资代替国内储蓄总会引起消费增加，这时外国投资效果会因资金用途不当而化为乌有，这种自发的外国投资是否有效主要取决于不发达国家对外援和本国资源使用的计划和预算，要以储蓄为导向或强迫储蓄来加强资本的形成。

长期以来，不发达国家引进外资的主要方式是向外国借款和接受赠款，外国直接投资比重很低。因此，提高外债清偿力是扩大引进外资规模的重要保证。为此，讷克斯认为：首先，对外投资的报酬回流是不可避免的，这就要求债务国一方面把外资用于生产，取得实际国民收入并取得国内货币报酬，以便支付利息，另一方面创造出超，以取得偿还借款的外汇。其次，讷克斯分析了国内储蓄对外债清偿的影响，主张进口限制和储蓄增长相配合。对不发达国家来说，必须要增加国内储蓄，从而提高外债清偿能力。但是，储蓄能力的提高愈来愈面临着一些新的制约因素，因此只有实行进口限制和外汇管制。进口限制最关键的是必须能引起储蓄的净增加。最后，讷克斯分析了提高外债清偿能力的有效手段。因为资本是在国内形成的，为配合外国资本的输入，除限制消费品进口外，不发达国家必须用财政或货币政策实行强迫储蓄。一个国家特别是不发达国家必须尽量提高边际储蓄率。讷克斯认为凯恩斯在实质上有反对储蓄赞成消费的倾向，这不适合不发达国家。他指出给私人投资以机会是资本积累的最有效的途径，缺少这个基础或条件，外国企业投资就不易产生积极效果，外债清偿能力就不可能形成或增加。

2）“两缺口”理论

“两缺口”理论是著名发展经济学家钱纳里和斯特劳特以宏观经济理论为依据，将引进外资与投资、储蓄和进出口联系起来创立的发展中国家在开放经济条件下引进外资的一种理论。该理论将资源分为三种类型：①熟练技术和组织能力；②国内储蓄；③进口的商品和劳务。他们认为，这些生产要素的及时供给与否体现为对经济发展的各种限制，并且在任何点上这些要素供给对经济增长的限制都是不同的。与三种资源的界定相对应，钱纳里和斯特劳特提出了制约发展中国家经济发展的三种约束：

（1）储蓄约束。经济发展通常伴随着投资规模的扩大。发展中国家经济落后、人均收入低，国内储蓄水平不足以支持投资的扩大，从而制约了经济的发展。

（2）投资约束。在可以引进国外资金的情况下，投资约束主要表现为技术、熟练劳动力、企业家以及投资过程中的其他投入要素的匮乏，也可表现为市场规模有限。

（3）经济结构约束。当一个国家面对变化的国内外市场需求而不能及时调整其经济结构时，就形成了对经济发展的约束。一般来说，发展中国家的经济结构约束的通常表现是，商品和服务进口的增长速度快于出口的增长速度，引起对外贸易逆差，没有足够的外汇来进口经济发展所需的设备、技术和服务，因而构成了外贸或外汇约束。

上述分析中，在只有（1）、（2）这两种资源限制的情况下，称为“投资有限增长”；在（1）、（2）、（3）三种限制下，称为“贸易有限增长”。大部分不发达国家都是严重依赖外部资源来解决上述三种约束，提高人均收入，并取得迅速而持续发展的可能性。

在此基础上，钱纳里和斯特劳特等将发展中国家利用外资的经济发展过程分为三个阶段。第一阶段：投资按固定的年率不断增长，国外资金增补投资与储蓄之间的缺口。当投资达到足以保持目标增长率水平的时候，第一阶段结束。第二阶段：GNP达到目标增长率并在目标增长率的限制下，国内生产总值和投资随着决定于投资与储蓄之差的国外资金以不变的比率上升。第三阶段：在既定的目标增长率下，资本输入超过储蓄缺口的需要，出口增长超过国内生产总值的目标比率，或者边际进口率在实际上低于最初的平均数。此阶段，国外资本取决于进口需要和出口需要之间的累计差额。

钱纳里和斯特劳特关于"储蓄缺口"和"外汇缺口"的两缺口理论中，技术是一项重要资源、主要约束，引进外资不仅克服了国内储蓄、进口商品和劳务的不足，而且"同样重要的是通过国外援助获得技术人才和技术转让"，"国外援助不仅加快了增长速度，而且实际上大大加强了运用自己的资源以争取经济持续发展的能力"。

专栏2-2　　韩国早期利用外资的形式与特点①

韩国利用外资的方式主要有三种：外国无偿援助、外国贷款和外国直接投资。在亚洲金融危机之前，韩国引进的外资主要是外国贷款、公共贷款，外国直接投资所占比重很小。

韩国利用外资大致分为以下几个阶段：

第一阶段为20世纪50年代，韩国的外资主要为外国的无偿援助。无偿援助的总额约为30亿美元，其中绝大部分来源于美国，正是由于这些援助，使韩国经济有了迅速发展。在1953—1960年期间，韩国工业总产值的年平均增长率为10.8%。

第二阶段从20世纪60年代至金融危机爆发前。20世纪60年代至80年代是韩国经济腾飞的阶段，也是它引进外资的重要阶段。20世纪60年代韩国开始实行外向型经济发展战略，并且开始实施第一个五年计划。"一五"（1962—1967年）计划期间韩国引进外资的总额为3.07亿美元。随着经济的发展和实力的增强，韩国引进外资的数量也在不断增加。到1979年年底，韩国引进外资总额为160.84亿美元，其中公共借款占35.60%，商业借款占57.30%，外商直接投资占6.50%。可以看出，这一阶段韩国利用的外资是以借款为主的。在这些借款中，美国的占28.40%，日本的占20.60%，国际金融机构的占19.40%，欧盟各国和其他国家的分别占18.80%和12.80%。这些借款主要被用于社会公用设备和制造业方面；同样，外商直接投资也主要集中在工业部门，其中纤维工业部门、化学工业部门、机械工业部门和电子工业部门的外商投资占其投资总额的49.70%。由于大量的外资投在了工业部门，这对韩国的工业化起到了很大的作用。为了促进工业化，韩国不仅积极地引进和使用外资，而且积极地引进国外的先进技术并且很好地加以消化。1962—1980年，韩国共引进外国先进技术1 461项，支付专利费用3.50亿美元。这些先进技术的引进加快了韩国经济的发展，提高了韩国的科学技术水平，缩短了其同国际先进技术水平的差距，增强了其产品在国际市场上的竞争能力。韩国的资料表明，到1979年年底，在韩国生产的700多种主要工业产品中，已有40%达到了国际水平；韩国的钢铁、造船、电子、化肥、胶合板等工业已经发展成为日本的劲敌。20世纪80年代后期至90年代，外国直接投资增长较快，它在韩国引进外资总额中的比重上升到15.40%。可见，在这一阶段韩国利用外资中的直接投资比重很小，同时，韩国政府对外国直接投资的限制也比较多。但是，过多的对外借款，尤其是短期贷款

① 资料来源：熊涓．韩国利用外资的特点及启示［J］．商业研究，2003（9）：159-162.

的增加，使韩国到20世纪90年代后期外债不断增加，最终爆发了金融危机。

第三阶段为金融危机后。由于金融危机的爆发，韩国政府看到虽然利用外资解决了发展经济所需的资金，实现了经济的高速增长，但同时也使韩国外债高筑，出现还贷危机。因此，金融危机后，韩国政府迫于国际货币基金组织开放市场的压力，扩大行业开放，并且改善投资环境，把积极吸引外国直接投资作为引资的重要方式。据韩国银行的统计，1998年韩国利用外商直接投资额为88.50亿美元，同比增加了27%；项目1 398项，同比增加了32.50%。外商投资的方式主要有控股、收购、兼并等，如加拿大一家公司以10.50亿美元买入全州造纸厂66%的股份；韩国电信公司33%的股份由外国公司持有。

2.3　国际相互依赖理论

早在100多年前，马克思、恩格斯就已指出了国际上相互依赖关系的存在：资产阶级由于开拓了世界市场，使一切国家的生产和消费都成为世界性的了。马克思主义关于国际相互依赖的论断对我们研究当代国际经济相互依赖关系，积极开展国际经济合作仍然具有极其重要的指导意义。

什么是国际相互依赖？国际相互依赖是指国家之间或其他国际行为主体之间广泛的、一般的相互影响和相互制约关系。国际相互依赖所涉及的范围既包括国家之间在政治、军事、经济方面的相互依赖，也包括广泛的社会生活领域中的相互依赖，其中，在经济方面的表现最为突出。因此，经济上的相互依赖是国际相互依赖关系的基础。联合国国际货币基金组织在其刊物《金融与发展》中对国际相互依赖下了一个定义：①一个国家的经济情况将因其他国家发生的事件而受到影响；②一个国家要做的事情，在一定程度上取决于其他国家的行动和政策。这表明，在当代国际经济相互依赖的背景下，任何国家的经济发展、所采取的经济政策，都或多或少地受到别国经济事件的发生和政策的影响。反过来，一国所发生的经济事件、采取的经济政策也会影响到其他国家。

2.3.1　国际相互依赖理论的形成

关于国际相互依赖理论的研究是从第二次世界大战后20世纪50年代末60年代初开始的。当时集中在发达国家间的相互依赖关系最典型的如当时的欧共体。20世纪70年代，相互依赖理论有了新发展，研究领域扩展到发达国家与发展中国家之间的相互依赖关系。1968年，美国经济学家理查德·库珀出版了《相互依存的经济学》一书，集中反映了西方学术界对国际经济相互依赖理论的研究成果。

库珀提出了一个基本观点：相互依赖的存在是第二次世界大战后国际经济的突出变化，它反映了当代经济社会的特征，一国经济发展与国际上的经济交往中存在一种敏感的反映关系。这一观点促使相互依赖理论迅速发展起来了。

对于第二次世界大战后国际社会中相互依赖关系产生的原因，学者们提出了各种解释，主要有：核武器的威慑作用、内政外交的重点发生变化、现代科学技术的发展以及各种类型的国际组织和国际机构的出现，特别是跨国公司的兴起。

2.3.2 复合相互依赖理论

复合相互依赖理论是由美国学者罗伯特·基欧翰和约瑟夫·奈提出的。他们认为，当代世界已经与现实主义描绘的受权力支配的世界不同，而是一种“复合相互依赖”关系的社会。其具有如下三个特征：

（1）多渠道的社会联系。这些渠道包括政府之间的官方正式外交关系；非政府之间的非正式关系；跨国公司、跨国银行等的内部关系。无论哪一种渠道，都会促使国际相互依赖关系变得复杂化、多样化。其中尤以跨国组织的作用最为突出，如跨国公司以其雄厚的经济实力，通过严密的全球经营战略，其活动范围遍及全世界及各个领域，对整个世界的生产、金融、技术、劳务及贸易等方面产生重大影响。

（2）多种多样的问题被提到国家间关系的议事日程。在众多问题中，军事安全问题已不再始终处于首要位置。许多问题的国内国际界限变得越来越难以划清，许多国内政策的制定往往要综合考虑外交政策，很多属于国内经济政策的问题也逐渐被提到国际经济谈判桌上进行讨论。

（3）政府之间在解决多种问题时一般不再以使用武力为主要手段。虽然在考虑与一些敌对国家或敌对集团间的政治和安全关系上，军事力量的使用仍然不能被排除，但在相互依赖关系日益加强的地区内，政府之间在解决多种问题时，一般不再以使用武力作为主要手段。

在上述观点的影响下，西方国际相互依赖论者又相应地提出了一套政策主张：

（1）国际关系中要解决的中心问题是社会经济问题，而不是安全、均势和势力范围等问题；

（2）必须加强国家间的合作，应当放弃你存我亡，我存你亡的传统法则；

（3）把不同国家结合在“相互依赖网”中，特别是使国家之间在经济命运上相互依赖，以达到减少冲突、维护安全的目的；

（4）在具有相互依赖关系的社会中，必须考虑多种问题的内在联系与相互影响，要从全球角度去解决问题，共同制定对所有国家都有利的办法。

2.3.3 勃兰特委员会的观点

勃兰特委员会也称国际发展问题独立委员会，曾先后发表两份著名的报告：《北方和南方：争取生存的纲领》和《共同的危机：南北合作争取世界经济复苏》。这两份报告从发达国家同发展中国家关系现存矛盾的角度，广泛探讨和论述了国际经济和社会各个方面存在的严重问题，并对国际经济相互依赖与国际经济合作提出了一些新见解。

（1）人类日益面临越来越多的问题，这些问题的解决办法不可避免地具有国际性。他们认为，具有不同政治制度的社会面临着相当数量的共同问题，也可称为跨制度问题，如能源危机、环境污染、消除饥饿和粮食问题；金融和贸易、国际经济协调问题，以及控制军备、争取和平等。所有这些问题，不仅是南方国家的问题，也是全球性的问题，问题的解决就要求各国人民之间、各个国家之间实现谅解，承担义务和相互支援，共同寻找解决全球性问题的新办法。

（2）南北方有着更多的共同利益，只有通过对话与合作才能产生合理的解决办法。他们强调，缩小富国与穷国之间的差距，消除歧视，逐步达到机会均等，这些不仅是谋求正义的问题，也符合各国的自身利益。因此，他们认为，一个国家的经济能否得到增长，越来越依赖于其他国家的做法。南方如果没有北方的协助就不能获得充分的发展；反之，如果南方没有取得更大的进步，北方也不可能繁荣。

勃兰特委员会的报告坚持认为，与南北方国家均具有利害关系的问题日益增多，这就需要对各国之间和各国人民之间的相互依赖关系采取一种新的见解。因此认为，通过对抗的办法不能有效地解决工业发达国家和发展中国家之间的任何重要问题，只有通过相互间的对话与合作才能产生合理的解决办法。我们的目的应该是共建一个建立在契约而不是地位、协商一致而不是强制的基础上的全球社会。这是勃兰特委员会要求变革世界的呼吁，他们期望《北方和南方：争取生存的纲领》能得到广泛的支持。

2.3.4　“依附”论

第二次世界大战后兴起的“依附”论观点曾引起国际上较多的争论，“依附”论的主要代表人物有阿根廷的劳尔·普雷维什、埃及的萨米尔·阿明等。其中以普雷维什的“中心—外围”理论最为著名。

这一理论把世界分为两大部分：一部分是发达资本主义国家（叫作“中心”国家），另一部分是发展中国家（叫作“外围”或“边缘”地区）。“中心”国家在社会经济方面都有许多优势，而“外围”国家在社会经济方面都居于劣势地位。因此，“中心”国家和“外围”国家之间存在着根本上的不平等关系，前者越来越富，后者越来越穷。“外围”国家在经济上处于依附“中心”的不利地位，社会生活条件日趋恶化。

“外围”国家怎样才能摆脱对“中心”国家的不平等依赖关系呢？他们主张“外围”国家只有从世界经济体系中脱离出来，才有可能获得发展，“外围”国家只有独立自主地发展民族经济，打破旧的、不合理的国际分工格局，才有可能从恶性循环中解脱出来。

他们提出的政策性结论是：“外围”必须与“中心”脱钩，改革国内经济制度，加强政府对经济的干预，采取进口替代发展战略，在封闭性的经济中实现良性循环。

“中心—外围”理论提出，当前存在许多不合理的世界经济秩序和贸易规则，应争取在公平、合理的环境下参与国际贸易和国际竞争，修改不合理的贸易规则并制定新的贸易规则。这种分析和论述是正确的。发展中国家必须团结起来，争取建立国际经济新秩序，为本国经济发展创造一个良好的外部条件。但是，该理论忽略了一个重要问题，这就是发展中国家自身的力量。应该说，外因是变化的条件，内因是变化的根据。虽然国际经济贸易中确实存在许多对发展中国家不利的因素，但这并不是因为他们参与了国际经济活动，而是这些国家内部的经济结构和运行机制不能适应经济发展需要。对于发展中国家来说，必须加强本国经济体制的改革，提高竞争能力。依照比较优势原则，利用本国一切可利用的因素，积极发展对外经济贸易合作。

专栏2-3　　人类命运共同体

构建人类命运共同体，是当代中国对促进世界和平发展和全球治理提供的“中国方案”。“欢迎各国人民搭乘中国发展的‘快车’‘便车’”，中国发展带给世界的是机遇，为世界经济全面可持续增长提供新动力，为持久的世界和平提供新保障，也为全球治理提供可参照的中国方案。

今天的世界的确面临各种问题和严峻挑战，特别是经济全球化遭遇逆风，世界经济长期低迷，发展鸿沟日益突出，分配不公随处可见，地区冲突频繁发生，恐怖主义、极端主义等全球性挑战此起彼伏，民粹主义、保守主义等各种社会政治思潮交锋激荡。人们甚至在问，这世界究竟怎么了？我们究竟应该怎么办？国际上很多人对未来不确定性的增强感到迷茫、彷徨，对各种风险和危机感到痛苦和无助。在此背景下，习近平总书记提出的构建新型国际关系和构建人类命运共同体，切实回应了世界的共同关切和普遍担忧，实际上提出了中国的全球观、治理观、义利观，其要义是“要发展不要贫穷、要和平不要战争、要合作不要对抗、要共赢不要独霸”。中国敢于直面当今世界面临的种种难题、挑战、危机和风险，敢于回答人们心中的各种困惑与迷茫，这为世界的发展和人类的未来朝着正确方向前行提供了大智慧、新思想。

面对这些挑战，中国坚持相互尊重、平等协商，坚持以对话解决争端、以协商化解分歧，主张通过合作与协作，统筹应对各种非传统安全威胁，坚决反对一切形式的恐怖主义和霸权主义；中国坚持同舟共济、互利共赢，积极促进贸易和投资自由化、便利化，推动经济全球化朝着更加开放、包容、普惠、平衡、共赢的方向发展，坚决反对各种形式的贸易保护主义和霸凌行径，坚决反对单边主义，积极维护多边主义，推进改革多边治理体系；中国坚持尊重世界文明多样性，以文明交流超越文明隔阂、以文明互鉴超越文明冲突、以文明共存超越文明优越，最终实现和而不同、多元一体。文化与文明只能共生共存、彼此互补，而不能带着偏见乃至傲慢，人为地判定谁优谁劣、孰高孰低；中国坚持环境友好，积极主张和坚持通过合作共同应对环境污染、生态保护和气候变化，保护好人类赖以生存的共同家园，还自然以宁静、和谐、美丽，还社会以平和、信任、友谊。

另外，中国不仅积极倡导构建人类命运共同体，而且身体力行、率先垂范。一个生动实例就是中国主动倡议“一带一路”并积极推动各种相关具体项目落地生根、开花结果。“一带一路”建设正逐步实现着与各国政策和发展战略的对接，深化着彼此的务实合作，使各国和民众在合作中得到实惠，彼此距离进一步拉近，正在开辟互利合作共赢的新天地、新方式、新路径，从而为国际关系逐步从利益共同体、责任共同体走向命运共同体展示了一个鲜活的事例、开启了一条崭新的道路。①

2.4 经济国际化、一体化、全球化

2.4.1 经济国际化

1）经济国际化的含义

经济国际化主要是从一国对外经济关系或从国际经济发展的角度，来描述世界经济的发展趋势。所谓经济国际化，首先是指一国的经济活动超越了国家边境的限制，从国内发展到了国外。从这个意义上说，本国经济活动越是向国外发展，其经济国际化的程度就越高。在国际经济社会中，由于一个国家的经济活动从国内发展到了国外，就意味着另外一个国家的经济活动从国外发展到了国内，所以经济国际化的进一步含义就是指本国经济与外国经济的相互渗透和相互融合。对于世界经济来说，经济国际化就是世界各国经济的相互渗透和相互融合。世界各国经济相互渗透、相互融合的程度越大，世界经济国际化的程度就越高。另外，由于世界经济发展的不平衡性，各国经济国际化的发展也是不平衡的。其中，少数发达国家不仅其经济活动由国内发展到了国外大多数国家，与各国经济相互渗透、相互融合的关系密切，而且还对世界经济产生了较大的影响，从而其经济国际化程度很高。

一般来说，经济国际化首先是从发达国家开始的。从主要发达国家经济国际化的发展过程看，经济国际化首先是从市场国际化开始的，主要表现在第二次世界大战前国际贸易的发展。第二次世界大战后，特别是20世纪60年代以来，由于资本输出的扩大和跨国公司的发展，经济国际化就越来越体现于生产国际化和金融、资本国际化的发展。其中，生产国际化的发展实际上就是企业国际化的发展。从市场国际化发展到生产国际化和金融、资本国际化，由于发达国家经济活动中的生产活动和金融、资本活动也从一国国内发展到了国外，从而大大提高了发达国家与其他国家经济相互渗透、相互融合的程度，经济国际化就有了越来越重要的内容和实质性的意义。这就是20世纪70年代特别是80年代以来经济国际化成为热门话题的重要原因。

2）外向国际化和内向国际化

对于各国经济来说，由于经济国际化既意味着本国经济向国外的发展，又意味着外国经济向本国的渗透，所以经济国际化就有两个发展方向。其中，本国经济向国外的扩张是外向的国际化，而外国经济向本国的渗透则是内向的国际化。由于发达资本主义国家的经济首先是向外扩张，然后才是相互渗透，所以其国际化首先就

① 资料来源：黄平．人类命运共同体为全球治理提供“中国方案”[J]．红旗文稿，2019（20）．

以外向国际化为主，其后才出现外向国际化与内向国际化同时发展的局面。这在英、美两国表现得非常明显。至于日本，目前仍以外向国际化为主，内向国际化则相对落后，没有多大发展。与此同时，发展中国家的经济国际化也发展起来，即发展中国家通过改革开放和吸引外资，在允许和鼓励外国企业的国内生产、把本国市场由国内市场变为国际市场的同时，本国经济和国际经济的关系越来越密切，从而使本国经济越来越融合于国际经济。但是，与发达国家外向国际化不同，发展中国家的经济国际化首先是由国外向国内的发展，是以内向国际化为主。对发展中国家来说，只有内向国际化发展到一定程度以后，才会出现内向国际化和外向国际化同时发展的局面，这在中国表现得比较明显。包括中国在内的大多数发展中国家目前仍处于以内向国际化为主的发展阶段。由于外向国际化是本国经济活动从国内向国外发展的必然结果，是经济活动空间扩大的客观需要，因而一开始就具有主动发展的性质。相比之下，由于内向国际化是外国经济向本国的渗透，使本国成为外国经济活动的场所和空间，因而一开始时就具有被动接受的性质，只是在国际化发展和世界性改革开放的潮流下，才逐渐具有了从被动转为主动的性质。[①]

3）经济国际化的内容

经济国际化的主要内容是市场国际化、生产国际化和金融国际化。其中，市场国际化主要是国际贸易的发展，是经济国际化初始的发展形式；生产国际化是国际投资和国际生产即企业国际化的发展，是当前经济国际化的主要内容；金融国际化是伴随着国际贸易和国际投资、国际生产的发展而发展的国际金融、资本交易，是经济国际化越来越重要的内容。

经济国际化表现在企业层面上，即企业国际化。它包括企业的经营国际化、生产国际化、市场国际化、雇佣国际化、人才国际化、财务国际化（企业金融国际化）、信息国际化等方面，而金融国际化包括各国的资金运用国际化、资金筹措国际化、证券国际化、金融市场国际化、资本市场国际化、金融机构国际化（银行国际化）、货币国际化等。在经济国际化中，跨国公司的国际投资和跨国生产发挥了重要的作用，是经济国际化的主体和主要力量。跨国公司国际投资和国际生产的迅速发展标志着世界经济国际化进入了新的发展阶段。

知识扩展2-3

第二届中国国际进口博览会

2.4.2 经济一体化

1）区域经济一体化

20世纪50年代末以来，随着欧共体的正式成立和欧洲国家经济合作的加强，区域经济一体化的内容更为丰富、形式更为多样、涉及的地区更为广大，至目前为止，区域经济组织共有40多个，涉及各大洲和各种类型的国家。这种区域经济一体化是国际经济合作的重要组成部分，对第二次世界大战后国际政治经济格局的变

① 资料来源：刘昌黎．世界经济区域化、一体化进入以双边自由贸易为主的新阶段［J］．世界经济研究，2005（4）．

化和经济的发展都产生了重要的影响。

区域经济一体化是指地理位置相邻近的两个或两个以上的国家，通过某种政府协定，或通过制定统一的对内对外经济政策，消除区域内国家间的贸易障碍，实现区域内国家互利互惠、协调发展和资源优化配置，最终形成一个政治经济高度协调统一的有机体。

区域经济一体化的目标主要是通过区域经济组织来实现的。区域经济一体化的安排有多种形态，为了便于分析，可区分的形态包括：关税同盟、自由贸易区、共同市场、货币联盟、经济与货币联盟等。这些不同的形态包括不同的市场一体化、金融一体化、政策一体化的安排和限制。所有此类国际经济一体化安排，均以成员国之间缔结的协议为基础，这些协议具有持久性，并限制成员国单方面使用已协调的经济政策工具。

关于经济一体化形成的原因主要有两方面：一是世界政治经济格局的变化；二是经济一体化所带来的积极经济效应也是推动世界经济一体化发展的重要原因。对于区域经济一体化的效应，不少经济学家从多方面进行研究和论证，提出了不同的理论以及衡量区域经济一体化经济效益的方法。其中具有代表性的理论主要是：以范纳和李普西为代表的关税同盟理论，以西陶斯基和德纽为代表的大市场理论。

关税同盟理论中有两个重要的概念：贸易创生和贸易转向。贸易创生和贸易转向是美国经济学家范纳在他1950年出版的经典著作《关税同盟问题》一书中提出的两个概念。这两个概念至今仍是衡量一体化组织经济效应的基本理论。这个理论通过比较关税同盟对内对外不同的贸易政策对贸易和福利产生的两种相反效果（即对内实行自由贸易产生的积极效果和对外实行排他性的、歧视性的贸易保护措施产生的消极效果），得失相抵后，反映在社会福利上的提高或下降，来衡量一体化组织对世界经济是有利或不利：贸易创生效应大于贸易转向效应，将有利于世界经济的增长；反之，则将带来不利的影响。

贸易创生是指：在关税同盟内实行自由贸易后，国内成本高的产品被成员国成本低的产品所代替，从成员国进口增加，新的贸易得以"创生"。贸易创生所带来的效应有三个：一是由于取消内部关税，各国不再保护本国效率低、成本高的国内生产，而从成员国进口较低廉的产品替代较昂贵的本国产品，使消费者节省了开支，提高了福利水平；二是本国低效率、高成本的生产被成员国低成本、高效率的产品所替代，随着贸易创生的扩大，提高了本国效率，节约了资源；三是从整体来看，生产从高成本转向低成本，节约下的资源又用于效率高的出口工业，促进了出口，改善了国际收支，同时使资源得到合理配置和使用。

贸易转向是指：由于关税同盟对外实行共同关税，对第三国进口形成歧视壁垒，导致外部进口减少，转向从成员国进口，发生贸易"转向"。贸易转向所带来的效应是：由于这种贸易转向是通过保护内部生产、阻止外部低成本产品进口实现的，使资源从成本低的生产转向成本高的生产，因而是不经济的。它使消费者增加了开支，造成了损失，降低了福利水平。另外，由于这种转向有利于低效率生产者，使资源不能有效地分配和使用，使整个福利降低，对世界经济将产生不利影响。

然而，仅有关税同盟还不够，进一步建立统一大市场，实现生产要素的自由流动，这是经济一体化的基本目标。提出大市场理论的代表人物是西托夫斯基和德纽。该理论主要阐述了经济一体化的动态效应。其归纳起来如下：①只有通过大市场才有可能获得规模经济，从而实现技术利益；②依靠因市场扩大化而使竞争激烈化的经济条件来实现上述目的。两者的关系是目的与实现目的的手段关系。具体来说，由于实现大市场，生产扩大，新技术的应用，竞争的恢复，再加上取消关税，所有这些因素都会使生产成本和销售价格下降，从而导致购买力的增加和实际生活水平的提高。购买某种商品的人数增加之后，又可能使这种消费增加以及投资进一步增加。这样一来，经济就会开始滚雪球式地扩张。

如果说关税同盟理论从静态的角度论证了缔结关税同盟所带来的经济效益，大市场理论则从动态的角度分析了区域经济一体化带来的经济效益。大市场理论为经济一体化理论提供了有力的理论依据，但仍然不十分完备。近些年来，随着区域经济一体化的发展，各种不同区域经济一体化形态产生了众多问题，这些问题已经远远超越了关税同盟或大市场理论所论述的范围，不仅包括共同市场中出现的问题，还涉及其他重要领域的政策一体化，特别是税收与财政政策及货币政策等。

2）区域经济一体化组织

当前全球区域经济一体化的发展呈现出进一步加速及扩大的新趋势，以自由贸易协定为核心的各种形式的区域贸易协定（RTA）数量在不断增加。据WTO统计，截至2022年1月底，向WTO通报的各种RTA已超过700个。其中，影响较大的是北美自由贸易协定、欧洲联盟、东南亚国家联盟、区域全面经济伙伴关系、中日韩自由贸易协定、跨太平洋伙伴关系等。

（1）北美自由贸易协定。北美自由贸易协定（North American Free Trade Agreement，NAFTA）由美国、加拿大和墨西哥三国共同签署。1992年8月三国就北美自由贸易协定达成一致意见，同年12月三国领导人分别在各自国家正式签署。1994年1月1日，该协定正式生效，北美自由贸易区宣布成立。签订该协定的目的在于促进三个国家之间的自由贸易，三个会员国必须彼此遵守协定的原则和规则，如国民待遇、最惠国待遇及程序上的透明化等来实现其宗旨，借以消除贸易障碍。自由贸易区内的国家货物可以互相流通并减免关税，而贸易区以外的国家则仍然维持原关税及壁垒。

2020年1月29日，美国总统特朗普在白宫签署修订后的“美国—墨西哥—加拿大贸易协定”（简称美墨加协定）。该协定将取代1994年生效的北美自由贸易协定。据《纽约时报》报道，新协定在多方面对原协定进行了更新。在汽车生产领域，新协定要求汽车的零部件自产率由62.5%提高到75%、汽车70%的钢和铝来自北美，才可获得免关税资格，并首次规定免关税汽车40%～45%的零部件必须来自高工资工厂（即必须为生产工人支付最低每小时16美元的工资）。在劳工问题上，新协定建立了跨机构委员会监督墨劳工改革。在知识产权方面，新协定将原协定中版权保护年限的50年延长至70年，禁止将关税和其他歧视性措施应用于以电子方式分发的数字产品（电子书、视频、音乐、软件、游戏等），要求科技公司披露源代码，并增加了对窃取商业秘密的新刑事处罚。在乳业方面，新协定为美国农场主提供了更多进入外国市场的机会。[①]

（2）欧洲联盟（简称“欧盟”，EU）。欧盟是一个政治和经济的共同体，现有28个会员国。它依据1993年生效的《马斯特里赫特条约》建立。欧盟是当今世界上发展水平最高、规模最大的区域一体化组织。欧盟的诞生使欧洲的商品、劳务、人员、资本自由流通，特别是1999年欧元诞生以后，欧洲的经济增长速度快速上升。其主要是在内部实现关税同盟和共同的外贸政策、实行共同的农业政策、建立政治合作制度、建立政治联盟以及建成内部统一大市场。

（3）东南亚国家联盟（Association of Southeast Asian Nations，ASEAN，简称“东盟”）。1993年起东盟自由贸易区的进程正式启动，随后这一进程不断加速，东盟自由贸易区的成员不断扩大，涵盖的领域逐步深化。东盟的成员国不断增加，从贸易扩展至服务、投资以及其他经济合作领域。到2010年1月1日，东盟自由贸易区如期正式建成。截至2010年年底，文莱、印度尼西亚、马来西亚、菲律宾、新加坡和泰国之间99.11%的商品关税已取消，柬埔寨、老挝、缅甸和越南98.86%的商品关税已经降至5%以下。东盟的宗旨和目标是本着平等与合作精神，共同促进本地区的经济增长、社会进步和文化发展，为建立一个繁荣、和平的东南亚国家共同体奠定基础，以促进本地区的和平与稳定。

（4）区域全面经济伙伴关系。区域全面经济伙伴关系（Regional Comprehensive Economic Partnership，RCEP），即由东盟十国发起，邀请中国、日本、韩国、澳大利亚、新西兰、印度共同参加（10+6），通过削减关税及非关税壁垒，建立16国统一市场的自由贸易协定。2012年11月20日，东盟10国与6个自由贸易区伙伴正式启动了“区域全面经济伙伴关系”谈判。作为东盟国家近年来首次提出和主导实施的区域经济一体化组织形式，RCEP旨在整合和优化东盟与中、日、韩等6国已签署的自由贸易协定，建成一个高质量的自贸区。在2020年11月，15个国家正式签署了RCEP协定，这标志着世界上最大的自由贸易区的成立。2022年1月，RCEP已经对多数成员国生效。RCEP的签署被广泛看作是亚太区域一体化的重要步骤，它涵盖了全球约30%的人口和全球GDP，预计将对成员国之间的贸易和投资流动产生重大影响，增加区域供应链的效率，并在全球范围内提高成员国的贸易竞争力。

（5）中日韩自由贸易协定。中日韩自由贸易区这一设想是在2002年中日韩三国领导人峰会上提出的。2012年11月20日，在柬埔寨金边召开的东亚领导人系列会议期间，中日韩三国经贸部部长举行会晤，宣布启动中日韩自贸区谈判。近20

① 资料来源：杨宁，赵昊，张晓洁．美墨加协定能带来公平贸易吗？［N］．人民日报，2020-02-04.

年间，中日韩三国互为最主要贸易伙伴，贸易依存度较高。中国分别是日本、韩国最大的贸易伙伴。建立中日韩自贸区将逐步实现货物、人员和资本的自由来往，促进各国产业调整和经济发展。中日韩自由贸易区是一个由人口超过15亿的大市场构成的三国自由贸易区，自由贸易区内关税和其他贸易限制将被取消，商品等物资流动更加顺畅，区内厂商可以降低生产成本，获得更大市场和收益，消费者则可获得价格更低的商品，中日韩三国的整体经济福利都会增长。

（6）跨太平洋伙伴关系。2005年5月28日，文莱、智利、新西兰、新加坡四国共同发起跨太平洋伙伴关系（Trans-Pacific Partnership，TPP），其中最为核心的内容是关税减免，即成员国90%货物关税立刻免除，所有产品关税将在12年内免除。截至2012年年底，先后有美国、澳大利亚、秘鲁、马来西亚、越南、新加坡顺利加入TPP，成员国达到10个。2013年3月，日本首相正式宣布日本加入跨太平洋伙伴关系协议谈判，TPP影响力逐步加深。作为世界上最引人注目的自由贸易区，TPP拥有以下两个新特点：第一，TPP将打破传统FTA模式，达成无例外的综合性自由贸易协定；第二，贸易协议新标准将更加关注工人和环境问题。

2017年1月，美国退出跨太平洋伙伴关系协定。同年11月11日，参与TPP谈判的其他成员国对原协定作出修改，决定将其改名为全面与进步跨太平洋伙伴关系（Comprehensive Progressive Trans-Pacific Partnership，CPTPP）协定。目前，该协定全体成员国均来自充满经济活力和发展潜力的亚太地区。其中，既有经贸实力“大而强”的日本，也有经济开放度高的澳大利亚、加拿大、新西兰等发达国家，更有经济成长性较好的智利、马来西亚、墨西哥和越南等新兴经济体。另据世界贸易组织和联合国贸易和发展会议（United Nations Conference on Trade and Development，UNCTAD）公布的统计数据，这些成员国的进出口总额和对外直接投资流出与流入规模在世界总产值中的同期占比已分别达到约28.77%和34.81%。庞大的经济总量、巨额的对外贸易和投资规模，为CPTPP奠定了较强的经济投射力。①

3）世界经济一体化

世界经济一体化是在各国经济一体化的基础上发展起来的。所谓各国经济一体化，就是以统一的国内市场为基础，形成了一个统一整体的国民经济，是各国国内经济或国民经济的一体化。由此推理，世界经济的一体化乃是以统一的国际市场为基础，形成了一个统一整体的国际经济，是国际经济的一体化。在统一整体的国际经济中，以国际市场的发展为基础，各国间形成了相互融合、相互依存的国际经济关系。

世界经济一体化，从现象上看，乃是在国际经济发展的基础上，由于各国经济越来越相互依赖和相互融合，从而使世界经济成为了一个不可分割的统一的整体。而其实质则是在各国经济的自由化的基础上，实现了世界经济的自由化。对于一国经济来说，国内经济一体化的基础是国内的生产一体化和市场一体化。其中，国内

---

① 资料来源：樊莹. CPTPP的特点、影响及中国的应对之策［J］. 当代世界，2018（9）：8-12.

生产一体化实际上是国内统一的分工协作体系，国内市场一体化实际上是国内统一的市场体系。如果国内生产一体化和市场一体化超越国界发展为国际上的生产一体化和市场一体化，其中国内统一的分工协作体系发展为国际统一的分工协作体系，国内统一的市场体系发展为国际统一的市场体系，那么就会形成世界经济一体化的基础。而在国内生产一体化发展为国际生产一体化、国内市场一体化发展为国际市场一体化的过程中，经济自由化无疑是起到了关键或决定性的作用。

根据国际市场一体化的范围，国际市场一体化包括双边（两国）市场一体化、多边（多国）市场一体化和全球市场一体化。其中，双边市场一体化和多边市场一体化实际上就是区域经济一体化或世界经济区域化、集团化。区域经济一体化的实质，是在世界或全球范围内的经济自由化尚不具备条件的情况下，先在有条件的国家和地区之间实行贸易和投资自由化。所以，区域经济一体化就成为世界经济一体化的发展阶段或过渡形式。通过区域经济一体化的发展，在大多数国家和地区都具备了贸易和投资自由化的条件以后，世界经济就会迎来全球经济一体化的时代。从表面上看，区域经济一体化或世界经济区域化、集团化似乎有悖于世界经济一体化，不符合世界自由贸易的原则，但其实质是一致的；在世界经济一体化远未形成的情况下，其间并没有什么根本性矛盾和冲突。

另外，在国际经济关系和经济一体化发展的过程中，还有一个国际经济协调的问题。国际经济协调根据所要解决国际经济问题和矛盾的范围，可分为双边经济协调、多边经济协调和全球经济协调。如果国际经济协调是以双边或多边经济协调为主，那么国际经济协调就处于两国或区域化的发展阶段，如果国际经济协调以世界上大多数国家共同参加的全球经济协调为主，那么国际经济协调就进入了全球化的发展阶段。

2.4.3　经济全球化

经济全球化的概念出现在 20 世纪 80 年代，但经济全球化的端倪在 19 世纪末就已出现，但其进程被第一次世界大战、20 世纪 30 年代经济萧条和第二次世界大战打断。第二次世界大战后，世界经历了一个相对比较长的和平时期，经济得到稳步和快速的发展。20 世纪 90 年代以来，伴随着冷战的结束以及在关税与贸易总协定基础上演变而来的更具有全球自由贸易精神的 WTO 的诞生，经济全球化进入了一个全新的时期。特别是近 20 年以来，在科学技术进步的推动下，经济全球化进程逐渐加快，成为世界经济发展的主流。今天，经济全球化已经成为使用频率最高的词语之一，这是因为它能够概括并准确地形容当今世界性商业融合的时代特征。经济全球化必将对人类的生活及经济活动产生深刻影响。

1）经济全球化的定义

中国学者普遍认为，“全球化”本身是一个宽泛的概念，不加定语的全球化是不准确的，因为世界政治和文化的多样性仍然存在，只有“经济全球化才是更接近于现实的一种趋势”。所谓经济全球化是指生产要素在全球范围内的自由流动和合理配置，逐渐消除各种壁垒和阻碍，使其国家间的经济关联性和依存性不断增强。

经济全球化既是一个事实，又是一个过程。事实是，进入20世纪90年代以来，随着经济的发展、科学技术的进步和国际分工的深化，各国和地区经济相互开放和相互融合，商品、服务、资本、技术、人员等要素的流量越来越大，经济相互依存和相互作用的程度不断加深。同时，经济全球化也是人类朝着世界经济一体化发展的过程，是生产力和国际分工向高级阶段发展的必然结果。

怎样理解经济全球化与经济国际化和经济一体化的关系？经济全球化包含了经济国际化和经济一体化的全部内容，有更丰富的内涵。任何概念都不是凭空产生的，而是在对大量的经济社会现象高度概括和总结的基础上形成的。就经济全球化这一概念而言，则是在高度概括和总结了大量的经济国际化、经济一体化现象的基础上形成的。从实际情况看，自20世纪80年代中期前后经济全球化的概念提出以来，由于它有助于综合经济国际化和经济一体化的全部内容，表达了经济国际化和经济一体化的新特点、新阶段和发展趋势，有更丰富的内涵，更能全面反映当前世界经济的现状，深刻揭示世界经济的未来，所以就自然为国内外越来越多的人所接受。

2）经济全球化的表现

第一，全球市场化。全球市场化是经济全球化发展的目标。经济全球化主要是指各国经济的高度开放与国际市场连为一个共同市场的过程。在这个大市场上，资本、商品、服务、技术、劳动力等生产要素可以高度自由流动，任何阻碍都将被取消。例如，在经济全球化的大背景下，全球农业市场化已成为未来农业的发展趋势，就我国而言，随着加入WTO以及多哈回合农业谈判协议的逐步达成，进一步推动了我国的农业全球化进程。

第二，全球信息化。经济全球化的发展离不开信息技术革命的推动。20世纪80年代以来，微电子技术、通信和信息技术的迅速发展，一方面改变着人类的思想观念、思维方式、生活方式。另一方面改变着并创造出新的生产和交易方式，加快了信息流通，拉近了地区之间的联系，消除了地域隔阂，大大降低了国际上的通信费用和交易成本，成为当前经济全球化的重要推动力。电子商务的出现使各国经济交往更加方便、快捷。据UNCTAD统计，2022年全球电子商务销售总额达到了26.7万亿美元，这包括了B2B（企业对企业）和B2C（企业对消费者）的销售额。

第三，资本全球化。资本全球化是经济全球化的重要组成部分。资本本身固有的特性是要打破一切国家界限，千方百计地追求最大利润。正是资本国际流动的不断扩大加深了各国相互间的经济联系，加快了经济全球化的步伐。反过来，经济全球化又促进资本更快速和更加频繁地在全球范围内流动。全球跨国投资大规模增长始于20世纪80年代初，当时的全球直接投资年均流量只有500亿美元，经过随后的经济高速增长，到2007年全球对外直接投资达到19 755.4亿美元。从1980年到2007年，在约30年的时间里全球对外直接投资增长了40倍。受全球金融危机冲击，2008年起对外直接投资快速跌落，2009年降至1.1万亿美元。2010年伴随着全球经济逐步复苏，全球对外直接投资逐步小幅回升，2011年全球对外直接投资已经升至1.5万亿美元。2018年全球对外直接投资总额为1.3万亿美元，但由于受新冠疫情影响，2020年全球对外直接投资流量减少到了约8 590亿美元，这是自2005年以来的最低水平。

第四，生产的全球化。生产全球化是经济全球化的主要表现形式。第三次科技革命推动国际分工向更广和更深层次发展，各国在生产领域里的合作更加频繁和紧密。由于效率的提高和时空的拉近，各国市场在全球水平上融合变得更加容易，贸易、投资和技术转让更加便捷，大大增加合作国之间在技术、制造、管理、销售等环节上的相互依赖性；跨国公司趁势而上，发挥在资金、技术、人才以及产、供、销一条龙服务等方面的优越性，加速并购，最终发展为全球性质的超级公司，扮演着经济全球化的主要角色。跨国公司的投资、生产、销售、技术贸易领域不断拓宽。近年来，发展中国家的跨国公司不断涌现，所有这些都把世界各国的经济越来越紧密地联系在一起。

3）经济全球化特征

第一，贸易自由化。随着全球货物贸易、服务贸易以及技术贸易的加速发展，经济全球化促进了世界多边贸易体制的形成，从而加快了国际贸易的增长速度，促进了全球贸易自由化的发展，也使得加入到WTO组织的成员以统一的国际准则来规范自己的行为。自2008年7月多哈谈判决裂以后，以WTO主导的全球贸易自由化的进程也基本处于停滞状态。世界其他经济主体开始谋求双边合作，如2013年美国、欧盟积极启动双边自由贸易协定谈判，世界上两个最大的经济体携手合作，将会对多边机制的世贸体系和全球贸易格局产生巨大的影响。

第二，生产国际化。生产力作为人类社会发展的根本动力，极大地推动着世界市场的扩大。以互联网为标志的科技革命，从时间和空间上缩小了各国之间的距离，促使世界贸易结构发生巨大变化，促使生产要素跨国流动，跨国公司把部分非关键生产技术、产销管理、项目研发、设计权利等转移到发展中国家、有效地降低了成本，实现资源的合理配置，这不仅对生产超越国界提出了内在要求，也为全球化生产准备了条件，是推动经济全球化的根本动力。

第三，金融全球化。资本在国际上的流动速度不断加快，金融体制接轨是大势所趋。金融机构进入国际市场并形成世界性的金融机构网络，大量的金融业务跨国界进行，跨国贷款、跨国证券发行和跨国并购体系已经形成。当前金融市场国际化，各国不仅放宽了国内金融管制，向国际开放，为不同国家银行、企业或居民进入金融市场从事经营活动提供了各种条件和便利，而且离岸金融市场（境外金融市场）得到迅速发展和提升。世界各主要金融市场在时间上相互接续、价格上相互联动，几秒钟内就能实现上千万亿美元的交易，尤其是外汇市场已经成为世界上最具流动性和全天候的市场。在这一过程中，各种金融衍生工具的出现，如期货交易、期权交易、互换交易、远期交易等形式的不断涌现，起到了催化剂的作用，为规避金融风险和推进资本自由化流动提供了相应的平台和手段。在现在微电子技术高度发达的情况下，这些金融衍生工具不断更新换代、花样翻新、层出不穷，容易突破现有不合理管理办法的约束，使国际资本的跨国界交易变得更为便捷，推进了全球金融市场一体化的进程。

第四，科技全球化。它是指各国科技资源在全球范围内的优化配置，这是经济全球化最新拓展和进展迅速的领域，表现为先进技术和研发能力的大规模跨国界转移，跨国界联合研发广泛存在。以信息技术产业为典型代表，各国的技术标准越来越趋向一致。一方面，跨国巨头通过垄断技术标准的使用，控制了行业的发展，获取了大量的超额利润；另一方面，随着全球化的发展和产品竞争的加剧，各大跨国公司不断增加对技术研发的投入。

4）经济全球化的发展阶段

贸易全球化、生产全球化、金融全球化是经济全球化的主要内容和形式，它们构成了由低级到高级的经济全球化的三个阶段。这三个阶段的关系是层层推进的。

第一阶段，贸易全球化。一般认为，贸易全球化过程开始于1870年，资本主义首先在英国取得胜利的时期。随着社会生产力的蓬勃发展，企业已不满足于占领其所在的城镇或者附近的区域市场，全国的市场狭小得难以容纳其生产的全部商品，市场需求的限制几乎成了生产规模进一步扩大的唯一障碍。于是，早期的商品开始走出国境，出现在全球的各个角落，这种情况一直延续到今天。不过，国际贸易正在不断发生巨大的变化：国际贸易额以惊人的速度增长，贸易品种不计其数，贸易方式不断创新，几乎所有的生产企业都卷进了贸易全球化的漩涡。另外，贸易全球化过程可谓坎坎坷坷。1870—1914年，贸易全球化经历了一个迅速扩张时期，这一进程因第一次世界大战的爆发而中止。从20世纪20年代开始，随着以美国为首的资本主义经济的强劲发展，贸易全球化获得了新生，但随即被1929年的经济危机所打断。第二次世界大战后社会主义和资本主义两种制度的对抗，限制了国际交往的发展，也就限制了贸易全球化过程的发展与深化。从1945年第二次世界大战结束到1991年苏联解体40多年的冷战局面，一度使贸易全球化进程陷于停顿状态。到了20世纪90年代以后，世界商品贸易连年快速发展，全球化进入加速发展阶段。但自2008年金融危机以后，全球一体化进程的放缓或逆转，这种现象可能表现为跨国贸易和投资的减少、全球供应链的重构、保护主义政策的兴起以及人员和信息流动的限制。

同时国际贸易中的产品也日趋多样化、复杂化。贸易全球化的持续发展，已经使全球商品市场形成一个整体。随着贸易全球化过程的基本完成，生产全球化正成为当代世界经济的重要特征。

第二阶段，生产全球化。生产全球化是指跨国公司跨国经营的分支机构在数量和地域覆盖上极大地扩展，并借助于跨国公司及其分支机构间多种形式的联系，进行组织和管理体制上的无国界规划，逐步建立以价值增值为基础的跨国生产体系的过程。跨国公司是生产全球化的微观基础，它将资本、技术和管理合为一体，推广到世界各地，形成全球性的生产、交换、分配和消费。跨国公司的发展在一定程度上改变了传统的国际贸易的形式，丰富了国际贸易的内容，使得公司内贸易成为贸易全球化的一个崭新形式。

生产全球化包括微观层面的生产全球化和宏观层面的生产全球化两个基本内容。随着企业生产全球化的深化，跨国公司通过内部控制体系将不同国家的经济活动进行分工，并有机结合，使分布于不同国家和地区的生产过程之间建立起高度依存的关系，形成生产全球化的微观层面。当以所有权为特征的国际直接投资的迅猛发展使得国与国经济联系不只是停留在商品和不涉及控制权的资本流动之中，整个生产过程的国际关联和国际分工构成了国与国经济联系的新纽带时，生产全球化的宏观层面得以形成，生产全球化也就得以确立其在经济全球化过程中的关键地位，并呼唤金融服务全球化的不断发展和深入。所以说，跨国公司一直是经济全球化的倡导力量，但是随着生产全球化过程的逐渐完成，跨国公司将被无国籍的全球公司取而代之。全球公司是跨国公司全球化发展新阶段的产物。与跨国公司相比，全球公司的跨国指数（海外资产、海外销售额和海外雇员与总资产、总销售额和总雇员的比例）超过50%。有些公司的股权也高度全球化。

第三阶段，金融全球化。金融全球化是经济全球化的重要发展阶段之一，是世界经济和金融发展的必然趋势。正如金融是现代经济的核心一样，金融全球化也是经济全球化的核心。从金融本身的发展规律来看，推动金融全球化的主要动因是西方国家20世纪80年代以来金融自由化、信息技术、融资证券化和金融创新等的发展。经济全球化要求金融全球化，金融全球化过程导致金融市场向全球开放。在经济全球化大潮冲击下，亚洲、拉美的发展中国家和地区，以及东欧等新兴转型国家纷纷实施对外开放战略，大量引进外资，由此产生了大批的新兴金融市场，这些新兴金融市场与发达国家或地区的金融市场相互联结，构成了全球化的金融市场运作体系，使得国际金融市场在时间上和空间上缩小了，并形成24小时不间断连续运行。以国际货币体系剧烈变动为标志，金融全球化过程已经经历了多个高潮，而以布雷顿森林体系崩溃与欧元诞生最为引人注目。在布雷顿森林体系崩溃前的四次大规模的国际资本流动，是金融全球化达到第一个高潮的标志。金融全球化过程经过20多年的快速发展，国与国之间不同货币的兑换成为阻碍金融全球化过程进一步发展的主要因素。经济全球化过程进一步向前推进强烈要求消除各国间的货币差异性。1999年欧盟成员国的共同货币——欧元正式诞生。为此，金融全球化进入第二个发展高潮，即货币一体化阶段，欧元的诞生是进入这一高潮的重要标志之一。2008年始于美国的金融危机深深地影响了经济全球化的发展方向和进程，给经济全球化发展带来了新的不确定因素。一方面，金融危机使反全球化思潮深化，使其进程遇到前所未有的困境；另一方面，其从一定程度上推动了经济全球化的载体跨国公司不断发展。另外，新兴国家经济体在金融危机中经济发展的表现有利于经济全球化的均衡化发展。

20世纪90年代经济全球化的迅猛发展，引起生产要素在全球范围内有效配置，导致世界范围内产业结构调整，从而在促进各国经济发展的同时，也引起了发展机会、决策权、生存和发展环境的不平等，使国与国、人与人之间的贫富分化日益严重，形成了“今天人类创造的世界财富是以往任何时期都无法比拟的，但全球分化也是史无前例的”。基于此，许多国家尤其是发达国家从1999年11月美国西雅图世界贸易组织贸易部长会议后，形成了逆全球化运动的反全球化思潮。

金融危机后，发达国家为应对产业转移、社会福利下降、失业率上升带来的问题，一些国家的民众或利益集团通过向政府施压，将应对经济危机的手段从市场方面的“去杠杆化”演变为政治层面的“去全球化”。例如，美国参议员审议通过“购买美国货”条款时，要求所有经济刺激项目使用美国设备和商品；一些国家的对外投资被指是造成失业率上升的主因。当前由金融危机带来的去全球化运动正由民间思潮演变为国家政治行为，这必然对经济全球化发展带来深远的影响。

5）经济全球化的影响

经济全球化过程对整个世界经济，对介于其中的每一个国家和地区已经并将继续产生深远的影响。经济全球化过程对世界经济的影响包括积极影响和消极影响两个方面。

（1）积极影响。

经济全球化使全球各国的经济有了质的提高，加速了生产要素在全球范围内的自由流动和优化配置，使全世界拥有了一个统一的大市场，贸易自由化、国际化，使高科技得到了发展，更为发展中国家提供了一个经济跳跃的平台，从而更快地跟上发达国家的步伐。

第一，经济全球化促进了世界贸易、就业和投资的增长。经济全球化的实践也证明了这一点。经济全球化以其技术扩散效应、示范效应、学习效应以及规模经济效应等功能正在改变着每一个人的生活。

第二，经济全球化加速了资本在国际上的流动速度。20世纪90年代以来，一些西方国家竭力倡导资本在国际上自由流动并且出台了相应的政策，使国际资本在更大的范围和更高的层次上，以更大的流量和更快的流速在国际上流动起来，远远超过商品形式的物的流动和劳务形式的劳动力流动的增长速度。在开放经济背景下，国际资本和国内资本依据一定的条件相互转化，国际资本价格和国内资本价格相互影响，国际资本流动通过汇率、收支、储备影响国内的货币和财政政策。

第三，经济全球化给发展中国家带来了更多的就业机会以及先进的技术和管理经验。由于发展中国家的劳动力较廉价，跨国公司都希望在发展中国家设厂，发达国家的跨国公司在带来资本和技术的同时也雇用了许多发展中国家的劳动力，这就在无形中给广大发展中国家带来了更多的就业机会。广大发展中国家在接受这些先进技术和经验的同时，取其精华去其糟粕，在多个领域里实现了生产技术和经营管理的创新，增强了其自主创新能力。

第四，经济全球化使世界市场实现真正一体化。产品生命周期在全世界范围内趋同，且周期日渐缩短，产品创新频率以惊人的速度提高。经济全球化程度进一步加深后，生产要素跨国流动速度加快。由于信息技术日新月异，互联网迅速延伸与扩展，信息获得成本大幅度下降，世界经济在四通八达的网络社会中运行。

（2）消极影响。

第一，经济全球化使发展中国家对发达国家的依附性更强，同时使世界的贫富差距加大。由于经济全球化是一场以发达国家为主导、以跨国公司为主要动力的世界范围内的产业结构调整，全球经济的游戏规则仍然以发达国家的总体利益为核心，许多经济全球化的制度未将发展中国家考虑进去，因此，发达国家在全球化的过程中占尽天时地利，成为全球化的最大受益者，而广大的发展中国家虽然可以从经济全球化过程中寻求发展机会，但也必然会因此而付出高昂的代价。资金匮乏、技术落后使他们不得不接受发达国家的夕阳产业转移，不得不接受以破坏环境为代价的低附加值产品生产，不得不接受以国内市场份额换取技术升级的方法。

第二，经济全球化增加了世界各国经济运行风险。随着经济全球化，特别是金融全球化的发展，使国际资本流动规模增大，速度加快，投机色彩加重。全球资本流动的加快和投机的加剧，对一些国家或地区造成了严重冲击。由于金融创新工具增多，加大了各国政府实施宏观经济调控的难度，为国际投机者在国际金融市场上兴风作浪提供了机会，任何国家都可能会因为政策失误而成为国际投机者冲击的目标，引发国内甚至全球的经济动荡。20世纪90年代亚洲金融危机就是一个最典型的例子，经济全球化引发周期性经济危机，发达国家为了使国内的经济免遭致命性打击，把危机转移到发展中国家。亚洲、俄罗斯、巴西的金融危机无情地表明，经济全球化特别是金融全球化是一股巨大的力量，它可能会汇成来势凶猛的洪流，冲向那些经济体制不健全的地区，使世界经济活动风险加大。

第三，国家经济主权逐渐弱化是经济全球化过程的直接影响。当今世界绝大多数国家都实行对外开放政策，并以实行市场经济作为主要特征。由于市场失灵等问题，在世界经济全球化过程中运用市场调节的同时，应在一定程度上依靠国际经济组织机构的参与和协调。可以预见，随着经济全球化过程的加深，国际性经济组织结构将日趋完善，国际经济游戏规则也将日趋规范。国际性经济组织在世界经济运行中的作用将日趋加强。

知识扩展2-4

新冠疫情使全球经济增速降至11年最低

第四，任何高额利润都会使全世界的生产要素趋之若鹜，商品价格、汇率差别将日益缩小，趋利动机导致要素的过度跨国界流动，导致某些商品全球性绝对过剩。

2.5　经济全球化下的国际经济合作

2.5.1　经济全球化与国际经济合作的关系

经济全球化与国际经济合作都以生产要素的国际流动为基础，二者具有统一性。正如前文所述，经济全球化是经济国际化和一体化发展到一定阶段的产物，是国际经济活动从贸易全球化、生产全球化向金融全球化方向逐渐发展的过程。在这一过程中，生产要素的国际移动逐渐取代了国际商品移动而开始居于主导地位。经济全球化虽然仍然包括国际商品贸易，但是其更重要的内容是资本、技术、管理等生产要素在全球范围内的优化配置。同样，国际经济合作也是以研究要素国际移动为主要内容的理论。尽管国际经济合作领域本身也涉及国际商品贸易，但是其主要的内容是资本、劳务、技术等生产要素的国际流动与协调。因此，经济全球化和国际经济合作的主要内容具有内在的统一性。

此外，全球化进程促进生产要素的国际直接移动，使各国原本相互独立的生产过程走向国际化和一体化，使国家间经济关系的重心由传统的流通领域转入生产领域，各个国家在生产领域依据一定的原则进行较长期、较稳定的经济合作活动。国家间借助于生产要素的直接移动与重新合理组合配置而进行的活动就是国际经济合作。生产要素的国际直接移动与重新合理组合配置是国际经济合作的实质和主要内容。为了保障和推动生产要素国际移动的顺利进行，各个国家之间经常在经济政策的制定和执行方面进行一些协调活动，这种政策协调也属于国际经济合作的范畴，是宏观国际经济合作。

具体分析，经济全球化与国际经济合作的关系表现为：

1）经济全球化推动国际经济合作的发展

第一，随着经济全球化的发展，贸易自由化程度不断提高，也促进了国际经济合作发展。第二次世界大战后，布雷顿森林体系的建立以及关贸总协定、世界贸易组织对多边贸易体制框架的勾勒，促进了西方国家战后的经济复兴，带动了进出口贸易以及外国直接投资的迅速增长，也促进了国际经济合作的发展。进入20世纪90年代以来，世界商品贸易的增长率已连续七年超过世界生产增长率，充分表明了经济全球化和贸易自由化的程度在不断提高，贸易自由化已经从传统的商品领域扩大到技术、金融等服务贸易领域。贸易自由化的深入发展进一步推动了经济全球化进程，也促进了国际经济合作的发展。

第二，金融全球化加速发展，成为促进经济全球化的内在动力。金融机构的跨国经营日益活跃，更多的银行和非银行金融机构在境外设立分支机构，开展国际业务。因此，作为经济全球化核心之一的金融全球化，不仅是推动经济全球化前进的内在动力，同时也为国际经济合作创造了条件。

第三，区域经济一体化规模日益扩大。目前，全球共有100多个区域经济一体化组织，几乎包括了世界上所有的国家和地区。区域经济一体化的发展为国际经济合作提供了广阔的活动空间。国际经济合作要求国与国之间的经济交流突破社会政治制度、宗教、文化等种种限制，要求资本在世界各国之间实现自由流动。目前，世界上众多的国家，尤其是发展中国家和地区都在积极采取措施，不同程度地开放本国的市场，力争从经济全球化中获益，这就为国际经济合作在全球范围内的更快发展提供了有利条件。

第四，国际协调机制是国际经济合作发展的重要保障。国际分工和交换的有序进行，离不开各国之间在平等互利的基础上对贸易、分工主体，甚至世界市场本身进行协调。近年来在世界范围内，国际货币基金组织、世界银行、世界贸易组织等国际经济协调机制日趋完备。在地区内有为数众多的经济一体化机构就各相关国家共同感兴趣的经贸问题进行协调，国家（地区）之间则通过双边或多边经贸协定进行政策协调。近年来，越来越多的国家形成了区域性和跨地区国家元首或政府首脑定期或不定期会晤机制，就共同感兴趣的政治、经济和社会问题进行磋商，协调政策立场，制订行动计划等。这类机制有亚欧首脑会议、西方七国首脑会议，以及亚太经济合作组织领导人非正式会议等。上述双边和多边协调机制为在全球范围内实现生产要素的自由流动和资源优化配置提供了便利，有助于消除各国间的经济摩擦和矛盾，促进国际经济合作健康、稳定地发展。

2）国际经济合作促进经济全球化进程的发展

国际经济合作的实质是实现要素的国际流动和重新组合配置，这有助于各国经济向着国际分工和生产专业化的方向发展。例如，随着国际经济合作发展的不断深入，国际分工不再以部门、行业为界，甚至打破了产品和生产过程的界限，形成工艺过程、零部件的国际专业化生产。例如，美国波音公司生产大型客机共有400多万个零部件，其中占全部造价1/2的零部件承包给美国和其他6个国家的16 000多家公司制造。又如，英国生产的一种大型载重汽车，发动机由瑞典提供，底盘和弹簧由美国生产，控制设备在德国制造，车身从意大利进口。不仅同种产品的不同零部件由许多国家共同生产，而且还出现了同种零部件的不同加工工序分别在不同国家进行的情况。这表明，国际经济合作使各国再生产过程的相互交织和相互依存发展到了一个新的阶段。

实际上，由于国际经济合作涉及国际投资合作、国际信贷合作、国际科技合作、国际劳务合作和国际经济援助等丰富的内容，其对经济国际化和全球化进程的影响要远远超过我们的想象。国际经济合作的发展对经济全球化的促进作用主要体现在以下几个方面：

第一，国际经济合作促使国际分工向纵深发展，使生产直接在世界范围展开，原来属于企业内部或者国内的生产分工逐渐演化为世界范围的分工。

第二，国际经济合作促进新科技在世界范围传导和扩散，有力地推进了科技国际化。国际经济合作主体之间利用各自的技术优势，通过国际合作的手段将新科技传播到世界各地。

第三，国际经济合作促使当代世界的生产模式发生新的变化。长期以来，世界的主要生产模式是在一国国内生产再销售到国外。国际经济合作的发展能够实现大部分生产直接在国外进行。据统计，世界近900家最大工业公司的生产过程25%以上是在国外进行的。

第四，国际经济合作促使生产资源在世界范围进行配置，通过合作主体对各国基础设施、生产规模、经济技术结构与市场结构产生影响，从而推动产业结构高级化。

3）经济全球化下国际经济合作面临新的挑战

首先，随着资金信息等生产要素在全球范围内全天候不断地自由流动，各国经济的独立性大大削弱、政府制定本国经济政策的回旋余地大为缩小。1997年7月，泰国爆发金融危机并迅速蔓延到整个东南亚，紧接着韩国又卷入进来，随后俄罗斯也出现了金融危机，现在又已经蔓延到巴西等拉美国家。2008年始于美国的金融危机迅速波及世界各地，对世界造成了长远的影响。

其次，在生产要素流动方面即国际经济合作领域的很多游戏规则尚未确立，这就给一些国际投机者带来了伺机牟利的机会。

最后，经济全球化下，贫富差距拉大，“南北问题”再次成为人们关注的焦点。

2.5.2 经济全球化下国际经济合作展望

1）影响国际经济合作发展的因素

目前在经济全球化趋势不断加强的背景下，影响国际经济合作发展的重要因素主要有：

第一，国际分工的深度和广度。世界经济的产生与发展与国际分工和世界市场的发展紧密相联。作为世界经济的组成部分，国际经济合作更是国际分工发展到新的阶段的产物，是生产力发展到一定水平的标志。伴随着国际分工进一步发展，各国之间的经济合作关系将会更加紧密。国际分工既会出现沿着产业链方向展开的垂直分工，也会出现在同一产业水平上的水平分工。一般而言，垂直国际分工多见于发达国家和发展中国家之间，而水平国际分工多见于经济发展水平相当的国家之间。但随着国际经济的发展，国际分工早已突破这种限制，向着日趋细致、复杂的方向发展。国际分工在深度和广度上的发展将不断推动国际经济合作的发展。

第二，生产要素国际流动的机制。生产要素国际流动是国际经济合作的实质和主要内容，国际经济合作的发展离不开生产要素国际流动的机制。生产要素的可流动性以及流动强度决定了资源配置的效率和效果，决定了经济系统的活力和市场绩效，也决定了国际经济合作的发展水平。在影响生产要素国际流动的诸多因素中，各种双边及多边自由贸易协定、区域经济一体化组织、全球多边贸易自由化组织等制度安排对国际经济合作产生了深远的影响。世界贸易组织是当代最重要的国际经济组织之一，其成员国间的贸易额达到全球贸易总额的97%。在未来的时间里，生产要素国际流动机制的变化将在国际经济合作领域继续扮演重要角色。

第三，科技进步。新科技革命引起现代化运输工具和通信技术的突飞猛进，为国际经济合作的空前发展提供了必要的物质技术条件和管理条件。许多超大型、超高速和集装式的现代化运输工具的出现，使国际运输变得快速便利，而且运价和风险有所降低，这就使产品、零部件和生产资料在国际上大规模流动成为可能。四通八达的国际通信网络、现代通信技术以及多功能电子计算机同现代管理相结合，使零部件和生产工艺国际化以及国际合作主体在全球布设分支网点、进行高效率的统筹协调和管理成为可能。

第四，跨国公司的作用。在当今的世界经济中，跨国公司是最重要、最活跃的因素。特别是20世纪80年代以来，跨国公司推动的国际经济活动已经成为世界经济中的主要部分，取代国际贸易成为世界经济增长的发动机。跨国公司的活动扩大和加强了世界经济与东道国、母国经济的联系，发展和加深了世界各国之间生产、交换、流通、消费、技术、产品研发等诸多方面的协作关系，从而建立起紧密结合的全球生产体系。

2）国际经济合作发展趋势

第一，科学技术对国际经济合作的推动作用会更加明显。随着高科技产业特别是信息产业的迅猛发展，以国际互联网为标志的信息技术将极大地削弱空间对经济活动的限制。国际经济合作活动和生产的组织管理可以越来越多地在网上进行，大量信息都可能从网上获取。地理因素将不再是制约全球经济发展和约束企业市场行为的因素，这会为国际经济合作提供极大的便利。此外，电子信息技术等高新技术的发展及在全球生产中的迅速推广应用，不仅成为世界经济发展的重要特征，而且将大大缩短发达国家与发展中国家之间的技术差距。这将是新世纪经济全球化的重要成果，也是经济全球化时代国际经济合作的一个显著特点和标志。

第二，国际分工的深化将进一步推动国际经济合作的深化。20世纪90年代全球贸易的发展和全球生产规模扩大速度的加快，其直接原因是国际分工的广度和深度的不断加强，而国际分工的深化，又是技术进步、多数国家积极参与国际经济合作，跨国公司实行全球化经营战略的结果。进入21世纪，国际分工会进一步加深，国际经济合作将在更大程度上根据比较优势、资源禀赋和市场需求而在全球范围内展开。首先，国际分工将继续由垂直型分工向水平型分工发展，后者在发达国家之间呈日益扩大趋势。其次，国际分工的不断深化，将继续推动形成新的国际分工格局：一方面，发达国家日益转向新产品的研制和开发，而新产品的生产过程往往通过跨国生产系统安排在发展中国家进行，从而加深了研究开发与生产制造之间的分工两条线；另一方面，传统产业特别是劳动密集型和资源密集型产业，有进一步向发展中国家集中的趋势，成为发展中国家的主要产业。

第三，跨国公司在国际经济合作领域将发挥越来越重要的作用。如前所述，跨国公司在国际经济合作中发挥了重要作用。在21世纪，由于跨国公司还会不断发展和扩张，其对国际经济合作的影响日益增大。跨国公司发展的新趋势和新特点有如下几个方面：一是跨国公司将持续推动企业的跨国兼并浪潮，尤其是发展中国家之间的企业兼并和发达国家与发展中国家之间的企业兼并将会越来越多。二是跨国公司将日益成为世界范围内社会化生产的组织者，全面规划全球化生产。其结果将使传统意义上的国家之间的国际分工表现为以跨国公司内部生产的组织为主要形式的分工，从而也使以国家为主体的世界经济有可能向以跨国公司为主体的世界经济逐步过渡。三是由于对外直接投资是跨国公司全球化生产经营战略的需要，因而跨国公司的对外直接投资将继续快速发展。跨国公司的上述特点有助于将国际上的经济合作转化为企业内部的合作，从而绕过各种贸易、投资方面的障碍，有利于促进国际经济合作的发展。

第四，国际经济合作也面临着各种挑战。尽管经济全球化的趋势将促进国际经济合作的进一步发展，但是这种发展也并非一帆风顺，各种反对和抵制国际经济合作发展的力量将继续存在并有所发展。国际经济合作包括国际投资合作、国际技术合作、国际劳务合作等，与这些活动相伴随的是基于产业比较优势的国际分工和国际产业转移。以国际投资合作为例，随着发达国家对外直接投资的增加，企业生产不断向海外转移，使发达国家国内制造业出现了空心化的现象。在发达国家，企业生产转移首先从不具备比较优势的生产部门开始，随着经济国际化的发展，近年来出现了研发部门也向发展中国家转移的趋势。产业转移增加了国内就业压力，损害了部分人的利益，产生了一系列的经济、社会问题。除了就业问题之外，国际经济合作还可能导致国际污染产业转移、国内自然资源过度开发等环境问题，在国际合作过程中还存在国外企业对国内产业的控制问题。因此，无论是发达国家还是发展中国家，在参与国际经济合作的过程中，都难免遇到各种反对力量的阻力。近年来，WTO历次部长级会议召开的时候，都不难看到反对者的身影，这些人的活动在客观上说明了国际经济合作面临着来自方方面面的压力，其发展还面临着各种挑战。随着国际经济合作向纵深发展，来自各方面的阻力可能会越来越强大。

专栏2-4　　推动建设开放型世界经济

当今世界正经历百年未有之大变局，新兴市场国家和发展中国家快速崛起，新一轮科技革命和产业变革带来前所未有的机遇和挑战，全球治理体系面临深刻变革。同时，2008年国际金融危机爆发以来，世界经济进入深度调整期，一些国家民粹主义、保护主义和逆全球化思潮涌动，世界经济发展困难重重。世界经济发展面临的难题，没有哪一个国家能独自解决。坚持开放合作，共同把全球市场的蛋糕做大、把全球共享的机制做实、把全球合作的方式做活，是重振世界经济的必由之路。

共建开放合作的世界经济，要顺应经济全球化和各国经济融合发展的大趋势，坚持以开放求发展，深化交流合作，通过协商合作解决矛盾和摩擦，坚决反对单边主义、贸易保护主义，推动全球产业链、供应链、价值链协同发展，共同做大全球市场的蛋糕。共建开放创新的世界经济，要紧扣新一轮科技革命和产业变革大方向，加强创新合作，共享创新成果，保护知识产权，破除制约知识、技术、人才等创新要素流动的壁垒，推动科技与经济深度融合，以创新发展引领世界经济持续发展。共建开放共享的世界经济，要谋求包容互惠的发展前景，共同维护以联合国宪章宗旨和原则为基础的国际秩序，坚持多边贸易体制的核心价值和基本原则，促进贸易和投资自由化、便利化，推动经济全球化朝着更加开放、包容、普惠、平衡、共赢的方向发展，让发展成果惠及更多国家和民众。

同时，中国也将继续坚持对外开放基本国策，坚持以开放促改革、促发展、促创新，推动更大范围、更宽领域、更深层次的全面开放，建设更高水平开放型经济新体制，把风险和挑战转化为转方式、调结构、增动力的巨大势能，更好地维护和用好重要战略机遇期，保持经济长期向好发展态势；张开双臂，为各国提供更多市场机遇、投资机遇、增长机遇，推动共建“一带一路”高质量发展，继续推进基础设施互联互通，同更多国家商签高标准自由贸易协定，加强创新能力开放合作，积极参与国际发展合作，努力促进商品、资金、技术、人员流通，将为各国提供更多增长机遇。不断为推动建设开放型世界经济、构建人类命运共同体作出贡献。①

● 本章小结

1.国际分工是指世界各国之间的劳动分工，是超越国家界限的专业化分工，是社会分工的延伸和发展。当社会生产力发展到一定阶段后，一国国民经济内部分工冲破国家界限，即出现了国际分工。

2.当今世界国际分工的形式基本上有以下三种：垂直型国际分工、水平型国际分工和混合型国际分工。

3.国际相互依赖是指国家之间或其他国际行为主体之间广泛的、一般的相互影响和相互制约关系。国际相互依赖所涉及的范围既包括国家之间在政治、军事、经济方面的相互依赖，也包括广泛的社会生活领域中的相互依赖，其中，在经济方面的表现最为突出。

4.经济国际化，首先是指一国的经济活动超越了国家边境的限制，从国内发展到了国外。从这个意义上说，本国经济活动越是向国外发展，其经济国际化的程度就越高。在国际经济社会中，由于一个国家的经济活动从国内发展到了国外，就意味着另外一个国家的经济活动从国外发展到了国内，所以经济国际化的进一步含义就是指本国经济与外国经济的相互渗透和相互融合。经济国际化首先是从发达国家开始的。

5.经济一体化分为区域经济一体化和世界经济一体化。

6.经济全球化包含了经济国际化和经济一体化的全部内容，有更丰富的内涵。任何概念都不是凭空产生的，而是在对大量的经济社会现象高度概括和总结的基础上形成的。就经济全球化这一概念而言，则是在高度概括和总结了大量的经济国际化、经济一体化现象的基础上形成的。

7.当前全球区域经济一体化的发展呈现出进一步加速及扩大的新趋势，以自由贸易协定为核心的各种形式的区域贸易协定数量在不断增加。

8.经济全球化具有贸易自由化、生产国际化、金融全球化以及科技全球化四个特征。经济全球化过程对整个世界经济，对处于其中的每一个国家和地区已经并将继续产生深远的影响。

9.经济全球化与国际经济合作都以生产要素的国际流动为基础，二者具有统一性。经济全球化是经济国际化和一体化发展到一定阶段的产物，是国际经济活动从贸易全球化、生产全球化向金融全球化方向逐渐发展的过程。在这一过程中，生产

---

① 资料来源：毕吉耀，张哲人．推动建设开放型世界经济［EB/OL］．［2019-12-10］．http：//www.china-cer.com.cn/juece/201912101566.html.

要素的国际移动逐渐取代了国际商品移动而开始居于主导地位。经济全球化虽然仍然包括国际商品贸易，但是其更重要的内容是资本、技术、管理等生产要素在全球范围内的优化配置。同样，国际经济合作也是以研究要素国际移动为主要内容的理论范畴。尽管国际经济合作领域本身也涉及国际商品贸易，但是其主要的内容是资本、劳务、技术等生产要素的国际流动与协调。因此，经济全球化和国际经济合作的主要内容具有内在的统一性。

● 延伸阅读

国际货币基金组织以及经济合作与发展组织网站可以查询众多的全球、地区和国别的经济全球化以及国际经济合作的统计资料和数据，网址分别是http：//imf.org和http：//oecd.org。

● 基本概念

国际分工　国际投资　国际直接投资　国际间接投资　国际相互依赖　经济国际化　经济一体化　经济全球化

● 复习思考题

1.简述国际分工理论。
2.简述国际投资理论。
3.简述国际相互依赖理论。
4.经济国际化的概念及内容。
5.经济一体化的定义及相关理论。
6.经济全球化的定义。
7.经济全球化的表现、特征和影响有哪些？
8.区域经济一体化的新趋势。
9.简述经济全球化与国际经济合作的关系。
10.展望国际经济合作的发展趋势。

第3章 / 国际经济协调与法律保护

学习目标

本章主要讨论国际经济协调与国际经济合作法律保护相关问题。通过学习，掌握有关国际经济协调的主要形式和协调的内容与领域；充分认识国际经济协调对世界经济的作用及国际经济协调的发展趋势；了解有关国际经济合作法律保护的主要内容。

3.1 国际经济协调发展概述

3.1.1 国际经济协调的概念及分类

国际经济协调（International Economic Coordination）是指各国政府通过国际经济组织、国际会议以及建立区域经济组织等方式进行对话协商，对国际经济关系进行联合调节。国际分工是国际经济协调产生和发展的客观基础；解决彼此间在经济利益中的矛盾和冲突，维护并促进世界经济稳定和正常发展是国际经济协调的目标；各国政府是国际经济协调行为的主体；通过一定方式，联合对国际经济运行进程进行干预或调节是国际经济协调的主要手段。国际经济协调是当代国际经济发展过程中的重要现象，是经济全球化的突出表现。随着各国间相互依赖关系的不断加强，国际经济协调已成为国际经济合作顺利发展的重要保证。

根据协调的地理范围大小区分，国际经济协调可以是区域性的国际经济协调，也可以是全球性的国际经济协调。区域性的国际经济协调主要是指区域经济一体化组织内的各成员国，按照相互间达成的协议，从协调彼此间的关税、投资、劳动力流动等方面的政策入手，建立统一的市场，逐步协调各国国内的经济政策，最终实现区域内经济一体化的目标。全球性的国际经济协调一般是通过联合国等国际经济组织进行的。具体来说，是通过联合国等国际经济组织开展的一系列活动和召开首脑会议等形式开展的广泛协调活动。不同时期所要协调的目标是不同的，一般包括贸易、投资、金融以及环境问题，还包括消除贫困、促进世界经济发展等问题。

根据协调的方式是否具有规律性，国际经济协调可以是临时的协调，也可以是制度化的协调。是临时的协调还是制度化的协调主要是看协调的形式是否已经形成一种制度，是不是定期举行，是否已经具有固定的组织形式等。例如，西方七国首脑会议和区域性国际经济组织等形式的协调均属于制度化的协调；而为了应对突发事件或解决不同国家相互间出现的问题临时进行的对话协商则属于临时性的协调。

根据参加国际经济协调主体的多少，国际经济协调可以是双边的协调，也可以是多边的协调。双边协调是指两个国家之间就一些问题而展开的谈判、磋商等协调活动，而多边协调则是在两个以上国家间开展的这种活动。

根据协调内容区分，国际经济协调还可以分为微观方面的协调和宏观方面的协调。微观方面的协调是指在具体的合作项目中，双方当事人在争议发生后所进行的旨在自行解决争议所进行的协商、调解、仲裁和诉讼。宏观方面的协调是指国家政府之间举行首脑会议、签订国际公约或协定、成立国家间经济组织等经济外交活动，当其内容涉及对国家间的经济活动进行干预和调节时，它便成为一种宏观方面的经济协调。宏观方面的协调结果往往会对微观方面的协调产生影响，在一定程度上起规范和指导作用。宏观经济协调可以是双边的，也可以是多边的；可以是制度化的，也可以是临时的。目前，国际经济协调中越来越多地使用多边的、制度化的协调，而且参加协调的主体层次很高，经常是首脑级别的，协调的内容也很广泛。此外，区域内和地区间的协调也是国际经济协调的发展趋势。

3.1.2　当代国际经济协调产生和发展概述

国际经济协调作为一种经济现象并不是近几年才出现的，严格来讲，在经济国际化和统一的世界市场开始出现与形成时，它就存在了。只是在第二次世界大战以后，它才日益受到重视并不断加快发展，形成了当代国际经济协调体制。第二次世界大战后，国际经济协调机制的调整主要经历了三个阶段。

从第二次世界大战后到20世纪70年代初，是国际经济协调机制调整的第一个阶段。这一时期，建立了布雷顿森林国际货币体系和一系列国际经济组织。例如，国际货币基金组织、关税和贸易总协定、国际复兴开发银行以及西方发达国家组成的经济和发展组织。美国凭借其在政治、军事、经济方面的绝对优势，在相当程度上影响甚至操纵了国际经济协调。当时的协调主要是国际收支方面的协调，没有涉及各国的宏观经济政策总体状况的协调，而且作用也比较有限，对国际经济中出现的越来越多的矛盾无法发挥有效的作用，特别是涉及一些国内经济政策问题时。

到20世纪70年代中期，伴随着布雷顿森林货币体系的崩溃，国际经济协调进入了第二个阶段。其主要标志是西方七国首脑会议的召开，特别是1977年的“伦敦会议”和1978年的“波恩会议”，西方国家开始在经济发展总体目标上进行协调，突破了以往仅在汇率方面进行协调的局限作用。进入20世纪80年代以后，主要发达国家的国际经济协调继续向纵深发展，其范围也在扩大。例如，1985年的“广场会议”，美、日、英、法、德五国就联合干预汇率问题达成一致协议，认为美元价值过分高估，承诺要联合干预外汇市场，促使美元有秩序地贬值，实行“软着陆”。它标志着发达国家间的协调已开始落到实处。1986年的“东京会议”进一步将其政策协调具体化，对10项经济指标进行监督。这一指标体系既包括汇率、国际收支等，也包括各国的通货膨胀率、利率、货币发行量、失业率等指标。这是西方国际经济协调向前迈进的又一标志。进入20世纪90年代后，国际经济协调的形式日益多样化，协调的范围不断扩大，几乎覆盖了世界经济的每一个角落。1993年1月1日，欧洲统一大市场的启动，推动了世界范围内区域经济一体化的蓬勃发展，促进了区域内经济协调机制日益完善。1995年1月，WTO替代了GATT，开始了它在国际贸易及相关领域里的协调作用，作为一个国际经济组织，它将比GATT发挥更大的协调作用。此外，近些年来各种首脑会议和高官会议的频繁召开，充分显示出国际社会对国际经济协调的重视。与第一阶段的国际经济协调相比，第二阶段的国际经济协调具有以下几个特点：

（1）参与者具有广泛的国际性。参加国际经济协调的主体越来越具有广泛性，不仅有发达国家，越来越多的发展中国家也积极参与国际经济协调。协调可以在两国之间进行，也可以在两个区域经济组织之间进行，或者在国家与区域经济组织之间进行，目前还出现了洲际之间的首脑会谈。一般来说，经济发展水平越高，相互间依赖程度越大，协调的领域越广泛，协调的内容越深入具体。由于受经济发展水平的影响，发展中国家间的经济协调程度远不如发达国家相互间的协调程度那么高。

（2）这一阶段的国际经济协调是多层次、全方位的联合干预。国际经济协调的形式多种多样，协调的层次可以是微观方面的也可以是宏观方面的，协调的领域涉及贸易、金融、投资、信息和环境保护等几乎所有领域；不仅协调各国对外经济贸易政策，而且还逐步深入到各国国内经济发展目标和经济指标的协调；对于国际经济发展进程中出现的重要事件经常是几个国家进行联合干预。

（3）国际经济协调是以发达的工业国家为核心的。虽然与第一阶段相比较，国际经济协调打破了以美国控制为主的局面，逐渐向多极化发展，但由于受到政治和经济等方面因素的影响，在国际经济协调中发挥主要作用的仍然是世界上一些主要经济发达国家。

（4）这一阶段的国际经济协调仍处于调整时期。此时的世界经济正处于一个变化和发展的时期，迫切需要国际经济协调发挥有效作用。由于各国在协调中代表着各自的经济利益，在协调过程中经常争论不休，在许多问题上难以达成共识。加上一些协调方式本身的弊端，特别是有些国际经济组织自身很不完善，在处理一些国际经济关系中出现的问题时不能取得很好的效果。因此，为了适应新形势的客观需要，有效地解决出现的新问题，国际经济协调机制需要进一步地完善。

进入21世纪，特别是2008年全球金融危机的爆发给世界经济带来了严重影响，各种各样的矛盾和问题不断涌现，贸易保护主义倾向不断增强，国际经济环境变得更加复杂。为了促进世界经济平稳持续发展，加强各国的经济合作，国际经济协调比以往任何时候都显得更加重要。国际经济协调已经进入了一个新的阶段，其主要特点如下：

（1）全球金融危机和经济衰退，新贸易保护主义增强，国际经济协调的重要性加强。近年来在金融危机的影响下，作为各国联系重要方式的国际贸易增速放缓、国际投资剧烈波动。随之而来的是新贸易保护主义愈演愈烈，已经波及贸易、投资、技术转让、资源保护等国际经济活动的所有领域。更加重要的是，实行保护主义的已不再是那些传统的弱小、落后国家，反而是那些强大、先进的发达国家。例如，美国等主要发达国家为了应对金融危机，推出的一系列经济刺激政策里，均带有浓厚的保护主义色彩。当前，在全球经济越来越紧密联系背景下，越来越需要各国政府和国际经济组织通过国际经济协调渠道，共同努力抑制新贸易保护主义，促进国际贸易与投资的恢复和发展。

（2）国际经济组织协调作用减退，亟需深化改革和优化国际经济规则。联合国所属的经济组织、国际货币基金组织、世界贸易组织等一直在国际经济协调中发挥着重要作用，但近年来这些主要国际组织的作用有所减退，甚至出现功能缺失。例如，在全球各地不断爆发金融危机时候，作为全球最大的国际金融协调组织IMF却没有发挥应有的作用，其内部的改革也停滞不前；世界贸易组织新一轮谈判原定于2005年完成，却一直拖到2013年12月才达成“巴厘一揽子协议”，虽然避免了多哈回合谈判失败给世界贸易组织地位带来的损害，但说明世界贸易组织在国际贸易领域的协调能力实际下降了。

知识扩展3-1

多哈回合谈判

（3）国际经济多极化趋势与旧的国际经济体制和规则的冲突加大了对国际经济协调的需求。进入21世纪后，国际经济格局的多极化趋势呈加速发展之势，其主要表现是以金砖国家为代表的新兴市场大国经济的快速崛起，经济和国际地位迅速提升，给由美国等少数发达国家主导的国际经济格局带来巨大挑战，对现行的国际经济体制和规则造成冲击。最近召开的金砖国家首脑峰会以及成立的金砖国家银行已充分证明了这点。这一切意味着主要发达国家与新兴市场大国必须要通过必要的经济外交努力，通过有效的国际经济协调机制，来共同调整和改革已经越来越不能适应多极化趋势的国际经济体制和规则。

（4）随着区域经济一体化和FTA的迅速发展，国际经济协调的平台不断拓宽。20世纪90年代开始兴起经济全球化和区域经济一体化浪潮。进入21世纪后，经济全球化发展进程缓慢，但区域经济一体化趋势得到进一步加强，欧洲、北美经济一体化不断发展的同时，东亚地区的经济合作呈现快速发展势头，全球各种FTA如雨后春笋般不断涌现。根据世界贸易组织的最新统计数据，截至2023年10月，已备案的区域贸易协定数量累计已达到595个，有效的区域贸易协定数量累计已达到361个，其中2019—2022年新增的有效区域贸易协定数量高达91个[①]。尽管全球贸易受到了冲击，但区域一体化的发展步伐并未停滞，区域内经贸自由化和便利化水平不断提升。目前，正处于谈判或者研究阶段的自由贸易协定还在不断地增加，可以预见，在今后相当长的时间内，自由贸易区仍然会有较快的发展。区域经济一体化的发展，各类区域经济合作组织的建立，为国际经济协调提供了更宽的平台，从

① 资料来源：http: //rtais.wto.org/UI/PublicMaintainRTAHome.aspx.世界贸易组织统计的区域贸易协定包括自由贸易协定（FTA）、关税同盟（CU）和经济一体化协定（EIA）。

而形成双边、多边与区域等多个平台互相补充、相互推动的国际经济协调机制。

（5）各种不安全因素威胁着世界经济发展，各国需要加强经济外交深化协调内容。当前，国际格局正在经历深刻的调整演变，世界经济发展前景充满不确定性。地区冲突、恐怖主义、气候变化、能源资源、网络安全等问题日益凸显，全球治理难度增大，国际经济协调机制面临挑战。例如，因为乌克兰问题，俄罗斯与美国、欧盟等国关系恶化，导致2014年召开的八国峰会由于俄罗斯缺席而退回到“西方七国首脑会议”。这些不安全因素威胁着世界经济平稳发展，各国政府需要加强经济外交，不断深化国际协调内容。

3.2 国际经济协调的主要形式

3.2.1 国际经济组织

1）联合国

联合国（United Nations）成立于1945年10月24日，总部设在美国纽约，在日内瓦设有欧洲办事处。今天，世界上几乎所有国家都加入了联合国。截至2022年年末，联合国共有193个会员国，2个观察员国。

《联合国宪章》是一个国际条约，其中规定了国际关系的基本原则。依据《联合国宪章》，联合国的四个宗旨如下：维持国际和平及安全；发展国家间友好关系；合作解决国际问题，增进对人权的尊重；成为协调各国行动的中心。联合国有六个主要机构，其中联合国大会、安全理事会、经济及社会理事会（简称“经社理事会”）、托管理事会和秘书处五个机构设在纽约联合国总部。第六个主要机构是国际法院，设在荷兰海牙。尽管近年来联合国大会和秘书处对国际经济事务的关注逐渐增多，但在联合国的六个主要机构中，只有经济及社会理事会是个地道的经济组织。经济及社会理事会在联合国大会通盘领导下，协调联合国及联合国系统的经济和社会工作。作为讨论国际经济和社会问题以及拟订政策建议的中心论坛，经社理事会在加强国际合作以及促进发展方面发挥着关键作用。经社理事会成员由联合国大会选举产生，任期三年。经社理事会整年都举行会议，每年7月举行主要会议，其中包括一次部长级特别会议，讨论重大经济社会问题。经社理事会下属五个区域委员会在各自区域负责促进经济发展，加强经济联系。在联合国的附属机构中，重点从事经济活动的机构有：联合国贸易和发展会议、联合国开发计划署、联合国人口活动基金会、联合国环境规划署、世界粮食计划署和世界粮食理事会等。其中联合国贸易和发展会议（简称贸发会议，United Nations Conference on Trade and Development，UNCTAD）成立于1964年，是联合国系统内唯一综合处理发展和贸易、资金、技术、投资和可持续发展领域相关问题的政府间机构。贸发会议的主要目标是帮助发展中国家增强国家能力，最大限度地获取贸易和投资机会，加速发展进程，并协助它们应对全球化带来的挑战和在公平的基础上融入世界经济。贸发会议通过研究和政策分析、政府间审议、技术合作以及与非政府机构企业部门的合作实现其目标。贸发会议自成立以来，在促进发展中国家的经济贸易发展，推动南北对话和南南合作方面发挥了重要作用。多年来，贸发会议和中国政府一直保持着良好的合作关系。

除了上述一些联合国主要机构和附属机构之外，还有一些根据各国政府间的协定而设立的重要国际经济组织，它们虽不是联合国的附属机构，但因特别协定与联合国关系密切，因而被称作联合国的专门机构。它们是国际货币基金组织、国际复兴开发银行（世界银行）、国际开发协会、国际金融公司、联合国粮食及农业组织、国际劳工组织、国际民用航空组织、万国邮政联盟、国际电信联盟、世界气象组织、国际海事组织、世界知识产权组织、国际农业发展基金会、联合国工业发展组织、世界卫生组织以及联合国教育、科学及文化组织。这16个专门机构绝大部分都是经济组织。

2）世界贸易组织

世界贸易组织的前身为关贸总协定。第二次世界大战以后，各国关税壁垒及贸易保护措施盛行，极大地阻碍了世界经济与贸易的发展。为推动贸易自由化，23个创始国于1946年开始进行关税谈判，共达成了45 000个关税减让，影响到100亿美元的贸易额，占国际贸易额的1/5。上述关税减让及规则合在一起构成了关贸总协定，它于1948年1月1日正式生效。

随着经济与贸易的迅速发展，关贸总协定也逐渐发展扩大，极大地促进了世界贸易的高速发展。但是，关贸总协定主要是致力于通过关税减让的方式促进货物贸易的发展，这与20世纪80年代世界贸易的现实不再相适应。1986年9月，关贸总协定第八轮谈判——乌拉圭回合谈判开始。该轮谈判不仅包括了传统的货物贸易问题，还涉及知识产权保护和服务贸易以及环境等新问题。这样，关贸总协定如何有效地贯彻执行乌拉圭回合达成的各项协议就自然成了多边贸易谈判的主要议题之一。无论是从组织机构还是从协调职能来看，关贸总协定面对复杂的乌拉圭回合多边谈判协议均显示出不足，有必要在其基础上创立一个正式的国际贸易组织来协调、监督和执行新一轮多边贸易谈判的成果。1990年年初，时为欧共体轮值主席国的意大利首先提出了建立多边贸易组织的倡议，同年7月，欧共体把这个倡议以12个成员方的名义向乌拉圭回合体制职能小组正式提出，随后得到加拿大、美国的支持。1990年12月，布鲁塞尔部长会议正式做出决定，责成体制职能小组负责多边贸易组织协议的谈判。经过三年的谈判，1993年11月达成了“建立多边贸易组织协议”，并根据美国的动议，把多边贸易组织改名为“世界贸易组织”。建立多边贸易组织协议于1994年4月5日在马拉喀什部长会议上获得通过，104个参加方政府代表签署了这项协议。

根据关贸总协定达成的“建立多边贸易组织协议”，1995年1月1日起“世界贸易组织”正式开始运作。1995年1月31日，世界贸易组织举行成立大会，取代关税与贸易总协定。截至2023年7月，世界贸易组织共有164个成员，25个观察成员。

世界贸易组织是多边贸易体制的法律基础和组织基础。它规定了主要的协定义务，以决定各缔约方政府如何制定和执行国内贸易法律制度和规章。同时，它还是各国通过集体辩论、谈判和裁判，发展其贸易关系的场所。

世界贸易组织的执行机构是总理事会，由每个成员方的常设代表组成，平均每个月在日内瓦开会一次，其最高权力机构是每两年开一次会的部长理事会。总理事会在成员协商后任命总干事，任期四年。世界贸易组织的决策程序是：①采用合意决策的做法，即如果任何一个与会的成员方对拟通过的决议不正式提出反对，就算达成合意。②如通过合意未达成决议，以投票决定。在部长会议和总理事会上，成员方均有一票投票权，除非另有规定，通常以多数票为准。③部长会议和总理事会拥有对世界贸易组织各项协议的解释权，运用解释做出的决定以成员方3/4投票为准。④如要免除成员方义务，需部长会议以3/4投票方式表决。

世界贸易组织中的关键机构是争端解决机构和贸易政策审议机构。所有成员都可加入争端解决机构，该机构通常每个月开两次会议听取关于违反世界贸易组织规则和协议的投诉。该组织设立专家小组研究争端并决定其是否违反了规则，该机构的决定是不可不执行的。贸易政策审议机构是全体成员都可参加的审议世界贸易组织所有国家贸易政策的论坛。贸易大国的政策每隔两年审议一次，其他国家的贸易政策每隔四年审议一次。

其他主要机构还有货物贸易理事会、非货物贸易理事会和知识产权贸易相关问题理事会。

专栏3–1　　世贸组织与关贸总协定的区别

（1）世贸组织是一个正式的国际组织，即国际法人。世贸组织协定是经成员方的立法机构批准而具有凌驾于国内法之上的具有权威性的国际正式协定。原来的关贸总协定只是一个临时性的协定，它不是一个国际法人。

（2）世贸组织管辖范围更大。世贸组织调节国际经贸活动的范围已大大超过了关贸总协定的调节范围，不仅包括货物贸易，还包括服务贸易、与贸易有关的投资问题、与贸易有关的知识产权问题，与贸易有关的环境保护等问题。

（3）世贸组织权威性更强。世贸组织规定，各个成员方要一揽子接受“乌拉圭回合”通过的所有多边协定。世贸组织还规定，成为世贸组织成员后，如果本国或本地区的贸易政策与多边协定不相符，可以有一个过渡期，过渡期一结束，本国或本地区的贸易政策就必须向多边协定的政策靠拢。关贸总协定的缔约方则常常采取“各取所需”的方式，对自己有利的就接受，对自己不利的就找借口不执行。

（4）世贸组织运作机制更健全。例如，在解决贸易争端的机制中，世贸组织成立了上诉庭。在出现争端后的一段时间内，争端双方可以进行谈判；如解决不了，世贸组织就成立一个专家小组进行仲裁；如对仲裁不服，可以告到上诉庭，上诉庭裁决后就有了法律效力，可对不服从裁决的一方进行贸易制裁。

3）国际货币基金组织

国际货币基金组织（International Monetary Fund，IMF）成立于1945年12月27日，1947年3月1日开始金融运作，同年11月15日起成为联合国的一个专门机构。截至2023年8月，国际货币基金组织有成员190个。它的宗旨是：促进国际货币合作；促进国际贸易的扩大和平衡发展；促进汇率的稳定；协助建立多边支付体系；在具有充分保障的前提下，向成员国提供暂时性的普通资金；缩短成员国国际收支失衡的时间，减轻失衡的程度。

国际货币基金组织的最高决策机构是理事会。理事会每年举行一次会议，所有会员国参加，各国财政部部长或中央银行行长担任理事，这是最高的权力机构。理事会下设董事会。国际货币基金组织的领导人被称为“总裁”，负责该组织日常工作的处理，并执行董事会的决议。总裁由各成员提名，提交董事会讨论后通过。

国际货币基金组织具有监督和协调作用，并通过各种资金窗口（贷款方式）向其成员国提供资金融通。IMF的资金来源是各成员认缴的份额，成员享有提款权，即按所交份额的一定比例借用外汇。1969年，国际货币基金组织又创设了“特别提款权”的货币（记账）单位，作为国际流通手段的一个补充，以缓解某些成员的国际收支逆差。成员有义务提供经济资料，并在外汇政策和管理方面接受该组织的监督。

4）世界银行

世界银行（International Bank for Reconstruction and Development，IBRD）又称国际复兴开发银行，成立于1945年12月27日，1947年11月15日起成为联合国经济方面的专门机构，总部设在华盛顿。世界银行的成员国必须是国际货币基金组织成员国。世界银行集团包括五个机构：国际复兴开发银行、国际开发协会、国际金融公司、多边投资担保机构和国际投资争端解决中心。

知识扩展3-2

埃及太阳能发电厂MIGA担保项目

世界银行属于股份制机构，其法定资本为100亿美元，全部资本为10万股，每股为10万美元。凡会员国均须认购该行的股份，认购额由申请国与银行协商并经银行理事会批准。世界银行的最高权力机构是理事会，由成员国组成，每年9月与国际货币基金组织联合举行年会。执行董事会负责处理日常业务，对行长提议贷款进行审议并做出决定。行长由美国派任。

世界银行的宗旨是：对用于生产目的的投资提供便利，以协助会员国的复兴与开发；促进私人的对外投资；促进国际贸易的长期平稳发展并维持国际收支的平衡。世界银行的主要任务就是向各成员国提供长期贷款，协助不发达国家发展生产，开发资源。

世界银行主要以其实收资本、公积金和准备金，或从其他会员国金融市场筹集的资金，和其他金融机构一起联合对外发放贷款，同时它也自行发放贷款。世界银行贷款的条件为：①只限于各会员国，当贷款对象为会员国的驻外政府机构时，需要其他会员国的政府、中央银行，或世界银行承认的机构进行担保；②申请贷款的国家确实不能以合理的条件从其他方面取得贷款时，世界银行才考虑发放贷款；③申请的贷款必须用于一定的工程项目；④贷款必须专款专用，并接受世界银行的监督。世界银行的贷款期限最长可达30年，贷款利率实行浮动利率。世界银行的资金来源主要有成员国交纳的股金、借款、累积收益和偿还的贷款。

世界贸易组织、国际货币基金组织和世界银行被公认为协调和管理世界经济、金融和贸易的三大支柱，甚至被称为“三个经济联合国”。

3.2.2 区域经济一体化组织

国际经济协调形式还包括各种各样的区域经济一体化组织。区域经济一体化是伴随着经济全球化而出现的一种经济现象。在世界经济全球化的过程中，由于各国各地区经济发展水平的差异，发达国家力求巩固已有的利益并扩大市场，开拓新的领域；而发展中国家则努力改变不利的国际分工地位，加强同世界各国的经济合作，提高本国在国际市场竞争和国际经济协调中的实力，因此，它们纷纷采取对策和行动，各种区域经济组织应运而生。目前，世界上各种各样的地区性经济组织已经多达40多个，参加的国家和地区几乎遍及全球。区域经济的蓬勃发展必将进一步推动世界经济全球化、自由化的进程。

区域经济一体化组织又称区域经济集团，是由几个或一些地理位置比较接近、经济文化有一定关联性的国家结成一个经济联合体，或者结合成更大范围的经济区域，根据国家间签订的协议，共同对区域内的经济进程和相关政策进行调节，以实现区域内的商品和资本、劳动力等生产要素的自由流动。根据经济一体化程度的大小，区域经济组织又可以分为：①优惠贸易安排。它是指成员国之间通过签署优惠贸易协定等形式，对商品互相给予特别关税优惠的一种区域经济安排。②自由贸易区。它是指以贸易为主发挥工商业多种功能的自由经济区。在自由贸易区内，取消了各成员国之间的关税壁垒，但各成员国对区外第三国仍保持各自的关税制度。③关税同盟。区域经济组织除了对内取消关税壁垒外，还对外统一关税。关税同盟是在自由贸易区的基础上进一步协调成员国的贸易政策。④共同市场。这是更高一层次的经济一体化形式，除了在区域内实现商品的自由流动外，还实行生产要素的自由流动。共同市场对内协调各国货币汇率，建立统一的货币制度，对外采取一致的行动。⑤经济同盟。这是目前实现的经济一体化最高级形式，欧盟正处于这一阶段。它要求各成员国在更广泛的领域里让渡国家主权。除了以上一体化的内容以外，经济同盟还要建立统一的财政、货币和社会政策以及对所有经济事务实行控制的超国家性中央机构。⑥完全经济一体化。这是经济一体化的最高组织形式，指成员国在实现经济同盟的基础上，进一步实现经济制度、政治制度和法律制度等方面的协调乃至统一。

不同程度的经济一体化组织所需要协调的目标不同，协调的效果也不同。在上述六种类型中，除了在商品的自由流动上有共同之处，即都取消区域内商品贸易限制以外，其他方面则有所不同。在生产要素的自由流动方面，只有后三种类型才涉及实现生产要素在区域内国家间自由流动；在对外经济贸易政策上，从第三种类型开始有统一的对外贸易政策和措施；在各成员国之间的经济政策协调方面，它们都涉及不同程度的经济政策和措施的协调，但经济同盟的一体化程度最高，达到了财政、货币和社会政策一定程度的统一，因而其协调的力度最大，效果也最好。完全经济一体化则更全面地从经济、政治、法律等制度层面进行统一。下面我们来具体分析欧洲联盟、北美自由贸易区和亚太经济合作组织，这三种是一体化水平不同但当前都具有较大影响的区域经济组织。

1）欧洲联盟

欧洲联盟（European Union，EU）简称欧盟，其前身是欧洲共同体（简称“欧共体”）。1952年7月25日，法国、联邦德国、意大利、荷兰、比利时和卢森堡根据六国共同签署的条约，成立了欧洲煤钢共同体。1957年3月25日，上述六国在意大利首都罗马签署了著名的《罗马条约》，根据该条约建立了欧洲经济共同体和欧洲原子能共同体。1967年7月1日，上述三个共同体合并，统一为欧洲共同体。

1992年，在荷兰马斯特里赫特签署的欧洲联盟条约赋予欧洲共同体新的意义，由此产生了一个新的名称——欧洲联盟。条约涉及的内容还包括欧洲公民定义，统一货币，共同外交和安全政策，在法律事务和国内事务里的合作，赋予欧洲议会更多的权力以及在其他许多方面采取新的和更强有力的行动的可能性（如文化、教育、培训、环保和保护消费者利益）。

1993年1月1日，欧洲统一大市场正式启动，欧盟内部逐渐实现了人员、商品、服务和资本的自由流通。不同成员国人员可以自由在任何一个成员方工作、学习或居住。同年11月1日，根据内外发展需要，欧共体正式易名为欧洲联盟。1995年12月，马德里欧盟首脑会议确定欧元为欧盟未来的统一货币。1999年1月1日欧元体系正式启动，欧洲中央银行开始运行并确定统一的货币政策。2023年1月1日，克罗地亚成功加入欧元区。至此，欧元区国家已经扩大为20个成员方。

欧盟经过了七次扩大，但2016年6月，英国就是否留在欧盟举行全民公投，支持“脱欧”派别以微弱优势胜出。英国于2017年3月正式启动脱欧程序，经过多方长期谈判，英国于2020年1月31日正式“脱欧”，结束其47年的欧盟成员国身份。英国“脱欧”后，欧盟还有27个成员国，即法国、德国、比利时、荷兰、意大利、卢森堡、丹麦、爱尔兰、希腊、西班牙、葡萄牙、奥地利、芬兰、瑞典、马耳他、塞浦路斯、波兰、匈牙利、捷克、斯洛伐克、斯洛文尼亚、爱沙尼亚、拉脱维亚、立陶宛、罗马尼亚、保加利亚、克罗地亚。目前，欧盟的人口约为4.5亿人，欧洲统一大市场是世界上最大、最富庶的市场之一，服务行业占欧盟国内生产总值的72.6%，工业占25.6%，农业仅占1.8%。

欧盟拥有自身的机构，可以根据各成员国的要求做出决定并在整个欧盟内实施。欧盟还有独立的预算，约为各成员国国内生产总值的1%。欧盟预算的主要来源是各成员国上缴的进口税、农产品征税和增值税的一部分。欧盟的主要机构有欧洲委员会、欧洲议会、欧洲联盟理事会、欧洲中央银行、欧洲法院、欧洲审计院、欧洲投资银行、经济社会委员会。

随着成员国数量不断增加，欧盟正面临着由不同成员国之间的社会经济水平差别所带来的挑战，这需要欧盟加强协调各成员国经济政策，努力减少这些差别和促进社会经济的均衡发展。今后，欧盟不仅要在经济一体化方面继续发展，还会进一步朝着政治、军事一体化甚至准国家方向发展。这是其他任何区域性经济组织都望尘莫及的。

2）北美自由贸易区

北美自由贸易区（North American Free Trade Area，NAFTA）又称美加墨自由贸易区，由美国、加拿大和墨西哥三国组成。其最初是根据美国和加拿大于1987年10月签订的《美加自由贸易协定》而建立起来的。经过14个月的谈判，1992年8月12日美国、加拿大和墨西哥三国达成《北美自由贸易协定》，1994年1月1日正式实施。《北美自由贸易协定》规定：①自协定生效之日起15年内逐步降低并最终取消关税及其他贸易壁垒，实现商品和劳务区域内的自由流动。②优先发展区域内贸易，规定在纺织品和成衣的贸易中实行“北美原产地原则”；在汽车贸易中实行“北美部件含量原则”。③现存法令条款不变。④冲突协调制度化，成立由三国贸易部长组成的“贸易委员会”来协调矛盾和冲突。

北美自由贸易区运行以来对北美经济的贡献很大，扩大了区域内进出口贸易，增加了就业，实现了区域内的资源优化配置。通过建立自由贸易区还使各国实现了多项经济目标的协调，尤其是自由贸易区的建立促进了美国经济的持续增长，使美国得以利用整个北美调整产业布局，实现产业升级，提高总体经济规模和质量。

1990年3月27日，美国前总统乔治·布什提出了“美洲事业倡议”，以及建立美洲自由贸易区的构想，随后，拉美国家相继采取了一系列行动予以响应。1998年4月举行的第二届美洲国家首脑会议上，与会的34个国家元首和政府首脑签署了《圣地亚哥宣言》和《行动计划》，宣布正式启动关于建立美洲自由贸易区的谈判，形成了以巴西为首的拉美国家和以美国为首的发达国家间的谈判，其目标是把北美自由贸易区发展成囊括整个南北美洲的地区性经济组织。在这个庞大的地区性组织里，既有世界上最强大的发达国家，也有大批发展中国家，它们在经济上的差距要比欧盟国家之间的差距大得多，可以想象，美洲经济一体化前进的道路上将会遇到很多的困难和障碍。

2017年，特朗普就任美国总统后，多次要求中止《北美自由贸易协定》，认为该协定造成了美国的贸易赤字以及制造业工作岗位的减少。2017年8月，特朗普拒绝续签《北美自由贸易协定》，并启动了首轮重新谈判。经过多轮谈判，2018年11月30日，美国、墨西哥与加拿大领导人正式签署了《美国—墨西哥—加拿大协定》(The United States-Mexico-Canada Agreement，USMCA)，旨在取代《北美自由贸易协定》。

专栏3-2　　从NAFTA到USMCA

美加墨三国之间的贸易协定从NAFTA转变为USMCA，新的协定具有以下特征：

一是谈判过程中美国的主导性加强了。由于墨、加两国的贸易依赖于美国市场，因此墨、加两国缺乏谈判的筹码。美国借助其贸易优势地位以加征钢铝、汽车关税为手段向墨西哥和加拿大施压。从最终的协议看，美国在贸易上做出的让步最小，墨西哥、加拿大则更多地更改了原有政策，以迎合美国的要求。

二是以“边境后”政策为主进一步提高了所有标准。USMCA共有34个章节，内容是NAFTA的近3倍，为历史上涵盖最广的贸易协定，并前所未有地加入了宏观政策和汇率章节。该协议进一步提高了知识产权、数据本地存储、环境保护等要求。①

三是贸易保护主义凸显。新协议的名称中已删除了“自由”二字，整体内容并没有进一步降低双边贸易壁垒，美国是最大受益方。于墨西哥而言，美国意在限制其廉价劳动力优势，改变美、墨长期贸易赤字情况；于加拿大而言，美国着力通过新协定打开其国内市场，新协议使得加拿大几十年来首次提高其“最低减让标准”。

四是排他性增强。USMCA使三国成为世界经济格局中带有贸易保护主义色彩的利益共同体。“非市场经济”条款使新协定严格限制三国以外其他国家产品进入北美市场，反映了美国希望带动制造业回归，从而打造以自身为中心的北美区域价值链的愿望，这将对全球生产分工及价值链参与者造成一定冲击。

3）亚太经济合作组织

亚太经济合作组织（Asia Pacific Economic Cooperation，APEC）简称“亚太经合组织”，成立于1989年。同年，澳大利亚总理霍克访问韩国时提出“汉城倡议”，建议召开亚太国家部长级会议，以讨论加强经济合作问题。经与有关国家磋商，1989年11月5日至7日，澳、美、日、韩、新西兰、加拿大及东盟六国在澳大利亚首都堪培拉举行了亚太经济合作组织首届部长级会议，亚太经济合作组织成立。1991年，中国正式加入APEC。目前，亚太经合组织共有21个成员，分别为澳大利亚、文莱、加拿大、智利、中国、中国香港、印度尼西亚、日本、韩国、墨西哥、马来西亚、新西兰、巴布亚新几内亚、秘鲁、菲律宾、俄罗斯、新加坡、中国台北、泰国、美国和越南。此外，APEC还有3个观察员，分别是东盟秘书处、太平洋经济合作理事会、太平洋岛国论坛秘书处。1993年1月在新加坡设立秘书处，为APEC各层次的活动提供支持与服务。秘书处设在新加坡。该组织的宗旨和目标是：“相互依存，共同受益，坚持开放型多边贸易体制和减少区域内贸易壁垒。”

在成立之初，APEC是一个仅由各成员外交部长和贸易部长参加的部长级区域论坛。从1993年起，每年举行一次经济领导人非正式会议（以下简称“领导人会议”）。除了领导人会议和部长级会议之外，亚太经合组织还举行有关专业部长会议，如贸易部长会议、高官会议及贸易投资委员会会议等。按照惯例，每年主办领导人会议的成员方即为该年度领导人会议、部长级年会和高官会的主席，每年更换

① 资料来源：李馥伊．美墨加贸易协定（USMCA）内容及特点分析［J］．中国经贸导刊，2018（34）：26-28.

一次，由各成员方轮流担任，从1989年至2022年会议已举办33次（见表3-1）。

表3-1　**亚太经合组织峰会**

届次	日期	主办地	成果
亚太经济合作组织部长级会议			
第1次会议	1989年	澳大利亚堪培拉	亚太经济合作组织宣告成立
第2次会议	1990年	新加坡	
第3次会议	1991年	韩国首尔	中国正式加入APEC
第4次会议	1992年	泰国曼谷	
亚太经济合作组织领导人非正式会议			
第1次会议	1993年	美国布雷克岛	
第2次会议	1994年	印度尼西亚茂物	《茂物宣言》
第3次会议	1995年	日本大阪	《大阪行动议程》
第4次会议	1996年	菲律宾苏比克	《马尼拉行动计划》
第5次会议	1997年	加拿大温哥华	承诺逐年改进和完善单边行动计划
第6次会议	1998年	马来西亚吉隆坡	通过建立社会保险网、完善金融体制、加强贸易投资流动、科技和人力资源开发、加强与工商界联系等措施
第7次会议	1999年	新西兰奥克兰	制定无纸化贸易的目标，批准APEC商务旅行卡计划
第8次会议	2000年	文莱斯里巴加湾	《新经济行动议程》
第9次会议	2001年	中国上海	《上海共识》
第10次会议	2002年	墨西哥洛斯卡沃斯	《APEC地区安全贸易倡议》
第11次会议	2003年	泰国曼谷	强调在知识经济、金融体系和经济结构改革等领域加大投入，承诺在人类安全领域开展务实合作
第12次会议	2004年	智利圣迭戈	推进经济结构改革的意向，并提出了应对恐怖主义的合作措施
第13次会议	2005年	韩国釜山	制定“釜山路线图”
第14次会议	2006年	越南河内	进一步制订了实现“釜山路线图”的行动计划
第15次会议	2007年	澳大利亚悉尼	《APEC领导人关于气候变化、能源安全和清洁发展的悉尼宣言》
第16次会议	2008年	秘鲁利马	讨论了全球和地区经济形势、国际金融危机等问题，发表了关于国际金融形势的声明

续表

届次	日期	主办地	成果
第17次会议	2009年	新加坡	讨论了经济增长、多边贸易体制、区域经济一体化、气候变化等问题
第18次会议	2010年	日本横滨	讨论了区域经济一体化、制定经济增长新战略等议题
第19次会议	2011年	美国檀香山	重点围绕亚太经济增长、规制合作、能源安全等议题展开讨论
第20次会议	2012年	俄罗斯符拉迪沃斯托克	《融合谋发展，创新促繁荣——APEC第二十次领导人非正式会议宣言》
第21次会议	2013年	印度尼西亚巴厘岛	《活力亚太，全球引擎——APEC第二十一次领导人非正式会议宣言》《支持多边贸易体制和世界贸易组织第九届部长级会议声明》
第22次会议	2014年	中国北京	《北京纲领：构建融合、创新、互联的亚太——APEC领导人宣言》《共建面向未来的亚太伙伴关系——APEC成立25周年声明》
第23次会议	2015年	菲律宾帕赛	《领导人宣言——打造包容性经济，建设更美好世界：亚太大家庭愿景》《APEC加强高质量增长战略》《APEC服务业合作框架》
第24次会议	2016年	秘鲁利马	《领导人宣言》《亚太自贸区利马宣言》《APEC服务业竞争力路线图》
第25次会议	2017年	越南岘港	讨论了区域经济一体化、包容性增长、中小企业创新、粮食安全等议题
第26次会议	2018年	巴布亚新几内亚莫尔兹比港	讨论了数字经济、互联互通、包容增长等议题
~~第27次会议~~	2019年	智利圣迭戈	宣布取消会议
第27次会议	2020年	马来西亚吉隆坡（视频）	讨论抗击新冠疫情
第28次会议	2021年	新西兰奥克兰（视频）	讨论抗击新冠疫情以及疫情后经济恢复
第29次会议	2022年	泰国曼谷	讨论了符合亚太地区共同利益和愿景的有效政策，以支持本地区经济和社会繁荣发展

当然，APEC经济合作进程也遇到许多困难。众所周知，APEC的成员组成十分复杂，它既包括不同经济发展程度的国家，也有不同社会制度的国家。因此，各

成员间利益的协调和平衡是根本的和最终的基础。近些年，在亚太地区、次地区合作出现新的高潮，许多国家和地区都热衷于双边自由贸易协定的谈判，如何避免各种不同的次地区贸易安排造成贸易政策上的混乱一直是摆在亚太经合组织面前的重要任务。此外，当前这场金融危机带来的影响远远没有结束，促进经济恢复和增长也是亚太经合组织的首要议题。今后，亚太经合组织仍然会充分考虑成员间不同发展水平，坚持自主自愿、灵活性和协商一致的原则，积极推动贸易投资自由化和经济技术合作，为建立更加合理的多边贸易体制、促进亚太地区国家共同繁荣而继续努力。

3.2.3 重要国际会议

这里所说的国际会议主要是指一国政府首脑或政府高级官员通过参加重要国际会议，就相互间的经贸关系和有关国际经济问题进行磋商、协调各自的政策立场，建立必要的协调制度。国际会议是一种临时性的国际经济协调方式，没有固定的组织形式，每次的谈判议题都是时下的热门话题，而且这些问题会随着国际经济环境的改变逐渐解除。国际会议在国际经济协调中正发挥着越来越重要的作用。它的特点如下：

（1）广泛性。所有与经济交往和合作有关的问题都可以拿到会议桌上进行讨论，如贸易、投资、经济技术合作、环境保护、地区经济发展等问题。

（2）权威性。国际会议特别是政府首脑会议可以发挥领导人的作用，国家间许多一般途径解决不了的问题可以通过这种途径加以解决。

（3）全球性。20世纪90年代以来，人类面临的问题开始增多，环境、债务、金融以及贫富差距扩大等问题变成了全球性问题，需要全球性解决方案和全球性的普遍参与。正因为如此，近年来世界首脑会议、洲际间的首脑会议等频繁召开，对推动世界经济稳定发展起到了一定作用。在众多的国际会议中，最有影响的当属七国集团峰会、二十国集团峰会、亚欧会议、非欧首脑会议、安第斯共同体首脑会议以及十五国集团首脑会议等。

1）七国集团峰会

1975年11月，法国、美国、德国、日本、英国和意大利六国领导人在法国的倡议下在巴黎郊外的朗布依埃举行了首次最高级经济会议，以协调各国政策，重振西方经济。1976年，六国领导人举行第二次会议时，加拿大应邀与会，形成七国集团，该会议也被称为“西方七国首脑会议”或者“西方七国经济最高级会议”，简称G7。此后，会议每年轮流在各成员国召开一次。从1977年起，欧洲共同体（后改名为欧洲联盟）委员会主席亦应邀与会。

1991年7月，西方七国首脑会议在伦敦举行。时任英国首相的梅杰作为东道主邀请苏联总统戈尔巴乔夫在峰会后同七国首脑举行会谈，即“7+1”会谈。1992年7月，西方七国首脑会议在德国慕尼黑结束后，七国领导人与俄罗斯总统叶利钦举行了会谈。从此，每年的正式会议后，俄罗斯领导人都要参加“7+1”会谈，且参与程度逐步提升。1994年，俄罗斯获准参加政治问题的讨论。1997年在美国丹佛举行的西方七国首脑会议上，俄罗斯总统叶利钦应邀以正式与会者的身份“自始至终”参加会议，并首次与七国首脑以八国集团首脑会议的名义共同发表《最后公报》。至此，西方七国首脑会议演化为八国集团首脑会议，七国集团被八国集团（G8）所替代。2002年6月，在加拿大举行的八国集团首脑会议上，俄罗斯被纳为八国集团的正式成员。八国领导人在此次会议上就继续打击恐怖主义、中东局势、世界经济形势、援助非洲等问题达成共识。2014年6月4日，七国集团在布鲁塞尔召开了峰会，17年来首次把俄罗斯排除在外，以此来报复克里米亚入俄以及俄罗斯在乌克兰东部动荡局面中的角色。八国集团峰会又退为七国集团峰会。此次会议议题有外交政策、经济、贸易以及能源安全等问题。2019年8月，特朗普提出邀请俄罗斯重返七国集团峰会，欧盟反对无条件邀俄重返，俄罗斯也表示拒绝。

知识扩展3-3

乌克兰危机及克里米亚事件

无论是西方七国首脑会议还是八国集团峰会，都是西方国家经济政策协调国际化的典型例子，是经济生活日益国际化和全球化的重要表现。多年来，会议的主题随着世界经济的发展变化而不断变换着，从最初的应对“石油冲击”，减少对外国的石油依赖，到协调货币政策，对付通货膨胀；从努力克服“黑色星期一”的严重影响，到如何解决电脑“千年虫”问题；从联合干预美元汇率，到共同签署《IT宪章》；从反恐问题，到气候、环境保护等都成为会议议题。可以说，这种协调形式，对减缓主要发达资本主义国家的经济危机、稳定汇率和协调相互间的经济政策发挥了一定作用。值得注意的是，作为“富国俱乐部”的八国集团逐渐认识到，日益增大的南北差距，不仅妨碍了经济全球化进程，同时也不利于发达国家自身的经济增长。来自世界各方的发展中国家与发达国家领导人坐在一起，就重大国际事务进行探讨，通过沟通加深理解，通过对话增强信任，求同存异，扩大共识，对推动南北对话与合作、促进多边主义以及共同解决全球性的政治、经济和安全问题具有积极意义。自2003年6月在法国举行的八国集团峰会，中国、印度、巴西、墨西哥、南非五个发展中大国的领导人都应邀参加了八国集团峰会的南北首脑非正式会谈，与八国集团领导人举行对话会。

但是，随着国际形势的变化，面临的问题越来越多，八国之间的矛盾和摩擦逐渐增大，相互间的意见常常不一致。应当说，这个发达国家元首俱乐部每年一度的会议，其协调世界经济的能力正在下降。因此，当2008年的金融危机让各国经济遭受重创时，力不从心的G8主动提出召开G20峰会，于是就有了2009年11月的G20华盛顿峰会。许多人认为，八国集团峰会将要被更具代表性的二十国集团峰会所取代。因为应对全球金融危机需要以中国为代表的一批新兴国家的参与，共同商讨对策和协调彼此的政策及措施。

2）二十国集团峰会

二十国集团峰会（Group of 20）最初是美国等西方七国财长们1999年6月在德国科隆提出的，当时只有各国财长或各国中央银行行长参加。2008年金融危机席卷全球，二十国集团峰会成为一个国际经济合作论坛，由二十国集团领导人共同商讨如何应对世界经济危机。其主要成员有：8国集团、欧盟和中国、阿根廷、澳大利亚、巴西、印度、印度尼西亚、韩国、墨西哥、南非、沙特阿拉伯、土耳其。二十国集团峰会决定形成制度性的会议机制，其中2009年、2010年每年举行两次峰会，此后恢复一年一次，至2023年共举行了18届峰会（见表3-2）。

表3-2 二十国集团历届领导人峰会

届次	日期	主办地	成果
第1次峰会	2008年	美国华盛顿	就金融危机的起源、加强合作反对贸易保护主义、支持经济增长等问题达成共识，并就应对世界面临的金融和经济问题的措施达成一项行动计划
第2次峰会	2009年	英国伦敦	就国际货币基金组织（IMF）增资和加强金融监管等议题达成多项共识
第3次峰会	2009年	美国匹兹堡	在国际金融机构改革治理结构方面取得重大突破，将国际货币基金组织和世界银行两大机构的份额向发展中国家分别转移5%和3%
第4次峰会	2010年	加拿大多伦多	就发达国家削减财政赤字、国际金融机构治理改革、反对贸易保护主义等问题上提出了具体的时间表，并强调了二十国集团的首要任务是确保和加强经济复苏
第5次峰会	2010年	韩国首尔	二十国集团领导人承诺继续推动国际金融机构改革，尽快落实将国际货币基金组织份额向新兴市场和发展中国家以及低估国转移6%以上
第6次峰会	2011年	法国戛纳	通过了促进增长和就业的戛纳行动计划，同意考虑在多哈回合谈判以外加入额外的、平行的国际贸易谈判，通过了支持当地债券市场发展和深化的行动计划
第7次峰会	2012年	墨西哥洛斯卡珀斯	重申了二十国集团成员国增加国际货币基金组织可用资源4 560亿美元的承诺，实施2010年国际货币基金组织量化管理改革并推进二十国集团发展日程
第8次峰会	2013年	俄罗斯圣彼得堡	决定加强宏观经济政策协调，改革国际金融体系，反对贸易保护主义，共同建设开放型世界经济
第9次峰会	2014年	澳大利亚布里斯班	通过了针对具体国家的发展战略以及布里斯班行动计划，设定了到2018年G20成员国GDP额外增长2%的目标，通过了G20能效行动计划，深化各国在能效领域的合作
第10次峰会	2015年	土耳其安塔利亚	围绕"包容、落实、投资"三大要素，就实现经济包容和稳健增长、打击恐怖主义和应对难民危机等问题达成多项共识

续表

届次	日期	主办地	成果
第11次峰会	2016年	中国杭州	首次围绕创新采取行动，通过了2016年创新行动计划，核准了《二十国集团创新增长蓝图》等28份核心成果文件
第12次峰会	2017年	德国汉堡	以“塑造联动世界”为主题，在应对贸易保护主义、气候变化等共同挑战方面寻求更多共识
第13次峰会	2018年	阿根廷布宜诺斯艾利斯	以“为公平和可持续发展凝聚共识”为主题，呼吁改革WTO，并讨论全球经济治理和合作应对气候变化
第14次峰会	2019年	日本大阪	明确地确认了自由、公平和非歧视的自由贸易基本原则，就决心引领经济强劲发展达成了一致
第15次峰会	2020年	沙特阿拉伯利雅得（视频）	应对新冠肺炎所召开的特别峰会，这是二十国集团成立以来，首次举行领导人的视频峰会
第16次峰会	2021年	意大利罗马	提出汇聚合力，从新冠肺炎危机中更好复苏，推动二十国集团成员以及全世界实现绿色、更加公平的增长
第17次峰会	2022年	印度尼西亚巴厘岛	以“共同复苏、强劲复苏”为主题，以全球卫生基础设施、数字化转型和可持续的能源转型为三大优先议题
第18次峰会	2023年	印度新德里	以“天下一家”为主题，监管加密货币，顺应淘汰燃煤发电的步伐，扩大融资，支持发展中国家的低碳转型，目标在2030年将全球可再生能源产能提高两倍

3）亚欧会议

亚欧会议（Asia-Europe Meeting，ASEM）开始于1996年，每两年召开一次，轮流在亚洲和欧洲国家举行，当年参加国为亚洲10国，即中国、日本、韩国、东盟7国，以及欧盟15个成员方。2004年10月，在越南河内举行的第五届亚欧首脑会议上，东盟的其余3国及欧盟10个国家成为新成员。2006年9月，在芬兰赫尔辛基举行的第六届亚欧首脑会议决定接纳蒙古国、印度、巴基斯坦、东盟秘书处、保加利亚和罗马尼亚6个新成员。2010年10月在比利时布鲁塞尔召开的第八届亚欧会议接纳了俄罗斯、澳大利亚和新西兰。2012年11月，在老挝万象开幕的第九届亚欧首脑会议接纳孟加拉国、挪威、瑞士为新成员。2014年10月，在意大利米兰举行的第十届亚欧首脑会议决定接纳克罗地亚和哈萨克斯坦为新成员。截至2022年，亚欧会议成员数量已经扩大到53个，是世界上两大洲级别最高、规模最大的政府间论坛，成员的经济总量占世界总量的60%，进出口贸易占世界贸易总量的70%。亚欧会议迄今已举办13届，第十三届会议于2021年在柬埔寨金边举行。

亚欧会议包括政治对话、经贸合作、社会文化及其他领域交流三大支柱。亚欧各成员在各层面开展政治对话，增进了相互了解和信任；在经贸合作方面，积极开展宏观经济和财政政策对话，制定并落实《亚欧会议更紧密经济伙伴关系河内宣言》，共同致力于促进两地区经济和贸易稳定增长；在文化交流和文明对话方面共识不断增多，通过《亚欧会议文化与文明对话宣言》，制定了中长期亚欧文化合作的规划文件。各成员在科技、能源、劳动、反恐、执法、环境和青年等领域也开展了合作。到目前为止，亚欧会议还没有取得实质性的突破。但是，作为当前世界上经济增长最快的东亚和经济实力最强的欧盟之间直接联系的渠道，亚欧会议为增强两大洲在各个领域的联系、促进亚欧各国的经济发展发挥了重要作用。此外，亚欧会议有一点非常引人注意，这就是亚欧会议毫不客气地将美国拒之门外，这既反映了东盟强烈的独立自主意识，也反映出欧盟谋求进入亚洲并制衡美国主导APEC，提高其在亚洲的地位和影响力，在国际政治经济中发挥独自作用的战略意图。因此从这个意义上来说，亚欧会议对推动世界多极化有着重要的意义。

专栏3–3　　亚欧会议存在的几个问题

首先是扩大与效率的问题。2014年在意大利米兰举行的第十届首脑会议再次扩大之后，亚欧成员增加到53个，是创始成员数量的两倍多。亚欧会议是渐进的，但也是开放的，只要愿意和能够为其作出贡献的国家都可以申请加入。因此，亚欧会议继续扩大是必然的。大有大的好处，更多领导人汇聚在一起，人气旺，议论多，会议成果可以惠及更多国家和人民。大也有大的难处。大与效率往往是矛盾的。每次首脑会议都是时间短、议题多，领导人的发言受时间严格限制，只能是“蜻蜓点水”，无法深入交流，更不可能互动。长此以往，领导人的与会积极性会被挫伤。为提高效率，目前至少应做两件事：一是减少会议议题，二是增加双边会晤时间。每次会议议题不应过多，最好只限于一至两个，这样可以保证每位领导人都有较充裕的时间发表自己的意见。选的议题应是人民广泛关注的和多数领导人感兴趣的。双边会晤应该是首脑会议的主要内容之一。首脑会议为领导人提供机会，推进双边关系，也充实了会议的内容，提高了会议的效率，还会增强领导人与会的积极性。

其次是对话与合作的问题。说白一点，就是虚与实的问题。一方面，大的国际组织或国际会议，往往有个通病，即虚多实少，亚欧会议也不例外。当然，对虚与实应该有个客观、科学的分析。当今的世界外交，是以多边为舞台，领导人唱主角的大外交。各国领导人在国际大舞台上聚会本身就是重要的，他们达成的理解与共识就更重要，故不能把对话和对话形成的文件视为虚。另一方面，普通百姓虽然关注冠盖云集的大场景，但他们往往更关注对话是否真正增进了理解，促成了合作，产生了看得见、摸得着、对他们的生活有实在影响的结果。纵观亚欧会议，领导人通过对话达成的共识，许多都停留在纸面上，亚欧之间的实际合作稀如凤毛麟角。亚欧会议的性质是造成这种状况的根本原因。第一届首脑会议将亚欧会议定性为一个对话进程，且明确规定“无需机制化”。其结果是对话成了目的，对话就是一切。实际上，亚欧会议并不是完全“非机制化”，欧盟有自己严密的机制，东盟也有自己的机制，没有机制的只是非欧盟和非东盟成员国，即东北亚、南亚和未来由俄罗斯、澳大利亚和新西兰组成的“特别第三小组”成员。很显然，这种“非机制化”已成了制约亚欧会议取得具体合作成果的一个障碍。亚欧会议应该开始认真考虑其性质和定位了。俄罗斯等国的加入，也为亚欧两大洲之间在贸易、运输、旅游等领域的合作开辟了现实的远景。亚欧会议应抓住机遇，勇于创新，使其对话成果真正能惠及两大洲人民。

最后是亚欧之间的关系问题。第一届首脑会议确定的是建立“全面的亚欧新型伙伴关系”，在“平等基础上”加强对话，增进了解，促进和深化合作。“新型”和“平等”涵盖了亚欧之间关系的过去、现在和未来。我们为出席第一届首脑会议的领导人所展示的智慧欢呼的同时，按捺不住要以“新型”和“平等”的标准来审视一下亚欧会议框架内的亚欧关系。自成立以来，亚欧会议确实增进了两大洲人民之间的了解，对国际事务也产生了积极影响。但人们不能不看到，亚欧关系离“新型”和“平等”相去甚远。第一，亚欧会议本应是两大洲、两个地区间的对话机制，现在成为欧盟与亚洲的对话。欧盟是个高度一体化的国家集团，而亚洲只是个多样化的洲。前者在同后者对话中占有先机是不言自明的。第二，亚欧会议为接受新成员设有“双钥匙”制约机制，即应先征得申请国所在地区组同意，后经首脑会议协商一致决定。现实是，欧盟握有实际上的否决权。欧盟的排他性剥夺了非欧盟成员的欧洲国家加入亚欧会议的可能性。另外，任何一个国家一旦加入欧盟，则“自动”成了亚欧会议成员。如果亚洲方面拒绝，欧盟就会根据自己的章程“杯葛”亚欧会议。第三，亚洲国家领导人或部长们，通常是悉数出席相关亚欧会议，而欧洲国家降格与会的情况屡见不鲜，当然，特殊情况可以理解。因欧方出席率低而取消部长会议的情况也发生过。随着欧盟一体化，是否会出现只有欧盟代表，而无欧盟成员国代表出席亚欧会议的情况呢？但愿这是杞人忧天。第四，欧盟在维护其理念和主张（这是其权利）的时候，应该对亚洲的多样性和实际情况给予合情合理的考虑。比如，在讨论修改《2000年亚欧合作框架》这一文件的时候，欧盟代表坚持删除“互不以直接或间接的方式干涉内政的原则”。从欧盟的角度看，这种要求可能是合理的，因为它需要培育欧盟“大内政”、约束其各成员国的“小内政”。但是在亚洲国家看来，这种要求是不合理的，是有悖《联合国宪章》的原则的。①

3.2.4 国家集团组织

1）经济合作与发展组织

经济合作与发展组织（Organization for Economic Cooperation and Development, OECD）简称“经合组织”，是一个主要由发达国家组成的国家间经济协调机构。

---

① 资料来源：王学贤．亚欧会议的回顾与展望［N］．人民日报，2010-09-30．

它的前身是欧洲经济合作组织，主要负责“马歇尔计划”的实施，利用美国的援助促进西欧国家间经济合作。1960年4月16日，美国、加拿大和欧洲经济合作组织的18个成员签署了《经济合作与发展组织公约》，根据该公约，于1961年9月30日成立了经济合作与发展组织，目前有38个成员方，总部设在巴黎。

经合组织的宗旨是：在维持成员国财政稳定的同时，在成员国中实现经济增长和就业水平的提高；通过广泛协调经济和社会政策，改善成员国的经济和社会福利，提高生活水平；按照国际义务在多边和不歧视基础上对扩大世界贸易做出贡献。

经合组织成立50多年来，其成员国经济飞速发展，这主要得益于两方面重要因素：一方面是科技革命和贸易、投资自由化促进了发达国家经济的发展；另一方面是经合组织的协调作用，为发达国家提供“讨论问题和交流情报的场所”，不断地协调成员国之间的经济政策，协调发达国家在多边贸易谈判中的立场。另外，在对外援助、环境、能源等方面经合组织都发挥了重要的作用。虽然近年来，由于世界区域经济一体化、多边和双边自由贸易区的发展，各种国际会议频繁召开，经合组织的作用有所下降，但它仍然是目前国际上具有较大影响的国际经济组织，在世界经济中发挥着重要的协调作用。

2）七十七国集团

七十七国集团（the Group of 77，G77）是发展中国家为了在国际经济领域加强接触和协商，确定共同的目标和彼此的立场，采取一致的行动，反对国际霸权主义和殖民主义，打破旧的国际经济秩序，按平等互利原则建立新的国际经济秩序而逐步形成的一个世界性国家集团。1964年4月，联合国第一届贸易和发展会议上，当时，发达国家和发展中国家产生严重分歧，与会的77个发展中国家和地区在会议结束时发表了“77国联合宣言”，要求建立新的、公正的国际经济秩序。从此77国组成一个集团参加贸发会议的谈判。截至2023年4月，其共有134个成员，但仍沿用七十七国集团名称。

七十七国集团的宗旨是：在国际经济领域内加强发展中国家间的团结和合作，推进建立新的国际经济秩序，加强发展中国家的工业化进程。它未设总部和秘书处等常设机构，也无章程和财政预算，议事按协商一致的原则做出决定。通常在每届联合国贸发大会召开之际举行部长级会议，协调立场，统一步调。

50多年来，七十七国集团已成为发展中国家在国际经济组织中共同利益的代表。它的活动逐渐从贸发会议扩至联合国其他一些机构和重要会议。它在促进南南合作，推动南北对话，为维护自己的正当权益以及改变不合理的国际经济秩序方面进行了不懈的努力，并取得了可喜的成就，在贸发会议主持的谈判中达成了一系列对发展中国家有利的国际公约和协定。中国不是七十七国集团成员，但一贯重视发展同七十七国集团的合作，支持七十七国集团的正义主张和要求，并与其保持着良好的合作关系。

3.3 国际经济协调的内容与领域

3.3.1 国际经济协调的内容及过程

一般来讲，国际经济协调的内容主要包括经济发展目标的协调、经济指标的协调、经济信息交换的协调和政策行动的协调。有时几个国家拥有一个经济目标，要达到这个目标，各方需要进行有代价的努力，往往目标的实现要求有关国家相互协调，共同承担一定的责任，做出一定的牺牲。例如，2015年各国政府为了应对全球气候变化，共同商定减排二氧化碳目标，签署了《巴黎协定》。协定要求各国在能源政策、工业生产、交通等多个领域做出调整和牺牲，以减少温室气体排放。近年来，西方国家为稳定日元和美元以及欧元汇率，多次采取过共同的协调行动进行干预。有些经济目标是直接竞争性的，因此必须在目标确立之前或付诸实施之前就进行有关各方的协调。有时要达成某个经济目标，需要经过艰难曲折的磋商过程，甚至在有的经济目标上常常达不成协调。

知识扩展3-4

广场协议

经济目标的协调完成之后，并不表示协调已告成功，还需要参加协调的各方在经济指标、经济信息和政策行动方面相互进行协调。经济指标是经济状况的直接反映，它主要包括：国内生产总值增长率、通货膨胀率、失业率、货币增长率、利率、财政预算收支、经常项目和资本项目收支、外汇储备、汇率等。不断地对各项经济指标进行协调并及时对经济发展进程进行干预，是共同的经济目标实现的需要，各个国家独自地追逐一个共同的目标，结果并不一定是最好的。相反，如果每个国家承担不同的责任，各自去追求共同目标中的一部分，就会取得更好的效果。为此，就需要相互交流信息，对外生变量和其他国家的行为进行预测，就需要对政策效应做出粗略的估计。在经济指标与经济信息协调和交流的基础上，实现政策行动的协调也是很重要的，这里包括政策强度和选择时机的协调。政策行动的协调能最终保证目标的实现。

3.3.2 国际经济协调的领域

国际经济协调的领域应该包括国际上的所有经济活动，具体来说主要包括贸易、金融、投资、科技、经济发展、南北关系上的协调以及各国国内政策与国际上政策调节的协调。

1）国际贸易的协调

在国际贸易协调领域主要是对关税和非关税贸易政策与措施以及各国贸易关系方面的协调。在这一领域的协调主要从两个层次上进行：一是在区域经济组织成员内部进行，主要是通过消除关税和非关税壁垒，协调各成员国的经济贸易政策和立场等方面措施来实现的。区域经济一体化的加强加速了区域内贸易自由化的进程。

二是在世界范围内进行。目前，在世界上协调范围最广、影响最大的当数世界贸易组织。在关贸总协定和世界贸易组织主持下，各成员国共进行了9轮贸易谈判，在贸易以及与贸易有关的许多领域都取得了成果。在关税方面，世界关税税率普遍大幅下降，其中发达国家的关税税率从第二次世界大战后的35%降低到现在的4%，发展中国家平均税率降到了10%~15%的水平。对其他非关税壁垒措施也制定了相关的规则。此外，在与贸易有关的投资、知识产权和服务贸易方面也都达成了一些协议。可以说，通过贸易领域的国际协调，世界贸易的自由化进程显著加快了。关于世界贸易组织在国际贸易中的协调作用主要有：

（1）建立全球多边贸易谈判的协商机制。

其主要是定期组织全球多边贸易谈判，为成员国提供处理各协定、协议有关事务的场所，并为世界贸易组织发动多边贸易谈判做准备和提供框架草案。谈判的议题已由货物贸易逐渐扩展到与贸易有关的服务贸易、知识产权和投资等领域。

（2）制定统一的多边贸易规则。

制定统一的多边贸易规则主要包括非歧视原则（最惠国待遇原则/国民待遇原则）、互惠互利原则和透明度原则。

（3）协调各成员国的贸易政策和措施。

通过贸易政策审议机制，定期审议各成员贸易政策法规是否与世界贸易组织相关协议条款规定的权利义务相一致。

（4）主持解决各成员国之间的贸易纠纷。

世界贸易组织总理事会作为争端解决机构，处理就乌拉圭回合最后文件所包括的任何协定或协议而产生的争端。根据世界贸易组织成员的承诺，在发生贸易争端时，当事各方不应采取单边行动对抗，而要通过争端解决机制寻求救济并遵守其规则及所做出的裁决。

2）汇率的国际协调

1973年，布雷顿森林体系崩溃后，西方各国普遍开始实行浮动汇率制。在浮动汇率制下，汇率由外汇市场的供求决定，市场汇率的波动对国际收支平衡起着一定的自动平衡作用。因为汇率的变动会引起国内外商品价格的相对变化，当一国货币贬值时，该国出口商品的外币价格降低，因而使原来用于国外商品的支出转移为国内商品的需求。这种转变，不仅能刺激国内需求的增加，引起国民收入的提高，同时这种政策手段还能扩大出口，减少进口，扭转国际收支，实现经济的外部均衡。因此，当一国出现贸易赤字时，往往会采取本币贬值的汇率调节手段。但是，一国金融政策往往具有“溢出效应”。在全球经济一体化的条件下，一国金融政策的“溢出效应”对他国产生的负面影响将越来越大。金融政策的“溢出效应”（Spillover Effect）是指一国国内货币政策在作用于国内经济变量的同时，也对相关国家的经济变量产生影响；反过来，国外的货币政策会波及国内，使国内金融政策的效果产生扭曲，难以达到预期的政策效果，或称“溢入效应”。正是由于各国政府从各自利益出发，加大了对汇率干预的程度，因此对世界经济的平衡发展构成了威胁。再加上浮动汇率的多变性导致国际金融市场具有了更大的不稳定性和投机性，给国际贸易和国际投资带来了风险。因此，各国需要相互协调，减少单边行动，实行有管理的浮动汇率。实际上自浮动汇率制实行以来，国际金融领域协调一直没有停止过，主要是通过国际经济组织，建立世界经济稳定发展的协调机制；通过各国之间的金融政策协调，特别是影响汇率形成机制的主要国际货币美元、欧元与日元中央银行的政策协调。

在国际金融领域里起主要协调作用的国际经济组织是国际货币基金组织、世界银行以及一些地区金融组织。它们的协调活动主要有以下三个方面：①向成员国提供贷款。国际货币基金组织的贷款只能用于解决短期国际收支不平衡，用于贸易和非贸易的经常项目支付；而世界银行的贷款则大都用于中长期项目，目标是促进贷款国的经济发展。②促进国际货币合作和研究国际货币制度改革。基金组织在这两方面做了许多工作，比如创设特别提款权，制定浮动汇率制度，份额的增加及分配，稳定汇率，对成员国的汇率政策进行监督，收集和交换国际金融情报等。③提供技术援助。基金组织通过向成员国派遣顾问、代表、专家等形式，在财政、货币、国际收支、银行业务、统计、汇价和贸易等方面向成员国提供技术援助。

此外，西方七国首脑会议在协调金融政策、共同干预外汇市场、缓解彼此之间的贸易严重失衡方面发挥了重要作用。例如，1985年9月22日，美、西德、英、法、日五国财政部部长和中央银行行长纽约会议决定，首次通过协调的方式共同干预外汇市场，促使美元汇价有秩序地下降，实行“软着陆”。之后，西方七国首脑会议又几次采取行动联合干预外汇市场，稳定汇率，阻止美元的进一步下跌，减少汇率的波动和美元继续下跌给西方国家经济和贸易带来的不利影响。进入20世纪90年代以后，国际金融协调中出现两种趋势：一种趋势是，世界经济发展不平衡矛盾的加剧，各国经济所处周期不同，使汇率和利率等协调难度加大，如国际金融危机爆发后，全球面临经济下行压力，各国相继退出旷日持久的量化宽松政策，但刺激效果不明显。另一种趋势是，区域经济一体化加强，使区域内金融协调机制得到了进一步完善，如欧元于1999年1月1日正式启动，欧盟中央银行开始实施和确定统一的欧洲货币政策。有强大的欧洲经济做后盾，欧元的诞生增加了国际货币的可调整性和流动性，形成国际主要储备货币中美元、日元、欧元三足鼎立的格局。同时，美国、日本与欧洲中央银行之间的货币政策协调必将对世界经济的稳定产生重大影响。

3）国际投资的协调

在国际投资领域进行协调的主要目的，是要排除投资领域的障碍，推动投资的自由化，调整资金流向和投资利益的分配，解决投资国与东道国之间的矛盾和纠纷。它主要通过以下两个方面进行：①政府投资和经济援助政策的协调，包括对各国政府的援助政策进行国际指导性的协调，对各国政府的贷款和援助实行统一的运用和管理以及进行联合投资。②投资管理和外资政策的协调。第一，限制投资竞争。有时一些投资者之间常常以降低贷款利率和提供其他优惠条件的方式争夺客户，而过度竞争会给各国的贸易及金融秩序带来伤害，因此各国均采取了某些协调措施来避免这种影响。第二，平衡竞争条件。其主要是通过某些协调措施消除各国银行间的不平等竞争条件，限制银行资金过分扩大，提高国际银行体系的稳定性。第三，制定国际直接投资行为规范。在这方面，联合国跨国公司委员会组织拟订了《联合国跨国公司行动守则（草案）》，发表了一系列关于跨国公司的综合报告，并建立了情报体系等，以此来协调和处理跨国公司与东道国之间的政策立场以及出现的矛盾纠纷。《关于解决各国和其他国家的国民之间投资争端的公约》以及依据上述公约规定建立的解决投资争端国际中心、《多边投资担保机构公约》、《联合国关于发达国家和发展中国家间避免双重征税的协定》等都是国际经济组织在国际投资领域协调的成果。近年来，世界贸易组织也开始对与贸易有关的投资领域进行协调。

4）各国国内政策的国际协调

近年来，国际经济协调越来越深入，经常会涉及各国国内政策的协调。这是因为随着经济全球化和世界经济一体化的深入发展，国与国之间的相互依赖关系日益加强，各国国内的政策和调节措施已经具有国际调节性质，它表现在各国政府为了发展本国经济而拓展对外经济关系所采取的国内调节政策和措施。例如，为鼓励扩大出口而采取的出口信贷、对某些商品出口实行补贴、对本国的跨国公司提供税收优惠、为吸引外资而实施的一系列优惠政策等；再如，各国都制定了竞争政策和竞争立法，如反垄断法、防止不正当竞争法、公平交易法等，以保证市场机制的有效运转和资源配置的合理性。有效的竞争政策将促进外国直接投资，但实际运行时各国对外国投资者的进入都或多或少地施加了条件，从而干扰了正常的投资活动。因此，世界贸易组织和亚太经合组织都把协调各国的竞争政策作为今后谈判的重要议题和协调的重要领域，以达到促进贸易投资自由化的目标。可以说，以上这些调节政策和措施虽然都是一国国内的经济政策，但这些政策又直接影响到国际上的商品、资本、劳务、技术的国际流动。因此，国内调节政策具有国际调节政策的性质是国际经济相互依赖的重要表现。两者之间具有相互传导、相互示范的效应。从这个意义上来说，各国国内调节政策应和国际调节政策相互配合，避免冲突，创造各国经济和世界经济运行的正常经济秩序。

5）南北经济关系的协调

南北经济关系的协调一直是国际经济协调中的重要领域。所谓南北经济关系，是指发展中国家和发达国家之间的经济关系。第二次世界大战后的较长时期内，世界经济发展中一直存在着不稳定因素，这就是南北经济发展不平衡，贫富差距不断扩大。发达国家的人口为全球人口总量的10%左右，所创造的GDP超过全球GDP总量的50%。发展中国家普遍存在经济发展水平落后、技术水平低下、在国际市场上竞争能力差等问题。有些国家由于历史和其他原因，经济结构非常单一，不适应当今世界经济发展的需要。而且长期以来，债务问题一直困扰着发展中国家的经济和社会发展。受金融危机影响，多数发展中国家经济增长、出口收益、侨汇和投资萎缩，汇率波动频繁，借贷成本上升，许多发展中国家特别是最不发达国家的债务脆弱性增加。世界银行指出，2009年至今，外债总额不断上升，2020年年底的全球外债存量约为281万亿美元。对许多中低收入国家来说，债务负担正处于不断恶化之中，除中国以外的中低收入国家外债存量平均增长20%。债务与国民总收入比率低于30%的中低收入国家占比从2009年的42%降至2018年年底的25%。25个国家的外债与出口之比超过200%，是2009年的两倍。尤其是撒哈拉以南非洲国家，自2009年以来该地区约半数国家的外债存量翻了一倍，有时甚至翻了三倍以上。[①]债务负担已经严重阻碍这些国家的经济发展和人民生活水平的提高。2018年撒哈拉以南非洲的经济增长速度约为2.5%，该地区的贫困率虽然从1990年的54%下降到2015年的41%，但每年2.6%的人口增长抵消了这些减贫成果，导致贫困人口净增长1.3亿。[②]

打破旧的不合理的经济秩序，建立国际经济新秩序，争取良好的外部生存环境是发展中国家多年的共同愿望。为此，联合国系统有相当多的经济组织从事经济协调的工作。重要的经济组织有经社理事会、技术合作促进发展部、开发计划署、贸发会议、工发组织、国际货币基金组织、世界银行集团、国际农业发展基金会和人口活动基金会等，这些组织整体上通常被称为联合国发展体系。长期以来，联合国发展体系向发展中国家提供了大量的资金和技术援助，并帮助培训技术、管理和信息化人员。据统计，联合国组织60%的人员和约50%的各种经费都用于促进南北之间的合作，这些工作推动了发展中国家技术、管理和生产水平的提高，有助于经济和社会的发展。

此外，发展中国家也在一直坚持不懈地努力，积极协调彼此的立场和步骤，取得可喜的成果，如发展中国家与发达国家就设立商品共同基金达成协议；发达国家对发展中国家实行普惠制；通过了《联合国海洋法公约》；发达国家在减免最不发达国家的政府债务问题上做出了不同程度的承诺；二十国集团峰会制度的建立使得一批发展中国家有了与世界最发达几个经济强国同台竞技、共同参与国际经济协调的平台；IMF和世界银行两大机构决定向新兴经济体和发展中国家以及代表权过低的国家转移超过6%和3%的投票权，这标志着以中国、印度、巴西为代表的一批发展中国家国际地位的提高。在促进南南合作、协调发展中国家争取国际经济新秩序的立场和步骤中，许多南方国家的经济组织发挥了重要的作用。其中影响比较大的有石油输出国组织、中美洲共同市场、中非关税和经济同盟、七十七国集团、阿拉伯共同市场、东非共同体、东南亚国家联盟、西非经济共同体、拉丁美洲经济体系、海湾合作委员会，还有影响越来越大的十五国集团。当然，中国改革开放后经济的迅速崛起为促进世界经济发展，协调南北和南南经济关系做出了贡献。

---

① 资料来源：《INTERNATIONAL DEBT STATISTICS 2020》.

② 资料来源：《世界银行2019年度报告》.

3.4 国际经济协调的作用及发展趋势

3.4.1 国际经济协调的作用

国际经济协调的作用突出地表现在以下几个方面：

首先，协调促进了世界经济持续和稳定发展。从20世纪60年代末至80年代初，世界经济连续出现了1969—1971年、1973—1975年、1979—1982年三次经济危机，世界经济的平均年增长率下降了2%，世界贸易金融秩序严重失衡。之后，由于主要发达国家加强了经济协调，采取了必要的共同干预措施，再加上国际社会的共同努力，世界经济能够保持一段时期的持续稳定发展。2008年由美国次贷危机引发全球金融危机，进而又波及各国实体经济。面对危机引发的一系列问题，各国加强合作和经济政策协调，反对贸易保护主义，加强金融的监管，千方百计刺激经济增长，这些努力可以从二十国集团几次峰会中得到证实。可以说，国际经济协调在一定程度上减弱了经济危机在国际上的传递，在某种程度上阻止了经济危机的进一步恶化。

其次，协调促使各国间的经济进一步相互依赖，加速经济全球化的步伐。经济全球化的重要特征之一就是商品和资本市场的全球化、生产过程的全球化以及经济调节的全球化。在这一过程中各国之间的竞争非常激烈，矛盾冲突时常出现，需要及时和不断地通过各种协调形式加以解决。此外还有许多全球性的重大经济问题更需要通过国际经济协调来处理，如汇率问题、南北关系问题、世界经济持续发展问题、环境保护问题等。不同国家相互之间通过确立共同的经济发展目标，交流信息，协调彼此的政策行动，更进一步加深了相互依赖和共同合作的关系。

最后，有利于国际经济合作的顺利开展。国际经济协调和国际经济合作之间既存在手段与目的的关系，也存在着相辅相成的关系。一方面，在国际经济协调过程中需要参加协调的各方密切合作，协调目标才能实现。另一方面，国际经济协调又可以促进国际经济合作的顺利开展。在合作关系建立起来之前，需要国际经济协调来促成合作项目，经济合作开展起来之后，仍需要国际经济协调来解决利益纠纷和矛盾，各方还需要不断地进行经济信息的交换和共享。如一个投资项目，在项目正式确立之前，合作各方需要多次磋商，就有关的投资方式、股权安排、盈亏分担等一系列问题进行谈判。达成协议并开始实施的过程中，各方仍需要不断地协调相互的立场，解决出现的矛盾，使合作顺利开展下去。

3.4.2 国际经济协调的发展趋势

国际经济协调在其发展过程中也暴露出了许多的缺陷和问题。第一，参加协调的各国由于经济基础不同，各自在国际分工体系中所处的地位不同，因此各自具有不同的利益要求，在进行协调时往往会在利益的分配、采取的政策措施上产生分歧和矛盾，影响了国际经济协调的发展和积极作用的发挥。一般来说，参与协调的国家越多，分歧和矛盾也越多。第二，由于南北关系的根本改善不是短期内可以实现的，所以全面深刻的国际经济协调还缺乏一定的条件，目前所能实现的只是有限度的协调。第三，从目前国际经济协调机构和其运行机制的角度来看，也存在一些不合理和不完善的地方，如机构重叠庞大、缺乏效率、渠道不畅等，给国际经济协调带来了直接或间接的制约和影响。2008年爆发的金融危机席卷全球，导致世界贸易增速下降、国际投资剧烈波动，整个世界的经济陷入衰退中。这场金融危机不仅给相关国家带来了巨大损失，也暴露出国际金融机构在危机预警作用上、处理危机的应变能力上和组织机构本身存在的缺陷，从而引发了国际社会要求改革国际金融机构，以适应新世纪经济全球化发展的需要。

尽管国际经济协调中存在的困难和障碍一时难以消除，但总的趋势是在不断发展壮大的。这是因为：首先，世界经济不平衡现象依然存在，而且不平衡还在进一步加剧，这种不平衡一方面表现在南北经济发展上的不平衡；另一方面表现在发达国家内部经济发展的不平衡，发展中国家之间也存在着不平衡。不平衡就会导致矛盾与冲突，对待矛盾与冲突，最佳的办法就是通过国际经济协调与合作加以解决。如果用报复甚至使用武力只能是一损俱损，到头来两败俱伤，这有损于各国的利益，也有悖于当今世界和平与发展的主流。其次，在日益全球化的新经济中，协调与合作是必要的。贸易、投资、金融以及生产的全球化把世界各国紧密联系起来，彼此相互依赖不断加深。一国的经济活动和经济事件将对另一个国家产生传导作用；同样，该国的经济活动和经济决策也将受到他国所发生的经济事件的影响。人们面临越来越多全球性问题，国家之间的共同利益相应在扩大，许多问题需要各国共同努力才能够解决。对国际经济活动的调节越来越依靠若干国家政府的联合调节。这是生产力发展的客观要求。最后，在具体的贸易经济合作活动中还需要不断协调，使其能够顺利进行。在国际贸易中，随着关税和非关税贸易壁垒的消除和减少，一些国家又打着技术标准、卫生和绿色环保的幌子实施新的贸易保护主义；在国际金融中，人们面临着如何防范和解决金融危机、怎样使现行国际汇率机制不断完善等诸多问题；在国际投资中，协调跨国投资中出现的问题，促进投资的自由化与便利化；在科技合作中，加强各国经济技术合作，缩小差距，促进世界经济共同发展。这一系列的问题都离不开国际经济协调。

今后，国际经济协调将会有更大的发展，无论是协调的方式、协调的范围，还是各国对其重视的程度都是如此，应该说，国际经济协调已成为当代国际经济的重要组成部分。

3.5 国际经济合作法律保护

我们在前面着重讨论了国际经济协调机制对国际经济合作发展的影响。随着经济全球化和一体化的发展，国际经济协调的内容逐渐向各国国内立法协调方面扩展，使整个国际经济关系中的法律规范体系更加趋于统一和协调，更好地保护国际经贸合作顺利地开展。不同国家主体在国际经济合作中（即在国际生产要素的重新组合与配置的过程中）形成的关系得到法律的确认和调整，便产生了国际经济合作法律关系，即合作主体的权利和义务。在这种法律关系中，如果一方不履行义务，另一方则有权按照国内法律、双方协定或国际条约的规定要求对方履行或采取其他补救措施，有管辖权的机关则依法对合作主体的权利予以保护。调整国际经济合作关系的法律规范包括国际条约（双边或多边）、国际惯例和各国有关的国内立法（包括国际投资法、国际技术转让法、国际税法、国际经济组织法等国际经济法）。

3.5.1　国际条约

国际条约，特别是多边条约是各国明示接受的规范，所以它是国际经贸关系中最为主要的法律规范形式。根据1969年5月23日《维也纳条约法公约》第二条的定义，"称'条约'者，谓国家间所缔结而以国际法为准之国际书面协定，不论其载于一项单独文书或两项以上相互有关之文书内，亦不论其特定名称为何。"关于条约的名称，在国际法上并没有一个统一的标准来规定哪一类条约应该用哪种名称。目前国际上的条约可以被称为"条约""公约""协定""宪章""盟约""宣言""最后文件"等。签订条约的主体可以是非国家的国际经济组织，但主权国家仍是国际条约的主要主体。作为国际经济协调成果的国际经贸条约与协定，反映了各国之间的经贸关系和各国本身的对外经济贸易政策，并为实现缔约方对外经贸政策与更好地开展国际上的经贸合作而服务。

按照条约的缔约国方面来划分，传统上把条约分为双边条约和多边条约。所谓双边条约是指两方签订的条约，但是，参加双边条约的缔约国并不一定只有两个国家，它可能是多国，但当事方只有两方。多边条约就是多个当事方签订的条约。

1）双边经贸条约

双边经贸条约分为全面性双边经贸条约和专门性双边条约。

（1）全面性双边经贸条约。全面性双边经贸条约通常采取的形式是通商航海条约（Treaty of Commerce and Navigation）。它是全面规定两国间经济贸易关系的条约，涉及缔约国经济贸易各个方面的问题，因此往往成为当事双方之间建立与发展经济贸易关系的基础。由于贸易关系长期以来是各国之间经贸关系的基础和主要内容，所以通商航海条约主要是围绕着双边的贸易关系来制定的，也可以说是一种双边贸易条约。但是，随着各国之间经济合作关系的迅速发展，通商航海条约中规定的原则也将越来越多地适用于双边的经济合作关系的发展。

通商航海条约级别较高，规定的内容较原则化。其主要内容有：

① 缔约双方的商品在进口和出口的关税问题上的待遇。关税问题是双方经贸关系中的基本问题，一般规定在这个问题上双方互相给予最惠国待遇。除了在进口和出口关税方面要遵循该项原则之外，一般还要在履行海关手续、海关估价等方面遵循最惠国待遇原则，以保证缔约双方互相给予不歧视的待遇，从而成为其发展贸

易关系的基础。

② 缔约双方公民和企业的经济权利。这些权利包括移民权、财产购置权、工商企业经营权、税赋情况以及相关的法律保护等。随着世界经济一体化的发展，在这方面给予国民待遇的领域越来越广了。

③ 航行、港口设施的使用。

（2）专门性双边条约。除了全面规定双边经贸关系的条约之外，各国往往还就双边经济贸易关系中出现的各种内容达成协议，以协调双边的经贸政策。例如，双边支付协定、双边投资协定、双边税收协定等。

2）多边经贸条约

在国际经贸关系中起重要作用的是关贸总协定和世界贸易组织体系下的多边贸易协议 。对于这些多边协议，它要求缔约方或成员只能一揽子接受，而不能够选择性地接受，因此这些多边协议的参加方基本上包括了世界贸易组织的所有成员，范围十分广泛，它所规定的规范真正成为世界上通行的规范。在世界贸易组织体系下与多边协议相对的是所谓的诸边协议（小多边协议），目前主要的诸边协议包括民用航空器贸易协议、政府采购协议等。诸边协议是可以选择参加的，世界贸易组织成员可以参加也可以不参加，诸边协议只对参加了协议的成员生效。

3.5.2 国际惯例

在国际商务活动中还存在着大量的国际惯例。狭义的国际惯例仅仅是指那些在反复行为的基础上产生的成文的规则。广义的国际惯例包括了成文的和不成文的习惯做法，如向欧洲国家出口的机床通常采用绿色；向阿拉伯国家出口的鞋类，鞋底图案不能用曲线，以免与其国家的文字相像而产生政治影响等，这些都属于不成文的国际惯例。一般来说，在国际经济活动中，不成文的国际惯例要多于成文的，其中一些经过相当一段时间的实践才会成为成文的国际惯例。国际惯例依据适用范围不同，可分为世界通用性国际惯例、区域性国际惯例和行业性国际惯例。依据惯例的作用不同，可分为有法律效力的国际惯例和无法律效力的国际惯例，如《跟单信用证统一惯例》就是一个具有法律效力的国际惯例，它明确规定了开证行和客户的法律责任，一旦当事人引用，就必须遵守，否则将承担法律责任。不同于国际条约，国际惯例不是通过国际外交会议制定的国际法律规范形式，而是开始流行于某一地区或某一行业，以后逐渐被许多国家或地区认可，有些则是由国际组织或商业团体把长期形成的习惯归纳成条文，加以明确的定义或解释而成为被普遍接受的通用规则。由于国际经贸惯例的发展和影响越来越大，有不少惯例和习惯被写入国际条约或被国内法予以承认，因此具有了法律效力。目前，在国际经贸关系各个领域中都有自己相应的惯例或标准合同。例如，国际贸易惯例、国际支付结算惯例、国际投资惯例、国际工程承包惯例、国际租赁惯例、解决国际经济贸易争端的国际惯例、国际税收惯例、国际货物运输保险惯例、国际技术贸易惯例、跨国公司管理惯例等。

3.5.3　各国有关的国内立法

各国涉及经济贸易的国内法本身是国家经贸政策的一种体现，其涉外经贸法规往往对国际经贸关系有所影响，有些国家的有关法律对多边体系的立法都可能会产生影响，因此也应作为研究国际经济法律规范体系的范畴。一国有关其对外经贸关系的国内法体现的是该国的对外经贸关系政策，从这一点上来说，国内法本身不能构成处理国际经贸关系的国际规范。但是，许多有关国际经贸关系的习惯和条约，要通过国内法来发挥作用。多边贸易体制下的许多协议，它所规范的对象并不是各国商人的个体行为，而是各国国内制定的对外经贸政策和法规，多边贸易体制的作用在于给各国提供一个政策样板，使各国的对外经贸政策趋于统一和规范，从而避免和减少各国之间对外经贸政策的冲突。

各国处理其对外经贸关系的国内法规往往还是某些国际规范的基础和来源。如果大多数国家的国内立法都纷纷规定某一项行为原则，那么这种原则就可能演变成国际惯例、习惯，以至被规定在国际条约中。随着经济全球化和世界经济一体化的发展，各国在制定其对外经贸关系的政策法规时，一方面努力按照国际统一法规则，制定既适用于国内经济关系，又适用于涉外经济关系的民商法规范，使国内市场和国际市场接轨，实行国民待遇原则，给外国商人提供与本国商人同样的竞争条件，从而加剧本国市场的竞争程度，进一步获得更高的对外竞争力。例如，我国一直给予外资企业许多税收优惠待遇。在即将加入世界贸易组织之际，我国对原有的税收政策进行了调整，准备用3年时间统一内外资企业的所得税，由原来国内企业的33%和外资企业的15%统一为25%。另一方面，制定专门处理对外经贸关系的法规，例如制定有关“反倾销”和“反补贴”的法律、进行对外贸易制裁的法律、进行对外贸易谈判的法律等，使政府在处理对外经贸关系时更加具有了法律依据。这也是近年来管理贸易盛行和发展的一种表现。

中国实行改革开放已有40多年了，截至2020年3月31日，全国人大及其常委会已制定了1 025件法律和有关法律问题的决定，国务院制定了1 737件行政法规，地方人大制定了26 532件地方性法规。[①] 以宪法为核心的中国特色社会主义法律体系的框架已形成。在这期间我国的涉外经济贸易法律体系的建设也经历了一个从无法可依到体系基本完善，从不讲规则到逐渐与国际规范接轨的过程。中国外经贸法律体系的建设为中国真正融入世界经济浪潮提供了有力的保证。

中国的涉外经济贸易法律体系主要由两大部分构成：一是国内立法，包括国家根本大法，全国人大制定的基本法律，国务院及各部委制定的法规和规章以及地方性法规；二是国际条约，包括我国对外签订的多边条约、双边条约和协议或称换文。

在国内立法方面，中国先后公布实施了《中华人民共和国民法通则》《中华人

① 资料来源：中华人民共和国司法部网站.

民共和国对外贸易法》《中华人民共和国海商法》《中华人民共和国进出口商品检验法》《中华人民共和国外汇管理条例》《中华人民共和国反倾销条例》《中华人民共和国反不正当竞争法》《中华人民共和国公司法》《中华人民共和国专利法》《中华人民共和国商标法》《中华人民共和国著作权法》《中华人民共和国仲裁法》《中华人民共和国外资企业法》《中华人民共和国中外合资经营企业法》《中华人民共和国中外合作经营企业法》《中华人民共和国民法典》，还有知识产权等相关法律。除加强国内立法外，改革开放以来中国还加入了一大批国际公约、条约。其主要有《联合国国际货物销售合同公约》《承认及执行外国仲裁裁决公约》《保护工业产权巴黎公约》《关于解决各国与他国的国民投资争端的公约》《多边投资担保机构公约》等。中国全面参加了GATT组织的乌拉圭回合的谈判并签署了最终文件，并于2001年12月11日正式加入世界贸易组织，成为其第143个成员。此外，中国还积极参与了亚太经合组织、金砖国家峰会、二十国集团峰会等有关活动。到目前为止，中国已与大约130个国家签订了双边“投资保护协议”，几乎与全球所有国家和地区建立了经贸关系，并与29个国家和地区签订了“自由贸易协定”。这些国际公约和条约也是中国涉外经贸法律体系的重要组成部分，对中国经济与国际经济接轨、按照国际通行规则办事、促进中国对外经济合作事业的发展起到了重要作用。

3.6 国际经济合作法律保护的主要内容

3.6.1 国际经济合作法律保护的意义

1）有利于保障国际经济合作的稳定发展

国际经济合作所涉及的是资本、技术、劳动力等生产要素的跨国移动，金额大、项目周期长。国际经济合作涉及生产、运输、销售、融资等领域，合作主体常常会遇到很大的风险，有政治风险、自然灾害风险和商业风险，其中政治风险是难以预料的，给合作者带来的危害最大，如政局动荡、没收或征用外国人财产、禁止外国人将所得外汇自由兑换和汇出国外。因此，为了吸引外资，积极开展对外经济合作，各国在不断加强国内法律建设的同时，还应加强与其他国家在投资保护、税收、知识产权方面的合作，以此来创造一个良好的国际经济合作环境，促进国际经济合作的稳步发展。

2）有利于调动参与合作主体的积极性

参与国际经济合作的主体一般均来自不同的国家，有不同的文化背景、不同的经济生活水平，甚至不同的社会制度，使它们彼此之间缺乏了解，比较难以相互信任。因此，它们更需要依靠法律手段来保护它们的利益。通过国际经济合作法律保护可以确保它们的投入和现有的财产的安全、不受侵犯；可以使它们在合作中享有平等的地位，其权利和义务受到法律的规范。只有这样才能充分调动各合作主体开展国际经济合作活动的积极性。

3）有利于争议的解决

在具体的国际经济合作中，合作各方就权利和义务的分担、平衡问题难免要产生纠纷，如不按期付款、不按合同要求施工、合同之外所增加费用的分摊等。由于合同中规定的权利、义务受到有关法律的确认和保护，因此合同各方的行为受到法律的约束，会认真履行自己的义务。如果出现矛盾纠纷，可以按合同适用的有关法律规定加以解决。

3.6.2　国际经济合作中法律的适用

所谓法律适用问题，是指在国际经济合作中，合同的当事人发生争议时，应当依据哪国法律、哪个国际条约或哪个国际惯例来确定合同当事人的权利和义务，解决合作主体权利和义务纠纷问题。处理国与国之间经济合作关系的法律适用原则主要是双边或多边条约，其他类型的经济合作关系主要是通过涉外经济合同来实现的。这里研究的法律适用问题主要是涉外经济合同的法律适用。其主要遵循四条原则：

1）合同当事人可以选择处理合同争议所适用的法律

这是确认了当事人意思自治原则。所谓意思自治原则，就是允许当事人自由选择合同适用法律来处理争议。关于合同争议应做广义的理解，凡是双方当事人对合同是否成立，合同成立的实践，合同内容的解释，合同的履行及违约责任，合同的变更、转让、解除、终止等产生的争议，均应包括在内。

2）适用与合同关系最密切国家的法律

这是国际上普遍采用的原则，被称为客观标志原则。按照许多国家的法律，如果双方当事人对合同所使用的法律没有做出选择，在发生争议时要以与合同关系最密切国家的法律为合同的准据法。一般理解为合同缔结地法、合同履行地法、争议所涉及的财产所在地法、当事人的属人法、法院地法、仲裁地法等。如我国最高人民法院对涉外经济合同法规定的“适用与合同有最密切联系的国家的法律”有如下解释：银行贷款或者担保合同，适用银行或者担保银行所在地的法律；保险合同适用保险人营业场所所在地的法律；加工承揽合同，适用加工承揽人营业场所所在地的法律；技术转让合同，适用受让方营业场所所在地的法律；工程承包合同，适用工程所在地的法律；科技咨询或者设计合同，适用委托人营业场所所在地的法律；劳务合同适用劳务实施地的法律；成套设备，适用设备安装运转地的法律；代理合同，适用代理人营业场所所在地的法律；不动产租赁、买卖或者抵押合同，适用不动产所在地的法律；动产租赁合同，适用出租人营业场所所在地的法律等。这些原则符合国际上多数国家的通常做法。

3）适用东道国法律

例如，在我国境内的中外合资经营企业合同、中外合作经营企业合同、中外合作勘探开发自然资源合同，应适用中华人民共和国的法律。

4）适用国际惯例或国际公约

如果根据上述第一条原则，该国实体法没有这方面的法律规定，可适用国际惯例。如果适用的该国法律与其参加的国际公约相抵触，除声明保留的条款外，则适用国际公约的规定。

3.6.3 国际经济合作法律保护的基本内容

对国际经济合作的保护主要是对参与合作主体财产权的保护，即对所有权、知识产权和债权的保护。

1）对所有权的保护

在国际经济合作中，外国法人和自然人在经济合作领域按照法律和合同的规定取得某些生产资料和其他财产的，他们对财产有占有、使用、收益和处分的权利应受到法律的保护。对所有权的保护，各国通行的保护方式有刑法保护、行政法保护和民法保护。民法保护的方式有：

（1）财产的归属发生争议时，财产所有人有权请求有管辖权的机构确认所有权。

（2）财产受到非法损害的，所有人有权要求恢复原状。

（3）当财产被他人非法占有时，有权要求返还原物。

（4）所有人在行使所有权时，遇到妨碍、侵害或危险时，有权要求排除妨碍、停止侵害和消除危险。

（5）所有人的财产被人毁灭、损坏时，有权要求赔偿损失。

（6）所有人的财产被国家征用、国有化时有权要求补偿。

2）对知识产权的保护

知识产权是一种无形的财产权，它包括专利权、商标权、版权以及专有技术相关权利，其客体是创造性的智力活动成果，它具有专有性、时间性和地域性等特点。国际经济合作法律保护中，最常见的是对专利权、商标权、专有技术权和计算机软件著作权的法律保护。它们可作为一方与对方合作的出资财产而受所有权和债权的保护，同时在合作中产生的新的智力成果可以申请专利和商标注册而取得专利权和商标权。需要注意的是，即使在甲国取得了专利权和商标权的技术发明和商标，如果没有在乙国申请并被授予专利权和商标权，也不受乙国的法律保护，只受双方合同的约束。因此，无论是独立的专利和商标许可合同，还是与技术转让合同、成套设备进出口合同及交钥匙合同等一类综合性合同连在一起的专利商标许可合同，如果想要得到受让方所在国工业产权法的保护，必须在受让国申请办理批准手续。

3）对债权的保护

在国际经济合作中对债权的保护是最广泛的，因为合作各方在经济合作中产生权利和义务关系，这种关系主要是通过合同这种形式加以确定的，因此合同是发生债务的最普遍的依据。债权是一种相对权，一般需依靠义务主体履行义务才能实现其权利，义务主体是特定的人，因此也称对人权。债权一般以合同确定的权利和义务由适用国法律来保护。由于合同的性质不同，权利和义务的具体内容也不一样。如果合同一方未按合同履行自己的义务，则要承担违约责任，接受法律的制裁。为此各国法律都有规定，一般有以下补救办法：

（1）赔偿损失。

（2）终止履行合同。

（3）支付违约金。

（4）解除合同。

（5）其他补救措施。

● 本章小结

1.国际经济协调是指各国政府通过国际经济组织、国际会议以及建立区域经济组织等方式进行对话协商，对国际经济关系进行联合调节。

2.根据协调的地理范围大小区分，国际经济协调可以是区域性的协调，也可以是全球性的协调；根据协调的方式是否具有规律性区分，国际经济协调可以是临时的协调，也可以是制度化的协调；根据参加国际经济协调主体的多少区分，国际经济协调可以是双边的协调，也可以是多边的协调；根据协调内容区分，国际经济协调可以是微观方面的协调，也可以是宏观方面的协调。

3.国际经济协调并不是近几年才出现的，在经济国际化和统一的世界市场开始出现与形成时，它就存在了。只是在第二次世界大战以后，它才日益受到重视并不断加快发展。进入21世纪尤其是2008年国际金融危机爆发以来，世界经济进入衰退期，贸易摩擦加剧，国际经济协调内容与形式都在发生变化，形成了当代国际经济协调体制。

4.国际经济协调的主要形式有国际经济组织、区域经济一体化组织、重要国际会议、国家集团组织等。

5.国际经济协调的内容主要包括经济发展目标的协调、经济指标的协调、经济信息交换的协调和政策行动的协调。

6.国际经济协调主要涉及国际贸易领域的协调、汇率领域的协调、国际投资领域的协调、各国国内政策的协调以及发达国家与发展中国家之间的协调。

7.国际经济协调的作用突出地表现在以下几个方面：首先，协调促进了世界经济持续和稳定发展；其次，协调促使各国间的经济进一步相互依赖，加速了经济全球化的步伐；最后，协调有利于国际经济合作的顺利开展。

8.国际经济协调逐渐向各国国内立法协调方面扩展，使整个国际经济关系中的法律规范体系更加趋于统一和协调，更好地保护国际经贸合作顺利地开展。

9.调整国际经济合作关系的法律规范包括国际条约（双边或多边）、国际惯例和有关的国内法（包括国际投资法、国际技术转让法、国际税法、国际经济组织法等国际经济法）。

● 基本概念

国际经济协调　宏观领域协调　微观领域协调　IMF　WTO　世界银行集团　金砖国家　上海合作组织　G7　G20　经济发展目标协调　经济指标协调　国际条约　国际惯例

● 复习思考题

1. 什么是国际经济协调？其有哪些类型？
2. 简述国际经济协调发展的三个阶段、新阶段的主要特点。
3. 国际经济协调的主要形式是什么？
4. 国际经济组织在协调中的作用如何？
5. 与其他协调形式相比，国际首脑会议有哪些特点？
6. 哪种经济一体化形式协调层次最高，为什么？
7. 请指出国际经济协调的内容与主要过程。
8. 简述国际经济协调的重要作用。
9. 调整国际经济合作关系的法律规范有哪些？
10. 简述国际经济合作法律保护的意义。
11. 国际经济合作法律保护的基本内容是什么？

第 4 章 / 国际投资合作

学习目标

本章主要讲述了国际投资及跨国公司的相关知识，通过本章学习，对国际投资、国际直接投资、国际间接投资、跨国公司等相关概念有所了解，初步掌握如何评价国际直接投资环境及选择国际投资方式，对跨国公司的组织与运作有一个框架性的认识。

4.1 国际投资概述

4.1.1 国际投资的概念

国际投资是指投资者的跨国界投资行为。国际投资是推动生产要素国际移动和国际经济合作的重要手段。对资本输出国来说，对外投资可以扩大国内资本的投资空间和范围，发挥生产要素的规模效益；对资本输入国来讲，利用外资可以解决资金困难，引进国外先进技术、设备及管理经验，从而带动东道国经济的发展。

由于国际投资行为跨越了国界，其操作运行要比国内投资行为复杂得多。国际投资除了具有国内投资所具有的特点外，还具有以下特点：

（1）国际投资比国内投资的目的更为复杂。有的国际投资并不是为了在短期内盈利，而是考虑了其他一些因素，比如扩大出口规模、保持全球竞争优势、获取自然资源、获取先进技术以及降低产品成本等。

（2）国际投资环境更为复杂，从而要承担更大的风险。国际投资所面临的政治、经济、文化、法律等环境因素均与国内不同。

（3）国际投资中不仅涉及本国货币，还涉及东道国货币及其他可兑换货币，这不仅增加了投资运行的难度，而且还会使投资者承担汇率变化的风险。

（4）与国内投资相比，国际投资的前期工作耗时更长，生产要素流动受更多限制，投资争议的解决难度更大。

4.1.2 国际投资的分类

国际投资有多种分类方法，其中最主要的是将其分为国际直接投资和国际间接投资。

1）国际直接投资

国际直接投资是将资本直接投放到生产经营中，以取得或拥有国外企业的经营管理权为特征的投资，主要表现为资金、技术、经营管理知识的综合体由投资国的特定产业部门向东道国的特定产业部门实行转移。国际直接投资中投资者直接参与其所投资的国外企业的经营管理活动。

2）国际间接投资

国际间接投资是指以取得利息或股息为目的而购买东道国政府和企业发行的证券的经济行为，其投资者不参与国外企业的经营管理活动。

3）国际直接投资与国际间接投资

随着企业规模的不断扩大，企业的所有权也越来越分散。只要投资者拥有国外企业的股票，也就部分地拥有了国外企业的财产所有权。从这个角度讲，国际直接投资与国际间接投资是没有区别的。但一般来说，国际直接投资的主要目的是取得国外企业的经营权，国际间接投资的主要目的是取得股息或利息。

一般来说，投资者拥有的股份比例越高，其控制权也就越大。但迄今为止，国际上仍没有形成对国际直接投资所需拥有的最低股权比例的统一标准。

4.1.3 国际投资的产生与发展

从19世纪起，资本主义国家开始在其殖民地及附属国兴建铁路，发展采掘业。从19世纪70年代至19世纪末20世纪初，国际投资处于一个出现和形成阶段，这个阶段的国际投资主要以长期债券及信贷等方式为主，资金流向主要是从经济发达的资本主义工业国流向其殖民地、半殖民地国家和经济落后国家。

19世纪末20世纪初，资本主义进入了帝国主义阶段，资本的国际化趋势大大加强，一些大的垄断集团开始向海外投资，在国外建立自己的公司。但在20世纪三四十年代以前，世界范围内国际投资的整体增长并不显著。据统计，1938年英、法、美、日、德五个最大的资本输出国对外投资总额仅为420亿美元。

第二次世界大战后，国际投资得到了迅速发展。随着科技的迅速发展以及国际分工的进一步深化，生产和资本的集中与国际化程度进一步加强。各国的大型垄断企业不仅发展对外贸易，而且大力发展国际投资，在全球范围内设立分支机构，结果是带来了跨国公司的迅速发展，直接投资逐步取代间接投资成为战后国际投资的主要方式。第二次世界大战以后，国际投资产生了许多新特点，可概括为以下几个方面：

（1）私人对外直接投资的比重迅速增大，并逐渐成为国际投资的主要方式。第二次世界大战后，在发达资本主义国家，公司之间为了争夺有利投资地点和全球市场份额而展开了激烈的竞争，其中有的是进攻性投资，有的是防御性投资。资本主义国家的私人直接投资累计额从1960年的585亿美元，增加到1967年的1 053亿美元，又增加到1976年的2 872亿美元。而1988年则达到了9 200亿美元，对外直接投资增长速度远远超过间接投资，直接投资取代了间接投资成为战后国际投资的主要形式。

（2）跨国公司成为国际直接投资的主导力量。资本主义国家的垄断企业在战后迅速向海外扩张，在世界各地设立子公司，形成了众多的跨国公司。这些跨国公司实行不同于国内企业的各种战略，取得了飞速发展。对外直接投资是跨国公司发展的主要形式，全球近90%的国际直接投资是由跨国公司实现的。

（3）战后国际投资主要集中于发达国家。一方面，发达国家是国际投资的主要行为主体；另一方面，发达国家又成为吸引国际投资的主要场所。战前对外投资大部分集中于亚非拉殖民地国家和附属国。而战后这种情况发生了变化，资本的双向流动成为发达资本主义国家经济发展的新特点。联合国跨国公司中心的研究报告显示，战后美国、日本和欧共体的对外直接投资占全世界海外直接投资总余额的80%左右，这些国家不仅是国际资本的主要输出国，而且也是国际资本的主要输入国。国际分工的形式也由过去的以垂直分工为主，转化为战后的以水平分工为主。

（4）国际直接投资由第一产业转向第二、三产业。从历史上看，发达资本主义国家资本输出的领域最早是采掘工业和公用事业。到了20世纪70年代，制造业开始成为跨国公司的主要投资领域，80年代以来向第三产业的投资增长迅速。服务业投资占全世界对外直接投资累计余额已接近50%，占每年对外直接投资流量的60%左右。

（5）发展中国家和地区加入对外投资的行列。20世纪70年代以前，发展中国家主要是国际投资的接受国，很少进行对外投资。70年代以后，由于石油危机以及原料价格的上涨，发展中国家实力有所加强，对外投资也取得了一定的发展。尤其是在欧美金融危机之后，来自包括我国在内的新兴经济体的对外投资在全球对外投资中的份额在不断增长。2012年，在全球外国直接投资流出流量较上年下降17%的背景下，中国对外直接投资创下流量878亿美元的历史新高，同比增长17.6%，首次成为世界三大对外投资国之一。2022年，中国对外直接投资流量1 631.2亿美元，位列全球第二位，连续11年位列全球前三，连续七年占全球份额超过一成。2022年年末，中国对外直接投资存量达2.75万亿美元，连续六年排名全球前三。

（6）利用经济特区作为吸引投资、促进工业发展的关键政策工具。从2013年到2018年5年里，世界各地建立了1 000多个经济特区，2018年在147个经济体共有近5 400个经济特区，而且根据贸发会议的预计，至少还有500个经济特区在筹备中。当然，这些经济特区也面临很多其他挑战。新的工业革命便是其中最大的挑战之一，它可能侵蚀低劳动力成本的重要地位，而低劳动力成本正是大多数经济特区的传统竞争优势。经济特区需要预测目标行业的趋势并作出相应调整。

（7）国际生产的持续扩张在很大程度上是由无形资产推动的。非股权模式国际生产的增长速度超过了外国直接投资，反映在特许权使用费、许可费和服务贸易的相对增长率中。从2018年以后跨国企业百强的排名变化可以看出，工业跨国企业的排名正在下滑，一些企业退出了榜单。在全世界由企业出资的研发活动中，超过1/3来自全球百强跨国企业。技术、制药和汽车跨国企业投入的资金最多。发展中国家百强企业的研发强度要低得多。研发活动的国际绿地投资额相当可观，而且还在增长。

（8）新的国家投资政策措施显示出对外国投资更为严苛的立场。2011年以来，多个国家对现有制度进行了多项修订，包括增加受筛查的部门或活动，降低触发门槛或扩展外国投资的定义。还有一些新条例扩大了外国投资者的披露义务，延长了筛查程序的法定时限，或对不遵守通知义务的行为引入了新的民事、刑事或行政处罚。2018年以来，多个经济体出台了多项影响外国投资的措施，主要反映了对关键基础设施、核心技术和其他敏感商业资产的外国所有权在国家安全方面的关切。根据联合国贸易与发展会议公布的《世界投资报告2023》，当前全球外国直接投资审查的趋势在加强，如以国家安全为由进行投资审查的国家增加到37个，实行外国直接投资审查制度的国家合计占2022年外国直接投资存量的68%，因监管或政治方面的担忧而撤销的并购交易数量增加了1/3。这些措施主要是由发达国家推出的，发展中国家采取的大多数措施侧重于便利化和向外国直接投资开放新的部门或活动。2020年以来，欧美等发达国家关于收紧外商投资审查的政策消息频出。美国外国投资委员会CFIUS继续在《2018年外国投资风险审查现代化法案》框架下强化对外商投资的审查，欧盟也加紧落实《欧盟外商直接投资审查条例》，越来越多的经济问题政治化。不过，随着RCEP的实施，东盟等国的外商投资政策趋于放宽，目的是通过吸引投资实现经济复苏。

（9）国际投资政策制定十分活跃，影响深远。2018年以来，一些主要投资国主导签订了一些超大型区域条约，对全球国际投资协定制度的影响将是相当大的。许多国家还在制定新的条约范本和指导原则，以引导未来的条约制定，国际投资协定改革趋势加快。根据联合国贸易与发展会议公布的《2023年世界投资报告》，2022年，各国签署了15项国际投资协定，终止的有效协定数量为84项，连续第三年超过了新签署的国际投资协定数量。目前已生效的国际投资协定在两两经济体之间形成了由4 400多个双边IA关系组成的网络。其中新缔结的国际投资协定增加了多项根据联合国贸发会议国际投资协定政策建议修改的条款，目的是在促进发展投资的同时保留监管空间。国际投资治理也越来越多地关注投资便利化、气候变化、反腐败、尽职调查等因素。国际组织继续在国际投资治理的各个方面开展工作，投资便利化谈判取得进展，国际投资争端解决机制（ISDS）改革的第一批成果也已商定。截至2023年1月1日，公开的ISDS索赔总数已达1 257起。迄今为止，已有132个国家和一个经济集团成为一项或多项ISDS索赔的应诉方。

4.2 国际直接投资

4.2.1 国际直接投资概述

国际直接投资是将资本直接投放到生产经营中以取得或拥有国外企业的经营管

理权为特征的投资，主要表现为资金、技术、经营管理知识的综合体由投资国的特定产业部门向东道国的特定产业部门实行转移。国际直接投资中投资者都以获得对国外企业的控制权为目的。根据国际货币基金组织的解释，这种控制权是指投资者拥有一定数量的股份，因而能行使表决权并在企业的经营决策和管理中享有发言权。国际直接投资主要有以下特点：

（1）国际直接投资中，投资者直接参加经营管理，便于管理、控制，但是这种直接管理有可能会引起文化、社会意识上的冲撞，甚至因此产生劳资纠纷，从而影响投资收益。

（2）国际直接投资者承担的风险较大，这表现在三个方面：一是国际直接投资周期长、资本流动性差，一旦东道国政局不稳定或政策变化，投资者很可能收不回投资；二是国际直接投资未来收益受各种因素影响而存在不确定性；三是投资者经常遇到汇率变动的风险，而又无法采取有效的避险措施。

（3）国际直接投资可以带动技术出口和管理经验的传播。国际直接投资直接参与企业的生产与经营，因而可以带动投资国的技术出口。对投资接受国来说，国际直接投资有利于促进技术进步，而且引进了先进的管理技术与经验，有利于提高企业的经营管理水平。

（4）国际直接投资的资本形式多样化，在股权确认方面存在困难。国际直接投资的资本往往由三部分构成：货币资本、生产资本和无形资产，其中无形资产，如商标、专利等在国际上转移时的价格很难确定。因为无形资产的市场价格是由其带来的收益所确定的，而这些收益又是预期收益，事先无法精确估计。

专栏4-1　　美国次贷危机

在办理美国房屋抵押贷款过程中，按照借款人的信用状况等条件，美国房屋贷款分为三级：①优级贷款（Prime Loan）；②近似优级贷款（ALT-A Loan）；③次级贷款（Sub-Prime Loan）。由于次级贷款发放机构通常无法通过吸收存款来获得资金，为获得流动性，降低融资成本或避税等，这些机构把具有特定期限、利率等特征的次级贷款组成“资产池”，以此作为现金流支持，通过真实出售、破产隔离、信用增级等技术，发行“住房抵押贷款支持证券（Mortgage-Backed Securities，MBS）”。

早期的MBS不对基础资产做任何现金流处理，每个投资者都接受相同的风险和本息支付，无法满足不同风险收益偏好的投资需要。因此，分档技术（Credit Tranching）被引进证券化产品设计中，从而产生了“抵押担保债券（Collateralized Mortgage Obligation，CMO）”。而分档就是根据投资者对期限、风险和收益的不同偏好，对基础资产的现金流加以剥离和重组，将债券设计成不同等级，以体现本息支付、风险承受能力上的区别，既可满足发起人转移风险的需要，又能满足投资者的不同偏好。以MBS为基础资产进一步发行“资产支持证券（Asset-Backed Securities，ABS）”，其中，又衍生出大量个性化的“担保债务凭证（Collateralized Debt Obligation，CDO）”。这一过程还可继续衍生，并产生“CDO平方”“CDO立方”

等产品。

由于杠杆操作风险高，按照正常的规定，银行不采取这样的冒险操作。所以就有人想出一个办法，把杠杆投资拿去做“保险”，其被称为信用违约互换（Credit Default Swap，CDS）。用信用违约互换来管理和对冲违约风险，这些金融工具的流动性差，缺乏连续交易的透明市场为此定价，只好在一定假设下依靠理论模型和人为的参数设定来确定其合理价值。

整体来说，美国次贷危机产生的原因包括：美国个人和家庭低储蓄率、高负债的消费模式；美国政府和美联储为刺激经济而长期采取的弱美元政策；全球以美元为定价货币导致资产价格膨胀；金融机构高杠杆的经营策略；金融衍生市场推波助澜；信贷机构和评级机构违约率评估存在内在缺陷；美国会计准则所确定的公允价值计价方式问题；金融市场与金融当局对危机的严重性缺乏充分的认识。

2007年以前的几年里，国际直接投资发展很快，其增长速度已经超过了国际贸易。根据联合国贸易与发展会议公布的《2005年世界投资报告》，2004年，国际直接投资流入量达6 480亿美元，到当年年底国际直接投资累计存量已达近9万亿美元。

在金融危机爆发后，国际直接投资额开始出现较大幅度的降低。根据联合国贸易与发展会议公布的《2009年世界投资报告》，全球外国直接投资（FDI）流入量从2007年的1.979万亿美元的峰值跌至2008年的1.697万亿美元，降幅为14%。这次危机改变了投资分布，2008年流入发展中国家的FDI为6 210亿美元，增长了17%，流入发展中经济体和转型经济体的FDI在全球FDI流量中所占的比例升至43%。2008年流入发达国家的FDI下降了29%，其主要原因是跨国并购在连续五年的繁荣发展之后于2007年结束。

根据联合国贸易与发展会议公布的《2013年世界投资报告》，2012年，全球对外直接投资额下降18%，降至1.35万亿美元，发展中经济体吸引的外资额首次超过发达国家，占全球直接利用外资金额的52%。发达国家利用外国直接投资额大幅下降，降幅达32%，降至5 610亿美元。将近1/3的对外投资来自发展中国家，并且继续呈现快速上涨之势。其中来自金砖五国的对外投资占到全球总额的10%左右。38个发达国家中，有22个国家的对外直接投资额出现下滑，总体下降23%。

根据联合国贸易与发展会议公布的《2019年世界投资报告》，2018年，全球外国直接投资流量下降了13%，降至1.3万亿美元。这是自全球金融危机以来的最低水平，凸显出过去十年国际投资缺乏增长。其中一个主要原因是，2017年年底美国实行税制改革后，美国跨国企业在2018年前两个季度将累积的国外收益大规模汇回本国。2018年流入发达经济体的外国直接投资达到2004年以来的最低点，减少了27%。流入欧洲的投资减少了一半，不到2 000亿美元。流入发展中国家的投资保持稳定，增长了2%。尤其是流入非洲的外国直接投资增加了11%，达到460亿美元。另外，流入亚洲发展中国家的投资增加了4%。该地区保持活力的一个迹象是，所宣布的绿地项目总价值翻了一番，从2017年的停滞中恢复。

2020年之后，受多个不确定因素的影响，国际投资变化幅度明显加大。根据联合国贸易和发展会议2020—2023年期间逐年发布的世界投资报告，2020年全球外国直接投资流量同比降低约40%，达到近20年以来的最低水平。2021年全球跨境投资较2020年大幅增长64%，达到1.58万亿美元，其中发达国家吸引外资增长了200%，占全球跨境投资增长的近70%，而发展中国家的吸引外资只增长了30%，最不发达国家、内陆发展中国家吸引外资较2020年减少3.5%。2022年全球外国直接投资同比下降12%至1.3万亿美元，反映出部分国家和地区的限制性FDI政策的影响，其中流入发达经济体的FDI下降37%，至3 780亿美元，而流入发展中国家的FDI增长4%，至9 160亿美元。2022年制造业绿地项目价值增长37%，达到4 370亿美元，项目数量仍稳定维持在5 970个，服务业绿地项目占所有项目的2/3，创下历史最高纪录。2022年跨境并购交易总额7 070亿美元，下降4%，其中制造业领域跨境并购交易下降42%，降至1 420亿美元，服务业交易略微下降5%，降至4 420亿美元，初级品部门并购交易价值增长四倍以上，达到1 220亿美元，打破长达十年的下降趋势。

4.2.2 国际直接投资的环境评价

国际投资环境是指世界范围内，某一国家或地区为接受或吸引外资所具有的基本条件，是国际政治经济格局与某一国（或某一地区）政治制度、法律制度、文化传统、地理位置、自然条件等多种因素的综合反映，是一个动态的、多层次的、多因素的综合体系。随着经济社会的发展变化，评估国际投资环境的价值标准会不断变化。投资者的投资目标和所采取的策略不同，所看重的投资环境因素也会有所不同。

1）国际投资环境构成因素

（1）经济环境。总的来说，经济环境包括以下方面的内容：

① 微观经济环境。微观经济环境是外国投资者在东道国进行投资和生产经营活动所面对的具体条件，主要包括市场环境、生产要素、经营自主权。

② 宏观经济环境。宏观经济环境主要包括该国所处的经济成长阶段、收入水平、通货膨胀状况和国际清偿能力等。处于不同经济成长阶段的国家，参与国际投资的规模、方式和对区位的选择是不同的。

③ 经济政策。经济政策是各国政府实现社会经济发展目标的重要工具。各国经济政策的总体目标主要有促进经济增长、稳定物价、提高国民生活水平、增加就业机会等。当然，由于所处的经济成长阶段不同，各国的经济政策也会有所差异。一国经济政策所包括的内容甚多，影响外国投资活动的经济政策主要有：地区开发政策、外汇政策、外贸政策和外资政策等。

（2）政治环境。东道国的政治环境如何，直接关系到国际投资的安全性，是对外投资者首先应当考虑的因素之一。一般来说，一国的政治环境应包括以下几个方面：

① 政治制度。在不同的制度下，政府指导经济运行的方针、力度、行为、方式不同，各个利益阶层和政治集团在社会经济生活中的影响力和地位不同，因而对外资的立场和态度也不同。

② 政策的连续性和优惠性。政策是否连续是投资者十分关心的问题。现实中，一国政策的连续性要受诸多因素的影响。而优惠政策是一国吸引外资的一个重要方面，很多发展中国家都制定了税收方面的减免措施来鼓励外资进入，引导投资方向。

③ 行政效率。个别国家，尤其是经济发展和文化教育水平较低的国家，往往存在着程序复杂、工作人员素质偏低等现象。

（3）法律环境。法律环境在投资环境中占有重要位置。一个良好的法律环境不仅要求一国具备完备的法律体系和公正的法律仲裁与执法环境，而且法律的稳定性也是体现法律环境的一个重要方面。投资行为具有长期性，因此投资者需要有一个稳定的法律环境。

（4）自然环境。一国的自然环境首先是指东道国的地理位置、气候条件等，这些因素直接影响了外商投资企业的产品成本。此外还包括当地所拥有的自然资源。

（5）社会环境。社会环境主要包括当地的宗教信仰、社会风俗、意识形态、语言文字及教育、文化水平等。社会环境是一种软环境，但是仍会直接或间接地对外国投资者产生影响，在某些方面甚至可能产生重大的影响。

2）对国际投资环境的评价

对国际投资环境的评价是国际投资可行性研究的重要组成部分，是国际投资活动中不可缺少的一个环节。为了对国际投资环境做出科学的评价，我们首先要根据实际情况，找出若干对投资项目有关键影响的要素，然后采用不同的方法对当地环境进行分析评价。常用的对国际投资环境进行分析评价的方法主要有以下几种：

（1）投资环境冷热比较分析法。投资环境冷热比较分析法以“冷”“热”因素来表达环境的优劣，即把各个因素加以分析，得出对“冷”“热”差别的评价。这种方法通常把一国投资环境的好坏归结于以下七个因素：①政治稳定性；②市场潜力；③经济发展速度；④文化一元化；⑤法规限制；⑥经营限制；⑦地理及文化差距。投资者对不同国家的各个因素分别进行评价，分为大、中、小三个等级，从而辨别出热国与冷国。当一个国家政治稳定、市场潜力大、经济发展快、文化统一、法规宽松、经营限制少、地理文化差异小时，我们就称该国为热国；反之称为冷国。

（2）抽样评估法。抽样评估法是指对东道国的外商投资企业进行抽样调查，进而考察东道国投资环境的一种方法。采取抽样评估法的具体程序为：①选择或随机抽取不同类型的外企；②列出投资环境评估要素；③邀请外商投资企业的高级管理人员对这些因素进行评估；④进行汇总，得出结论。东道国政府可以通过这种办法来了解本国投资环境对外国投资者的吸引力，以改进吸收外资的具体政策、法律和法规。国际投资者也以此来对东道国环境进行评价。该方法能使调查人员得到第一手资料，对投资者来说具有直接的参考价值。

（3）投资环境动态分析法。国际直接投资的周期较长，在此期间，东道国的投资环境很可能发生很大变化，这就需要投资者从动态的角度去分析和评价东道国的投资环境。美国道氏化学公司据此制定了一套国际投资环境动态分析方法。道氏化学公司认为，它在国外投资所面临的风险为两类：一是正常企业风险，或称竞争风险，如竞争对手会生产出一种性能更好或价格更低的产品。这类风险是市场经济运行的必然结果。二是环境风险，即某些可以使企业投资和经营环境发生变化的政治、经济及社会因素。对投资者来说，这些变化的影响往往是不确定的，即它可能是有利的，也可能是不利的。道氏化学公司把影响国际投资环境的诸因素按其形成的原因及作用范围的不同分为两部分：①企业生产经营的条件；②有可能引起这些条件变化的主要压力。在对这两项进行评价的基础上，提出投资项目的预测方案，进行比较之后就可以选择出投资环境具有优势的国家，以获得较高的投资利润。

（4）国际投资环境等级评分法。国际投资环境等级评分法又称多因素分析法，是由美国经济学家罗伯特·斯托伯于1969年提出的。这种方法首先将直接影响投资环境的重要因素分为八项：①资本回收的限制；②外商股权比例要求；③对外商的管理；④货币稳定性；⑤政治稳定性；⑥关税保护；⑦当地资金的供给；⑧近五年的通货膨胀率。然后按这八个因素以国际投资环境所起的作用及影响程度的不同来确定不同的等级分数，对每一个因素的有利或不利的程度给予不同的评分，最后把各个因素的等级得分进行加总，以此作为对投资环境的总体评价。总分越高表示其投资环境越好，越低表示其投资环境越差。

4.2.3　国际直接投资企业的建立方式

国际直接投资企业的建立有两种基本方式，一种是在东道国建立新企业，也叫“绿地投资（Greenfield Investment）”；另一种是并购（Merger and Acquisition, M&A）。二者各有利弊，投资者应根据实际情况选取合适的方式。

1）在东道国建立新企业

在东道国新建立的企业既可采取独资的方式，也可采取合资或合作的方式。新建企业具有以下优点：

①避免受到东道国法律和政策的限制，不易受当地舆论的抵制。

②手续比较简单。

③可享受东道国的优惠政策。

知识扩展4-1

宝钢海外直接投资

在东道国新建企业同时也具有以下缺点：

① 从立项到施工再到正式营运需要时间较长。

② 不能像收购海外企业那样利用当地企业的销售渠道，因此不利于迅速占领东道国市场。

③ 不利于新产品、新业务的扩展。

2）并购东道国已有企业

并购东道国已有企业是指外国投资者通过一定的程序和渠道依法取得东道国某企业的部分或全部所有权的行为。国际企业收购已经成为国际直接投资的一种主要方式，具体又可分为新设式合并、吸收式合并以及收购三种方式。

① 新设式合并（consolidation）是指两个或多个企业合并后形成一个新的企业，原企业权利和义务全部由新企业享受和承担，原企业归于消灭。

② 吸收式合并（acquisition）是指企业合并后其中一家企业存续下来，其他企业归于消灭，被消灭企业的权利和义务归存续下来的企业享受和承担。

③ 收购（merger）是指收购公司直接向目标公司提出拥有所有权的收购要求，或者通过在证券市场上收购目标公司股份的方式，来获得目标公司的股权或资产。收购公司和目标公司都仍然存在，只不过是股东或资产所有者发生了变更。

并购东道国已有企业具有以下优点：

① 可以大大缩短项目的建设周期，迅速扩大企业的生产和经营规模。

② 可以利用目标企业原有的销售渠道，快速打入当地市场。

③ 可获得现成的经营人才以及技术、商标等无形资产。

④ 可以减少竞争对手。

⑤ 可以迅速扩大企业的产品种类。

⑥ 通过并购后再次出售目标公司的股票或资产，可以使并购公司获得更多的利润。

并购东道国已有企业同时具有以下缺点：

① 由于目标企业与并购企业所在国的会计准则与财务制度存在差异，并购企业有时很难准确评估目标企业的真实情况。

② 并购行为受东道国法律和政策限制。

③ 容易受当地舆论的抵制。

④ 对目标企业进行改造存在障碍，如剩余人员的安置等问题。

专栏4-2　　吉利收购沃尔沃

2010年3月，吉利控股集团与福特汽车签署股权收购协议，同意以18亿美元的价格收购沃尔沃轿车公司，其中2亿美元以票据方式支付，其余以现金方式支付。

2010年8月，两家公司在伦敦举行了交割仪式，吉利控股集团收购了福特汽车持有的沃尔沃轿车公司的全部股权，吉利控股集团开出了票据并支付了13亿美元现金，收购资金来自吉利控股集团、中资机构以及国际资本市场。此交易价格是根据收购协议针对养老金义务和运营资本等因素做出调整的结果。吉利控股集团董事长李书福任沃尔沃轿车公司董事长，前大众汽车北美区首席执行官斯蒂芬·雅克布任沃尔沃轿车公司总裁兼首席执行官。曾担任沃尔沃轿车公司总裁兼首席执行官的汉斯·奥洛夫·奥尔森任沃尔沃轿车公司副董事长。在新的所有权下，沃尔沃轿车公司将会保留瑞典总部以及在瑞典和比利时两国的生产基地。

李书福表示："对吉利来说，这是具有重要历史意义的一天，我们对能够成功收购沃尔沃轿车公司感到非常自豪。这一瑞典世界级知名豪华汽车品牌将坚守其安全、质量、环保和现代北欧设计这些核心价值，继续巩固和加强沃尔沃在欧美市场的传统地位，积极开拓包括中国在内的新兴国家市场。"

沃尔沃轿车公司新任总裁兼首席执行官斯蒂芬·雅克布表示："我很荣幸能够加入这个极具发展潜力的著名公司。我们所有的员工、供应商、经销商，特别是我们的客户完全可以相信，沃尔沃轿车公司将继续保持其在汽车安全和创新上的行业领先地位，这一点在开辟新市场的过程中不会改变。"

吉利控股集团将在中国成立沃尔沃研发中心，并吸纳来自瑞典沃尔沃研发中心的技术人才，沃尔沃中国总部将与瑞典沃尔沃总部并行，并将研发适合中国消费者的沃尔沃轿车。沃尔沃轿车将继续与福特汽车保持零部件相互供应关系。吉利控股集团此前已经完成了对原福特汽车供应商澳大利亚自动变速器公司DSI的收购，并与沃尔沃的长期供应商美国江森自控以及法国弗吉亚公司建立长期合作关系。

吉利和沃尔沃将保持完全独立，即在吉利和沃尔沃之间建立一道防火墙。李书福也称吉利是吉利，沃尔沃是沃尔沃，但是要实现对沃尔沃的独立管理并不容易。吉利并购沃尔沃成功后，有可能出现企业文化差异和品牌融合不力问题，需要长时间的磨合。

4.2.4 国际直接投资的企业组织形式

从国际直接投资创建国外企业的企业组织形式上看，主要有三种，即国际独资经营企业、国际合资经营企业和国际合作经营企业。

1）国际独资经营企业

国际独资经营企业是指某一外国投资者依据东道国的法律，经过东道国政府批准，在其境内设立的全部资本为外国投资者所有的企业。国际独资经营企业是国际直接投资的一种传统方式，其最明显的特征是其所有权和经营管理权由外国投资者独有，同时也由该投资者独自承担责任与风险。

国际独资经营企业由于经营管理大权独占，投资者可以按照自己的方式进行管理。另外，投资者到东道国去投资，一般会有其独特的垄断优势，包括技术优势、销售渠道优势等，采用国际独资经营的方式，有利于投资者保守商业秘密，从而保持其竞争优势。

2）国际合资经营企业

国际合资经营企业是指两个或两个以上属于不同国家或地区的公司、企业或经济组织依据东道国法律，并经东道国政府批准而在东道国境内设立的企业。设立国际合资企业是当前国际投资中最普遍的投资方式之一，各方共同投资，共同经营，共享利润，共担风险。国际合资企业可采用无限责任公司、有限责任公司、股份有限公司以及两合公司等形式。无限责任公司是指两个以上的股东组成的对公司债务承担无限责任的公司。有限责任公司是指由两个以上的股东组成的仅对投入公司中的资本承担债务的公司。股份有限公司是指通过法定程序，向公众发行股票筹集资本，股东的责任仅限于其出资额的一种公司企业组织。两合公司是指无限责任和有限责任的两合公司或股份公司。两合公司是无限公司的发展，兼有无限公司信用等级高和有限公司集资快的优点。法、日等国承认它是法人，英、美等国则视其为有限合伙。

采用国际合资的方式进行直接投资具有较大的灵活性，投资者可以通过国际合资企业来利用合作对象的销售网络，加深对当地文化、法律等的了解，增强与当地政府的联系以及对当地市场信息的掌握等优势，实现优势互补。合资对象既可以是东道国的当地企业，也可以是东道国的政府机构。一般认为，与后者的合作可以减少差别待遇，较容易进入当地市场或得到优惠待遇。但实践表明，由于目标及经营方法与理念上的差异，合资双方经常在经营过程中产生矛盾。合资企业经营成功与否取决于合资双方的共同努力。

知识扩展4-2

联邦快递从合资到独资的转变

3）国际合作经营企业

国际合作经营企业是指两个或两个以上国家或地区的投资者依照共同签订的合作经营契约在东道国境内设立的经济组织。国际合作经营企业中投资各方根据经营的需要在契约中规定投资各方投入资本的具体形式和数量，投资各方产品分成、收入分成或利润分成的比例，以及各方应该承担的风险和责任。国际合作经营企业具有较大的灵活性，适用于某些规模较小、周期较短的生产项目和开发项目。

国际合作经营企业既可拥有法人地位，也可没有法人地位。有法人地位的国际合作企业与国际合资企业一样，设董事会，实行董事会领导下的总经理负责制。没有法人地位的合作企业一般不设董事会，其管理方式可以采用四种形式：①设立联合管理委员会，对合作各方进行联合管理。②设立对等的代表机构，各方通过该机构行使权力，监督对方履行合同。③委托其中的一方进行管理，受托方必须向委托方定期报告经营状况。④委托第三方进行管理。

两种国际合作经营企业的清算方式也存在一定差异。没有法人地位的合作经营企业的清算分两种情况：若一方合作者已在合同期满前收回其全部投资，则合作经营企业期满时的全部资产归另一方所有；若合作各方都未收回其投资，则清算按合同规定办理。有法人地位的合作经营企业的清算，由合作各方派代表组织清算委员会，按董事会通过的清算方案，对企业的财产、债务进行全面的清查。全部财产不足清偿债务的，不足部分由合作各方按合同规定分担，清偿债务后有剩余财产的，按合同规定比例进行分配。

4.2.5　国际直接投资的促进和管理

国际直接投资方面的限制和监管正在增加，各国正在加强筛查外国投资的监管框架，但国际直接投资政策制定依然高度活跃，对外国投资者的促进和保护措施也在日益完善。根据联合国贸易与发展会议公布的《2013年世界投资报告》，2022年，66个国家推出了总共146项影响外国投资的政策措施，相较于2021年同比增加35%。有利于投资的政策措施几乎翻倍，从55项增加到102项，而不利于投资的政策措施数量则保持稳定。这使得有利于投资的政策相对占比回到了新冠肺炎疫情前的水平，这反映了决策者认识到，面对全球危机带来的前所未有的挑战时，需要刺激投资和促进经济增长。发展中国家继续将吸引投资作为其经济复苏和发展战略的一个关键因素加以优先考虑。2022年，3/4的有利于投资的政策措施由发展中国家出台。自新冠肺炎疫情以来，首次出现发达国家出台的有利于投资的措施显著增加。投资便利化举措以及促进可再生能源和其他与气候有关的投资的激励制度是最常实施的措施类型之一。

作为我国推进新一轮高水平对外开放的重要举措，《中华人民共和国外商投资法》于2019年3月15日通过，自2020年1月1日起施行。该法取代了原有的《中华人民共和国中外合资经营企业法》、《中华人民共和国中外合作经营企业法》和《中华人民共和国外资企业法》，成为外商投资领域的“基本法”。同时施行的还有《中华人民共和国外商投资法实施条例》等配套法规、规章和司法解释。

（1）国家对外商投资实行准入前国民待遇加负面清单管理制度。准入前国民待遇是指在投资准入阶段给予外国投资者及其投资不低于本国投资者及其投资的待遇。负面清单是指国家规定在特定领域对外商投资实施的准入特别管理措施。国家对负面清单之外的外商投资，给予国民待遇。外商投资准入负面清单规定禁止投资的领域，外国投资者不得投资。外商投资准入负面清单规定限制投资的领域，外国投资者进行投资应当符合负面清单规定的条件。外商投资准入负面清单以外的领域，按照内外资一致的原则实施管理。负面清单由国务院发布或者批准发布。根据联合国贸易与发展会议公布的《2023年世界投资报告》，2022年，我国修订了《外商投资准入负面清单》，取消了对汽车制造和卫星电视广播地面接收设施的50%的外国投资上限。

（2）国家制定一些外商投资促进措施。国家与其他国家和地区、国际组织建立多边、双边投资促进合作机制，加强投资领域的国际交流与合作。国家根据需要，设立特殊经济区域，或者在部分地区实行外商投资试验性政策措施，促进外商投资，扩大对外开放。国家根据国民经济和社会发展需要，鼓励和引导外国投资者在特定行业、领域、地区投资。外国投资者、外商投资企业可以依照法律、行政法规或者国务院的规定享受优惠待遇。

（3）外商投资企业依法平等适用国家支持企业发展的各项政策。制定与外商投资有关的法律、法规、规章，应当采取适当方式征求外商投资企业的意见和建议。

国家保障外商投资企业依法平等参与标准制定工作，强化标准制定的信息公开和社会监督。国家制定的强制性标准平等适用于外商投资企业。国家保障外商投资企业依法通过公平竞争参与政府采购活动。

（4）国家保护外商投资者的合法权益。国家对外国投资者的投资不实行征收。在特殊情况下，国家为了公共利益的需要，可以依照法律规定对外国投资者的投资实行征收或者征用。征收、征用应当依照法定程序进行，并及时给予公平、合理的补偿。外国投资者在中国境内的出资、利润、资本收益、资产处置所得、知识产权许可使用费、依法获得的补偿或者赔偿、清算所得等，可以依法以人民币或者外汇自由汇入、汇出。各级人民政府及其有关部门制定涉及外商投资的规范性文件，应当符合法律法规的规定；没有法律、行政法规依据的，不得减损外商投资企业的合法权益或者增加其义务，不得设置市场准入和退出条件，不得干预外商投资企业的正常生产经营活动。国家建立外商投资企业投诉工作机制。

（5）国家保护外资企业的知识产权。国家保护外国投资者和外商投资企业的知识产权，保护知识产权权利人和相关权利人的合法权益。国家鼓励在外商投资过程中基于自愿原则和商业规则开展技术合作。技术合作的条件由投资各方遵循公平原则平等协商确定。行政机关及其工作人员不得利用行政手段强制转让技术。

（6）国家依法对外资进行管理。外商投资需要办理投资项目核准、备案的，按照国家有关规定执行。外国投资者在依法需要取得许可的行业、领域进行投资的，应当依法办理相关许可手续。外商投资企业开展生产经营活动，应当遵守法律、行政法规有关劳动保护、社会保险的规定，依照法律、行政法规和国家有关规定办理税收、会计、外汇等事宜，并接受相关主管部门依法实施的监督检查。外国投资者并购中国境内企业或者以其他方式参与经营者集中的，应当依照《中华人民共和国反垄断法》的规定接受经营者集中审查。外国投资者或者外商投资企业应当通过企业登记系统以及企业信用信息公示系统向商务主管部门报送投资信息。国家建立外商投资安全审查制度，对影响或者可能影响国家安全的外商投资进行安全审查。

4.3 国际间接投资

4.3.1 国际间接投资概述

国际间接投资也叫国际证券投资，是指以取得利息或股息为目的而购买东道国政府和企业发行的证券的经济行为。与国际直接投资相区别，国际间接投资的投资者并不参与国外企业的经营管理活动。第二次世界大战以后，国际贸易的飞速发展加速了金融的国际化过程，其中的证券投资已成为20世纪90年代以来国际金融市场最活跃的因素。

证券是代表一定财产所有权和债权的凭证。证券具有狭义和广义之分，狭义的证券是一种有面值的，并能给持有者带来收益的所有权和债权的证书，包括股票、债券和投资基金等。广义的证券内容十分广泛，它除了包括股票、债券和投资基金以外，还包括货币证券、商品证券、不动产证券等。证券投资是资本流动的形式之一，证券投资的国际化不仅使闲置资本在世界范围内得到广泛的利用，而且为证券投资企业和个人增加了投资机会。

4.3.2　国际股权投资

国际股权投资是指在股票市场上购买上市的外国企业股票，股票持有人按股份比例享有分配公司的财产和利润的权利。股东个人的财产与公司的财产是相分离的。当公司进行破产或解散清算时，股东只限于以其股金数额承担公司负债责任，公司债权人只能对公司的资产提出要求，无权直接起诉股东。一般来说，股票在社会上公开出售，股东可自由转让其持有的股票。在进行国际股票投资时，投资者购买外国企业的股票，可凭借其持有的股权参与企业的经营管理，但只有当股东不拥有对企业的控制权时，我们才说股东进行的是国际间接投资。

发行股票是筹集资金的有效形式。它不仅成为吸收本国资金的重要渠道，而且是吸收外资的重要途径之一。所谓吸收国际股权投资，就是指在本国股票市场上或外国股票市场上出售本国企业的股票，以吸引外国投资者来购买。第二次世界大战后，随着生产国际化和资本国际化的发展，购买他国股份公司的股票已成为国际投资的重要形式之一。

通常我们可以将股票分为两类：普通股和优先股。其中普通股是股票最普通的一种形式。普通股股东是企业的所有者，他们享有表决权，一方面，可通过选举董事会来对公司的大政方针和决策进行控制，即“用手投票”；另一方面，股东可通过卖掉公司股票来实现“用脚投票”。普通股股东每持有一股便有一股的投票权。如果股东不亲自参加股东大会，也可委托代理人来行使其投票权。优先股是一种与债券相类似的股票，优先股的股息率是固定的，优先股的优先权主要体现在以下两个方面：①公司在付给普通股股息之前，应先按规定的股息率付给优先股股息；②当公司解散或破产时，优先股股东比普通股股东优先取得公司资产。优先股股东没有表决权。优先股可以自由买卖或转让，但不得退股。

股票价格是指证券交易所中股票卖出者与买进者买卖股票的成交价格。人们进行股票投资，目的是获取预期收益。该收益包括两部分：一部分是股息，股票价值表现为将来一系列股息的现在价值，股票价值是股票价格的决定因素；另一部分是股票买卖的差价，它是影响国际股票投资的重要原因之一。

股票本身没有使用价值，但它却能在证券交易所如商品一样被买卖转让，这是因为股票代表着资本供求关系中产生的权利。这种权利具体地说包括三方面内容：①股息分配权；②参与股东大会的决议权；③分配企业剩余财产权。现实中的企业经营权实际上为大股东所有，小股东由于缺乏足够的动力或者是费用过高等原因很少过问企业经营管理情况，因此参与决策权实际上并不存在。而分配剩余财产权只是在企业解散时才得以体现。所以一般股东享有的权利就只有股息分配权了，股票的买卖与转让实际上也是这种股息分配权的买卖与转让。

现在全世界很多国家和地区都设有股票交易所，其中比较有名的有纽约证券交易所、伦敦证券交易所、东京证券交易所、中国香港联合证券交易所、多伦多证券交易所、巴黎证券交易所、法兰克福证券交易所、苏黎世证券交易所等。随着全球经济一体化的不断发展，国际股票市场已经成为国际资本流动的重要渠道之一。

4.3.3 国际债券投资

国际债券投资是指在国际债券市场上购买国际债券。国际债券是指某国政府或企业在国境以外发行的以某种货币为面额的债券。债券是政府、企业、银行和国际金融机构对其借款承担还本付息义务所开具的借款凭证，证明债券持有人有权根据规定按期取得利息和到期收回本金。债券是有价证券的一种，大部分可以在证券市场上自由买卖。

1）债券的基本要素

（1）债券的面值。债券面值包括面值币种和面值大小两个方面。面值币种取决于发行者的需要和债券的种类。发行者可根据货币市场的情况和自己的需要，选择最合适的币种。

（2）债券的价格。由于发行者的各种考虑或债券市场上供求关系的变化，债券的市场价格常常脱离它的面值，有时高于面值，有时低于面值。债券的面值是固定的，它的价格却是经常变化的。发行者在计息和还本时，根据的是债券的面值，而不是它的价格。

（3）利率。利率有固定利率和浮动利率之分，债券也因此而分为固定利率债券和浮动利率债券。前者的利率在还本期限内保持不变，而后者的利率在还本期限内定期进行调整，通常是3个月或半年调整一次。

（4）还本期限。债券的还本期限变化范围很大，短期债券的还本期限只有几个月，长期债券的还本期限可达几十年。近来由于利率和汇率的剧烈波动，各种债券的还本期限有缩短的趋势。

2）债券的种类

债券的发行有两大类：国内债券和国际债券。

（1）国内债券。它是指一国政府或企业在本国国内，以本国货币面额发行的债券。目前发行国内债券的国家很多，如美国、英国、日本等。虽然它们在发行数额、发行债券的种类和发行方式上有所不同，但基本内容相似。以美国为例可分为以下两类：

① 政府债券。政府债券又分为联邦政府债券和市政债券（地方政府发行的债券）。

② 公司债券。公司债券是股份有限公司向公众发行的，以筹集长期资金为目的的债券。债券一般都规定有一定的期限和固定的利息率。利息的支付不以公司是否盈利为条件，到期公司必须支付。

（2）国际债券。国际债券是指某国政府或企业在其国境外发行的债券。国际债券也分为两类：

①外国债券。甲国发行人在乙国某地发行以乙国货币为面值的债券叫外国债券。这种债券涉及两个国家，一方是发行人所属国，另一方是发行地国。

发行地所在的国家一般政局比较稳定，资本市场上资金比较充裕，货币的信用较高，证券市场也较为活跃。此外，国家的外汇管理制度、金融政策等对发行债券也有影响。

世界上最重要的外国债券市场在美国、瑞士、德国和日本。美国的外国债券市场主要在纽约，又称为扬基债券市场，规模很大。瑞士拥有日内瓦、苏黎世、巴塞尔、伯尔尼四大金融中心。德国的外国债券市场主要在法兰克福。日本的外国债券市场主要在东京，由于我们通常把在该市场上发行的债券称为武士债券，所以我们也将这一市场称为武士债券市场。

②欧洲债券[①]。欧洲债券是指在面值货币所在国以外的国家发行的债券。如果该债券以美元为面值，我们称之为欧洲美元债券。欧洲债券是随着欧洲货币市场的形成而出现的。第一笔欧洲债券是1961年2月在卢森堡发行的。20世纪70年代中期以后，欧洲债券市场发展很快。目前欧洲债券市场已经在国际债券市场上占据了主导地位。

欧洲债券发行成本低，市场容量大，发行自由、灵活，投资安全，且可获取更多收益。另外债券可保存在投资者所在国以外，因此可达到避税的目的。

3）债券的收益

债券的收益可从债券的利率和债券的收益率等方面进行考核。

（1）债券的利率。债券利率是债券利息与债券面值的比，利率越高对投资者越有利。债券的利率主要受银行利率、资本市场供求和发行人的资信等因素影响。银行存款利率上升时，债券利率也随之上升。如果资本市场上资金不足，利率就应处于较高水平。债券发行人的资信低，债券利率就会相应有所提高。

（2）债券的收益率。债券的收益率是指债券的收益与所投入本金的比率。债券收益率通常分为：面值收益率、当时收益率和到期收益率三种。到期收益率是指债券持有者将债券保存到还本期满时所应得到的收益率。当时收益率是指债券的利息与买进债券的实际价格之比。面值收益率实际上是债券的利率。当债券价格等于其面值时，面值收益率等于投资者的实际收益率。由于债券的价格常常背离其面值，所以债券的面值收益率并不总等于其实际收益率。但债券面值收益率是其实际收益率的主要决定因素。债券的实际收益率受以下因素的影响：

知识扩展4-3

俄罗斯挑选出5家银行协助发行欧洲债券

① 债券的利率。债券的利率提高，债券的收益率也会提高；债券的利率降低，收益率也随之降低。

① 欧洲债券对应的英文是Eurobond，注意与European Bond的区别。

② 债券的价格与其面值的差额。这一差额受很多因素的影响。债券的市场销售价格常常不等于其面值。当价格高于面值时，收益率低于利率；当价格低于面值时，收益率高于利率。

③ 债券的还本期限。当债券的价格与面值不等时，还本期限长短决定了收益率的高低。

4.4 跨国公司与国际直接投资

跨国公司是国际直接投资的主体，世界上绝大部分的国际直接投资都是由跨国公司进行的。资本主义产生之后，世界市场被逐渐开拓出来。为了占领市场和获得原材料，一些西方国家的公司开始进行对外直接投资，于是产生了现代跨国公司的雏形。当时对外直接投资主要集中于采矿业和铁路，但此时从事跨国经营的企业数量较少，对外直接投资额也不大。

两次世界大战之间，对外直接投资比第一次世界大战以前增加了两倍，且主要集中在制造业。许多西方国家的大公司开始在海外建立子公司。但是由于战争、经济危机和国家管制，跨国公司虽然有了一定程度的发展，但速度仍然较慢。

第二次世界大战以后，由于科技的迅速发展以及全球经济一体化的不断加剧，跨国公司的数量和规模大大增加，对外直接投资的深度和广度也不断加深，并且超过了国际间接投资。联合国有关资料显示，发达国家跨国公司母公司在1968年有727家，子公司有27 300家。根据联合国贸易与发展会议公布的《2005年世界投资报告》，到2004年年底，全球跨国公司母公司为70 000家，跨国公司的海外分支机构达690 000家。根据联合国贸易与发展会议公布的《2013年世界投资报告》，1990年，跨国公司外国子公司的销售额约为5.1万亿美元，2012年达到了26万亿美元。跨国公司规模巨大，仅美国通用汽车公司的年销售额就相当于一个欧洲中等发达国家的国内生产总值。不过，100家最大的跨国公司（多数来自发达国家）的国际生产增长处于停滞的状态，而来自发展中国家和转型经济体的100家最大的跨国公司的海外资产则增加了22%。在2013年《财富》世界500强排行榜上，中国上榜公司数量不仅达到了95家，而且这些企业已经拥有了不少对外投资和跨国经营的经验。2023年，所有上榜企业的营业收入总和约为41万亿美元，比2022年上涨8.4%。进入排行榜的门槛（最低销售收入）也从286亿美元跃升至309亿美元。中国（包括中国台湾地区企业）上榜公司数量达到了142家，大公司数量继续位居各国之首。

4.4.1 跨国公司的概念及影响

国际上对跨国公司有多种定义，其中最普遍的定义为：在两个或两个以上的国家从事经营活动的公司，它有一个统一的中央决策体系和全球战略目标，拥有遍布全球的多个实体并分享资源、信息和责任。跨国公司一般符合以下三种标准：

1）结构标准

跨国公司至少应满足下列条件之一：

（1）在两个以上的国家经营业务；

（2）公司的所有权被两个以上不同国籍的人所拥有；

（3）公司的高级经理人员来自两个以上的国家；

（4）公司的组织形式以全球性地区分部和全球性产品分部为基础。

2）行为标准

跨国公司应以全球范围内的整体利益最大化为原则，制定全球战略。跨国公司对位于不同国家实体的经营活动实行一体化管理是其一个重要特征。也就是说，在跨国公司内部各个部门之间，各种人才及研究设备都能很好地进行合理配置和有效使用。

3）业绩标准

跨国公司在国外的生产值、销售额、利润、资产或雇员人数应达到公司整体一定的百分比。具体的百分比数尚无统一的标准，一般多采用25%作为衡量标准。根据联合国贸易与发展会议公布的《2023年世界投资报告》，2022年全球最大的100家跨国公司的资产中，国外资产占比为52%；销售额中，国外销售额占比57%；就业人数中，国外就业人数占比46%。发展中经济体最大的100家跨国公司中，国外资产占比为29%；销售额中，国外销售额占比35%；就业人数中，国外就业人数占比30%。具体到行业层面，除半导体企业，2022年，科技行业的其他一些头部跨国公司并未扩大其海外业务，尽管他们的收入在继续增长。所有主要的美国科技公司（包括Alphabet、微软、苹果和亚马逊）都将业务重点转向了国内市场，减少了海外资产。亚洲的跨国公司也相对减少了其海外资产，包括腾讯、鸿海、华为、三星和索尼。其他行业的跨国公司的国际化率未发生显著变化。因此，2022年的平均跨国指数没有改变。

4.4.2　跨国公司的内部组织

跨国公司规模大，产品多种多样，分支机构众多，经营地区广，这就要求跨国公司建立一套高效率的管理组织体系，以提高行政效率，充分利用公司资源，实现全球范围内的利益最大化。

1）总公司与分公司

国外分公司是指由总公司为扩大经营范围或生产规模在东道国依法设立的，并作为总公司的一个不可分割部分的国外企业。国外分公司不具有法人资格，没有自己独立的公司名称与章程，其主要业务完全由总公司决定，并以总公司的名义开展业务活动。国外分公司的资产全部属于总公司，总公司对分公司的债务承担无限责任。

设立分公司的有利之处在于：

（1）设立分公司时只需交纳少量登记费，手续比较简单。

（2）总公司只要控制了分公司的管理人员，就可以全面地控制分公司的经营活动。

（3）东道国对分公司在该国以外的财产没有法律上的管辖权，因此，分公司在东道国之外转移财产比较方便。

（4）由于分公司与总公司同属一个法律实体，不是独立核算的法人，所以分公司在国外的纳税一般少于子公司。许多国家的税法都规定了国外分公司的亏损额可在母公司税前利润中扣除。

设立分公司的不利之处有：

（1）分公司在注册时须披露总公司的全部业务活动和财务收支状况，不利于总公司业务的保密。

（2）总公司要对分公司债务承担无限责任，分公司在终止或撤离时只能出售其资产，而不能出售其股份，也不能与其他公司合并。

（3）分公司业务受总公司的支配，在东道国又被当作外国公司来看待，所以难以开展业务。

2）母公司与子公司

国外子公司是指由母公司投入全部股份资本，依法在东道国设立的具有法人资格的独资企业。国外子公司具有独立的法人资格，有自己独立的公司名称和公司章程，有自己的股东大会和董事会，有自己独立的管理机构，有自己独立的资产，自负盈亏，独立地以自己的名义开展各种民事活动。

设立子公司的有利之处在于：

（1）子公司可以独立地得到东道国的银行贷款，或是在当地的证券市场上融资，且其偿债责任只限于子公司的资产。

（2）子公司在东道国终止营业时，可灵活选择采用出售其股份、与其他公司合并或变卖其资产的方式回收投资。

（3）在国际避税地设立避税地子公司有利于母公司开展避税活动。

（4）由于子公司在东道国是以一个本国公司的身份开展业务，所以受到的限制比较少，比分公司更能开拓当地市场。

（5）由于子公司有较大的自主权，在经营管理上可以充分发挥其创造性。

设立子公司的不利之处在于：

（1）因为子公司在东道国是一个独立法人，所以设立手续比较复杂，费用较高。

（2）在国外设立子公司必须建立起东道国公司法所规定的行政管理机构，还必须对东道国大量的法律法规进行研究，这无形之中增加了子公司的行政管理费用。

（3）子公司需要公开自己的财务状况，这必然会增加子公司的竞争压力。

专栏4-3　　英特尔的建设性对抗

英特尔亚太区行销总监黄逸松说过，“有对抗，才有沟通”“我们反而担心组织意见太一致，容易僵化，没有创新能力。英特尔鼓励对事不对人，将建设性摆在前的‘对抗’”。

建设性对抗是指倡导把所有有争议的问题摆到桌面上，大家面对面地直接进行沟通、交流，而不论职位的高低，不论少数多数，不以部门区分，都可以展开对抗性讨论。

建设性对抗的原则是“积极、直接、及时、对事不对人”，保持开放的心胸，必须针对事情与问题，而不是针对个人。诸如“你根本就错了”等一类的话是不合适的，正确的说法是“我不同意你的观点，因为……”。

建设性对抗包括以下五个步骤：①界定对抗本质；确定会议的目的是什么；确定与会者会扮演什么样的角色，如仲裁者或者协调者；确定是否需要立即做出决定，会通过什么样的方式做出决定，比如仲裁者决定或是投票决定 。②有效针对对抗进行沟通，员工可以针对具体事情，向同事甚至老板提出对抗，用提前准备充分的相关数据来支持自己的反面观点，而且要以最及时的方式来实践，而不是等到事情失败之后。③会议主持人对对抗进行有效管理，遇到人身攻击需要立刻制止。④达成协议并执行，所有人都需要达成共识，虽然你表达了反对，但最后任务由负责人做决定，你也须百分之百地承诺支持，不能再私下表达不满。⑤会议后，参与者必须把承诺内容与预计完成的时间以电子邮件等方式进行反馈。

成功对抗必须具备以下三个要素：①管理者身体力行，如英特尔从创办人到一般员工，都表现出乐于接受对抗的风貌。英特尔已经塑造这样的环境30多年。②员工需要接受专业训练，如面对对抗时，如何有效分析、归纳与延伸事情的本质；怎样去协调对抗，甚至是仲裁。③组织的绩效考评、奖惩制度也必须积极配合，以免员工担心因为对抗而被压制。

4.4.3　跨国公司的管理模式

跨国公司的管理模式反映了其总公司与各子公司之间的关系。由于各跨国公司所采用的战略不同，其具体的管理模式也存在差异，具体表现为以下三种：

1）多元中心型

多元中心型跨国公司的特点是总公司与子公司之间只保持松散的关系，以许多分部与国外子公司为中心，总公司不直接进行控制，海外子公司拥有较大的自主权。早期的跨国公司多属于这种管理模式。

2）本国中心型

本国中心型跨国公司的特点是以总公司为中心，管理权限高度集中，总公司统一管理国内外各子公司。第二次世界大战后经济形势的发展使得许多跨国公司采取这种模式。

3）全球中心型

全球中心型介于上述两种类型之间，其特点是将管理权限的集中与分散相结合，重大决策权和管理权集中于总公司，将需要根据具体情况灵活处理的业务权限分散在各个子公司。权力是从上向下贯彻，而责任是自下而上承担的。

跨国公司采取哪种模式取决于多种因素，如市场分散程度、产品复杂程度、不同的国情、不同的历史发展阶段等。跨国公司应根据各种因素的变化不断地进行调整。

4.4.4 跨国公司的组织结构

从历史上看，跨国公司采用过以下几种组织结构：国际业务部、全球性职能分部、全球性产品分部、全球性地区分部及全球立体矩阵式组织结构。

1）国际业务部

国际业务部作为隶属于母公司的独资子公司，负责公司在母国以外的一切业务，其总裁一般由母公司的副总裁兼任。国际业务部的主要权限包括：制定国际发展战略，管理对外贸易与投资，负责国外子公司的建立、经营与协调等。设立国际业务部的优点是可以通过对国际业务的集中管理来实现全球战略。但同时它也容易使国内业务和国际业务相分离，不利于公司资源的优化配置，从而影响了经营效率。

2）全球性职能分部

该种形式按跨国公司的生产、销售、研究与发展、财务等职能设立职能部门，全球所有子公司和分公司的相应职能都由该职能部门负责和指导。总公司各主管副总裁直接领导各职能部门，并向总裁负责。其优点主要是通过专业化的分工来明确职责，提高效率，进行统一的成本核算与利润考核，但公司难以实现产品多样化，而且不利于地区间的协作。

3）全球性产品分部

跨国公司以产品为单位，设立各种产品部，负责协调各地区相应产品的计划、管理和控制。该种结构适应了海外产品日益复杂的现实，克服了地区分部的弊端，其主要优点表现为加强了产品的生产、技术和信息等各方面的统一管理。它的缺点在于容易导致各产品分部自成体系，不利于公司统一管理，同时削弱了地区性功能的发挥，导致机构重复设置。

4）全球性地区分部

跨国公司以地区为单位，设立地区分部，如北美分部、欧洲分部、亚洲分部等。各地区分部由总公司的副总裁直接领导，负责协调本地区范围内的各种产品的生产与销售。该种结构适合于产品系列少且产品销售及技术条件相似、经营地区分布广的企业，其主要优点是有利于调动各地区分部的积极性，制定并实施地区性的产品营销策略，从而满足不同市场的需求。但同时它也容易导致区位主义，即只重视本地区业绩而忽视公司的整体战略目标，难以实现产品多样化经营，也不利于开展跨地区的产品研究与开发合作。

5）全球立体矩阵式组织结构

近年来随着跨国公司的规模越来越大，前面提到的几种组织形式已不能有效地解决各职能部门、产品分部及地区分部之间的相互联系问题，一些跨国公司开始将职能部门、产品分部与地区分部三者结合起来，通过对三者的协调、交叉管理和控制来实现对各子公司的管理与控制，我们称之为全球立体矩阵式组织结构。这意味着地区管理和产品管理同时并存，一个基层经理可能同时接受产品副总裁和地区副总裁的领导。全球立体矩阵式组织结构的优点是既能通过各部门、各层次之间的密切合作来增强整体实力，又能增强各子公司的应变能力，以应对复杂多变的国际业务环境，同时又保持了母公司职能部门对各子公司的有效控制。

全球立体矩阵式组织结构的缺点也是显而易见的：一方面，容易导致管理层之间发生冲突，不易协调各层次之间的利益关系，结果是管理者之间存在敌意；另一方面，日常沟通重复、审批程序耗时，员工的频繁出差及会议使得公司的行政开支急剧上升。实践证明，全球立体矩阵式组织结构是不成功的。道氏化学公司以及花旗银行是早期采用全球立体矩阵式组织结构的典范，但其现在已经放弃了这一管理模式。

以上五种管理组织结构各有利弊，跨国公司应根据自己的规模、产品及地区分布等特点来选择适合本公司的组织结构。一般来说，设立国际业务部往往是一家公司从单纯出口走向国际经营的早期步骤，为进一步跨国经营打下基础。设立全球性产品分部比较适合产品品种已经多样化、系列化，产品类别之间生产技术差异明显的自成体系的跨国公司。而设立全球性地区分部适合于产品品种少，产品的规格、质量、包装、生产技术相似而市场分布广泛的跨国公司。设立全球性职能分部主要适用于产品系列简单，市场环境稳定的跨国公司。而当跨国公司的规模越来越大、产品种类越来越多、业务内容越来越复杂、经营地区越来越广泛时，跨国公司一般采用全球立体矩阵式组织结构。

专栏4-4　　跨国公司的组织结构精简

美国克莱斯勒公司在20世纪70年代深受大企业病的困扰，10年亏损36亿美元。20世纪80年代克莱斯勒公司开始进行人员精简，首先将52个工厂消减为36个，拍卖海外企业和设备用于筹集发展资金，裁员一半，包括大量管理人员。2年后扭转亏损局面并盈利2.5亿美元。

美国通用电气公司在1981年有40万名员工，到1992年精简为26万人，将组织层次由28层减至20层，裁掉人员的工作任务由计算机来完成，信息技术在促进企业组织结构合理化中发挥了重要作用。裁员后，营业额却由原来的270亿美元增加到620亿美元，利润由15亿美元增加到47亿美元。

4.4.5　跨国公司的战略管理

跨国公司的战略管理内容很多，本章主要介绍具有代表性的SWOT战略、全球统一标准战略、全球领先战略。

1）SWOT战略

SWOT分析法是由竞争战略专家迈克尔·波特提出的一种竞争理论，它将公司的内部分析与产业竞争环境的外部分析结合起来。其中S代表strength（优势），W

代表weakness（弱势），O代表opportunity（机会），T代表threat（威胁）。S、W是内部因素，O、T是外部因素。

专栏4-5　用SWOT分析法来分析通用汽车公司2007财政年度的竞争环境

优势1：强大的品牌组合

通用汽车公司拥有众多的品牌，其中不乏世界著名且深受消费者喜爱的一些品牌，如雪佛兰、别克和凯迪拉克等。据统计，全球每年销售雪佛兰汽车430万辆。

由于拥有丰富的品牌资源，使得通用汽车公司能够在不同地区，通过选择不同的品牌组合来扩大产品的覆盖范围，满足不同消费者的需求，达到抢占市场的目的。

优势2：在亚太和拉美地区

在亚太和拉美地区业务呈上升态势，其渐佳的表现为通用汽车公司提供了新的利润增长点。

优势3：强大的生产经营能力

凭借强大的规模生产能力和宽广的销售网络，通用汽车公司有能力在全球的市场中保持竞争优势，扩大其市场份额。

劣势1：日益下降的市场占有率

劣势2：部分产品存在缺陷

频繁的产品召回表明通用汽车公司的产品质量控制系统存在问题，不能保证出厂产品的使用安全，动摇了消费者的购买信心。

劣势3：日益恶化的财务状况

机会1：对混合电动汽车的需求日益增加

机会2：在新兴市场的机会

未来，中国和印度将是推动汽车消费的主力军。

机会3：新车型

通过推出能打动消费者的新车型，公司可以提高自身品牌形象并增加销售收入。

威胁1：糟糕的经济形势

据国际货币基金组织估计，美国的GDP增长率将从2007年2.2%下降为2008年1.5%。国民收入的减少将降低人们对汽车的消费需求。同时，由于受次级抵押贷款的影响，消费者得到汽车消费贷款的难度增加，即使能拿到贷款也要支付更多的利息费用。

威胁2：日益增长的原材料价格

威胁3：各国关于报废汽车处理的法律规定

这些立法将增加企业的成本，减少利润。

威胁4：日益严格的尾气排放标准

为了使产品符合越来越严格的尾气排放标准，企业的研发、测试、生产成本将上升。

2）全球统一标准战略

尽管世界各国的市场都无一例外地在不断变化，不同国家的市场环境也存在着极大的差别，但一些跨国公司采用了一种高度程式化的相似的营销管理模式，采取了一种无视市场差别与变化的以不变应万变的市场营销策略。

专栏4-6　　麦当劳的高度程式化的营销策略

战略1：产品的标准化。20世纪40年代麦克唐纳兄弟创建了麦当劳这家快餐连锁店，60年代克罗克以270万美元收购了这家快餐店，历经70余年的发展，麦当劳已是全球最大的快餐企业。然而，在其整个的发展过程中，麦当劳向顾客提供的食品始终只是汉堡包、炸薯条、冰激凌和软饮料等。即便有变化也只是在原有基础上的细微变化，如在汉堡包中增加点鸡肉。70年代末，麦当劳开始涉足跨国经营，其遍布世界各地的连锁店早已逾万家。尽管不同国家的消费者在饮食习惯、饮食文化等方面存在着很大的差别，但是麦当劳仍然淡化这种差别，向各国消费者提供着极其相似的产品。

战略2：分销的标准化。无论是麦当劳自己经营的连锁店还是授权经营的连锁店，店址的选择都有着严格的规定。最初的店址选择规定是：5千米的半径范围内有5万以上的居民居住。后来这一规定被更改了，并规定连锁店必须建于繁华的商业地段，诸如大型商场、超市、学校或政府机关旁边等。这一规定沿袭至今并且作为选择被授权人的重要条件之一。不仅如此，所有连锁店的店面装饰与店内布置也必须按照相同的标准完成。

战略3：促销的标准化。麦当劳在其整个经营过程中始终都坚持以儿童作为主要促销对象，其促销理念是吸引了儿童消费就吸引了全家消费，为此，店内有供儿童娱乐的场所和玩具。其促销的方式主要是电视广告。为了使所制定的各项标准能够在世界各地的连锁店得到严格执行，麦当劳设立了汉堡包大学，以此来培养店长和管理人员。此外，麦当劳还编写了一本厚达350页的员工操作手册，详细规定了各项工作的作业方法和步骤，以此来指导世界各地员工的工作。

3）全球领先战略

一些跨国公司不仅追求整体的领先，而且要求其旗下的每个事业部也要全球领先。任何事业部门存在的条件是在市场上“数一数二”，否则就要被整顿、关闭或出售。它们认为，当你是市场中的第四或第五的时候，老大打一个喷嚏，你就会染上肺炎。当你是老大的时候，你就能掌握自己的命运，你后面的公司在困难时期将不得不兼并重组。

专栏4-7　　通用电气公司的全球制胜之道

在杰克·韦尔奇领导通用电气公司的20年时间内，通用电气公司取得了非常辉煌的业绩，市值从1981年的120亿美元增长到2000年的4 000亿美元，销售收入从1981年的272亿美元增长到2000年的1 299亿美元，净利润从16亿美元增长到2000年的127亿美元，股东投资回报率平均每年为23%。

战略1：通用电气公司的核心领导要素——4E

●活力（energy）：个人精力充沛，有行动的冲劲。

●激励（energizer）：调动和鼓励他人的能力，富有感染力的热情使组织的潜能发挥到极致。

●敏锐（edge）：竞争精神，对速度有与生俱来的追求，坚定的信念和大胆的支持。

●执行（execution）：达到目标。

战略2：无边界组织

所谓“无边界”，就是要清除大公司里所存在的官僚习气，打破森严等级所造成的信息交流及分享的障碍。无边界公司应该是将各个职能部门之间的障碍全部消除，工程、生产、营销以及其他部门之间能够自由沟通交流，完全透明。

战略3：六个西格玛

六个西格玛是帮助企业提供近乎完美产品和服务的高度规范化的过程，其核心是追求零缺陷生产，防范产品责任风险，降低成本，提高生产率和市场占有率，提高顾客满意度和忠诚度。σ在统计学上用以描述总体中的个体离均值的偏离程度，6σ是一个目标，这个质量水平意味着所有的过程和结果中，99.99966%是无缺陷的，也就是说，做100万件事情，其中只有3.4件是有缺陷的。

战略4：活力曲线

一个组织中，必有20%的人是最好的，70%的人是中间状态的，10%的人是最差的。这是一个动态的曲线，即每个部分所包含的具体人一定是不断变化的。但一个合格的领导者，必须随时掌握20%和10%里边的人的姓名和职位，以便确定准确的奖惩措施。最好的应该马上得到激励或升迁，最差的就必须马上走人。

● 本章小结

1.国际投资是指投资者的跨国界投资行为。国际投资是推动生产要素国际移动和国际经济合作的重要手段。国际投资有多种分类方法，其中最主要的是将其分为国际直接投资和国际间接投资。

2.国际直接投资是将资本直接投放到生产经营中以取得或拥有国外企业的经营管理权为特征的投资，主要表现为资金、技术、经营管理知识的综合体由投资国的特定产业部门向东道国的特定产业部门实行转移。

3.国际投资环境是指世界范围内、某一国家或地区为接受或吸引外资所具有的基本条件，是国际政治经济格局与某一国（或某一地区）政治制度、法律制度、文化传统、地理位置、自然条件等多种因素的综合反映，是一个动态的、多层次的、多因素的综合体系。

4.国际直接投资企业的建立有两种基本方式，一种是在东道国建立新企业，也叫“绿地投资”；另一种是并购。二者各有利弊，投资者应根据实际情况选取合适的方式。

5.并购东道国已有企业是指外国投资者通过一定的程序和渠道依法取得东道国某企业的部分或全部所有权的行为。国际企业收购已经成为国际直接投资的一种主要方式，具体又可分为新设式合并、吸收式合并以及收购三种方式。

6.从国际直接投资创建国外企业的企业组织形式上看，主要有三种方式，即独资经营、合资经营和合作经营。

7.国际间接投资也叫国际证券投资，指以取得利息或股息为目的而购买东道国政府和企业发行的证券的经济行为。与国际直接投资相区别，国际间接投资的投资者并不参与国外企业的经营管理活动。

8.跨国公司是国际直接投资的主体，世界上绝大部分的国际直接投资都是由跨国公司进行的。国际上对跨国公司有多种定义，其中最普遍的定义为：在两个或两个以上的国家从事经营活动的公司，它有一个统一的中央决策体系和全球战略目标，拥有遍布全球的多个实体并分享资源、信息和责任。

9.跨国公司规模大，产品多种多样，分支机构众多，经营地区广，这就要求跨国公司建立一个高效的管理组织，以提高行政效率。跨国公司的内部组织分为总公司与分公司、母公司与子公司。

10.跨国公司的管理模式反映了其总公司与各子公司之间的关系。由于各跨国公司所采用的战略不同，其具体的管理模式也存在差异，具体表现为多元中心型、本国中心型和全球中心型。

11.从历史上看，跨国公司采用过以下几种组织结构：国际业务部、全球性职能分部、全球性产品分部、全球性地区分部及全球立体矩阵式组织结构。

12.跨国公司的战略管理内容很多，本章主要介绍了具有代表性的SWOT战略、全球统一标准战略、全球领先战略。

● 基本概念

国际投资　国际直接投资　国际间接投资　国际投资环境　绿地投资　新设式合并　吸收式合并　收购　国际独资经营企业　国际合资经营企业　国际合作经营企业　国际股权投资　国际债券投资　国内债券　国际债券　外国债券　欧洲债券　债券的利率　债券的收益率　跨国公司　国外分公司　国外子公司　SWOT战略

● 复习思考题

1.简述第二次世界大战后国际投资的新特点。

2.国际直接投资有几种形式？各有什么特点？

3.简述国际投资环境构成的主要因素及常用评价方法。

4.简述国际间接投资的种类及各自的特点。

5.跨国公司的组织结构一般有几种形式？各有什么特点？

● 案例分析

国美电器借壳中国香港上市

2004年6月7日，中国鹏润集团有限公司（简称“鹏润集团”）在中国香港联交所发出公告，将斥资83亿港元收购Ocean Town全部股份。Ocean Town持有国美电器65%的股权。收购后，鹏润集团拟改名为国美电器控股有限公司，而国美电器也将以借壳方式在中国香港上市。

国美电器借壳鹏润集团上市，实际上是其共同的控股人黄光裕旗下企业的一次重组。黄光裕先后建立了国美电器和鹏润投资，形成了电器连锁、地产两大主业。

2002年3月，鹏润投资在中国香港收购上市公司“京华自动化”，并更名为“中国鹏润”，而国美电器上市的计划也在同年正式展开。

首先，黄光裕将准备上市的资产注入“国美电器有限公司”，由北京鹏润亿福网络技术有限公司（最终控制人为黄光裕）持有其65%的股权，黄光裕直接持有剩余35%。

其次，黄光裕在BVI成立Ocean Town和Gome Retail Hodings Limited两家境外公司，并先将北京鹏润亿福网络技术有限公司所持国美电器65%的股权转让给Ocean Town，使国美电器变成一家中外合资零售企业；再由Gome Retail Hodings Limited全资拥有Ocean Town。

最后，中国鹏润出资83亿港元向Gome Retail Hodings Limited收购Ocean Town所持国美电器65%的股权，国美电器成功上市。

请分析该案例中存在几种并购方式？你的判别标准是什么？

第5章 / 国际信贷合作

学习目标

本章主要介绍了几种主要的国际信贷合作方式，并提供了相应的典型案例。通过本章的学习，了解国际信贷合作的基本概念，对各种主要的信贷方式的特征、条件及程序等有个基本的认识。

5.1 国际信贷概述

5.1.1 国际信贷的含义与作用

国际信贷也称国际信用，是指国家之间以偿还为条件的价值运动，是由一国或几个国家的政府或银行或国际金融机构给其他国家政府、银行及自然人或法人所提供的资金融通活动。目前，国际信贷已经成为我国利用外资的主要途径之一。我国与国际金融组织和外国政府开展贷款合作已有40余年，截至2022年年底，我国利用国际金融组织（包括世界银行、亚洲开发银行、亚洲基础设施投资银行、新开发银行、国际农业发展基金、欧洲投资银行、欧佩克国际发展基金、北欧投资银行）和外国政府贷款累计承诺额1 803亿美元，用于支持3 865个项目，涉及能源、交通、林业、农业、城建、教育、乡村振兴、医疗卫生、绿色发展、自然文化遗产保护等众多领域，为我国经济社会发展提供了资金和智力支持。

国际信贷是国际经济合作的一个重要方面，也是国际间接投资的一种主要方式。第二次世界大战后世界经济和国际贸易发展使得国际信贷的规模明显增大。国际信贷作为国际经济联系的一个组成部分，对其发展也起着十分重要的作用。

国际信贷的作用主要表现在以下方面：

（1）国际信贷有利于促进国际贸易的发展。第二次世界大战之后，全球的贸易额与贸易结构都发生了很大的变化，在各国的出口中机器设备，特别是大型成套设备所占的比重迅速增加，各国纷纷以提供出口信贷等手段作为刺激出口、提高本国国际竞争力的重要手段之一，结果中长期信贷的规模及影响都越来越大。

（2）国际信贷为大规模的生产活动准备了大量资金，从而有利于发展生产。英国就在20世纪70年代的石油开发项目中利用过欧洲货币市场上的资金。

（3）国际信贷有利于发展中国家的经济发展。许多发展中国家为了加速本国经济的发展，需要大量引进先进的技术和设备，因此必须有大量的外汇资金作为后盾。这些国家除吸收国际直接投资以外，还大量地利用了信贷资金。比如，近几十年以来巴西的经济起飞以及韩国的出口工业飞速增长都曾借力于国际信贷。

（4）国际信贷有利于跨国公司的发展。跨国公司既是国际信贷资金的使用者又是提供者。欧洲货币市场是跨国公司借款、存款和调拨资金的一个重要场所。跨国公司的资本来源中除自有资本的转移外，还有大量的外来资本来源于银行。有时，公司也根据需要将暂时闲置的资金投入到信贷活动中去。

（5）国际信贷有利于调节国际收支。例如，国际货币基金组织向其会员国所提供的资金就具有改善借款国的国际收支状况和稳定该国对外汇率的作用。

国际信贷虽然对世界各国的经济发展起着重要的推动作用，但它有时使得某些发展中国家陷入了严重的债务危机，发展中国家因而付出了高昂的代价。因此，在肯定国际信贷的积极作用的同时，也不应忽视它的消极影响。

专栏5-1　《国际信贷风险》杂志的国际信贷风险评级

《国际信贷风险》（Credit Risk International）杂志对各国信贷风险的评估涉及政治风险和金融风险两个方面。其中政治风险指的是该国政治是否稳定，是否有政权被推翻，甚至发生战争的可能性。杂志从四个方面对其进行打分：社会政治的一元化、政府的稳定性、现政权被推翻的风险和发生战争的风险。

“社会政治的一元化”通过对民族、种族和（或）不同宗教信仰者间的平等，收入分配和两极分化，中间阶层的力量，潜藏的或公开的社会冲突等四个方面来评价。

“政府的稳定性”通过政治体制、政府的凝聚力、社会精英对政府的支持、其余社会阶层对政府的支持四个方面来评价。

“现政权被推翻的风险”通过现有政权接替过程是否透明、反对派通过和平还是暴力手段表达反对意见、军队施加的是稳定作用还是不稳定作用、40年来政权被推翻的次数等四个方面来评价。

“发生战争的风险”通过是否存在武装冲突的危险、发生军事冲突的频率和强度、大国对该国的政治和（或）军事支持、与法国的关系等五个方面来评价。

金融风险指的是对财政金融体系平衡的控制、银行系统的状况和外汇风险，同样也从公共债务偿还能力、预算和资本账户的平衡、货币可兑换性和贬值的风险，以及银行系统的稳定状况等四个方面来进行衡量。

“公共债务偿还能力”通过对公共债务占GDP和出口值的比重、债务利息占出口货物和服务总值的比重、近两年将要到期的债务的结构和国家的支付能力、巴黎俱乐部债务延期情况和联合国机构“重债穷国”债务减免情况等四个方面来考察。

“预算和资本账户的平衡”从经常性贸易差额占GDP的比重、国家确定所需资金占GDP的比重、国民储蓄余额占GDP的比重、每月进口额占外汇储备的比重等四个方面来分析。

“货币可兑换性和贬值的风险”从可兑换程度和（或）是否属于一个受约束

的货币联盟、曾经发生的货币贬值的频率和程度、1992年和1995年以来的实际汇率、实际汇率同国家发展所需资金与GDP的比率两者间相比的变化等四个方面来分析。

"银行系统的稳定状况"从银行不良贷款比率、地方银行监管部门的监管力度、私有商业投保人存在遇到灾难的风险等三个方面来分析。

《国际信贷风险》杂志将各国的风险列为1~7级，从等级1的"危险"逐次降低至等级7的"风险良好"，中间依次为"风险极高""高风险""风险较高""中等风险""低风险"。

5.1.2 国际信贷的种类

国际信贷的种类很多，根据不同情况可有多种分类方法，从时间上看，主要可以分为短期信贷和长期信贷。

短期国际信贷合作主要是国际贸易信贷。它的期限最多不超过一年，最短的可以是一天，主要用于原材料、粮食、半成品和消费品的国际贸易中。在短期国际信贷合作中，国际性的银行充当中介或贷款人的角色，借款人可以是银行，也可以是非银行客户，如各种国际性的公司、企业及政府机构等。银行对非银行客户所提供的信贷，主要是向企业提供流动资金或临时性、季节性的周转资金；银行与银行之间的信贷又称银行同业拆放，其时间短、数额大，在短期国际信贷合作中占主导地位。短期国际信贷合作主要凭信用，借款人不用交纳抵押金，通过电话或电传就可以达成交易，手续非常简单。外贸合同的签订往往是银行提供贷款的前提条件，贸易信贷只限于为合同规定的商品交易提供资金融通，以促进交易的达成。国家为了实现促进出口的目的，积极鼓励本国银行向本国出口商或外国进口商发放利率优惠的贷款，并为其提供利息补贴和信贷担保。

资本信贷一般用于新建企业、建设公共设施、扩大固定资本投资，购买机器装备等方面。实际上，资本信贷就是国际中长期贷款。长期信贷多为10年左右，也有的长达30~40年或50年。它一般有银行贷款、发行债券、存款单、工程项目贷款、国际租赁、政府贷款和国际金融机构贷款等多种融资形式。长期信贷则是国家增强本国大型设备的国际竞争能力，争夺销售市场的一种手段。

此外，国际信贷按贷款期限分类，可分为短期贷款、中期贷款、长期贷款等；按贷款利率分类，可分为无息贷款、低息贷款、高息贷款；按贷款的来源和性质分类，可分为政府间借贷、国际和地区性金融机构贷款、出口信贷、商业银行贷款、混合贷款等。

5.1.3 国际信贷协议

第二次世界大战以来，中长期国际信贷合作发展较快，在国际经济合作中的作用越来越大。与短期国际信贷相比，中长期国际信贷的期限长、数额大，因而风险也大。所以，在中长期国际信贷合作中，借贷的手续也比较复杂，双方要签订贷款协议。

国际信贷协议是指确定借贷双方权利和义务的契约。国际信贷合作通过国际信贷协议最终达成。国际信贷协议的主要内容和条款包括：

（1）贷款用途。国际信贷多与特定项目相联系，贷款人常要求贷款用途专款专用，不得用于贷款项目以外的开支。对此贷款人往往采取监督措施。

（2）贷款货币。其大致可分为四类：一是单一货币，即只确定以一种货币贷款；二是选择货币，即借款方在提款时可以在约定的几种货币中选择一种货币；三是综合货币单位，即将国际货币基金组织的特别提款权（SDR）作为贷款币种；四是多种货币，即贷款币种不局限于一种，而使用多种货币。

（3）贷款的期限和偿还。一般都是采取在一定的宽限期满后，在规定的期限内分期偿还。贷款期限大致可分为提款期、宽限期、还款期3个阶段。提款期一般2~4年，全部贷款须提完，逾期未提部分不得提取。宽限期从提款期结束开始，一般为半年至一年，也有长达十几年的，在此期间借款人只在付款日偿付利息而不还本金。还款期视贷款金额大小、期限长短而定，一般为5~7年，本息分次偿还，一般会定有提前偿还条款，规定一定条件下借款人在贷款期满之前可以归还贷款。

（4）贷款利率。贷款利率分为固定利率和浮动利率两类。固定利率是指借贷双方签约时确定的一个固定不变的适用于整个贷款期的利率。浮动利率随着市场利率波动而变化，国际上浮动利率一般以一个参照利率加上一定的利差确定。参照利率主要是伦敦银行同业拆放利率（London InterBank Offered Rate，LIBOR）、中国香港银行同业拆放利率（Hongkong InterBank Offered Rate，HIBOR）、新加坡银行同业拆放利率（Singapore Interbank Offered Rate，SIBOR）。利差的确定主要考虑贷款金额、期限以及担保人的资信、贷款风险等因素。

（5）贷款费用。一是承诺费，即借款人对未按规定及时支用的款项应承担的费用，一般按一定期限内应使用信用限额中的未用额的一定比例提取，通常为年利率的0.125%~0.25%。借款人在某一期限内的用款超过限额，也要支付同样利率的额外费用。二是管理费，费率一般在0.25%~0.59%之间。三是代理费，即在银团贷款中借款人支付给代理行的报酬，费率一般在0.25%~0.5%之间。四是其他费用，包括通信费、印刷费、律师费、谈判费、签字费等。五是贷款税收，一般规定因贷款而征的税收由借款人承担。

（6）法律适用和争端解决。其主要是确定准据法，一般选择国际惯用的法律体系，也有以贷款人所在国法律为准据法的。例如，中国银行1984年8月与瑞士银团的贷款协议中规定受瑞士法律管制和管辖。一般来说，国际信贷业务中的争端双方都希望首先通过协商解决问题，协商不成，只能在仲裁与诉讼中选择一种方式。国际信贷合同往往把友好协商与仲裁作为解决争端的主要方式。

5.2 政府贷款

5.2.1 政府贷款的概念及种类

政府贷款是指一国政府利用其财政资金，向另一国政府提供的优惠性贷款。政府贷款是各类贷款中优惠程度最高的一种。它的特点包括：一是期限较长，偿还期一般在20~30年之间，最长的可达50年，其中还含有5~10年的宽限期；二是利率较低，政府贷款的年利率一般为2%~3%，有的国家在发放政府贷款时直接免收利息。政府贷款的资金主要来源于各国的财政拨款，由各国的中央政府经过完备的立法手续加以批准后才能提供。政府贷款确实是发展中国家寻求发展资金的一种较好途径。

政府贷款按贷款的条件可分为四类：

（1）软贷款或称政府财政性贷款。这种贷款分为无息和低息两种，一般来说还款期和宽限期都比较长。这类贷款一般贷给非营利的开发性项目。

（2）混合性贷款。它将政府的财政性贷款与一般的商业性贷款混合在一起，其优惠程度处于财政性贷款和一般商业性贷款之间。

（3）政府财政性贷款与出口信贷结合的贷款。政府贷款中含有一定的赠与成分，根据国际惯例，属于官方发展援助的政府贷款，其赠与成分必须在25%以上。

（4）将一定比例的赠款与出口信贷结合的贷款。

5.2.2 政府贷款的条件

外国政府贷款作为政府间的援助性贷款，是目前优惠政策最多的贷款方式之一，而环保事业和教育事业又是其重点投向的领域，因而逐渐成为地方政府和高等院校融资的主要渠道之一。政府贷款作为相互友好的国家进行经济交往的重要形式，虽然带有一定的优惠性质，但也是政府贷款提供国实现其对外政治经济目标的工具。有些发达国家往往是打着对外经济援助的旗号来干涉别国内政。政府贷款的条件大致可归纳为以下几种：

（1）政府贷款要求必须以现汇还款。

（2）政府贷款必须以政府的名义接受。政府贷款要经过双方国家的政府通过法定程序批准才能生效。

（3）政府贷款具有特定的范围，如德国政府贷款主要用于基础设施、工农业等的建设；日本政府贷款主要用于能源交通、邮电通信、工矿农渔等建设。

（4）限制性采购条件。借款国所得的政府贷款仅限于购买贷款国的产品，即使政府贷款的条文中未使用限制性采购条款，政府贷款也会要求借款国以国际公开招标的方式在所规定的国家范围内进行采购。

（5）借款国在使用政府贷款时要连带使用一定比例的出口信贷，以扩大贷款国的商品出口。

（6）一定的政治条件。有些国家在发放政府贷款的时候，常以借款国在某些政治问题上做出让步相要挟，从而达到自己的政治目的。

5.2.3 政府贷款的发放程序

获得政府贷款是一种较为理想的引进外资的方式。但是，利用政府贷款不仅耗时较长，而且每个阶段还要经过一定的手续。又加之各国政府提供政府贷款的程序各不相同，其对援助国和受援国来说都是一种涉外业务，因此操作起来也较为复杂。不过，大致说来发放政府贷款一般会经过以下几个环节：

（1）贷款项目的准备。在受援国向援助国提出项目贷款的请求以前，先由受援国选定需要贷款的备选项目，并将申请贷款的备选项目提供给贷款国进行研究。

（2）贷款项目的申请。一般由借款国的项目单位负责编制贷款项目可行性研究报告和项目实施计划书，连同书面申请一起送交贷款国。

（3）贷款项目的审查。援助国为确保援助性贷款用于受援国急需建设或能够促进受援国经济和社会发展的项目，并需保证受援国所借款项到期能够还本付息，会对其进行调查和评估，以了解贷款项目在技术上和经济上的可行性。

（4）援助国承诺、换文。在调查和评估的基础上，援助国与受援国开始就认为可行的项目进行正式会谈，并由援助国通过外交途径对项目贷款进行正式承诺。如双方对承诺内容无异议，两国政府应正式签署贷款协议并换文。

（5）贷款项目的实施。贷款协议签署后，借款单位根据协议做好各项工作，并按协议的规定取得贷款。

（6）贷款项目的总结评价和还本付息。贷款项目建成并进行试运转后，援助国和受援国就贷款项目进行总结评价。受援国应按规定支付各项应付的费用，保证能够按时还本付息。

专栏5-2　　广西积极利用国外贷款 助力高质量创新发展

广西属于后发展欠发达地区，为此，广西各级各部门非常重视争取和利用国际金融组织和外国政府贷赠款。广西推广应用了多双边贷赠款项目引进了国际先进理念和制度，引进了竞争性招标机制、工程监理制度、业主负责制等做法。利用德国促进贷款、法国开发署贷款实施的广西南宁市埌东污水处理厂项目、柳州市水环境治理项目、广西桂林市自来水公司城北水厂二期供水工程项目，通过项目实施引进了先进的环境保护和污染处理技术。广西还通过世行贷款广西生态家园富民工程项目、国际农业发展基金贷款广西农业综合开发与利用项目、世行贷款广西扶贫示范项目等，将“输血式扶贫”（资金扶贫）和“造血式扶贫”（产业扶贫）有机结合起来。广西还积极与新开行、亚投行等新兴多边开发机构建立合作关系，2019—2020年争取到2个新开行和1个亚投行项目共11亿美元的贷款，用于广西崇左边境互联互通改善项目和西部陆海新通道广西普通国省干线公路服务能力提升工程，将有助于进一步推动广西继续深度参与大湄公河次区域（GMS）经济合作、建设西部陆海新通道和“一带一路”建设，加强广西与周边国家的经贸往来。

5.2.4　法国开发署贷款

法国开发署由法国政府全资拥有，成立于1941年，是代表法国政府执行法国发展援助的金融机构。对我国的主权优惠贷款重点支持领域包括能源转型、生态转型和区域治理。法国开发署贷款偿还期一般为12~20年，其中包含4~6年的宽限期。贷款币种为欧元，贷款利率每半年更新一次，分浮动利率和固定利率，无先征费和管理费。浮动利率以6个月欧洲银行间欧元同业拆借利率（EURIBOR）为基础，另加固定利差构成。固定利率根据法方融资成本确定。法国开发署贷款单个项目的金额不低于2 000万欧元。

以曲靖林业项目为例，该项目是继世行贷款造林项目、中德合作造林项目之后，曲靖林业与外资合作的又一次成功合作案例。法国开发署是法国国有金融机构，通过官方发展援助贷款方式向发展中国家提供援助。该项目以地方财政作为贷款人，贷款本息由地方财政负责偿还。

2007年，曲靖市开始积极申报法国开发署项目贷款。2010年，财政部与国家开发署签订了云南省生物固碳造林和沼气建设项目的贷款协议。云南省财政厅和光大银行签订了转贷协议。曲靖市政府与云南省财政厅签订了再转贷协议。随后，曲靖市财政局与5个项目的县（市）签订了再转贷协议。

按欧洲银行间6个月欧元同业拆借利率，采用近四个月平均值确定贷款利率为1%，贷款期限17年，宽限期5年。2010—2014年为项目建设期，也是项目宽限期。2015—2026年为贷款偿还期。贷款资金提取、偿还严格按项目资金管理办法规定执行。

2011年，曲靖市利用法国开发署贷款开展生物固碳造林和沼气建设项目正式启动。项目贷款资金主要用于项目工程建设，项目建设其他费用由地方配套资金支付。

贷款资金以预付款的形式轮转使用，即第一笔预付款到账后，由项目单位根据项目实施情况支出款项，每年报账时冲减预付款，不足部分由贷款方补足贷款资金，余额部分由项目单位继续使用，最后一笔预付款于2015年5月底前报账结清。

贷款资金实行报账制，即在省级第三方监测部门对固碳造林、沼气建设等进行质量、数量检查验收，出具检查验收报告后，按项目隶属关系，由财政部门根据年度实施计划、建设进度和资金使用情况组织报账和拨付回补资金。2015年5月，各项建设任务全面完成，对该地区生态文明建设发挥了积极的作用。

但项目贷款汇率风险较大，项目采用欧元进行记账，受人民币升值影响，贷款资金严重缩水。2011年10月提取第一笔预付款时，人民币与欧元的汇率为1∶10.0708，项目资金原计划到位16 113万元人民币，但由于后来人民币升值，实际到位仅为12 359万元，直接损失3 754万元。当然，人民币升值也有利于减轻还款压力。

法国开发署自2013年以来也为湖南省11个县（市、区）森林项目提供贷款，总投资31 680万元，累计完成营造林面积18 162公顷。其中法国开发署贷款24 480万元，占总投资的77.3%；受益人投资2 132万元，占6.7%；省级配套3 168万元，占10.0%；县级财政配套1 900万元，占6.0%。

知识扩展5-1

南宁某高校利用德国促进银行政府贷款

法国开发署还为一些能源示范项目提供贷款。2017年，法国开发署为济南市提供2 500万欧元贷款，用于污水源热泵供热制冷能源示范项目，计划2020年年底前建成22个污水源热泵能源站，惠及315万平方米用户，每年可节约45 145吨标煤，减少烟尘排放量4.54吨，减少二氧化碳排放约71 674吨，减少二氧化硫排放约58吨，并减少氮氧化物排放。

5.2.5 德国促进贷款

德国复兴信贷银行（以下简称“KFW”）向中国提供长期优惠贷款为“KFW促进贷款”（KFW Promotional Loan）。KFW成立于1948年，总部位于法兰克福，代表德国政府在世界范围内与发展中国家开展合作，专注于改善气候变化、环境保护、绿色信贷等。KFW与我国的合作始于1985年，从2004年至2021年6月底，在建和已经完成的项目有146个，贷款总金额为51.49亿欧元。对我国主权优惠贷款重点支持的领域包括可再生能源和能效、可持续城市发展、生态转型、水资源管理和通过金融机构（银行、融资租赁、国有投资控股平台、保险公司等）提供绿色信贷融资。

德国促进贷款偿还期一般为15年，其中包含5年左右的宽限期，贷款币种为欧元，贷款利率每季度更新，分浮动利率和固定利率，无先征费和管理费。浮动利率以6个月欧洲银行间欧元同业拆借利率（EURIBOR）为基础，另加固定利差构成。固定利率以德方融资成本为基础，另加固定利差。

德国促进贷款的条件主要包括：

（1）单个项目的金额不低于1 500万欧元，实际提取的贷款金额不低于协议贷款金额的60%，否则需支付放弃提款的赔偿金。

（2）设备采购需占50%以上。

（3）项目建议书需按参考格式提供。

（4）1亿欧元以上的项目，管理费费率为0.25%；1亿欧元以下的项目，管理费费率为0.35%。管理费一次性收取。

5.3 国际金融机构贷款

国际金融机构贷款是指全球性的国际金融机构以及地区性国际金融机构所提供的各类贷款。国际金融机构是指由多个国家联合兴办的为了达到某项共同目标在各国之间从事金融活动的机构。第二次世界大战后，随着国际经济联系的不断加强，各国的金融关系也日益密切，国际金融机构应运而生，并得到长足的发展。国际金融机构贷款在国际信贷活动中发挥着越来越重要的作用。

按照业务活动的范围和参与国家的数量，国际金融机构可以分为全球性的国际金融机构和地区性的国际金融机构。

全球性的国际金融机构主要包括国际货币基金组织、世界银行集团、国际开发协会、国际金融公司和国际农业发展基金会等。国际货币基金组织主要向会员国提供短期贷款，使其能进行贸易和非贸易项目的支付；世界银行集团的主要任务是向会员国政府及所属机构提供长期贷款，帮助会员国发展经济。

地区性的国际金融机构主要包括亚洲发展银行、非洲开发银行、泛美开发银行、阿拉伯货币基金组织、国际经济合作银行、国际投资银行、国际清算银行、欧洲投资银行等，以及近几年成立的金砖国家银行和亚洲基础设施投资银行等。这些地区性的国际金融机构主要是为本地区内会员国的经济发展和资源开发提供信贷支持。

5.3.1　世界银行贷款

1）世界银行集团的概况

世界银行集团是1945年12月根据布雷顿森林会议达成的《国际复兴开发银行协定》成立的，目前已经成为一个向发展中国家提供发展援助最多的国际金融机构。世界银行集团共包括5个机构，即国际复兴开发银行（世界银行）、国际金融公司、国际开发协会、解决投资争端国际中心和多边投资担保机构。其中世界银行、国际开发协会和国际金融公司属于援助性的国际金融机构。世界银行的主要任务是以低于国际金融市场的利率向发展中国家提供中长期贷款；国际开发协会专门从事向低收入的发展中国家提供长期的无息贷款；国际金融公司则负责向发展中国家的私营部门提供贷款或直接参股投资。

2）世界银行贷款的特点

世界银行是具有开发援助性质的国际金融机构，其主要目的是向会员国中的发展中国家提供资金和技术援助。因此，世界银行向发展中国家提供的开发援助性贷款具有以下特点：

（1）贷款只贷放给会员国的政府，或由政府、中央银行担保的公司机构。

（2）贷款只贷给那些确实不能以世界银行认为合理的条件从其他途径得到资金的会员国。

（3）贷款必须如期归还。贷款仅限于有偿还能力的会员国，贷款到期后必须足额偿还，不得延期。

（4）贷款必须用于世界银行批准的特定项目。

（5）贷款利率比较优惠。对已提取尚未偿还的贷款本金，世界银行按浮动贷款利率收取利息。该利率以6个月伦敦同业拆借利率为基础，外加根据世界银行综合筹资成本等因素每半年调整一次的浮动利差构成，2012年大致为0.28%~0.48%。贷款生效时，世界银行按贷款总额的0.25%一次性收取先征费。2012年，我国借用世界银行贷款年利率为1.01%~1.21%。

（6）贷款的期限较长。世界银行的贷款期限一般为20年，其中含5年的宽限期。贷款期限最长为30年，其中宽限期最长不超过17年6个月。

（7）贷款项目的执行必须接受世界银行的监督和检查。

世界银行的贷款主要集中于能源、农业及农村发展和交通运输等部门。近年来，为抓住机遇用好世界银行贷款，支持国家和地方重点项目建设，我国适当加大了3年规划期内项目贷款总规模，年度贷款规模仍保持在15亿美元左右。2022年7月，经国务院批准，国家发展改革委、财政部联合印发我国利用世界银行贷款2022—2023年备选项目规划。本期规划安排农业农村部、乡村振兴局以及湖北、陕西等省（区、市）利用世界银行贷款31.5亿美元（约合211亿元人民币），用于区域重大战略、绿色低碳发展、绿色农业和乡村振兴、生物多样性保护和可持续生态系统建设等领域的11个项目。

3）世界银行的资金来源

世界银行的资金主要来自以下几个方面：

（1）会员国缴纳的股金。世界银行会员国认缴的股金分为两部分，一是会员国的实缴股金，约占全部认缴股份的20%；二是待缴股金，约占全部认缴股份的80%，作为银行债务责任的担保资本。1980年起各会员国的实缴股金比重下降到7.5%。

（2）借入资金。从会员国实际缴纳的股金可以看出，世界银行的实有资本很有限，在不能吸收短期存款的情况下，世界银行主要通过在各国和国际金融市场上发行债券来筹措资金。其借入资金的主要形式是发行债券。

（3）出让银行债权。世界银行还将贷出款项的债权转售给私人投资者，扩大银行贷款资金的周转能力。

（4）世界银行的净收益。其净收益主要来自利息收入和投资收益。世界银行的净收益不分配给股东，除部分作为赠与款项之外，大部分作为准备金，形成自有资金。

4）世界银行贷款的种类

世界银行贷款形式很多，但大致可以分为以下五类：

（1）具体投资贷款。具体投资贷款又称项目贷款。在世界银行所从事的技术援助活动中，项目贷款占90%以上，其发放必须与具体的建设项目相联系。发放这种贷款的目的是提高发展中国家的生产能力和增加现有投资的产出。具体投资贷款在世界银行成立之初曾占有绝对大的比例，但是随着世界经济的发展及政策的调整，这类贷款在世界银行贷款业务中所占的比重已经有所下降。

（2）结构调整贷款。结构调整贷款在一般情况下很少使用，是条件较为严格的一种贷款。借款国必须按规定的程序和条件使用结构调整贷款，只要是其中的任何一笔贷款没有按照约定的条件执行，世界银行便会停止支付下一笔贷款。该类贷款主要用于帮助借款国克服经济困难，特别是克服国际收支不平衡的困难。结构调整贷款涉及的范围较为广泛。世界银行曾对解体后的苏联以及东欧国家发放该类贷款，以帮助这些国家进行经济转轨。

（3）部门贷款。部门贷款一般可分为三种：部门投资贷款、部门调整贷款和中间金融机构贷款。

① 部门投资贷款。部门投资贷款投放的目的在于帮助发展中国家有关机构制订和执行部门投资计划，改善部门政策。这类贷款要求借款国按照与世界银行共同确定的标准对每个具体项目进行评估和监督。近年来，中等发展中国家使用这种贷款较为普遍，并且这类贷款多用于运输部门的项目。

② 部门调整贷款。在借款国总体经济管理和政策改革水平不允许进行结构调整时，世界银行将考虑提供部门调整贷款。这种贷款的目的在于帮助借款国的具体部门进行全国的政策调整和体制改革。

③ 中间金融机构贷款。中间金融机构贷款主要是通过受援国的中间金融机构将世界银行的贷款转贷给具体的项目，一般是由开发金融公司和农业信贷机构充当承担这项贷款业务的中间金融机构。这类贷款项目的选择、评估和监督由借款机构负责，但项目选择和评估的标准及贷款利率由承办机构和世界银行共同商讨确定。在中国，中国农业银行是目前能承办这类贷款的银行之一。

（4）技术援助贷款。发展中国家接受世界银行的技术援助贷款时，不仅要遵照要求将贷款的一部分用于项目的硬件建设，还必须将其中的一部分资金用于人员培训和组织机构的改革等软件建设。该种贷款旨在为发展中国家制定国民经济规划、改革国有企业和改善机构的经营管理提供帮助。

（5）紧急复兴贷款。紧急复兴贷款是指由世界银行向那些由于自然灾害或某些社会原因造成重大损失的发展中国家所提供的贷款。前些年，由于在我国大兴安岭地区发生了大范围的火灾，世界银行曾向我国提供过紧急复兴贷款。

5）世界银行贷款的发放程序

世界银行贷款的发放程序被称为项目周期。项目周期实际上是世界银行发放项目贷款的全部过程。这一过程一般要经过项目选定、项目准备、项目评估、项目谈判、项目执行和项目总结评价六个阶段。

（1）项目选定。项目的选定是指由借款国选定一些本国经济和社会发展所需要的，并且符合世界银行贷款政策的项目，提供给世界银行以供其进行筛选。借款国在选定项目以后，应该编制《项目选定简报》，然后将其送交世界银行以供筛选。按照世界银行的有关规定，贷款国在向世界银行提交供筛选的项目时，除了要提供已经选定项目的有关资料和数据以外，还要提供有关借款国的主要经济资料。经过世界银行筛选后的项目，将被列入世界银行的贷款计划，成为拟议中的项目。项目选定是世界银行项目周期的第一个阶段，借款国所选的项目经世界银行初步筛选认定以后，就可以进入到项目的准备阶段了。

知识扩展5-2

世界银行贷款2010—2012财年备选项目清单

（2）项目准备。项目准备工作的主要内容是借款国对经世界银行筛选认定过的项目进行可行性研究。项目的可行性研究一般来说应由借款国独立完成，但是世界银行会为借款国所进行的项目可行性研究等项目准备工作提供资金和技术援助。世界银行向借款国所提供的资金和技术援助主要通过两个途径进行：一是运用世界银行的项目融通资金；二是由联合国开发计划署、粮农组织、教科文组织、工发组织、世界卫生组织等向借款国提供技术援助。项目准备的工作时间长短取决于项目的性质和借款国有关人员的工作经验和能力，一般需要1~2年。

（3）项目评估。世界银行贷款项目评估就是由世界银行对筛选过的项目进行详细审查、分析、论证和决策的全过程。实际上就是对项目可行性研究报告的各种论据进行再分析、再评价、再论证，并最终做出决策。项目评估的主要内容有四个方面：一是技术方面；二是财务方面；三是经济方面；四是组织方面。在对借款国所选定的项目进行了详细的评估之后，如果世界银行认为申请贷款的项目符合其贷款条件，就会先提出一份项目可行性研究的"绿皮报告书"，再提出一份"灰皮报告书"，作为同意为该项目提供贷款的通知书。

（4）项目谈判。世界银行在经过项目评估，并提出上述两份报告之后，就会邀请借款国派出代表到其总部就签署贷款协议问题进行正式谈判。项目谈判的内容主要包括项目的贷款金额、期限、偿还方式，以及为保证项目的顺利进行借款国所应采取的具体措施。项目谈判需要十几天，在双方共同签署了贷款协议之后，再由借款国的财政部代表借款国政府与世界银行一起签署担保协议。贷款协议和担保协议需要报经世界银行执行董事会批准，在报送联合国登记注册后，项目便可进入执行阶段。

（5）项目执行。世界银行贷款项目的执行一般由借款国负责，但世界银行要对项目的执行情况进行监督。需要注意的是，项目的执行必须是在贷款项目完成了法定的批准手续之后进行的。项目执行主要包括两方面内容：一方面是配备技术、经济、管理等方面的专家，并制定相应的项目实施技术和时间表；另一方面是组织进行项目建设的招标工作。按世界银行的规定，投标者除了瑞士之外，必须是世界银行和国际开发协会的会员国。在项目执行过程中，世界银行不断派遣各种高级专家到借款国，以监督项目执行的情况，随时向借款国提出有关施工、调整贷款数额和付款方法的意见。

（6）项目总结评价。项目的总结评价是世界银行对其提供贷款项目所要达到的目标、效益和存在的问题所进行的全面总结，一般是在世界银行项目贷款全部发放完毕后的一年左右进行的。在对项目进行总结评价之前，一般先由项目的银行主管人员准备一份项目的完成报告，然后再由世界银行的业务评议局根据项目的完成报告对项目的成果进行全面的总结评价。在世界银行的业务评议局对项目给出总结评价意见之后，征求借款国意见，并建议借款国编写自己的项目完成报告。

专栏5-3　海南获世界银行1.75亿美元贷款项目将用于落实"全健康"理念

2021年4月，世界银行批准了一个3亿美元的贷款项目，支持中国通过全健康理念来预防和应对新发传染病，其中1.75亿美元的实施地区是海南省。世界银行中国、蒙古国和韩国局局长马丁·芮泽表示，对于大流行病的发生，唯一的解决方案就是能够进行监测、预测，控制大流行病的风险。而之所以世界银行会将1.75亿美元的贷款项目选在海南，是因为加快制度集成创新的海南，已经体现出了可以跨部门之间进行高效合作的领导力，已经做好实施这一极具挑战性理念的前期准备。

专栏5-4　世界银行贷款国内首个PPP项目获批

2020年3月，世界银行执行董事会批准向我国提供贷款8 910万欧元，用于支持四川德阳水环境治理PPP项目。这是世行贷款支持的国内第一个PPP项目，是PPP领域国际合作的又一项积极成果。

（1）备选项目规划。经国家发展改革委会同财政部与世界银行沟通协商，按照国务院批准的利用国际金融组织贷款2017—2019年备选项目规划，世界银行拟安排一定规模的贷款，选择重点基础设施领域具有代表性的PPP项目予以支持。

（2）项目评估和筛选。2017年年初专门印发通知，要求各地申报一批投资回报机制明确、风险分担合理的PPP项目。经委托评估，从各地报送的100多个项目中，最终筛选了四川德阳水环境治理PPP项目等4个前期工作相对成熟，并得到当地政府大力支持的项目予以重点推进。

（3）地方政府部署和落实。四川省针对德阳水环境治理项目运用PPP模式针对农村地区供水和污水处理问题提供了创新解决方案，选择"特许经营+补贴"结构，要求PPP合作伙伴进行股权投资，建立一个类似公用事业机构的项目公司，提供了一种农村污水综合管理方法和长期解决方案，在PPP合同中明确了PPP绩效激励机制，规定了关键绩效指标，从而更好地发挥了PPP模式对稳投资、补短板、深化投融资体制改革的积极作用。

6）世界银行面临的制度改革

（1）投票权制度改革。

2010年，世界银行发展委员会通过了一份投票权改革方案，并获得了理事会的同意。方案中提出改革要实现三大目标：一是发达国家与发展中国家权力均衡，双方投票权各占50%；二是根据各国在世界经济中所占的比重调整投票权；三是保护低收入发展中国家在世界银行中的投票权。但从目前改革的结果来看，未能实现该方案的预期目标。

（2）世界银行行长人选的确定。

世界银行虽然在2007年金融危机后做了些改革，但发达国家改革意愿并不强。世界银行行长依然由美国政府提名的美国人担任。金砖国家领导人在2012年宣言中提出国际货币基金组织和世界银行的负责人应通过公开、择优的程序遴选。新的世界银行领导层必须承诺将世界银行转变为真正反映所有成员观点的多边机构，其治理结构应体现当前的经济和政治现实。2023年2月，世行宣布马尔帕斯决定于2023年6月30日前提前卸任。美国总统拜登提名彭安杰出任世行新行长。美国是世界银行最大的股东，一直主导挑选该机构的领导者。此前13任世界银行行长均由美国提名，且均为美国籍。2023年6月，万事达卡公司前首席执行官阿贾伊·班加（Ajay Banga，中文名：彭安杰）正式出任世界银行新一任行长，任期5年。

5.3.2 国际货币基金组织贷款

1）国际货币基金组织的概况

国际货币基金组织是在第二次世界大战后，根据在布雷顿森林会议上所通过的《国际货币基金协定》建立的。根据国际货币基金组织与联合国签订的相互关系协定，国际货币基金组织成为联合国的专门机构之一，但其业务经营却是独立的。国际货币基金组织的宗旨是：

（1）为会员国在国际货币问题上的磋商和协作提供一个常设机构，以促进国际货币合作；

（2）促进国际贸易的扩大和平衡发展，以实现高就业、高收入以及生产能力的提高；

（3）促进汇率的稳定，维持会员国之间有秩序的汇率安排，避免竞争性的货币贬值；

（4）协助会员国为经常性交易建立一个多边支付制度，消除妨碍世界贸易发展的外汇管制；

（5）在有适当保障的条件下，国际货币基金组织向会员国提供临时性资金融通，使其在无需采取危害本国和国际繁荣的措施的情况下纠正国际收支不平衡；

（6）缩短和减轻会员国国际收支不平衡的时间和程度。

国际货币基金组织的建立，对稳定第二次世界大战后世界经济，促进国际贸易的扩大起过一定的作用。

2）国际货币基金组织的资金来源

国际货币基金组织的资金来源主要有三个部分：

（1）会员国缴纳的份额。每个国际货币基金组织的会员国都要按规定缴纳一定数额的资金作为会费，被称为份额。份额的多少主要取决于该国的国民收入、黄金和外汇储备、平均进出口贸易额及其变化率，还有其他一些经济指标。各会员国在国际货币基金组织中的投票权、能取得贷款的额度以及能分得的特别提款权的数目是与其所缴纳的份额大小成正比例的。份额高低反映了各个会员国在基金组织中的经济地位，其是基金组织的重要特征。

（2）国际货币基金组织的借款。向会员国借款是国际货币基金组织的另一个资金来源。国际货币基金组织既可以向会员国的财政部或中央银行借款，也可以向私人借款，包括向商业银行借款。一般地说，国际货币基金组织的借贷只是一种临时性的周转措施。

（3）其他收入。其主要是出售黄金获得的收益和贷款所得的利润。1976年，国际货币基金组织将其所持有的黄金的1/6，分4年按市价出售，用所获得的利润中的一部分建立了信托基金，贷放给55个低收入的会员国。

3）国际货币基金组织的贷款特点

国际货币基金组织发放贷款所采用的方式不同于其他国际信贷，会员国用等值的本国货币向国际货币基金组织购买其他会员国的货币或特别提款权，称为购买；会员国在还款时以其他会员国的货币或特别提款权买回本国货币，称为赎回。这是国际货币基金组织贷款的最主要的特点。

国际货币基金组织贷款还具有以下几个特点：

（1）贷款对象仅限于会员国的财政部、中央银行、外汇平准基金组织或其他类似的国家机构；

（2）贷款的用途仅限于解决会员国国际收支不平衡，一般用于贸易和非贸易的经常项目支付；

（3）贷款额度受其所缴纳的份额的限制，并与其份额大小成正比；

（4）贷款无论采用什么货币，都以特别提款权计值，利息也用特别提款权支付；

（5）贷款的期限短，一般为3~5年。

专栏5-5　　巴基斯坦认为IMF的贷款条件超乎想象

据法新社2023年2月1日报道，巴基斯坦2023年1月通货膨胀率已飙升至近28年来最高点。巴金融研究公司阿里夫·哈比卜集团的数据显示，截至1月27日，巴基斯坦的储备已耗尽至30.9亿美元，这是自1998年以来的最低水平，仅能满足18天的进口需求。另据巴央行的数据，巴基斯坦2023年前两个月应偿还64亿美元的债务，到12月份必须再偿还128亿美元债务。

目前，巴政府已采取多项措施来完成IMF的审查并避免违约，包括取消非官方的汇率价格上限、将石油价格提高16%以及将液化石油气价格提高30%等。路透社称，取消汇率价格上限后，巴基斯坦卢比已下跌16.5%。IMF代表团当地时间2月2日抵达巴首都伊斯兰堡，与巴基斯坦财政部部长达尔、电力部部长达斯特吉尔汗等率领的团队进行最后的谈判并进行第九次审查，以恢复这项停滞数月的重要财政援助。巴基斯坦总理夏巴兹·谢里夫当地时间2月3日表示，要达到国际货币基金组织（IMF）有关65亿美元贷款计划审查条件的难度“超乎想象”，让谈判团队很为难，但该国别无选择。

4）国际货币基金组织的贷款形式

基金组织根据不同需要提供的贷款大致可归纳为以下几类：

（1）普通贷款。普通贷款也被称为普通提款权或基本信用设施，是国际货币基金组织最基本的贷款方式，一般用于弥补会员国一般性的国际收支逆差，贷款期限为3~5年。会员国所借的普通贷款累计不能超过其所缴份额的125%。国际货币基金组织对这种贷款采取分档政策，对不同档次的贷款，贷款条件宽严程度不同。

普通贷款由储备份额贷款和信用贷款组成。当会员国出现国际收支困难时，可无条件地提取储备份额贷款，但这部分贷款数不得超过自己所缴纳份额的25%。在普通贷款中除去25%的储备贷款外，其余的就是信用贷款。信用贷款也称作基本贷款，分为四个档次，每档贷款数相当于会员国缴纳份额的25%。第一档的25%获取条件比较宽松，会员国只要制订计划表明困难就可以获得。其余的三档为高档信用贷款，信用档次越高，所附加的贷款条件就越苛刻。

（2）特别贷款。特别贷款主要包括两种常设贷款：一是出口波动补偿贷款，设立于1963年，主要是为了解决会员国的初级产品出口由于国际市场价格下降而导致的国际收支困难；二是缓冲库存贷款，设立于1969年的这项贷款用于帮助初级产品出口国建立国际缓冲库存以稳定价格。所谓国际缓冲库存是指一些初级产品生产国为了稳定价格而建立的一定数量的商品库存。其贷款额度最高可达借款国份额的50%，期限为3~5年。

（3）中期贷款。中期贷款又称扩展贷款，设立于1974年，主要用于解决会员国较长期的结构性国际收支赤字问题。

（4）临时性信用措施贷款。

临时性信用措施贷款主要包括：

① 石油贷款。其是为了帮助会员国解决由于1973年石油提价引起的国际收支困难而发放的一种专项贷款，这项贷款已于1976年停止。

② 信托基金。其是对低收入的发展中国家提供的一种优惠贷款，已于1981年终结。

③ 补充贷款。其是为帮助会员国解决巨额国际收支逆差而设立的，已于1981年全部承诺完毕。

④ 扩大资金贷款。其是在补充贷款业务结束以后，以同样条件提供的一项贷款，需要与基本贷款和中期贷款结合起来使用。

（5）结构调整贷款。1983年设立这项贷款是提供给陷于国际收支困难且难于改善的低收入国家的优惠条件贷款，目的是支持这些国家的经济增长和改善由于结构性因素而造成的国际收支困难。

会员国能从国际货币基金组织获得的贷款统称为提款权或普通提款权，以区别于国际货币基金组织在1969年9月所创设的特别提款权。特别提款权是在国际流通手段不足时，由国际货币基金组织根据需要，并按各参加特别提款权账户的会员国在基金组织缴纳份额所占的比重分配给会员国的除普通提款权之外的一种使用资金的特别权力，并不是一种现实的货币，也不能兑换黄金，或直接用作贸易、非贸易的国际支付手段，只代表会员国在国际货币基金组织特别提款权账户上的一种账面资产。它可与黄金、外汇一起作为国际储备资产。

特别提款权的主要作用是以国际储备的形式协助会员国调整国际收支。会员国急需外汇时，可通过国际货币基金组织以特别提款权向其他会员国换取外汇，或换回对方持有的本国货币。此外，还可用于向国际货币基金组织偿还贷款、支付利息和手续费。特别提款权与普通提款权的不同之处在于：普通提款权是国际货币基金组织用会员国所缴基金份额向国际收支发生困难的会员国提供的资金，特别提款权则是由国际货币基金组织直接发行并分配给会员国的，会员国无须缴纳份额；普通提款权是由借款会员国向国际货币基金组织申请用本国货币购进外汇，再按规定期限用外汇购回本国货币，属于信用性质，特别提款权则由各会员国自己支配，通过国际货币基金组织向其他会员国兑换所需外汇，不必再换回本币。

5.3.3　金砖银行贷款

自2009年金砖国家领导人在叶卡捷琳堡首次会晤以来，金砖合作已经成长为具有重要影响力的国际制度，其中包括建立了金砖国家新开发银行（简称金砖银行），服务于金砖国家和其他发展中国家的基础设施融资需求。

1）金砖银行成立的背景和过程

2007年国际金融危机后，发展中国家基础设施融资渠道受阻，传统多边开发银行改革又十分缓慢。2014年，金砖国家领导人达成了关于金砖银行章程协定的共识。2015年，金砖银行在上海正式营业。2016年，金砖银行共批准7个项目超过15亿美元的贷款，在中国资本市场发行30亿元人民币的绿色金融债券，并获得中国境内AAA信用评级。2017年，金砖银行共批准6个项目超过18亿美元，并在南非设立了非洲区域中心。截至2023年7月，金砖国家新开发银行已批准近百个贷款项目，总额达350亿美元。巴西马拉尼昂州运输粮食等产品的“富裕路”、印度卡纳塔克邦太阳能发电基地的“绿色电”、南非德班集装箱码头的“现代港”，都表明金砖国家合作机制正在取得成效。

2）金砖银行运营模式

金砖银行运营模式十分强调开放包容的原则，具体体现在股权结构、运营制度和融资渠道三个方面。

在股权结构方面，创始成员国平分股权，所有成员国均为借款国，明显不同于传统多边开发银行采取的部分国家是股东国、部分国家是借款国的模式。

在运营制度方面，采取借款国导向运营制度模式。在环境与社会政策上，强调采用借款国环境和社会的“国家标准”，以提升借款国的政策制度建设。

在融资渠道方面，在发达国家资本市场融资的同时，也在金砖五国的本土资本市场发行本币债券，探索本币投融资业务。

3）金砖银行贷款条件

金砖银行贷款条件主要关注经济属性，不附加政治条件。贷款条件主要适用于贷款前期阶段，在贷款建设实施阶段更加强调借款方的自主性。

贷款主体不同，贷款条件各有侧重。依据金砖国家新开发银行设立协定的规定，主权国家和符合条件的国有企业均可以成为借贷法律关系的主体。

（1）对主权国家的贷款条件。

贷款条件包括项目经济周期、借款国的金融条件与债务偿还能力、项目的财务流动性等。对环境及社会政策和标准、招标采购政策、申诉问责程序，均由借款方依据本国法律体系或者企业管理体系自主建立，自主实施。

（2）对国有企业的贷款条件。

贷款条件包括金融管理、金融分析、经济分析三类。金融管理是要求项目贷款实施部门满足必要的人力与技术标准，具备必要的政策、制度以及程序安排，涉及金融管理能力评估、金融表现指标、成本评估、融资计划等内容。金融分析是通过定量和定性的方法分析与项目有关金融数据的可靠性，包括项目制度安排、市场结构、部门政策等。经济分析是指对项目投资收益的分析，涉及项目合理性、宏观经济背景、替代性项目评估、需求分析、成本收益分析、风险分析、可持续性分析等。

4）金砖银行贷款的特征

（1）不干涉政治事务。金砖国家新开发银行设立的协定规定不得干涉借款国政治事务，在作出贷款决定时不受借款国政治属性的影响，只有经济条件才是作出贷款决定的依据。

（2）尊重借款国的本国体系。金砖国家新开发银行的贷款条件遵循“本国体系”，在评估借款方的宏观经济、环境及社会政策、招标政策适用、制度能力水平时，均采用本国的规则和标准进行衡量。

（3）保证借款方的自主权。只要借款方国内制度满足金砖银行贷款条件要求，借款方拥有准备项目、实施项目、使用资金、开展招标、建立磋商程序和申诉救济程序等自主权，金砖国家新开发银行只通过实地调研、审查借款方报告、开展事后评估等方式进行监控。

专栏5-6　　　　巴西政府获得10亿美元金砖银行贷款

2023年10月，金砖银行行长迪尔玛·罗塞夫（Dilma Rousseff）签署了向巴西政府提供10亿美元（约合50亿雷亚尔）贷款的协议，还款期限定为30年，年利率为1.64%，用于巴西的紧急信贷获取计划（FGI），通过巴西国家经济和社会发展银行（BNDES）为巴西微型、小型和中型企业提供融资，目的是减少疫情对这些企业的影响。近年来，巴西已从金砖银行获得了60亿美元的贷款，用于联邦政府和地方政府项目，其中的单笔最高金额为12亿美元，通过BNDES来为可持续基础设施提供资金。

5.3.4　亚洲基础设施投资银行

亚洲基础设施投资银行（Asian Infrastructure Investment Bank，AIIB）简称亚投行，是发展中国家主导的多边开发银行，其投资项目集中在基础设施及其他生产性领域。

1）发展情况

亚洲存在大量的基础设施资金缺口，传统的多边开发银行的信贷规模难以满足，而且附加条款也给发展中国家造成很大负担。亚投行的建立和发展是对现有国际金融组织的重要补充，也是发展中国家积极主动参与全球金融治理的重要体现。亚投行2016年开始营业，七年多来，亚投行支持了30多个国家的基础设施建设，改善了当地人民生活。2016至2022年，在基础设施建设、推动当地经济与社会发展、改善人民生活等方面，亚投行已累计批准202个项目，融资总额超过388亿美元，撬动资本近1 300亿美元，涉及能源、交通、水务、通信、教育、公共卫生等领域的可持续基础设施建设与成员经济的绿色复苏，项目遍布全球33个国家。

2）政策文件

《亚洲基础设施投资银行协定》是亚投行的纲领性文件。根据该文件，亚投行应该采取必要措施保证其提供、担保或参与的融资资金仅用于融资所规定的目标，并应兼顾节约和效率。

《AIIB主权支持贷款条件通则》《AIIB禁止行为政策》《AIIB禁止行为政策指令》等文件是亚投行的主要政策依据。其中《AIIB主权支持贷款条件通则》规定了融资和项目资助等协议普遍适用的条款和条件。

3）投票权和组织架构

在组织结构上，亚投行使用的是与世界银行和亚洲开发银行相类似的三层管理体系。

（1）投票权。

总投票权由股份投票权、基本投票权、创始成员投票权组成，股权和治理结构更为合理。亚洲域内成员的出资比例不低于70%。以60%市场汇率法和40%购买力平价法加权平均计算的GDP为依据分配股本。不附加意识形态和政治条件，尊重各国国家主权、发展道路、核心利益和政策空间，强调考虑发展中国家提升自我发展能力的需要。

（2）理事会。

银行的一切权利归属于理事会。亚投行的每名成员都可以在理事会中派驻自己的代表，并在此基础上任命一名理事和一名副理事，除非在理事缺席的情况下，否则副理事没有投票权。

（3）董事会。

董事会负责指导银行的总体业务，可以在理事会授权范围内行使一切权力。董事会由12名董事组成，其中9名董事由亚洲域内代表投票选举产生，余下3名董事由亚洲域外代表投票选举产生。此外，每一名董事可以任命一名副董事，在董事缺席时行使董事的权力。董事任期2年，可连选连任。

（4）银行管理层。

管理层包括银行行长和副行长，他们管理着综合业务部、风险管理部、秘书部、仲裁部，负责亚投行的日常运营和具体业务的开展。

4）亚投行的贷款条件

以亚投行对我国的贷款为例，主要分为美元和人民币主权贷款，利率为固定利差浮动利率，贷款期限最长可达35年。美元主权贷款利率以6个月伦敦同业拆借利率（LIBOR）为基础，根据不同贷款期限和市场风险加收固定利差。人民币主权贷款利率以3个月上海同业拆借利率（SHIBOR）为基础，根据不同贷款期限和市场风险加收固定利差，目前约为3.5%。此外，亚投行对所有贷款收取0.25%的先征费和0.25%的承诺费。

5.4 国际银行贷款

5.4.1 国际银行贷款的概念及分类

国际银行贷款是指一国借款人在国际金融市场上向外国贷款银行借入货币资金的活动，具有民间的性质。有的国际商业银行贷款在提供时指定用途，即与某种商品的出口相联系，或与一定的工程项目相联系；有的在提供时并不指定用途，借款方可以自由使用，不受限制，这种不指定用途的贷款，通常称为自由外汇贷款。自由外汇贷款的借款人一般是企业。

国际银行贷款的方式主要可分为两种：一种是双边中期贷款，也叫独家银行贷款，即由两国的银行和企业或银行与银行间签订信贷协议；另一种是由几家银行组成银行集团提供贷款（也叫银团贷款），银团贷款一般金额较大，贷款期也较长。

国际银行贷款按贷款期限可分为短期贷款和中长期贷款。短期贷款的期限最短为1天，最长不超过1年，贷款利率为市场利率，银行间通过电话、电传成交，事后书面确认，完全凭银行信用。中长期贷款期限在1年以上，一般为3~5年，金额在1亿美元左右，利率的确定一般要选择参照银行，借贷的双方银行需签订贷款协议。如果中长期贷款金额达到几亿或十几亿，期限为3~5年甚至长达10年，则要由分属不同国家的几家银行组成银行集团共同提供，一般采用银团贷款的形式。

5.4.2 国际银团贷款

银团贷款也称辛迪加贷款，是指由两家或两家以上的金融机构通过一个共同的借贷合同向某一借款人提供的信贷。银团贷款自20世纪60年代形成以来，其发展几经反复，70年代达到高峰。80年代初的发展中国家债务危机对国际银团贷款造成了很大冲击，一直到80年代末情况才出现新的转机。目前的国际银团贷款的期限一般在5~10年之间，每笔贷款金额则在1亿~5亿美元之间，少数可高达10亿美元。在其他条件大体相当时，银团贷款的成本要高于独家银行贷款的成本，除了包括利息和承担费，还需要加上代理费、手续费、杂费等多项费用。

国际银团贷款可分为直接银团贷款和间接银团贷款。

（1）直接银团贷款。直接银团贷款是指各个贷款银行与借款人直接签订贷款协议，或通过代理银行代表多家银行同借款人签订贷款协议，按统一的条件贷款给借款人。每个贷款银行的贷款义务仅限于他们所承诺的部分，并且不承担其他银行的贷款义务。

（2）间接银团贷款。间接银团贷款也被称为参与式银团贷款，是由牵头经理向借款人提供贷款，然后在不通知借款人的情况下将参加贷款权出售给其他愿意提供贷款的银行，这些银行即为参加贷款银行，它们将按各自承担的数额向借款人提供贷款，牵头经理要负责整个贷款的管理工作。

5.4.3 国际银行信贷的条件

国际银行信贷条件是指为维护借贷双方的利益，促进贷款协议的达成，而对银行贷款的利息和费用、期限与偿还、货币选择所做出的规定。

1）贷款的利息

利息是贷款银行所要获得的主要报酬，它取决于利率水平。目前国际金融市场上普遍采用的利率有伦敦同业银行拆借利率、新加坡同业银行拆借利率和中国香港同业银行拆借利率等，此外，美国国内优惠放款利率也被广泛采用。对于中长期贷款一般采取加息的办法，即在基本利率之上加一个附加利率。附加利率通常是固定的，视资金供求、期限长短、贷款风险、借款人信誉等情况由借贷双方商定。

2）贷款的各项费用

贷款银行除收取利息之外，还要征收一些其他费用，主要有：

（1）承担费。承担费是指借款人因未能按贷款协议商定的时间使用资金而向贷款银行支付的有赔偿性质的费用。

（2）管理费。管理费也称经理费或手续费，是借款人向牵头银行支付的报酬，通常按贷款协议规定的百分比一次付清。

（3）代理费。代理费是指由借款人向贷款银团中指定办理贷款收付工作的代理行支付的费用，通常每年支付一次，金额一般以1万美元为起点。

（4）杂费。杂费包括贷款银团中的牵头银行为了与借款人联系、协商、完成贷款协议所发生的费用，包括交通费、延聘律师费用等。这项费用在贷款协议签订之后一次性按实际发生额付清。

以上各项费用中，除承担费外，其余各项费用均只有在银团贷款方式下才会发生。

3）贷款期限和偿还

国际银行贷款按期限可分为短期贷款、中期贷款和长期贷款。贷款的偿还方式有到期一次偿还、分次等额偿还、逐年分次等额偿还三种。使用第一种方式偿还贷款，其名义贷款期限与实际贷款期限一致；使用后两种方式偿还贷款，名义贷款期限要比实际贷款期限长。

4）货币的选择

对于借款人来讲，对国际银行贷款币种的选择将直接影响未来的还债负担，因而是贷款条件的重要组成部分。银行贷款所采用的货币包括借款国货币、贷款国货币、第三国货币、某种复合货币。

在贷款币种的选择上，借贷双方难免会有分歧。借款人倾向使用软币，而贷款人倾向使用硬币。货币的最终确定要综合考虑各种因素。

专栏5-7　宁德时代获6亿美元国际银团贷款

2023年8月，据法国巴黎银行官方微博透露，法国巴黎银行担任委任牵头安排行、簿记行，为宁德时代新能源科技股份有限公司与广东邦普循环科技有限公司旗下香港邦普时代新能源有限公司完成了一笔三年期6亿美元的银团贷款，将用于一般企业用途，包括但不限于补充流动资金、现有债务再融资等，为公司的持续发展和产品研发提供强有力的资金支持。法国巴黎银行作为全球知名的金融机构，在此次融资中担任了牵头安排行和簿记行的重要角色。

国际银团贷款具有贷款金额较大、贷款期限较长、贷款风险较小等特点。宁德时代作为全球领先的动力电池供应商，近年来在新能源领域取得了突飞猛进的发展。此次美元国际银团贷款签约仪式是宁德时代与国内外金融机构合作的成功典范。这次签约将为宁德时代加强科技创新，充分利用两个市场、两种资源，提高企业核心竞争力带来新的生机和活力。

5）国际银团贷款中的贷款人权利保护

贷款人权利保护是国际银团贷款需要重点考虑的因素。其中，消极担保条款、平等比例条款等条款起到了至关重要的作用。

（1）合同加速到期条款。

合同加速到期条款（Acceleration Clauses）是指当借款人违反合同的某一项或者某些条款所规定的义务时，借款人应贷款人的要求需要提前履行全部合同义务。

（2）交叉违约条款。

交叉违约条款（Cross Default Clauses）是将债务人对第三方的违约视作债务人对本债权人的违约，本债权人可以据此采取一定的行为来保护自身权利。交叉违约条款最早出现在1980年的《国际复兴开发银行贷款协定和担保协定通则》中。随后出现在1982年的《亚洲开发银行特别业务贷款条例》中。目前交叉违约条款已被普遍采用。

（3）重大不利变动条款。

贷款人以某种重大不利变动条款（Material Adverse Change Clauses）作为兜底条款，以避免当借款人遭遇某种不利事件而影响履约能力时，贷款人无法及时介入。实践中双方当事人极易就该条款产生纠纷。

（4）消极担保条款。

消极担保（Negative Pledge）是指原借款人向原贷款银行承诺，不作出某些有损贷款安全的行为。例如，在借款人的贷款偿还完毕前，借款人承诺不在原贷款银行所指定的资产上设定任何担保物权，或者再以上述特定资产再次进行融资。

（5）合适的担保条款。

合适的担保条款包括为贷款设定担保或抵押的条款。选择合适的担保制度有利于债权人权益得到最大程度的保护。例如，奥林匹克饭店有限公司以奥林匹克饭店作为抵押物，向中国银行、中国银行东京分行、日本樱花银行、日本第一劝业银行中国香港分行以及日本三井信托银行五家银行组成的银团贷款50亿日元，后来无法履行约定义务，贷款方依据抵押协议的仲裁条款，向中国国际经济贸易仲裁委员会提起仲裁，在仲裁裁决生效后向法院申请执行，法院采取“托管”方式进行资产核查，最后将奥林匹克饭店的全部资产移交银团贷款方以抵偿贷款。

● 本章小结

1.国际信贷也称国际信用，是指国家之间以偿还为条件的价值运动，是由一国或几个国家的政府或银行或国际金融机构给其他国家政府、银行及自然人或法人所提供的资金融通活动。目前，国际信贷已经成为我国利用外资的主要途径之一。

2.国际信贷的种类很多，根据不同情况有多种分类方法，从其本身的性质和特点来看，可以将其分为贸易信贷和资本信贷两种。

3.政府贷款是指一国政府利用其财政资金，向另一国政府提供的优惠性贷款。政府贷款是各类贷款中优惠程度最高的一种。政府贷款按贷款的条件可分为软贷款或称政府财政性贷款、混合性贷款、政府财政性贷款与出口信贷结合的贷款、将一定比例的赠款与出口信贷结合的贷款。

4.国际金融机构贷款是指由国际金融机构提供的各类贷款。按照业务活动的范围和参与国家的多少，国际金融机构可以分为全球性的国际金融机构和地区性的国际金融机构。

5.国际货币基金组织的贷款大致可归纳为普通贷款、特别贷款、中期贷款、临时性信用措施贷款、结构调整贷款。

6.国际银行信贷是一国借款人在国际金融市场上向外国贷款银行借入货币资金的借贷活动，具有民间的性质。国际银团贷款可分为直接银团贷款和间接银团贷款。

● 基本概念

国际信贷　贸易信贷　资本信贷　政府贷款　国际金融机构贷款　世界银行贷款　国际货币基金组织贷款　国际银行信贷　国际银团贷款

● 复习思考题

1.简述国际信贷的含义与作用。

2.简述政府贷款的条件及发放程序。

3.简述世界银行贷款的种类。

4.简述国际货币基金组织的贷款形式。

5.简述国际银行信贷的条件。

● 案例分析

A银行与D公司签订了一份国际贷款协议。之后，A银行觉得自己单独发放贷款有困难，于是希望B银行和C银行加入。B银行根据其与A银行签订的贷款协议以转贷款的方式加入。C银行则在取得D公司的书面同意后以转让的方式加入，A银行将其与D公司的贷款协议中的部分贷款义务连同权益一并转让给C银行。A银行并未完全退出。后来D公司由于经营不善，不能按时归还贷款。

请分析A银行、B银行及C银行是否都有权直接要求D公司偿还贷款，为什么？

第6章 / 国际工程承包合作

学习目标

通过本章学习，了解有关国际工程承包的基本概况；学习国际招标、投标的方式和基本流程；掌握投标报价的基本做法、投标文件的编制；认识国际工程承包项目中的风险、管理的重要性以及订立合同条款需要注意的问题。

6.1 国际工程承包概述

6.1.1 国际工程承包市场综述

1）国际工程承包市场的形成与发展

国际工程承包市场的形成与发展与不同时期的经济发展相联系。

19世纪中期，因发达国家资本的大量输出，国际工程承包市场得以萌芽产生。第二次世界大战以后，许多国家力图恢复战后经济（恢复经济最基础的措施是先恢复国内的基础设施、工业生产设施、商业和民用设施等工程设施建设），国际承包市场得以真正发展起来。特别是对于重建规模较大的欧洲市场来说，因其建设规模巨大，建筑业得到迅速发展。到了20世纪50年代后期，亚洲、非洲和拉丁美洲等发展中国家市场也逐渐成为国际工程承包的市场之一。因为在此之前发达国家在战后恢复生产时期拥有众多的建筑公司，这些公司也逐渐因其国内工程减少而转向国际工程承包市场；再加上联合国开发机构和国际金融组织纷纷向亚洲、非洲和拉丁美洲等发展中国家提供贷款和援助，国际工程承包市场开始活跃和发展起来。20世纪70年代，由于获得了大量的“石油美元”，中东地区崛起，国际工程承包业发展兴旺。自20世纪80年代开始，世界经济中心开始逐步移向亚洲，其经济获得快速增长。外资步伐的加快，工业项目的增加，带动了基础设施的相应发展，使这一地区的国际工程承包业迅速发展起来。20世纪90年代以来，随着科学技术的进步和各国经济的飞速发展，国际工程承包市场遍及世界各地。世界上已形成了亚太、中东、欧洲、非洲、北美和拉美六大地区工程承包市场。同时，国际工程承包市场规模不断扩大，2013年国际工程承包市场规模发展到近些年的最高水平，达到5 403亿美元。2013年后，国际工程承包市场规模增速掉头向下，市场规模在2017年终于止跌反升，2018年国际工程承包市场同比增速仅为1%，虽保持了自上年度开始的增长趋势，但增速并不令人乐观，并且这一总规模尚未恢复到2013年的最高水平。

就目前来看，六大地区工程承包市场呈现如下特征：

（1）国际工程承包市场增速缓慢。2013年以来，国际工程承包市场规模增速不再，经历过连续3年的负增长后迎来低速增长的时期。

（2）市场呈现出不均衡性和垄断性。垄断企业较排名低的企业而言，占据着更大的市场份额，创造着超后者数百倍的海外市场营业收入，其霸主的地位是排名较低企业难以撼动的。

（3）完全买方市场加剧了风险因素和竞争压力。由于国际工程承包市场竞争激烈，公司林立；多种支付方式（如带资承包、延期支付、实物支付方式等）日益普遍，使得承包商不仅面临利润率的不断下降，还面临日益加大的风险。可以说，国际承包市场已完全成为买方市场。

（4）区域市场基础设施建设需求与风险并存。一方面，在发展中国家工业化、城镇化及发达国家基础设施老化亟待更新升级的背景下，各国对基础设施建设存在普遍需求。另一方面，保护主义盛行使得地缘政治风险加大，对国际工程承包市场发展造成不利影响。

（5）高科技、智能化成为国际工程承包的竞争关键。随着各国政府和民众对承包工程项目高科技、智能化的要求逐步提高，民众的环境保护意识不断提升，业主对承包工程项目的科技、环保、数字化等要求也更为严苛。

（6）国际工程承包市场建设资金匮乏，“融资难”。整体而言，国际工程承包市场建设资金较为匮乏。业主往往要求承包商能够共同投资或协助解决融资的问题，“融资难”成为制约国际工程承包市场上众多企业转型升级的瓶颈。

2）我国对外工程承包事业的发展

经过近40年的发展，我国对外工程承包事业在承包规模、承包市场结构、承包业务领域等方面都取得了显著成绩，公司数量、市场分布、市场占有率等方面都达到了空前规模，业务遍及全球190多个国家和地区。2022年，我国公司在国际承包市场的占有率已达27.5%，相较于2005年的5.3%有了很大的跨越，同时在“一带一路”倡议下，这一比例仍呈上升趋势。

目前，我国已有一批对外承包公司在国际市场上站稳了脚跟，积累了丰富的国际经验，完全有能力承揽一些大型、超大型项目，并跨入了国际知名大承包商前列。2023年8月，美国《工程新闻记录》（ENR，Engineering News-Record）如期发布了国际承包商250强榜单。相较于上年度，入榜数量最多的仍是来自于中国内地的企业，本年度达到了81家，入榜企业数较2022年的79家再增2家。81家中国内地工程承包企业2022年的海外市场营业收入合计为1 179.3亿美元，比上年度增长4.4%，占250强国际承包企业海外市场总营收的27.5%，排名第二。中国承包商在除美洲以外的大陆都取得明显的增长，尤其是在非洲（超60%的份额）、亚洲（54.2%的份额）、中东地区（份额位居第一）市场上。

尽管我国企业在国际市场上的地位有所提升，但与欧美一些国际知名大承包商相比仍存在一定差距。首先，我国对外承包公司规模较小、创汇不多、力量较为分散，如2023年ENR所公布的数据，2022年，41家欧洲工程承包企业在海外市场营业收入合计为1 961.5亿美元，占250强国际承包企业海外市场总营收的45.8%，是我国81家企业所创总营业收入的1.66倍。其次，我国对外工程承包市场分布不均；承包商在各地区的市场占有率高低不均。我国国际工程承包市场主要集中在非洲、亚洲和中东地区；而在欧洲、美国和加拿大、拉丁美洲和加勒比地区的市场占比较低。最后，企业的经营管理水平仍需进一步提高。

思政视频6-1

中国对外工程承包

专栏6-1　　美国《工程新闻记录》与中国对外承包工程商会

1874年创刊的《工程新闻记录》（ENR）是全球工程建设领域最具权威性的学术杂志，是美国麦格劳-希尔建筑信息公司（McGraw-Hill Construction）旗下的行业新闻期刊。ENR主要发表全球建筑工程领域的新闻、数据、分析以及评论等内容，以助力工程建设专业人士能更加有效地工作。

ENR在世界范围内组织的全球承包商225强（ENR Global 225）、国际承包商250强（ENR International 250）两项权威评选活动，在全球建筑业颇具影响力，被誉为国际工程界的“晴雨表”。国际承包商250强榜单是国际承包工程业公认的、较为全面反映年度国际工程承包市场发展状况的权威排名，以母国以外地区营业额为准进行排序。全球承包商225强是以全球范围内（母国和母国以外地区）营业额为准进行排名的。而中国内地企业ENR排名则由中国对外承包工程商会组织工程企业申报，是对企业年度经营业绩的客观评价，在业内具有广泛的知名度。

中国对外承包工程商会成立于1988年，是由在中华人民共和国境内依法注册从事对外承包工程、劳务合作、工程类投资及提供相关服务的企业和单位依法自愿组成的全国性、行业性、非营利性的行业组织。其代表行业，具有社会团体法人资格，现有会员企业1 500余家，主要职责包括表达行业意愿；维护行业自律及经营秩序；开展专业服务，满足企业需求；加强国际交流，促进同行合作等。

目前，在“一带一路”背景下中国国际工程承包市场发展现状及特点也有新的改变：

（1）承包规模持续扩大。随着中国承包商进军海外市场的步伐的加快，中国国际工程承包规模保持稳步上升趋势。

（2）承包市场结构不断变化。之前亚非两大市场是主要的中国跨境项目承包市场，近几年，中国工程承包商的收入结构中亚洲地区部分持续扩大，作为主要市场的非洲所占比重却呈现出下降趋势。

（3）承包业务领域进一步拓宽。中国跨境承包项目总体上发展较为迅速，国际工程承包中，房屋建筑、交通运输设施与电力工程，这三大支柱的总占比达73.6%。工程承包行业的其他领域（如工业、水利等）所占比重也呈现出上升趋势。

（4）承包企业类型更加多样与丰富。在“一带一路”倡议持续贯彻落实的过程中，中国跨境承包项目主体逐渐呈现出多元化的态势。

（5）人民币结算愈受青睐。随着中国国力的提高与中国企业“走出去”的深入，人民币国际化势头强劲，境内外市场主体对人民币的国际货币地位预期向好，人民币在国际工程承包项目结算中受到青睐。

（6）“一带一路”倡议的实施给中国国际工程承包带来新机遇。“一带一路”倡议的实施不仅为中国国际工程承包带来新的市场空间也带来了融资支持；为中国国际工程承包创造了良好的机遇。

3）开展国际工程承包的意义

国际工程承包作为一项对外经济合作的重要方式，其对全球与各国而言都具有重要意义。

对全球而言，通过国际工程承包方式不仅可以发挥不同国家优秀企业的优势，利用最佳资源来促使项目完成；还可以促进国际关系的改善。

（1）发挥最大优势，资源利用最佳化。通过国际工程承包方式，任何国家的企业都可在全球市场上寻求优秀企业并发挥其优势，最佳地利用资源来达成项目；使得全球福利增加。

（2）促进国际关系的改善。通过国际工程承包方式，不同国家和地区能促使彼此之间相互了解和友好合作，加深不同国家之间的联系，促进国际关系的改善。

对一国而言，开展对外工程承包不仅可以获得大量外汇收入，还可以带动设备、材料和劳务的出口。不仅如此，对外工程承包能够创造很好的社会效应。其重要意义表现在：

（1）有利于一国输出创汇，改善国际收支。国际工程承包是一项综合性的输出，通过承包工程可以带动一国资金、技术、设备、劳务等一起输出，可以获得大量的外汇，有利于国际收支平衡。

（2）有效解决一国就业问题。通过国际工程承包带动劳务输出，有助于一国解决其国内就业问题。

（3）促进和提高一国的工程技术水平、商品的质量和经营管理水平。通过参加国际工程承包，一国企业可以积累经验，将技术带来的效应最大化；同时应国外严格的要求而使得技术水平、商品的质量和经营管理水平不断提高。

6.1.2 国际工程承包的基本概念

1）国际工程承包概念

国际工程承包（international contract for construction）是一国从事国际工程承包的具有法人地位的公司，通过招标、投标或其他途径在国际市场上与国外发包人订立合同，并依据合同有关要求承包兴建发包人所委托的工程建设项目、按合同约定条件收取报酬的一种综合性的国际经济合作方式。

此处的国际工程不仅仅指一个项目，而是指一项工程项目从咨询、投资、招标、投标、承包设备采购、技术培训到工程监理的全过程。在这里，各个阶段的参与者来自不同国家和地区，不同国家和地区市场都会出现国际工程。因为国际工程不仅包括一国去国外投资的工程、一国的咨询和施工单位去国外参与咨询、监理和承包的工程，还包括由外国参与投资、咨询、投标、承包（包括分包）、监理的一国国内的工程。各国的投资公司，咨询公司和工程承包公司在本国以外地区参与投资和建设的工程的总和，就构成了世界上全部的国际工程。

2）国际工程承包中各方的关系

国际工程承包中的各方包括有业主（owner）、承包商（contractor）和工程师（engineer）这三个主体，同时还包括分包商（subcontractor）、供应商（supplier）、工程材料测量师（quality surveyor）和代理人（agent）各方。

业主也称为发包方，是指国际工程承包项目中委托建设单位的一方。一般来说，业主是项目发起者和组织者，负责项目的资金筹集和组织实施，也是项目的产权所有者。业主可以是政府部门和国有企业，也可以是各类私营公司等。

承包商是指国际工程承包项目中被委托承建的一方。一般来说，承包商是在国际投标中标后，直接与业主签订国际工程承包合同，负责实施和完成合同中规定的各项义务（如工程施工、设备采购与安装、调试、维修等）的公司。承包商既可以是一个工程的总承包企业，也可以是一个工程中某个分项工程的承包企业。这主要取决于业主是将一个工程分成若干个分项工程，对外招标，分别与几个承包商签合同，还是将工程作为一个整体发包给一个承包商总承包。

工程师也称为监理师，是指受雇于业主，有义务执行与业主所签合同中规定的各项任务（如可行性研究、设计、监理工程等）的一方。一般来说，工程师与业主签订的协议书中要对工程师的权限范围进行具体的规定，涉及国际工程承包中的工程师约束力。承包商若要将工程的一部分分包出去，并与那些分包商签订分包合同，通常需要征得业主和工程师的同意。

分包商是指直接与承包商签订合同的一方。通过签订分包合同，分担一部分承包商和业主所签订合同中的任务。分包商不直接由业主和工程师管理，一般通过承包商对其工作进行管理。

供应商是指为工程项目提供设备、材料等所需物资的一方（既可以是公司也可以是个人）。在实际的应用中，供应商既可能直接与业主订立供货合同，也可能与承包商或分包商的订立供货合同。

工程测量师是指主要负责整个工程与核算有关工作的一方。一般来说是集工程概算、验工计价、项目索赔等于一体的技术性强的专业技术人员。其既可以服务于业主，也可服务于承包商。

代理人也称中间人，是指受承包商雇佣，协助承包商开展业务的一方。在国际工程承包中，并不一定都会出现代理人；但代理人在国际工程承包业务中越来越常见。不仅是因为有些国家的法律明确规定，任何外国公司必须有当地代理人才能被批准参与当地建设项目的投标和承包，更是因为国际工程承包业务与国内工程相比要复杂得多。

6.1.3 国际工程承包方式、种类、内容及特点

1）国际工程承包方式

按承包方式来划分，国际工程承包可以分为总包方式、分包方式、二包方式、转包方式和联合承包方式等类型。

（1）总包方式。总包，即业主与总承包商就某一工程项目的建设、设备材料的供应及养护等全部工作所签订合同的方式。总承包商通过工程师对业主负责并承担合同所规定的一切经济、法律责任。

（2）分包方式。分包是相对于总包而言的，即在整个工程项目中只承包单项工程或其子项，业主将一个工程分成几个项目或几个部分分别发包给几个承包商，并分别与他们签订合同。在这种情况下无总承包商，一个工程项目被分为若干个分项目，由若干个承包商分别直接承包，各承包商之间的关系是平等的，他们各自对业主负责，由业主负责工程的组织和协调。

（3）二包方式。总承包商或各分包商经业主或其委托人——工程师的同意后，把自己所包工程的一部分分包给其他专业承包商，并与他们签订合同，称为二包。在这种情况下，除非是业主指定的分包商；否则，分包商不与业主发生直接关系，只接受分包合同的约束和支配。也就是说，二包商对总承包商或分包商负责，总承包商或分包商对业主负责。

（4）转包方式。转包方式是在承包商和业主就某一工程项目的建设完成和维修签订了工程承包合同之后，因种种原因，将工程项目转包给另一承包商的行为。在转包前，原承包商需要经业主和工程师的同意，才可进行转包。同时业主对原承包商所规定的一切权利义务由另一承包商来承担和履行。

（5）联合承包方式。这种方式是指两个或两个以上不同国家的承包商成为合伙人，以承包人的名义，共同参与某项工程的资格审查、投标、签约以及共同承担某一项目工程的建设、完成和维修等承包任务。其特点是由合伙人以一个整体参与投标中标后，共同承建和完成该项目的建设，并共同负责维修，共同承担义务和风险，共享利润。

2）国际工程承包种类

按承担责任划分，国际工程承包包括分项工程承包、“交钥匙”工程承包、“半交钥匙”工程承包和“产品到手”工程承包等。

（1）分项工程承包。分项工程承包是指发包人将总的工程项目分为若干部分，分别与若干承包人签订合同，由他们分别承包一部分项目，每个承包人只对自己承包的项目负责，整个工程项目的协调工作由发包人负责。

（2）“交钥匙”工程承包。交钥匙工程指跨国公司为东道国建造工厂或其他工程项目，一旦设计与建造工程完成，包括设备安装、试车及初步操作顺利运转后，即将该工厂或项目所有权和管理权的“钥匙”依合同完整地“交”给对方，由对方

开始经营。

（3）“半交钥匙”工程承包。“半交钥匙”工程承包是指从项目的初期勘察一直到竣工后的试车皆由承包人负责，在项目正常运转并符合合同规定标准后，可将项目移交给发包人。

（4）“产品到手”工程承包。“产品到手”工程承包是指承包人不仅负责项目从勘察一直到正式生产的阶段，还必须在正常生产后的一定时间内进行技术指导和培训、设备维修等，确保产品符合合同规定标准。

3）国际工程承包的内容

国际工程承包的内容依据各个项目的要求也不完全相同，各自有各自的具体工程要求、范围、性质、规模、技术等，但几乎所有的工程都包含以下基本内容：

（1）项目咨询、工程设计等技术服务；

（2）提供技术（专利、专有技术、管理经验、商标等）；

（3）供应机器设备；

（4）供应材料或零部件；

（5）施工与安装；

（6）人员培训；

（7）试车；

（8）项目管理或指导；

（9）工程融资。

4）国际工程承包特点

与国内工程承包相比，国际工程承包具有以下特点：

（1）复杂度高。国际工程承包的复杂度不仅体现在涉及合同多样的主体，还涉及国际工程承包不同国家之间的法律关系，因此其复杂度远高于国内工程承包。

（2）综合性强。国际工程承包的综合性体现在输出商品、技术、劳务和资金的综合性，还体现在对其涉及的学科范围的综合性。

知识扩展6-1

卡塔尔主体育场项目

（3）周期长。国际承包工程从投标、签约、履约到合同终止，再加上维修期，周期长。一般而言耗时2至3年，长者能达数十年。

（4）要求水平高。如前文所述，其复杂度和综合性使得国际工程承包对企业的要求更高，如对企业的信誉度、技术实力、财务状况等方面提出更高的要求。

（5）货币和支付方式多样。由于国际工程承包主体的多样性，承包商使用的货币币种较为多样，如使用国内货币支付国内应缴纳的费用，使用工程所在国的货币支付当地费用，使用多种外汇支付材料设备的采购费用等。国际工程承包涉及的合同金额一般较大，其支付方式除了现金和支票外，还有银行信用证、国际托收、银行汇付、实物支付等方式。

（6）风险高。国际工程承包项目易受到国际政治、经济形势变化的影响，再加之其价款收回期长使得国际工程承包面临更大的风险。

6.2 国际工程招标

6.2.1 国际工程招标的含义及方式

1）国际工程招标的概念

招标（Invitation to Tender）是招标人（业主或发包人）标明其拟发包工程的内容和要求等，通过招引或邀请对该项目感兴趣的承包商就该工程的承包的价格、施工方案及进度等，按承包的报价进行综合比较，从中选出最优承包商达成交易的过程。

2）国际招标的方式

（1）国际竞争性招标。国际竞争性招标（International Competitive Bidding，ICB）又称无限竞争性公开招标和公开招标。这种招标方式是业主通过在国内外主要报纸及有关刊物上发出招标信息以此招揽具有合格资质的承包商。任一对该项招标工程有兴趣的承包商均有相同的机会购买资格预审文件，参加资格预审，预审合格者均可购买招标文件，并在规定的期限内按照招标条件进行招标。

这种方式是一种较好的承包方式。目前，绝大部分国际金融组织贷款项目都采用了这种方式。一些区域性的金融机构和政府贷款项目也都在一定的范围内采用了国际竞争性招标方式。因为通过国际竞争性招标方式，可以避免在项目的采购和承建中出现营私舞弊行为，有利于防止贪污、贿赂、浪费或偏袒等现象的发生，保证最有效、最经济地利用公共基金。国际竞争性招标的优点是业主可以以较低的价格采购到符合要求的货物或签订工程承包合同。同时业主可使工程质量、价格和工期等都能满足自己的要求，并使价格竞争得到充分体现。其缺点是该方式可能排斥一些报价较高，但技术好、资信佳、态度严谨的大承包商，反而使得一些技术不佳、资信较差、经验不足的承包商加大投标的成本，增加管理费用，使工程造价提高。

（2）邀请招标。邀请招标也称选择性招标。在这种方式下，业主一般不通过在宣传媒体上刊登招标广告，而是根据自己长期积累的经验和所掌握的资料或请咨询公司提供承包商的情况，然后根据企业的技术、信誉、经营和财务等有关条件，有选择地邀请某些承包商参加本次投标，因此这类方式属于有限竞争性招标。

邀请招标的优点是业主对承包商事先进行筛选，留下的一般都是自己有所了解、信誉较高、技术实力强、经验较为丰富的承包商，进而降低承包商违约的风险；另外在招标前没有刊登广告等行为，可节省招标成本，降低工程造价。其缺点是该方式可能因为业主并不是熟悉所有的承包商，而把有些条件更为优越的承包商排除在外，从而错过了选择最优承包商的机会。

（3）两阶段招标。这种方式是将国际竞争性招标与选择性招标相结合的一种招标方式。通过将招标分为两个阶段进行，先要求投标者投“技术标”，即进行技术方案招标，评标后淘汰其中技术不合格者，技术评标通过者，才被允许投“商务标”，进行价格、经营能力等方面的竞争。一般大型的、技术复杂的项目使用这种方式。

两阶段招标的优点在于有效避免国际竞争性招标和选择性招标的缺点，能够在不错失优秀的承包商的情况下，挑选出最佳承包商。但两阶段招标的方式也加大了招标成本，使得招标程序更为复杂，不利于简化手续、快速成交。

（4）谈判招标。谈判招标也称议标或指定招标。这种方式是由业主直接选择承包商进行洽谈，通过多轮谈判而达成交易的一种招标方式。该方式一般不常用，对工期紧、工程总造价较低、专业性强或军事保密工程较为适合。

谈判招标的优点是业主自主性强，隐蔽性高，能在相对短的时间内进行招标。其缺点是业主与不同承包商进行一轮一轮谈判，业主的议价能力较低。

四种招标方式的对比见表6-1。

表6-1　　四种招标方式的对比

招标方式	国际竞争性招标	邀请招标	两阶段招标	谈判招标
公开性	完全公开	小范围内公开	小范围内公开	不公开
竞争性	完全竞争	有限竞争	有限竞争	无竞争
投标人数量	多数	少数	少数	一个
投标人实力	参差不齐	较强	较强	强
招标程序	复杂	较简单	较复杂	直接谈判
招标费用	高	较低	高	较低
招标时间	长	较短	长	较短
项目造价	较低	一般	一般	较高

6.2.2　国际招标机构

1）国际招标机构的设立

在进行国际招标时，一般要组织专门的招标机构全权负责整个招标和投标工作。招标机构的设置各国没有统一的规定，一般可由业主自己设立，或业主委托国际上常设的招标机构或从事招标的咨询公司代为招标。但国际招标机构其设置大致可以分为以下三种类型：

（1）常设的中央招标机构。通过设立全国性的中央招标委员会，一些国家能更好统管政府的工程项目和物资采购任务。而且常设的中央招标机构还规定其管辖下的各部门主管项目的资金限额，在限额以上的项目必须由中央招标委员会进行公开招标，低于限额的项目才允许各主管部门自行决定招标。例如，科威特政府依照其国民议会通过并经国王批准的《公共招标法》规定，设立了常设政府机构——中央招标委员会。该委员会几乎统管了所有政府工程的公开招标。

（2）非常设的招标委员会。多数国家并没有像科威特那样设立固定的中央招标委员会，而是按照项目的隶属部门，由政府批准成立临时的招标委员会。它可以是由发包项目的主管部门组织，也可能由政府指定公共工程部门接受主管部门的委托来组织，还可能由多个部门联合组织。这种类型的招标机构在招标任务完成后即予撤销。它实际上是一个或多个部门为某一项目所组织的临时办事机构。

（3）委托咨询公司招标。有时政府的招标工作也会全部或部分委托给咨询公司去进行，这些咨询公司通常都是一些有经验、有能力和信誉好的咨询公司，主管部门只负责监督和审定招标结果，作最后授标决定。

以上三种机构是指政府工程项目的招标，至于私营企业项目，多数是由项目业主的董事会来决定是委托国际上常设的招标机构或从事招标的咨询公司代为招标，还是成立专门的招标机构。国际金融组织的贷款项目，一般均要求借款国组织招标委员会进行公开招标，国际金融组织有权对招标工作进行监督。

2）制定国际招标规则

国际招标规则的制定是招标工作顺利完成的强有力的保障。因为首先它是招标机构工作的指导方针，可以保证取得好的效果；其次，它是规定国际招标运行程序的法律文本，阐明招标的步骤，可以保证招标的连续性；最后，它是招标机构工作人员的行为规范，有了它可以提高效率，降低成本，防止营私舞弊行为。

国际招标规则的制定方法主要有两种：一种是依据有关法律或规定制定招标规则；另一种是依据买主的需要和国际招标惯例制定国际招标规则。国际招标规则的内容包括国际招标程序、国际招标条件和招标文件格式的规定三方面。

国际招标程序在不同招标方式下稍有差异，如国际竞争性招标方式的程序按其发生的顺序依次为：刊登招标广告—资格预审—发售招标文件—投标准备和投标—开标—评标—授标；但选择性招标方式下就没有刊登招标广告一项。国际招标条件在不同国家、不同行业、不同业主要求下也各有不同，在多数情况下具体条件应视不同项目及业主要求而定。但是一般来说，承包商的技术水平、资信条件、财务状况等条件都是业主较为看重的。招标文件的格式也应具体项目具体规定。

6.2.3 招标文件

1）招标文件的作用

招标文件编制的好坏直接影响到工程采购的效果和建设的进度。

第一，招标文件是招标人据以招标的基础，是招标人招标承建工程项目或采购货物及服务的法律文件。按照世界银行的规定，招标人在开标后不得再对招标文件进行修改。由于投标人已按招标文件做出了响应，并且各投标人的标价已在开标时完全公开，若此后修改招标文件，相应的投标价格都需要变动，而这种变动则被认为是不合法的，并且很可能会出现最低价者趁机调高价格，报价很高者则调低价格或者失去竞争兴趣等不利于招标者的被动局面，所以招标文件应该是严谨的、具有法律效力的。招标文件的各项规定应遵守国家的法律、法规和社会公德。

第二，招标文件是投标人投标和准备标书的依据。对招标文件有重大偏离，可视为没有做出根本性响应而被废标。因而对招标文件是否做出根本性响应的投标的评判，应该考察其是否是依据招标文件的全部要求而提出的投标。

第三，招标文件是评标的依据。在评标中判断投标是否做出了根本性响应，就是以招标文件的规定为标准。因此，用于评标的标准也必须是招标文件中规定的标准。在评标阶段所产生的某些问题往往是因为招标文件准备得不完善、不周密而造成的。

第四，招标文件是业主和承包商签订合同的基础。招标文件的绝大部分内容通常都列入合同文件中。如果在洽谈合同过程中提出的某些规定作为条款必须要列入合同中，而这些内容在招标文件中并没有体现，那么中标者可能会不接受或者同意在某些条件下才能接受，如提高价格或免除及减轻其他责任和义务、放松某些要求等。这不仅导致洽谈合同困难重重，而且最终受损失的还是招标者一方。

2）招标文件的基本组成

一般国际工程招标文件包括投标邀请书、资格预审表、投标者须知、合同条件、技术规范、工程量清单、图表、投标书、投标保证书、履约保证书、协议书等。

6.3　国际工程投标

6.3.1　投标的含义、特点及步骤

1）投标的含义

投标（Tender/Bid）是指投标人根据招标人的要求，在规定的时限以规定的方式编制投标书，投报其承包工程的实施方案和报价，争取成交的过程。

2）投标的特点

（1）投标为一次性标价。在招标人选定中标者之前，投标人没有讨价还价的权利，不能再次更改报价。

（2）投标报价必须严格保密。投标报价关系到投标人能否中标，所以每个投标人之间互相保密，并根据以往经验和掌握到的资料编制报价单。

（3）投标要以书面形式进行报价。任何口头形式都是无效的，只有按照招标文件规定的语言和格式编制投标文件，还要在每一页上签字才会生效。

（4）投标具有时间性。在投标有限期内递交投标文件；自开标起投标文件在一段时间内有效；投标人接到澄清通知在规定时期内做出回应；中标后投标人要在规定时间内与招标人签订中标合同。

（5）投标报价一经报出，不能随意撤销。投标在法律上属于要约，投标文件及其报价在法律上有效。招标人一般要求投标人同时递交一份投标保证书，如果投标有效期内撤销投标报价，则要交纳投标保证金，因此投标人进行投标行为时要慎重。

3）投标的步骤

投标的步骤按其发生的先后顺序一般是：参加资格预审—研究并购买招标文件—选择代理人—现场考察—办理投标保函—参加标前会议—询价—编制并递交投标文件—竞标。

6.3.2 投标方式的选择

1）单独投标方式（Sole Tendering）

单独投标方式是指由一家公司单独投标，参加投标的公司一般需要满足具有独立订立合同的权利、履行合同的能力、三年内无重大违约或资信问题等条件。单独投标的优点在于企业能够减少外在因素的影响，以自身利益最大化为中心灵活调整报价。

2）联合体方式（Cnsortium）

知识扩展6-2

波黑泊奇特利大桥项目

联合体方式是指两个及以上的法人或其他组织组成联合体，以一个投标人的身份共同投标。联合体作为临时性的组织不具有法人资格，属于各方共同自愿一致的法律行为。联合体投标的优点在于成员间优势互补、提高竞争力、分散经营风险、提高中标人的履约能力等。但联合体方式也有确定总标价时，成员间不能统一意见等缺点。

3）分包方式（Subcontracting）

分包方式是指总承包人作为投标人提交投标文件，并声明将一部分工程项目分包给分包人，分包人只需要按照自己负责的部分提出报价，但无权过问总标价。分包方式的优点在于增强了互补性，降低了工程成本，控制了工程质量。

6.3.3 投标的准备

1）组织投标小组

正式投标之前，需要成立一个投标小组，成员的能力是能否中标的关键，其中应包括技术、经济、法律等相关专业人员。

2）做出投标决策

承包公司应当重视资料的搜集，及时确定投标决策并开展准备工作。如果能及早获得投标信息，特别是能够在项目立项，即项目评估和进行可行性研究或准备招标阶段，积极与招标单位或业主建立联系，并根据情况派相关人员前往洽谈，及早了解招标者对招标采购的总体规划及要求等，这对投标者来说是获得中标机会的重要手段。获得投标信息的一种重要途径是招标广告，即通过一般采购广告、招标通告或资格预审通告获得；获得投标信息的另一途径是通过在国外的本国商务机构或在国外的当地代理人获得。确定合适的项目后进行可行性研究，从自身资金状况、技术水平、竞争对手情况、预期交工情况、预期利润估计等方面分析是否决定投标。

3）选择代理人和咨询公司

国际承包商的投标成败很大程度取决于是否熟悉外国的社会、法律、经济、商务习惯和金融习惯等。为了更加清楚解决各类问题的渠道，承包商一般会雇佣当地信誉好、有影响力、社会地位较高的投标代理人。代理人协助投标人成功获得工程合同后可以得到较高的代理费（一般为合同总标的额的1%~3%）。

代理人的主要职责是：

（1）介绍项目。代理人应向投标人提供招标的信息，帮助投标人通过资格预审。

（2）业务咨询。代理人应向投标人提供有关业主、工程当地市场和法律方面的咨询以及介绍本地商务活动的经验。

（3）当地服务。代理人应向投标人提供一些当地服务，包括在中标后帮助承包商办理各种出入境手续、租用土地和房屋以及其他事项等。

（4）调节矛盾。代理人应帮助投标人沟通与业主之间的关系，调节出现的矛盾。

另外，国际承包商也会考虑选择咨询公司帮助其投标。咨询公司凭借自身专业的国际市场咨询能力，为投标者提供经济、技术、法律和管理等方面的专业信息，并提供建议，编制投标文件等。

4）现场考察

投标前需要认真进行现场考察，通过对施工现场的考察，可以直观地了解到整个工程的情况，帮助投标人在编制投标文件的过程中更好地核对工程量、制订施工计划。其内容主要包括：

（1）工程性质及与其他工程之间的关系；

（2）该投标工程与其他承包商或分包商之间的关系；

（3）现场的地理条件、交通情况、基础设施、自然情况等；

（4）地方材料供应与采购情况；

（5）现场周围的住宿情况、医疗卫生条件、配套设施情况、当地治安情况。

6.3.4　资格预审

1）资格预审的意义

对于业主来说，在资格预审阶段筛选出具有竞争力的承包商继续参加投标，可以帮助业主寻找好的承包商，保证招标工作顺利开展，同时减少业主的评标工作量，提高工作效率。

对于承包商来说，通过资格预审可以淘汰一部分竞争对手，提高中标成功率。并且由于投标期间有较大的开支（如购买标书、投标小组人员工资和差旅费、材料设备的询价调查费用、现场考察费用以及银行保函手续费等），如果在资格预审阶段失败，则代表承包商避免了浪费时间和金钱参加希望不大的投标竞争。

2）资格预审的内容及方法

投标人应填写“资格预审表”，招标人对投标人的资格审查包括以下几个方面：投标人概况、人员和设备情况、工程情况、经验与信誉、财务能力等。

关于预审的办法，各个招标人可根据自己的要求进行规定，一般采取“定项评分法”，对投标人的资格预审材料按照一定标准评分，如果达到或超过授予投标资格的最低分数线，即算预审合格。

6.3.5 编制投标文件

1）投标文件的组成

投标文件的内容因每个项目的具体要求不同而不同，但无论是从投标人的角度来看，还是从编制文件的角度来看，均涉及以下文件：

（1）投标证明文件，包括营业执照、投标公司章程和投标简介、管理人员名单、资产负债表、银行资信证明、当地代理委托书、在当地注册经营许可证书、完税证明等。

（2）填制的投标文件，包括投标书、报价单、供货单、投标保函或投标保证金、履约担保等。

（3）原样交回的文件，包括投标须知、合同条款、合同格式、质量技术规范和技术说明书、图纸等。

（4）编制的投标文件，包括施工计划、有关工程机械设备清单、技术说明书、投标附函等。

2）投标书的编制

投标书主要包括对招标条件的确认、工程项目进度、技术说明、图纸、投标人的责任、总价和单价分析表，通常招标人还会要求投标人递交投标保证书作为担保。投标书进行编制时，需要注意：

（1）不得对招标文件进行任何修改，每一处空白都必须填写，否则被认为放弃意见。

（2）保持整个文件的干净整洁。

（3）反复核查，消除错误。

（4）文件每页的最后需要签字。

（5）没有特殊情况下，文件要一次性全部递交。

3）投标策略

（1）在招标国登记注册。如果在招标国登记注册，取得当地的法人资格，可使企业拥有更多的投标机会，并能享受招标国的优惠待遇。

（2）选择当地投标代理人。选择一个好的代理人能够拓宽获取信息的渠道，增加投标成功的可能性。

（3）认真编制资格预审文件。承包商应认真研究业主提出的要求，准备好相关资料，充分展示自身的实力。

（4）谨慎做出投标决策。投标前对市场进行调研和分析，经过专业判断后确定选择的项目。

（5）组织优秀合理的投标小组。公司选拔出高素质的专业人才组成投标小组，负责编制具有竞争力的投标文件。

（6）严格按招标文件的要求编制投标文件。招标文件里规定了投标文件的格式和要求，投标人要准确回应每一项内容。

（7）综合考虑各项因素进行报价。承包商要综合考虑各种因素后，运用一定的报价策略，提供合理的报价。

（8）重视标书的编排和装订。承包商要充分重视标书的编排和装订，因为业主往往会据此对承包商的第一印象进行打分。

（9）选择最佳时机。投送投标文件和报价应选择最佳时机。一般选择在了解标底之后投标，或者在主要竞争对手报价之后投标。

（10）按时递交投标文件。投标人要注意交标时间，如果投标文件未在规定截止时间前递交到指定地点，将被视为无效。

（11）必要时采取联营体投标的方式。联合体投标方式会分散经营风险，并且可以与其他公司优势互补，增加投标成功的概率。

6.4　国际工程投标报价

6.4.1　工程报价的含义、依据、技巧及标价计算的步骤

1）工程报价的含义

工程报价是指投标人承包工程项目时，以招标文件为基础，根据现场考察情况、工程定额、费率、价格相关资料计算承包工程的费用。

工程标价是由直接费用、间接费用、暂定金额、上级单位管理费和盈利构成的（如图6-1所示）。

- 工程标价
  - 工程总成本
    - 直接费用
      - 人工费
      - 材料设备费
      - 施工机械使用费
      - 分包费
    - 间接费用
      - 投标费
      - 保函手续费
      - 保险费
      - 税金
      - 业务费
      - 临时设施工程费
      - 贷款利息
      - 施工管理费
      - 其他
  - 暂定金额
  - 上级单位管理费
  - 盈利

图6-1　工程标价的构成

2）工程报价的依据

工程报价的计算既关系到投标的成败，也与自身的经济利益相关联，因此做好报价工作十分关键。工程报价的主要依据如下：

（1）招标文件。招标文件规定和说明了承包商需要承担的工程量、责任和风险。承包商需要仔细研究，在计算标价时必须估计相应的费用。

（2）承包商的经营管理水平和技术水平。其主要指各项定额的采用标准，包括工程定额、管理费用定额和施工工艺与方法等。定额水平的高低和施工方法合理与否，都会影响到标价的计算。

（3）客观环境因素。分析投标者所处的国内环境以及项目所在地的环境，包括市场供应、运输条件、法律法规等。

3）工程报价的技巧

（1）不平衡报价法，即在不影响中标结果的情况下，按照施工先后顺序调整内部分项报价，使得总报价不变的同时获得最佳的经济效益。

（2）调整合同价格法。由于国际工程承包合同大多数采取的是固定总价形式，容易受到价格波动的影响，承包商为避免遭受经济损失需要采取一定的措施调整合同价格，如与业主协商在工程项目进行期间，市场出现波动，需要双方对合同价格进行调整。

（3）多方案报价法，即投标人除提供主报价外，根据工程项目再设计额外的技术方案及报价，以此吸引业主选择。

（4）降价系数调整总价法，即将报价单中的每一分项工程单价附加一定的降价系数，在最后的投标致函中，根据投标前做出的最后决定，提出某一降价指标。

4）标价计算的步骤

第一步，复核工程量；

第二步，制定施工方案与进度；

第三步，计算工程各项费用；

第四步，分析并确定分项工程单价；

第五步，调整与确定总标价。

6.4.2 各项费用的计算

1）基础单价的计算

（1）人工单价的计算

人工单价的计算根据不同情况可以有两种方法供选择：

一种是全部为国内或者国外工人，没有工资差异，其计算比较简单，具体如下：

人工单价=工人在受雇期间的所有费用÷工作天数

另一种是部分为国内工人、部分为当地工人，工资存在差别，这时的人工单价计算比较复杂，要分以下步骤进行：

① 国内派出工人人工单价=一个工人出国期间的费用÷出国工作天数

② 当地雇用工人工资单价=当地工人所有费用÷工作天数

③ 平均人工单价=国内派出工人人工单价×国内派出工人工日占总工日的百分比+当地雇用工人人工单价×当地工人工日占总工日的百分比

（2）材料设备单价

国际工程承包中材料和设备的采购有三种渠道：第一，在当地采购；第二，在国内采购；第三，在第三国采购。其单价计算分别如下：

① 当地采购的材料、设备单价=市场价+运杂费+运输保管损耗

② 国内和第三国采购的材料、设备单价=到岸价+海关税+港口费+运杂费+保管费+运输保管损耗+其他费用

（3）机械台班单价

在国际工程承包中，施工机械可以自行购买，也可以在国际租赁市场上租赁使用。如果租赁，台班单价可以按事先了解到的市场租赁价格来确定。如自行购买则计算公式为：

台班单价=（基本折旧费+安装拆卸费+维修费+机械保险费）÷总台班费+机上人工费+燃料动力费

2）选定工程定额

工程定额是指一定计量单位的、分项工程中的人工和材料以及机械的合理消耗的数量标准。它是工程标价计算的三大要素之一（另外两个要素是基础单价的计算与各项分摊系数）。工程定额即人工定额、材料消耗定额、施工机械台班定额。定额选用过高，可能达不到这个要求，导致亏损；定额过低，标价会很高，失去竞争性。如何选用比较合适的定额需要慎重考虑。一般来说，由于在国外工作的人员素质相对较高，工作环境所受到的干扰相对少一些，另外国外市场的半成品材料供应多一些。因此，在国外承包工程时所选定的工程定额可比国内的略高一些。

3）计算工程的直接费

选定工程定额后就可以计算出分项工程的人工费、材料费和施工机械费。

人工费=分项工程用工量×人工单价

材料费=分项工程材料消耗量×材料单价

施工机械费=分项工程所需机械台班数×台班单价

分项工程直接费的计算是将上述的人工费、材料费、机械台班费三项相加得出的，最后将所有分项工程的直接费用汇总再加上分包费，即得出整个工程的直接费用。分包费是一个承包商总包整个工程，该承包商选定分包商，按其报价确定分包费。还有一种即所谓“指定的分包商”，这类分包费用可以经工程师批准在暂定金额中支付。

4）计算间接费率

间接费的最大特点是费用项目多，费率变化大。工程标价的高低在很大程度上

取决于它的取费水平。间接费是所有工程期间发生的间接费用的总和，一般要占总报价的20%~30%，对投标价格影响很大。用工程的直接费用比间接费用，可以得出间接费率，也称作分摊费率，即：

间接费率=间接费÷直接费×100%

5）核定上级单位管理费、盈余

这是指总公司收取的管理费，但不包括工地现场的管理费，其一般为工程总成本的3%~5%。盈余包括利润和风险。由于国际市场竞争激烈，利润率普遍下降，一般利润率可考虑在5%~10%之间，风险费一般占工程总成本的4%~6%。

6.4.3 分析单价和计算工程总标价

单价是指每项工程单位工程的价格。在国际工程承包中，一般均要求投标人在报价单中填写每项工程的单价，特别是在单价合同方式下，单价更是不可缺少。

在对上述各项费用进行计算的基础上，我们假设：直接费为A，间接费为B，间接费率为b，工程总成本为W，上级管理费及风险、利润为C，费率为c，工程单价为U，则：

每个分项工程的间接费B=Ab

每个分项工程总成本 W=A+B

每个分项工程的上级管理费及风险、利润C=Wc

每个分项工程的单价U=（W+C）÷该项目的工程量

通过以上公式可以看出，在确定了间接费与直接费的比率，即间接费率后，就可以把间接费用、上级管理费以及利润和风险费用分摊到每个分项工程中去。分摊方法可以视具体情况来确定，如可以采用平均摊入法、早期摊入法、递减摊入法等。最后确定每项工程的单价，并以此计算出分项工程的价格和整个工程的总标价。虽然到此标价已经计算出来了，但这只是第一回合，投标人还要对标价进行分析并做适当调整后，才能最终确定下来。

专栏6-2　　　　　　　　　　工程投标报价计算

一、工程简介

A国某城市近郊打算修建两座容积为750万加仑的钢筋混凝土蓄水池，包括阀室、计量台、2 000米长的铸铁管线以及水池库区内的市政工程、围墙工程等。钢筋均为环氧树脂涂层，水池地板、顶板和外墙的施工缝和伸缩缝防水采用橡胶止水带、止水帽及密封膏。工期20个月。

二、招标文件概要

政府投资，国际竞争性招标，英国咨询工程师，FIDIC土木工程施工合同条件，BS技术规范。

三、现场考察

该国政治稳定，其经济主要依靠石油工业，比较富裕，硬通货币，可自由兑换；气候干燥，沙漠地带，地下水位高；海洋性气候，空气中含硫和氯，混凝土易腐蚀。

四、复核工程量

对照图纸复核招标文件工程量表中的工程量，基本无出入。

五、制定施工规划

1.主要是钢筋混凝土工程量，共3.5万立方米的混凝土量，且钢筋带涂层。钢筋混凝土底板尺寸5米×5米×1米，共计4块，水池尺寸长110米，宽82米。因此平面吊装是个关键问题，为了降低报价，采用凹字形倒退安装方案，只租赁一段时间的50吨汽车吊车就可解决，避免了长期租用或购买大型塔吊可能花费的比较昂贵的费用。

2.水池周边钢筋混凝土地板下部有三根斜桩和三根直桩，桩均为钢筋混凝土浇筑桩，考虑地质比较硬，桩数不多，调国内打桩队伍不合算，决定分包给当地公司。

3.鉴于地下水位较高，水池基础开挖的降水也分包给当地公司。

4.由于该国混凝土业比较发达，且价格较低，采用购买方式，可省去建搅拌站和一部分管理及操作人员的费用开支问题。

5.考虑市场上各种施工机械设备都能买到或租到，工期较短，大型施工设备的使用采用当地租赁方式。

6.市场上外籍劳工比较充裕并且适应当地情况，能吃苦，技术水平比较高，人工费用较低，基本考虑在当地雇用工人。

六、计算工、料、机单价

1.人工单价。全部采用当地外籍劳工，按当地一般熟练工月工资为250美元，施工机械司机工资为350美元（计入施工机械台班费）。考虑到施工期间（20个月）工资上升系数10%，招募费、保险费、各类规定的附加费和津贴、劳动保护等，增加一个15%的系数，故工日单价为：

一般熟练工日单价=250×1.25÷25=12.5（美元/工日）

按照施工进度计划计算用工数，折成熟练工154 560人。

2.材料单价。根据考察，钢筋、防水材料、铸铁管需要进口，其他建材都可从当地市场采购。不论什么来源，统一转换计算为施工现场价格，并分别列出材料单价表。

3.施工机械台班单价。项目大部分设备，如反铲、装载机、25吨汽车吊、叉车、切割机、弯曲机等是从本公司其他工地转过来的，考虑到都是使用过多年的设备，决定一次摊销机械设备的台班费，计算公式为：

台班单价=（基本折旧费+安装拆卸费+维修费+机械保险费）÷总台班数+机上人工费+燃料动力费

基本折旧费=机械设备原值

安装拆卸费按实际从公司其他工地调遣过来所需花的费用计算，如装卸费、运输费等。

燃料动力费=设备额定功率×燃料额定值×油耗利用系数×燃料油价值

台班费中各项参数各公司有自己的取值数，本例中：

（1）机械设备余值为0。

（2）年维修基金率为10%。

（3）年工作台班数：一年12个月，每个月按25.5天计，每天工作1班，机械利用率为80%，则有：12×25.5×1×0.8=244.8（台班），按250台班/年计。

（4）机械设备投保比例取50%。

（5）年保险费率为1%。

（6）油耗利用系数为0.5。

有些短期使用的大型吊车、推土机等当地租赁设备，台班费适当加管理费（如5%）就是报价时所用的台班费。

七、计算分项工程直接费

算出了人工、材料、设备单价后，根据当地施工经验，参照国内相关定额调高30%（30%是个经验数，具体项目还要按照施工队伍管理水平、技术水平具体分析），然后按招标文件中工程量表分项目计算，汇总得出自己施工项目的直接费。

八、分包价格计算

根据当地情况和经验，部分专业施工项目分包给当地承包公司比较合适。本案例中有以下项目分包，价格是用实际分包商报价乘以管理系数1.1。

（1）打桩工程。

（2）仓库装修。

（3）无线电工程。

（4）临时道路。

（5）市政工程。

九、计算间接费

根据当地情况和间接费内容分项一一计算：

1.投标开支费用，包括：购买招标文件费，实际开支1 200美元；投标差旅费，投标时国内派出10人次共3个星期在当地考察，按每人费用1 000美元，1 000×10=10 000（美元）；投标编制费，实际开支2 000美元。

2.保函手续费。招标文件规定，投标保函为投标报价的2%；履约保函为合同价的10%（两年）；维修保函为合同价的5%（一年）；招标文件规定没有预付款。

A国为自由海关，临时进口设备，关税保函只交少量手续费2 000美元，初步估算合同总值为18 000 000美元，银行开保函的手续费按0.35%计。保函手续费总值为：

18 000 000×（2%+10%+5%）×0.35%+2 000=12 710（美元）

3.保险费。招标文件要求承包商要投保工程一切险，要求第三者责任保险的投保金额为1 000 000美元，当地保险费费率为0.24%。

（18 000 000+1 000 000）×0.24%=45 600（美元）

4.税金。根据当地税收要求合同税金为：

18 000 000×3.3% =594 000（美元）

5.经营业务费，包括以下内容：

（1）代理佣金，按合同签订的代理合同条款支付合同总价的1.5%，应支付：

18 000 000×1.5%=270 000（美元）

（2）业主和咨询工程师费用：

建现场办公室，247 800美元；

现场人员4名，平均每人每月开销3 000美元（包括加班费、餐费、水电费、汽油开支等）。

3 000×4×20=240 000（美元）

（3）法律顾问费。本公司当地办事处常年雇佣1名律师，每月支付800美元，考虑到打官司不会太多，出庭按标准付费。由于办事处有3个项目，每个项目按1/3分摊：

800×1/3×20=5 333（美元）

出庭费5 000美元，合计支付法律顾问费10 333美元。

6.临时设施费。临时设施包括住房、办公室、食堂、会议室等，共需20栋活动房，平均每栋2 000美元，折旧5年，使用费为1 000美元，1 000×20=20 000（美元）。

仓库、车间等10 000平方米，按每平方米5美元计算共计50 000美元。

7.贷款利息。周转资金向总部借贷2 500 000美元，年利率12%，贷款期限20个月，2 500 000×12%÷12×20=500 000（美元）。

十、施工管理费

1.管理人员和后勤人员工资。共26人，每人按20个月计算，国内工资为每人每月26.137美元，基本工资为：26.137×26×20=13 591（美元）。

置装费，每人117美元，合计为：117×26=3 042（美元）。

往返机票，每人1 726美元，合计为：1 726×26=44 876（美元）。

国外固定工资（公司采用国外工资制，分A，B，C……共六个级别）合计26人，每月5 510美元，合计：5 510×20=110 200（美元）。

国外加班费，平均每人每月40美元，合计：40×26×20=20 800（美元）。

现场津贴，每人每天2美元，合计：2×25.5×26×20=26 520（美元）。

奖金，每人每月平均50美元，合计：50×26×20=26 000（美元）。

2.人员其他费用：

签证费，包括劳动局、移民局申请费，每人38美元，38×26=988（美元）。

入境手续费，包括体检、劳动合同、劳工卡、居住证等，每人72美元，72×26=1 872（美元）。

离境手续费，每人27.4美元，27.4×26=712.4（美元）。

出国前办理护照费，每人4美元，4×26=104（美元）。

3. 办公费，包括各种办公用品、日常用文具、信封、纸张等，共计 8 240 美元。

4. 通信水电费，包括通信费：23 240 美元；水电费：17 786 美元。

5. 差旅交通费，共计 130 000 美元。

6. 医疗费，每人按 110 美元计，合计：110×26=2 860（美元）。

7. 劳动保护，包括：

高温补贴，每人每月 14.7 美元，14.7×26×20=7 644（美元）。

劳保工作服、鞋，每人按 30 美元计，30×26=780（美元）。

8. 生活用品购置费，包括炊具、卧具、冰箱、卫生间用品等共计 20 320 美元。

9. 固定资产使用费，同一折旧取 50%，维修率为 20%。

（1）车辆 5 部，每部原值为 10 000 美元，使用费为：5×10 000×0.7=35 000（美元）。

（2）生活和管理设施，包括复印机、计算机、空调、办公桌椅、电视、录像机等共计 30 900 美元。

10. 交际费，按照合同总价的 2% 计算为：18 000 000×2%=360 000（美元）。

合计：施工管理费为 885 475 美元。

综合以上，计算出直接费 A=自营直接费+分包费=13 015 270.9（美元）。

间接费 B=2 641 318 美元。

得出间接费率 b=B/A=2 641 318÷13 015 270×100%=20.29%。

十一、上级管理费

上级管理费按公司规定上交 4%，即 688 204 美元。

十二、盈余

盈余是考虑风险费（不可预见费）和预计利润。公司的发展经营策略是要力争拿下此项目。其原因是可以利用临近地点已完成的工程剩余下来的机械设备和管理人员，以及考虑继续占领该市场，并考虑到由于竞争非常激烈，施工风险又不是很大，因此决定此费率只取 5%（一般应取 7% ~ 15%）。

十三、单价分析

对招标文件工程量表中每一个单项逐项作单价分析表，计算出每一单项的价格，然后进行单价分析研究，主要是从采用的定额合理性，以及每个单项工程算出的单价是否符合当地情况，是否具有竞争力进行分析研究。

十四、汇总投标价

将上述所有单位估价表中的价格汇总，即可得出首轮的总标价。用这个总价再估算各项间接费的待摊费用。特别是对那些与总价关系较大的待摊费用要进行复算。例如，保险费费率、佣金、税收、贷款利息以及不可预见费和预期利润等。送投标书前再根据各方面得到的信息情况，对待摊比例进行调整。

十五、标价分析

为使公司的决策者拍板确定最终投标价格，报价小组要整理出供领导决策使用的工程标价构成表（见表 6–2）。

表6-2　　　　　　　　　　　**工程标价构成表**

工程标价构成内容	金额（美元）	比重（%）
一、人工费	1 932 000	11.23
二、材料费	8 774 705	51
三、施工机械费	799 475	4.65
其中：自有机械费	666 268	
当地租赁费	133 207	
四、分包费	1 509 090	8.77
其中：打桩工程	330 136	
仓库装修	59 726	
无线电工程	61 917	
临时道路	4 274	
市政工程	1 053 037	
五、直接费小计	13 015 270	
六、间接费合计	2 641 318	15.35
其中：投标开支费用	13 200	
保函手续费	12 710	
保险费	45 600	
税金	594 000	
经营业务费	520 333	
临时设施	70 000	
贷款利息	500 000	
施工管理	885 475	
七、上级管理费	688 204	4
八、盈余（风险和利润率）	860 255	5
九、工程总报价	17 205 047	100

6.4.4 编制投标文件

1）投标文件的组成

投标文件的内容因每个项目的具体要求不同而不同，但无论是从投标人的角度来看，还是从编制文件的角度来看，都可分为：

（1）投标证明文件。这些证明文件应该在资格预审时就递交，但有时没有资格预审时，需随同投标文件一起递交，包括：营业证书、投标公司章程和投标简介、管理人员名单、资产负债表、银行资信证明、当地代理委托书、在当地注册经营许可证书、缴税证明等。

（2）填制的投标文件。所谓填制的投标文件，是指招标人将投标条件编制成表格，投标人只需将空白表格填满的文件，如投标书、报价单、供货单、投标保函等。

（3）原样交回的文件。这包括投标须知、合同条款、合同格式、质量技术规范和技术说明书、图纸等。

（4）编制的投标文件。这包括施工计划、相关工程机械设备清单、技术说明书、投标附函等。

2）投标书的编制

对投标人编制投标文件的要求，在投标者须知中有明确规定，应完全按其规定办理。需要注意的问题是：

（1）投标文件最重要的是对招标文件做出实质性的响应。不得对招标文件的内容做任何修改。对每一空白都必须填写，否则即被视为放弃。

（2）反复审核，消除误差。

（3）整个文件要干净、整洁。

（4）全部文件的每页均须签字，修改过的地方也要签字。

（5）除非另有规定，全部文件要一次递交。

3）投标策略与报价技巧

（1）在招标国登记注册。有的国家规定外国公司必须在当地注册，取得法人地位才允许参加投标。有些国家虽无此类规定，但如果在招标国登记注册，取得当地的法人地位，可使企业拥有更多的投标机会，并能享受招标国优惠待遇。

（2）聘请当地投标代理人。正如前面所述，一个好的投标代理人可以帮助投标人深入理解招标文件，了解和掌握当地国际招标的习惯做法，利用代理人的良好社会关系增加企业中标的机会。

（3）进行联合投标。与当地公司联合投标，或与发达国家的公司联合投标，可以提高企业竞争力，分散风险，实现分工合作、优势互补的目标。

（4）选择最佳时机策略。投送投标文件和报价应选择最佳时机，一般选择在了解标底之后投标，或者在主要竞争对手报价之后投标。

（5）合理利用有关报价技巧。常见的报价技巧有：

① 不平衡报价法。所谓不平衡报价法，是指一个工程项目的投标报价在总价基本确定后，调整内部各个分项工程的报价，希望在不提高总报价的基础上，能获得更好的经济效益。

② 在固定单价合同方式下，可以研究工程性质与特点，按工程量变化趋势调整单价。

③ 提供选择性方案。对于有些工程项目，在按招标文件要求提供一个主报价外，再提出一套自己的技术设计方案，并据此提供一个有吸引力的报价以供业主选择。

④ 用降价系数调整最后总价。在填写工程量报价单的每一分项工程单价时，都增加一定的降价系数，而在最后的投标致函中，根据投标前做出的最后决定提出某一降价指标。

6.5 国际工程评标与决标

6.5.1 评标

评标是指由招标人依法组建评标委员会，根据规定的评标标准和方法，对各投标人的投标文件的各项内容进行评审、比较，从中选出最佳投标人的过程。在评标过程中，要遵循“公开、公正、择优、效益”的基本原则，只有做出全面客观的公正评价，才能在众多投标人中选出最佳的承包商。国际工程的评标分为两部分：一是初评，即对投标文件的合格性进行审查；二是终评，即正式评标。

1）初评

初评的目的在于，从众多的标书中筛选出符合投标最低要求标准的标书，将那些基本条件不合格的标书淘汰，以减少正式评标的工作量。一份初评合格的标书必须满足以下条件：投标文件有效、投标书完整、投标文件与招标文件一致以及正确计算报价。

只有通过初评的标书才能进入到后续的终评环节，否则将被认定为废标并予以排除。初评后，招标人应将在初评中发现的所有计算错误通知投标人，并以投标人书面确认的标价为准。如果经修改后的正确标价没有被投标人接受，则投标人的标书将被招标人拒绝，招标人还会没收投标人的投标保证金。招标人会按照报价由低到高的顺序重新排列投标人的名次，这时的名次可能与开标时的名次不同，因为有些开标时排名在前的投标报价可能因未通过初评而被排除。招标人从初评后的排名中挑选出排名靠前、具有竞争力、标价接近标底的几家投标人进入终评阶段。

2）终评

终评，即正式评标，由技术评审和商务评审两部分构成。

（1）技术评审。技术评审是为了确认投标人完成本工程的能力以及投标人制定的施工方案的可靠性。由于评标前的资格预审环节已经调查了投标人的财力和经历，因此，技术评审的主要任务是审核投标书中有关施工方案、施工计划和各种技术措施等方面的内容。技术评审的具体内容主要有：

① 技术资料的完备性。其包括投标文件中是否包含了招标文件要求的一切必要的技术资料，如施工方案及其说明、技术质量控制和管理、施工进度计划及其保证措施、现场临时工程设施计划、施工材料供应渠道和计划、施工机具设备清单等，确认这些资料是否与招标文件中的技术图纸或说明相一致。

② 施工方案的可行性。要论证投标文件中的施工方案是否科学、合理，施工工艺流程是否符合招标文件中的规范要求或项目所在地的强制性标准，尤其要注重论证项目的最难点或要害部位的施工方法的可行性。

③ 施工进度计划的可靠性。评标委员会要审查施工进度安排是否科学、合理，能否满足业主对竣工时间的要求，施工分段与投标文件中要求的关键日期或进度安排是否一致。此外，还要审查施工进度的保证措施，如施工劳务和机具的安排是否合理等。

④ 施工质量的保证。审查投标书中提出的质量管理体系是否完善、健全，标书中是否具备质量控制和管理措施，如质量管理人员是否配备、质量检验设备是否配置等。

除此之外，评审委员会还要对工程材料和机器设备供应的技术性能、分包商的技术能力和施工经验、投标书中对某些技术要求的保留意见以及投标书中按招标文件规定提交的建议方案进行评审。

（2）商务评审。商务评审旨在从财务、成本和经济等方面评审投标报价的合理性、正确性、经济效益和风险等，评估授标给不同的投标人产生的不同后果。商务评审的范围限制在技术评审中合格或基本合格的投标人，其结果决定了招标人最终将授标给哪一位投标人。商务评审的主要内容如下：

① 对比标底与投标报价，评价报价及其构成是否正确、合理，是否存在严重的不平衡报价；如果该项目采用可调价格合同，确认投标人使用的调价指数是否合理。

② 投标书中的财务设定是否合理，如通过评估投标文件中的资金流量表，进一步评估投标人的财务实力与资金管理水平。

③ 投标人在支付工程款方面有何要求与建议，或对业主有何优惠条件，这些内容是否合理。

④ 审查投标保证书（银行保函）是否能被接受。

⑤ 投标文件中是否存在与招标文件相违背的内容。

3）评标方法

国际工程承包中，常用的评标方法有两种：经评审的最低投标价法与综合评估法。

（1）经评审的最低投标价法。

经评审的最低投标价法将报价以外的商务部分折算成价格，与报价加总形成评标价，以评标价为标准进行评审。在质量、工期以及其他条件均达标的情况下，评标价最低的投标人应被选为中标人，但投标价格低于其成本的投标人除外。这种评标方法能够最大限度地降低工程造价，节约建设投资；但在此方法下，招标人面临的风险也较大，因为投标人可能会为了降低价格而在建造过程中使用劣质的材料与低劣的施工技术，使工程质量大打折扣。

（2）综合评估法。

综合评估法是指评标委员会对于满足招标实质性条件的投标文件，按照招标人规定的评标条件，对确定好的评价要素进行打分，结合各个指标的得分和权重算出综合评分，将综合评分最高的投标人选为中标人的评标方法。综合评估法的总计分值一般是100分，各指标的具体分值与所占权重由招标人自行规定，并在招标文件中写明。这种方法主要适用于施工难度大、技术复杂的国际工程承包项目。

6.5.2 决标

在决标环节，招标人可以根据两个标准选取中标人：一是选择价格最低的投标人作为中标人；二是进行综合评定，选择在价格、实力、技术、信誉等方面综合实力最强的投标人进行授标。只有在招标人和得标人双方都满意的条件下，招标人才会向其发出接受信。此外，在确定中标人后，招标人需要将结果通知所有未中标的投标人，并通知其担保银行撤销投标保函。

6.6 国际工程承包合同

6.6.1 国际工程承包合同的定义及类型

1）国际工程承包合同的定义

国际工程承包合同是一种书面契约，它规定了业主和承包商双方各自应享有的权利以及应履行的义务，也是承包商对业主的保证以及业主按约定条件给予承包商酬金的法律凭证。工程承包合同的主要组成部分为招标细则。在国际工程承包合同中，发包人可以将工程包给一个或多个承包人。承包人一般为国际工程公司。根据国际工程承包合同，发包人应当按期接受承包人所建造的工程项目，支付酬金，取得工程所有权；承包人应当在规定时间内，自担风险与费用，完成发包人委托的工程项目，收取酬金。国际工程承包合同的标的是特定的某项工程建设项目，包括勘察、建筑、设计、安装等。

2）国际工程承包合同的类型

根据不同的划分角度，国际工程承包合同可以划分为不同的类型。

（1）按价格的构成和价格的确定方法不同，国际工程承包合同可以划分为总价合同（Lump Sum Contract）、单价合同（Unit Price Contract）和成本加酬金合同（Cost Plus Fee Contract）。

①总价合同。总价合同是指在承包合同中规定承包价格，业主按合同规定将价款分期或一次性支付给承包商的一种合同形式。总价合同中所确定的价格是根据工程的图纸和承包的内容计算出来的，其价格一般是固定不变的。由于总价合同简单明确，业主可以很方便地开展确定总造价、评标、项目管理、质量监督等工作。但在总价合同下，承包商面临的风险较大，因此投标人在报价时要考虑原材料价格上涨、误工、工资上涨等风险。总价合同又可以分为：固定总价合同、调值总价合同、固定工程量总价合同与管理费总价合同。

②单价合同。单价合同，即所谓的量变价不变合同，是一种按合同的单价和承包商实际完成的工作量来支付价款的一种合同形式。合同中所确定的单价，既可以固定不变，也可以随机调整，主要取决于合同的规定。这种合同方式无论是对业主来说还是对承包商来说都比较合理，被国际上普遍采用。单价合同又可分为估计工程量单价合同与纯单价合同。

总价合同和单价合同的区别在于，总价合同按总价投标承包，而单价合同按单价投标承包；在总价合同中，虽然也要求投标人报单价，但所报的单价可以并不详细；在单价合同中，所列的单价必须详细，而所报的总价只是在评标时用于与其他投标人作比较。

③成本加酬金合同。成本加酬金合同又称成本补偿合同，是以工程实际发生的成本（施工费和材料费等），再加上双方商定的管理费和利润，向承包商支付工程款的一种合同形式。管理费与利润构成承包商的酬金。在这种合同形式下，由于成本实报实销，承包商面临很小的风险，但承包商能够获得的酬金往往与工程的质量、工期、成本三项指标相联系，因此，承包商比较注重质量、成本和工期，而业主也可从中得益。成本加酬金合同又可分为成本加固定费用合同、成本加定比费用合同与成本加奖金合同。

（2）按承包的内容不同，国际工程承包合同可划分为施工合同（Construction Contract）、设备的供应与安装合同（Supply of Equipment with Erection Contract）、工程咨询合同（Consultant Contract）、工程服务合同（Engineering Contract）、交钥匙合同（Turn-Key Contract）、交产品合同（Product in Hand Contract）、EPC合同（Engineering-Procurement-Construction Contract）、PPP合同（Public-Private-Partnership Contract）、BOT合同（Build-Operate-Transfer Contract）等。

① 施工合同。施工合同是业主与承包商签订的工程项目的建造实施合同，是国际工程承包中最常见的合同。

② 设备的供应与安装合同。这种合同的形式根据承包商责任的不同可划分为四类：一是单纯的设备供应合同，承包商只负责提供设备；二是单纯的设备安装合同，承包商只负责设备的安装；三是设备供应与安装合同，设备的供应商既供应设备又负责安装；四是设备的供应商负责提供设备，并指导业主自行安装设备的合同。

③ 工程咨询合同。工程咨询合同是一种专业技术服务合同，业主可以咨询的

主要内容包括投资前研究、项目可行性研究、施工图纸是否合理、实施方案是否可行等。

④ 工程服务合同。工程服务合同是业主与能够提供某些服务工作的公司签订的合同，其主要目的是为工程项目提供服务，这类合同只有在建造规模较大而且较复杂的工程项目中才会签署。

⑤ 交钥匙合同。交钥匙合同在国际上也叫设计-建造（Design-Build，DB）模式，它是指承包商负责从项目的可行性研究到试生产的一系列工作，承担全部责任，工程项目建成竣工后交给业主并立即投入生产使用的一种承包方式。在这种承包方式下，业主省时、省力，但需要支付高额费用，并且承包商有较大的主动权，可以获得可观的收益，但需要承担很高的风险。

⑥ 交产品合同。交产品合同又称"保产合同"，是指承包商不仅负责从项目的可行性研究到试生产的一系列工作，还负责指导业主生产出一定数量的合格产品，并在原材料及能耗达到设计要求之后将工程项目正式移交给业主的一种承包方式。与交钥匙合同相比，承包商的履约保证范围更大。这种承包方式往往适用于技术含量较高的大型项目。

⑦ EPC合同。EPC合同即"设计-采购-施工"合同，是指工程总承包企业按照合同约定，承担工程项目的设计、采购、施工、试运行服务等工作，并对承包工程的质量、安全工期、造价全面负责。EPC合同有三个特点：一是固定总价，EPC合同一般采用总价合同，即业主与承包商事先谈好价格，承包商要承担设计、不可抗力等因素带来的风险，不能向业主索赔；二是EPC合同中没有咨询工程师这个角色，因此业主对承包商的监控力度较弱，只能派业主代表对施工进度进行监控；三是注重竣工试车，只有试车成功后业主才会考虑验收。

⑧ PPP合同。PPP合同是指公营与私营合作项目合同。该类合同更强调业主对售后服务和质量监控的要求，业主在招标时提出参数和规范要求，并进行全程监控，所有的付款都与承包商履约好坏及其连续性等挂钩，业主在对项目运营满意后才会付款。由于PPP合同强调了业主的监控和管理作用，克服了EPC合同中业主监管不力的缺陷，因此PPP合同目前在日本、韩国和澳大利亚等发达国家更为普遍。PPP合同方式起源于20世纪80年代中期，90年代才被世界各国广泛运用。

⑨ BOT合同。BOT即"建设-经营-转让"。BOT合同是承包商将工程项目建成以后，继续经营一段时间才将工程项目转让给业主的一种承包方式。业主在采用BOT合同方式时，往往要求承包商负责项目的筹资或提供贷款，从而使筹资、建造、运营、维修、转让于一体，承包商在协议期内拥有并经营该项目，达到回收投资并取得合法利润的目的。这种承包方式多用于政府与私营部门之间的基础设施和公共设施项目。

3）合同计价方式与承包商的关系

对于承包商而言，采用不同的计价方式意味着要承担不同的风险。

（1）在总价合同下，由于总价固定，承包商将承担各种原因造成的损失。为了减少风险损失，有些总价合同中规定了价格调整条款，承包商可以在原材料或工资上涨到一定比例时调整合同价格，从而将一部分风险转移给业主。

（2）在单价合同下，项目中所有的风险将由业主和承包商共同承担。其中，工程数量方面的变更引起的预算超支将由业主负担，而单位价格中的成本增加则由承包负担。合同中需要明确规定工程数量和单位价格的变更引起的单价变化等问题。

（3）在成本加酬金合同下，由于业主将承担成本提高的全部风险，承包商将获得更可观的利润。但需要注意的是，合同中要界定清楚什么可划归为成本，如把应列入“成本”的费用划到“酬金”里，承包商将会受损失；反之，业主则要遭受损失。

6.6.2 国际工程承包合同的条款

1）国际工程承包合同条款的组成

合同条款也称合同条件，是指对工程施工条件、业主与承包商应该享有的权利与履行的义务、工程师的权限以及支付条件做出规定的法律文件，体现合同的主要内容。国际工程承包合同条款由一般条款和专用条款两部分组成。

（1）一般条款。

国际工程承包合同的一般条款也称作标准规范，对国际工程承包中合同双方的权利、责任、义务、合同管理的内容与方法以及其他共性问题进行了规定，普遍适用于一切工程。以《FIDIC建设工程施工合同》的一般性条款为例，其主要内容包括以下几点：招标程序；合同文件中的名词定义及解释；工程师与工程师代表及其各自的权力与责任；合同文件的组成、优先顺序以及有关图纸的规定；招投标以及履约期间的通知形式和发往地址；有关证书的要求；合同使用语言；合同协议书。

（2）专用条款。

专用条款与一般条款相对，是指根据工程项目的特点以及工程所在地的经济、政治、社会、法律情况，将一般条款中的规定加以具体化的合同条款。在专用条款中，可以修订或取代一般条款中的内容，也可以对一般条款中尚未涉及的内容进行补充。不同工程项目的合同中，专用条款内容有所不同。在合同中，专用条款采用与一般条款相同的序号，相互连接，共同构成了总的合同条款。专用条款在合同中占据十分重要的地位。

目前在国际上，由国际咨询工程师联合会（Fédération lnternationale Des lngénieurs Conseils，法文缩写FIDIC）编写出的一系列标准合同范式被广泛使用于国际工程承包领域。FIDIC合同条款由一般条款（也叫通用条件）与特殊条款（也叫专用条件）两部分构成。通常情况下，业主会照搬一般条款，并针对工程项目的实际情况制定特殊条款。

2）关于合同的支付条款

合同的支付条款在国际工程承包合同中占据重要地位，其具体内容体现在合同的专用条款中，主要包括支付货币、付款办法、支付期限等内容。

（1）支付货币。

一般情况下，业主希望使用工程项目所在国的货币支付工程款，而承包商希望收到能保值并自由兑换的硬通货。由于双方均不愿承担货币汇率变动带来的风险，双方只好寻求共担风险的方案，所以在合同中要确切说明用于支付的货币以及兑换率。若涉及两种以上的货币支付，合同中还要列明各种货币的使用比例与兑换率。

（2）付款方式。

在国际工程承包中，承包商应当获得的款项有四类，即预付款、工程进度付款、最终付款和退还的保留金。

① 预付款。预付款是在工程开工前，业主按合同规定付给承包人用来做工程初期的动员费的款项。

② 工程进度付款。工程进度付款是业主根据合同规定，对每项工程中完工的部分进行付款，即按工程阶段结算。

③ 最终付款。最终付款即业主在工程全部竣工后将全部款项付清的付款方式。

④ 退还的保留金。保留金是业主从每次支付给承包商的工程款中扣留的部分，目的是保证承包商能按合同规定保质保量按期完工。保留金的一半应在承包商发出竣工证明书时退还给承包商，另一半应在其发出维修证书时退回。

（3）支付期限。

国际工程承包合同一般规定，在工程师签发结算单之日起大约45天内，业主应完成支付手续。业主如果没有按规定期限付款，则需要向承包商支付一定的利息，利息率一般按工程所在国中央银行放款利率为准，或者按国际金融市场上银行同业拆借利率计算。

专栏6-3　　FIDIC合同条件

1913年，国际咨询工程师联合会成立。该联合会编制了一系列规范文件，旨在为国际工程承包提供标准的合同范本和行业惯例。FIDIC合同条件是目前国际上最通用的合同条件，广泛应用于国际工程领域。1999年，国际咨询工程师联合会编写出《新编FIDIC合同条件（第一版）》，该版本自发布以来，在全世界范围内得到广泛应用，对国际工程承包的发展起到了极大的促进作用。

以下将分别介绍《新编FIDIC合同条件（第一版）》的4个文本。

（1）《施工合同条件》（Conditions of Contract for Construction）

《施工合同条件》简称“新红皮书”，该文件推荐用于由雇主或其代表（工程师）设计的建筑或工程项目。在该合同形式下，通常由工程师负责监理，由承包商按照雇主提供的设计施工，但承包商也可设计土木、机械、电气和建筑物的某些部分。它采用单价合同，并规定了调价公式，由业主承担风险及损失。合同分为通用条件与专用条件两部分，前者是一般规定，共20条；后者附有投标函、合同协议书和争端裁决协议书。

（2）《生产设备和设计-施工合同条件》（Conditions of Contract for Plant and Design-Build）

《生产设备和设计-施工合同条件》简称“新黄皮书”，该文件推荐用于电气与机械设备供货、建筑或工程的设计与施工。它通常采用总价合同，但也可以对部分工程采用单价合同。承包商按照雇主的要求，设计和提供生产设备与其他工程，进行工程总承包。合同条款除了设计和竣工后的检验这两条，其他类似于《施工合同条件》。

（3）《设计采购施工（EPC）/交钥匙工程合同条件》（Conditions of Contract for EPC / Turnkey Projects）

《设计采购施工（EPC）/交钥匙工程合同条件》简称“银皮书”，该文件适用于以交钥匙方式开展的项目，采用总价合同。在该合同条件下，承包商承担所有的设计、采购、施工、试车任务，最后将可以投入生产的工程项目交给业主，要承担较大的风险。合同的主要结构与《施工合同条件》类似。

（4）《简明合同格式》（Short Form of Contract）

《简明合同格式》简称“绿皮书”，该文件适用于投资金额较小的项目，特别适用于较简单的、重复性的或工期短的工程。在该合同格式下，一般由承包商按照雇主或其代表（工程师）提供的设计来施工。该合同没有规定的计价方式，业主承担了较大风险。合同包括通用条件15条，没有专用条件部分，并在备注中提供了一些特殊情况下可选用的范例措辞，用户可以根据项目的实际需要自行编制专用条件部分。

6.6.3 合同管理

国际工程承包的合同管理是指，承包商围绕合同的磋商、执行、变更、索赔等环节实施的各项管理措施。通过合同管理，承包商希望实现两个目标：一是履行合同义务，确保项目按时、按需、保质、保量地完成；二是规避风险的同时增加收益，保障自身权益最大化。合同管理可采取如下措施：

（1）成立专门的合同管理组织机构。在施工的过程中，承包商应组建相应的合同管理部门，从而及时处理合约中出现的问题，保证施工过程顺利进行。

（2）熟悉FIDIC条件，适应判例法的特点。在选拔合同管理机构的组成人员时，要选择对FIDIC条款与判例法有充分了解的人。由于中国属于大陆法系，法官按照法律条文的规定审判案件，合同条件一般较为简洁，对承包商要求相对宽松；而欧美许多发达国家属于英美法系，法官按照判决先例审判案件，合同条件一般详尽、严密，因此承包商必须了解判例法的特点，才能够减少因法律体系差异造成的损失。

（3）重视合同磋商工作，避免重大合同缺陷。要深入了解项目所在国的市场、行业、法律、准入等方面的规则，从而降低风险；对于招标文件中过于苛刻的要求，要提出自己的合理建议，以争取在合同实施阶段的有利地位；组建一个有丰富经验的招投标小组，就招标文件中的关键问题与业主进行谈判，争取有利形势；善于利用合同中的专用条款，删除对承包商不利的合同条件。

（4）明确合同双方的权利与责任。在工程实施阶段，一切以合同为准，因此承包商务必要组织相应的力量，梳理所有的合同文件，仔细分析合同的每一项内容。在出现对合同条款产生歧义的理解时，要与监理及时沟通，达成一致意见。

（5）构建全面且系统的文档管理体系。派遣专门的员工搜集和梳理相关的工程资料，保存好标书、图纸和技术标准、合同、工程量表、施工计划表等文件，搜集梳理与各方的会议纪要、往来信件等信息，保存好工程监察和完成验收报告、工资薪金凭证、材料采购清单以及监理颁布的各种工程实施阶段的指令。

（6）重视仲裁条款，争取有利的仲裁条件。FIDIC合同下，仲裁是争端解决的最终方式，因为仲裁的结果是终局性的，双方都需要受到仲裁结果的约束。对于中国的承包商而言，可以在仲裁条款中写明争端按照中国国际经济贸易仲裁委员会的仲裁规则和程序进行，为自己争取有利形势。若业主要求争端在项目所在地解决，则承包商可以申请适用第三国国际仲裁规则与程序。

（7）建立专门索赔小组，做好项目索赔。索赔是承包商维护自身利益的有效手段。在国际工程承包中，索赔是一项复杂度高、难度较大的工作。承包商可就合同缺陷、业主违约、不可抗力等因素造成的损失向业主索赔。由于索赔必须依据书面文件进行，因此承包商妥善保存各种重要文件是十分必要的。关于索赔的详细内容见6.7.3。

6.7　国际工程承包的风险防控

6.7.1　银行保函

1）保函的含义

保函是承包合同中的一种担保文件，目的在于合同当事人一方规避因另一方违约而遭受的损失，以此保证自己的权益。银行保函是银行应申请人的请求，向受益人开出的，担保申请人正常履行合同的书面保证文件，实质上是一种违约赔款保证书。如果银行保函的申请人没有履行保函中担保的义务，银行则向受益人赔偿经济损失。在国际工程承包中，银行保函已经成为一种最常见、最容易接受的信用担保形式。常见的银行保函包括：投标保函、履约保函、预付款保函、工程维修保函、临时进口物资税收保函与免税工程的进口物资税收保函。

2）各类保函的作用

（1）投标保函。

投标保函是银行根据投标人的请求向业主开具的经济担保书，保证投标人在投标有效期内不得撤回标书，并在中标后与业主签订承包合同。投标保函随投标文件一起递交给招标人，其担保金额一般为投标报价总额的0.5%~3%，中小型项目担保金额一般为投标报价总额的3%~5%，有效期一般为60天、90天、150天、180天不等。对于未中标者与在规定时间内和业主签订合同、递交履约保函的中标者，业主均应在招标结束后及时退回保函。如果业主宣告废标，投标保函则自然失效。

（2）履约保函。

履约保函是保证承包商严格按照承包合同要求的工期、数量、质量履约的保函。FIDIC条款规定，承包商应在接到中标通知后28天内递交履约保函。履约保函的担保金额一般为承包合同总额的10%，其有效期一般不能短于合同规定的工期，如果工期延长，履约保函的有效期也应相应延长。如果承包商中途毁约或破产，业主有权要求银行支付保函的全部担保金额。只有在工程全面竣工并由现场监理工程师验收合格后，履约保函才能予以退还。

（3）预付款保函。

预付款保函也叫定金保函，是银行应承包商的请求向业主开具的，保证承包商按照合同规定偿还业主支付的全部预付款的经济担保文件。预付款保函的担保金额应等同于业主预付款的金额，一般为合同总金额的10%-15%，其担保期限一般从承包商收到预付款之日起到全部扣还为止。由于预付款是逐笔扣还的，因此预付款保函的担保额会随之减少。

（4）工程维修保函。

工程维修保函是承包商通过银行开具的，保证自己对完工后的工程提供维修的经济担保文件。工程维修保函的担保金额一般为合同金额的5%～10%，有效期为1～2年。维修期应始于工程完工并验收合格之时。在履约保函到期并退还之前，承包商必须开具工程维修保函。工程维修保函既可以重新开立，也可以以续展履约保函的形式来代替。如果在规定的期限内未发现工程项目存在需要维修的缺陷，则业主需退还维修保函。

（5）临时进口物资税收保函。

临时进口物资税收保函是承包商通过银行开具给业主的，保证自己在工程竣工后，将临时进口的用于施工的设备运出工程所在国，或保证在永久留下这些施工设备时照章纳税的一种经济担保文件。这种保函的担保金额一般等同于临时进口的机械设备的价值，其担保的有效期一般略长于施工期限。承包商在将机械设备运出工程所在国并取得海关出示的证明之后便可索回保函。

（6）免税工程的进口物资税收保函。

免税工程的进口物资税收保函是承包商通过银行开具给业主的，担保自己将进口的材料全部用于其承包的免税工程之中的经济担保文件。这种保函的担保金额等同于进口的原材料的价值，其有效期与工期基本一致。在承包商向税务部门展示了业主颁发的进口物资已全部用于免税工程的证明之后，便可退回保函。

6.7.2 国际工程承包保险

1）国际工程承包保险概述

国际工程承包保险是指承包商向保险公司交付议定的保险费后，保险公司依据契约规定补偿承包商在执行契约过程中发生的处于承保范围内的损失。由于国际工程承包下工程项目具有时间长、内容广、复杂程度高等特点，承包商面临着很多方面的风险，如经济风险、政治风险、自然风险以及意外事故风险，因此在国际工程承包中，保险具有强制性与必要性。按照保险范围的不同，国际工程承包保险可分为三种类型：一是各国法律规定必须参加的保险；二是业主要求参加的保险；三是承包商为了防止本企业发生意外事故而参加的保险。

2）国际工程承包保险的分类

目前，国际上保险种类众多，承包商究竟参加哪几种保险，需要根据招标条件、合同条件、工程性质、风险分析与评价等方面进行综合判断。一般地说，国际工程承包中常见的保险有一切险、第三方责任险、人身意外险、汽车险、货物运输险和社会福利险。

（1）一切险（All Risks Insurance）

一切险又称“全险”，是指承保在工程项目的整个施工期间，由于意外事故、自然灾害、技术人员或工人操作失误而导致的在建工程、已到达现场的材料、临时工程、施工机械设备以及现场其他财产的损失的一种险别。它是一种综合类的险别，但不承保由于战争、罢工、政策变化、违约等原因造成的损失。工程一切险一般按合同的总价承保，保险期限自开工日起，延续到工程竣工之日或双方商定的终止日期。

（2）第三方责任险（The Third Party Liability Insurance）

第三方责任险是指保险公司就与工程无关的第三方在事故中遭受的财产损失或人身伤亡进行赔偿的一种险别。一般情况下，合同条款规定，第三方责任险应由承包商进行投保，并且会规定最低投保限额。

（3）人身意外险（Personal Accident Insurance）

人身意外险是指保险公司负责赔偿被保险人在保单有效期内因意外事故遭受人身伤亡损失的一种险别。在承包合同中，一般都会要求承包商为施工人员投保人身意外险，与此同时还可附加由意外事故致伤的医疗保险。人身意外险的保险金额由项目所在国的法律规定。

（4）汽车险（Motor Car Insurance）

汽车险是指保险公司负责赔偿施工车辆在工地以外发生事故造成的损失的一种险别。施工过程中，运输车辆面临的风险分为工地内风险与工地外风险两种，汽车险只承保工地外风险，而工地内风险属于工程一切险承保范畴。

（5）货物运输险（Cargo Transportation Insurance）

货物运输险是指保险公司负责赔偿工程所需的原材料、机械设备、零部件等货物在运输期间遭受自然灾害或意外事故而造成的损失。货物运输险可以分为两大类：一类是可单独投保的基本险，即平安险、水渍险和一切险；另一类是只能在基本险的基础上附加投保的附加险，附加险可分为一般附加险、特别附加险和特殊附加险。货物运输险的保险金额可按CIF价格的110%计算。

（6）社会福利险（Social Welfare Insurance）

社会福利险是保险公司为国际承包工程所雇佣的本国和外国雇员提供的，在雇员失业、退休、死亡的情况下，给予救济与补偿的一种险别。有些国家将社会福利险列为强制性保险，且必须在国家指定的保险公司投保，这种做法对外籍雇员来说极不合理，但外籍承包商可以要求在施工结束后外籍雇员离开时返还一定比例的保险费。

6.7.3 国际工程索赔

1）索赔的含义

索赔通常是指施工合同的履行过程中，合同当事人一方由于非自身原因而受到实际损失或权利损害时，通过合法程序向对方提出经济和（或）时间补偿的要求。我国的《建设工程工程量清单计价规范》（GB50500—2013）术语部分中，规定了施工索赔的定义："在工程合同履行过程中，合同当事人一方因非己方的原因而遭受损失，按照合同约定或法规规定应由对方承担责任，从而向对方提出补偿的要求。"索赔既是承包商应当享有的正当权利要求，又是其依据承包合同所应得的合理补偿。

2）索赔的条件

索赔成立的要件有两条：一是己方遭受了实际损失；二是己方不是造成损失的原因。索赔成功的条件如下：

（1）索赔必须符合工程承包合同内有关条款的规定和相关法律法规；

（2）索赔所反映的问题必须符合客观实际，经得起双方的调查和质证；

（3）索赔要有具体的事实依据，如索赔事件发生的时间、地点、原因、涉及人员、双方签字的原始记录、来往函件以及计算结果等；

（4）索赔证据必须真实、全面；

（5）索赔要在合同规定的时间内提出。

3）索赔的内容

（1）合同文件的索赔，包括有关合同文件构成不严格而引起的索赔、合同文件的有效性引起的索赔、因图纸或工程量表中的错误引起的索赔；

（2）工程施工的索赔，包括地质条件变化引起的索赔、各种额外的试验和检查费用偿付、增减工程量的索赔、工程质量要求的变更引起的索赔、指定分包商违约或延误造成的索赔等；

（3）支付方面的索赔，包括价格调整方面的索赔、货币贬值导致的索赔以及拖延支付工程款引起的索赔；

（4）工期和延误的索赔，包括承包商要求延长工期导致的索赔、由于延误而导致的一系列相关损失的索赔、就业主要求赶工的费用提出的索赔以及由雇主风险和不可抗力造成损害的索赔；

（5）工程暂停、终止合同的索赔，包括由承包商暂停、终止工程引起的索赔与由不可抗力造成的工程暂停、终止合同的索赔；

（6）综合索赔，即工程完工后最终结算期间，将施工时提出却一直未能妥善解决的索赔加以分类，综合整理，以综合索赔的名义提出索赔；

（7）财务费用补偿索赔，即由于各种原因使得承包商财务开支增大，进而导致承包商面临的贷款利息增加引起的索赔。

4）索赔管理的基本工作

在索赔管理过程中，无论是业主还是承包商，都要做好如下一些基本工作：

（1）建立专门的索赔管理小组；

（2）认真研究合同条款中存在的风险，增强索赔和防止被索赔的意识；

知识扩展6-3

安哥拉某项目变更及索赔管理

（3）加强文档管理，保存索赔资料和证据；

（4）抓住索赔的机遇，及时申请索赔；

（5）写好索赔报告，重视索赔额的计算和证据；

（6）注意索赔谈判的策略和技巧。

做好索赔管理工作，对业主和承包商都有着重要意义。对于业主来说，良好的索赔管理工作可以使业主以合理的投资完成所期待的工程项目，使工程顺利建成，避免产生合同纠纷。对于承包商来说，做好索赔管理工作可以保证自己的合法利益，减轻承包工程的经济风险；同时，也促使承包商不断提高自己的合同管理水平，降低成本，提高利润。

● 本章小结

1.目前，国际工程承包市场的主要特征有：①国际工程承包市场增速缓慢。②市场呈现出不均衡性和垄断性。③完全买方市场加剧了风险因素和竞争压力。④区域市场基础设施建设需求与风险并存。⑤高科技、智能化成为国际工程承包的竞争关键。⑥国际工程承包市场建设资金匮乏、“融资难”。

2.国际工程承包是一国从事国际工程承包的具有法人地位的公司，通过招标、投标或其他途径在国际市场上与国外发包人订立合同，并依据合同有关要求承包、兴建发包人所委托的工程建设项目，按合同约定条件收取报酬的一种综合性的国际经济合作方式。

3.招标是招标人（业主或发包人）标明其拟发包工程的内容和要求等，通过招引或邀请对该项目感兴趣的承包商就该工程的承包的价格、施工方案及进度等承包的报价进行综合比较，从中选出最优承包商达成交易的过程。

4.投标是指投标人根据招标人的要求，在规定的时限以规定的方式，编制投标书，投报其承包工程的实施方案和报价，以便招标人进行选择成交的行为。

5.投标的步骤按其发生的先后顺序分别是：参加资格预审—研究并购买招标文件—选择代理人—现场考察—办理投标保函—参加标前会议—询价—编制并递交投标文件—竞标。

6.报价是指投标人承包工程项目时，以招标文件为基础，根据现场考察情况、工程定额、费率、价格等相关资料计算承包工程的费用。

7.工程标价是由直接费用、间接费用、暂定金额、上级单位管理费和盈利组成的。

8.投标文件从编制文件的角度来看有：投标证明文件；填制的投标文件；原样交回的文件；编制的投标文件。

9.国际工程的评标分为两部分：一是初评，即对投标文件的合格性进行审查；二是终评，即正式评标。

10.国际工程承包合同是一种书面契约，它规定了业主和承包商双方各自应享受的权利以及应履行的义务，也是承包商对业主的保证以及业主按约定条件给予承包商酬金的法律凭证。

11.按价格的构成和价格的确定方法，国际工程承包合同可以划分为总价合同、单价合同和成本加酬金合同。

● 基本概念

国际工程承包　总包　分包　联合承包　国际工程招标　ICB　邀请招标　投标　资格预审　报价　总价合同　单价合同　成本加酬金合同　银行保函

● 复习思考题

1.简述国际工程承包概念及类型。

2.与国内工程承包相比，国际工程承包有哪些特点？

3.目前，我国国际工程承包有哪些特点？

4.什么是国际招标？有哪些主要方式？其优缺点是什么？

5.简述投标的概念及可供选择的投标方式。

6.进行资格预审的意义？

7.简述招标文件的作用。

8.简述投标报价的含义及步骤。

9.如何进行单价分析？

10.简述投标文件的组成。

11.简述评标的步骤和方法。

12.国际工程承包合同有哪几种计价方式？

13.谈谈你对国际工程承包中索赔的认识。

第7章 / 国际劳务合作

学习目标

通过本章学习，了解有关国际劳务合作的发展概况以及国际组织和各国对劳务输出（入）的管理；学习我国对外劳务合作的相关政策和法律；掌握国际劳务合作的基本概念与方式、有关劳务合作的业务程序及国际劳务合同的主要内容。

7.1 国际劳务合作的概念及种类

7.1.1 国际劳务合作的基本概念

劳务是劳动服务的简称，是指劳动力的所有者向需求该种劳动服务的单位或个人提供的劳动。马克思主义的经济理论认为，“劳务”是指无形的效用性服务，即不以实物形式而以提供劳动的形式满足他人某种需求的劳动活动。这种劳动既可以视为工业、农业等行业提供的生产性劳动，也可以视为商业、旅游、金融、保险、运输、通信、建筑、医疗、教育等行业提供的服务性劳动。当这种活动超出了国与国之间的界限成为一种国际往来时，我们称它为国际劳务的输出与输入。

国际劳务是指一国的自然人或法人，以提供包括从事工程设计、测量、施工、安装、工业生产、农业劳动、文化教育、艺术体育、医疗卫生、交通运输、邮电通信、法律、咨询、银行、保险、会计、检验、数据处理、电子计算机程序编制及行政管理等活动的劳动来满足他国自然人或法人的需要的一种国际社会活动。国际劳务合作是指一国的自然人或法人通过某种形式向另一国的自然人、法人或政府机构提供劳务以获取经济利益的一种国际经济合作方式，国际劳务合作实际上是一种劳动力要素在国际的重新合理配置。

各国对劳务输出的概念有一些区别，现以亚洲国家为例：

1）海外就业

大部分亚洲劳务输出国把本国劳动力去国外工作称为“海外就业”，如菲律宾、斯里兰卡、孟加拉国、印度尼西亚、泰国、印度和巴基斯坦等国。这些国家也设有相关管理劳务输出的机构，包括海外就业署或海外就业局等，比如菲律宾的海外就业管理署、海外工人保障局和国际劳工事务服务中心均涉及海外就业，其中，海外就业管理署承担海外就业的立法、管理、监督等工作，海外工人保障局承担海外工人的福利保障工作，国际劳工事务服务中心承担海外劳工管理及其他有关工作。这些国家劳务输出的主要目的是解决国内就业问题。

2）国际劳工移民

亚洲的一些劳务输出国也经常称劳务输出为“国际劳工移民”，称出国就业的各类劳务人员为“移民工人”（Migrant Workers）。据国际劳工组织统计，2013年国际移民为2.32亿人，2020年全球范围内的国际移民总人数达到2.81亿人，这些移民工人主要来自亚洲、非洲、拉丁美洲的经济欠发达国家，同时，国际移民获得的收入中一半以上被汇往发展中国家。一般而言，国际劳工移民是指以就业为目的而发生的国与国之间的人员流动。相应地，通常将人员流出的国家称为原居住国，将人员流入的国家称为目的地国。

通常，移民有以下六种类型：①商务移民，包括投资移民、企业家移民、已建立生意移民等，要有足够的资金、有投资项目；②技术移民，有工作经历、有大专以上的学历；③亲属移民，在目的地国有直系亲属且申请人有稳定的经济来源；④婚姻移民，建立真实的婚姻关系，申请人须能够证实婚姻关系的真实性；⑤家庭移民，目的地国的永久居民或者公民有机会把他们的亲属移民到目的地国一起生活；⑥应聘移民，包括特殊能力者、杰出教授、专家学者、企业多国业务主管和经理人员的移民，高学历人员、能力杰出者的移民，技术人员、专业人员和非技术人员的移民等。

美国移民法将职业移民划分为五大优先类：第一优先类是具有杰出才能的人士，第二优先类是专业人才和具有特殊才能的人士，第三优先类是专业人士、技术工人和非技术工人，第四优先类是特殊移民，第五优先类是创造就业机会的投资移民。

国际劳工局把当代“移民”分为三类，即公务移民与实业移民、定居移民和合同移民。其中，公务移民与实业移民可视为同一类移民，这类移民主要包括公务人员、宗教人员、外国航运或空运人员、记者、艺术家、演艺人员、从事体育运动的人员、企业家或外国实业界的人员等。定居移民，是指未来将定居在本国作为本国公民的外国移民，享受各国法律和有关政策的保护。合同移民是一种典型的劳动力跨国流动形式，它是指根据一项合同，被某国允许入境并在规定的期限和工作岗位就业的外国人。就业合同通常以工人的名义，由他与雇用他的雇主或公司签订。传统的个体合同移民、群体签证移民、集体合同移民和与项目相联系的移民都属于合同移民。

3）出国合同工人

“出国合同工人”或“海外合同工人”，这是菲律宾的法定术语，指按照有效的雇用合同的规定，即将出国或已经出国工作的任何人，包括陆地上的出国合同工人和海员两大类。菲律宾政府使用“出国合同工人”来强调根据劳务合同的规定通过正式渠道出国的劳务人员，以区别于那些没有有效的合同，通过非法途径外出就业的“非法移民工人”。

4）对外劳务合作

对外劳务合作，是指组织劳务人员赴其他国家或者地区为国外的企业或者机构（国外雇主）工作的经营性活动。对外劳务合作是中国目前劳务输出的主要形式。目前，中国对外劳务合作的范围已扩展至全球180多个国家和地区。中国分别与塞班、俄罗斯、巴林、马来西亚、毛里求斯、英国、约旦签署了双边劳务合作协定，市场分布日趋多元化。一些劳务人员成功进入德国、奥地利、挪威、瑞典、荷兰、澳大利亚等国市场。

中国对外劳务合作的行业领域主要分布在制造业、建筑业、农林牧渔业、交通运输业和饮食服务业。其中，建筑、纺织、渔工类劳务人员占外派劳务总数的一半以上。此外，也有一些涉及资讯管理、科教文卫体、计算机技术服务等高级技术领域的劳务人员。中国已成为国际建筑、纺织劳务和海员的重要来源地，行业领域不断拓宽。

中国对外劳务合作具有其自身的特点，其对外劳务合作主要有以下几种形式：

（1）海外承包工程劳务输出。它是指国内的国际经济技术合作公司或承包公司，在获得国外工程项目的承包或分包任务后，为工程项目组织的各种外派劳务人员和服务。这是中国劳务输出的主要形式。海外承包工程输出的劳务人员数量和种类通常取决于工程发包商及其国家对国际劳务输入的限制和要求。

（2）海外投资劳务输出。中国近年来海外投资企业逐年增加，企业的生产需求带动了人员的输出。

（3）委派劳务输出。委派劳务输出即中国外经贸公司作为受聘方与需求劳务的国外公司或个人签订合同，并按合同规定的各种要求落实人选、办理国家规定的手续、提供合适的劳务人员。这些劳务人员享受公派待遇，派出单位要保证公派劳务人员在国内的待遇和公派期满后回国的安置。

知识扩展7-1

中国劳务输出全球第二

（4）由成套设备和技术出口带动的劳务输出。其主要指成套设备和技术出口需要本国劳务人员进行安装调试、技术指导、人员培训等而产生的劳务输出。

（5）民间劳务输出。它是指个人应国外企业或个人的邀请，以劳务人员身份出国提供劳务服务的一种劳务输出形式。

7.1.2　国际劳务合作的种类

劳务划分的方法很多，从不同的角度可以划分为不同的种类：

劳务按劳动力提供服务所在的部门不同可以划分为要素性劳务和非要素性劳务。要素性劳务主要是指在工业、采矿业、加工业和农业等生产部门就业的劳动力；而非要素性劳务是指在商业、金融、保险、运输、咨询、旅游、文教等服务性行业就业的劳动力。

劳务按提供服务的目的来划分，可分为五种，即从事工农业生产、资源开发和加工工业等物质生产的生产型劳务；从事公路、铁路、港口、机场、桥梁、水利、厂房建设等直接为工农业生产和资源开发提供服务的服务型劳务；从事商业、金融、保险、咨询、交通运输、计算机服务等间接为生产活动服务的服务型劳务；从事餐饮、旅游、民用航空、海陆空客运、医疗卫生、民用建筑、家庭服务等满足人们物质消费需要型的劳务；从事文化艺术、体育、教育等满足人们精神需要型的劳务。

国际劳务合作包括境内劳务合作与境外劳务合作，境内劳务合作是指劳务提供者在其国内进行各种劳务输出活动，如来料加工、来样加工、来件装配，以及在国内开展的国际旅游和在国内举行的国际性学术文化交流活动等。境外劳务合作即劳务输出，指一国劳动力到他国谋取就业机会，被国外雇主雇佣而获得劳动报酬，在境外劳务合作中，根据劳务技术水平不同分为普通劳务合作和技术劳务合作。随着现代服务业和国际经济合作的快速发展，当代国际劳务合作在保留传统普通劳务合作（如家政服务、旅游服务等）的基础上不断扩大合作范围（如各种咨询、律师、会计服务，技术开发和软件设计服务，工程承包中的工程师服务等），促使技术劳务合作方式向更加灵活多样的方向发展。

随着劳动力流动规模的不断增大，劳务输出国和输入国逐渐发现劳动力职业名称和职责范围的不同在实践中产生了许多麻烦，供需双方往往因为职业名称不同造成劳动力供需的不一致，导致信息不对称，甚至可能会给双方带来经济损失。为了解决这些麻烦，需要建立一套全球通用的职业名称分类。

1949年国际劳工组织召开的第七届国际劳工统计专家会议通过的职业分类草案（共分9大类）是制订职业分类的第一个具体步骤。1958年出版的《国际标准职业分类》是经过国际长期合作共同完成的。此项工作的完成，为各国制定或修订本国的职业分类提供了系列化的基础，以便在国际上进行比较。它适用于编制和发表人力资源调查（包括人口普查）所获得的统计资料，以及编制安置就业机构的登记材料。

《国际标准职业分类》是国际劳工组织制订的一个包括全部文职人员所从事的职业的系统分类结构。由粗而细逐层划分，将职业类别分成8大类、83小类、284细类以及1 506个职业项目，对1 881个名称给出了明确的定义。其中，8大类是：专家、技术人员和有关工作者；政府官员和企业经理；事务性工作和有关工作者；销售工作者，服务工作者；农业、牧业和林业工作者，以及渔民和猎人；生产及有关工作者；运输设备操作者和劳动者；不能按职业分类的工作者。

在联合国开发计划署的支持下，国际劳工组织亚太地区局于1988年发布了《出国劳务人员职业分类》，也可译为《移民工人职业分类》，汇编了908个劳务输出常用的职业名称及其释义说明。

出国劳务人员职业分类由以下几部分组成：

（1）职业编号（Occupational Code Number）。每一个职衔都对应的有一个唯一的四位阿拉伯数字组成的编号。

（2）职衔（Occupational Title）。职衔即职业名称，是对职业状态和工作内容的概括，对该职衔给出定义，并且采用人们最普遍使用的名称。

（3）释义提要（Lead Statement），是对某职衔性质和目的的描述，也说明该职衔的责任，并指出该职衔与其他职衔的区别。

（4）职责说明（Statement of Duties），说明某职位的劳务人员将要做什么，怎样做，以及该职位所需要的技能和知识。

根据不同部门发布的职业分类，我国的职业分类主要有两种类型：

第一种是根据国家统计局、国家标准总局、国务院人口普查办公室1982年3月公布供第三次全国人口普查使用的《职业分类标准》。《职业分类标准》依据在业人口所从事的工作性质的同一性进行分类，将全国范围内的职业划分为大类、中类、小类三个层次，即8大类、64中类、301小类。其8个大类的排列顺序是：第一，各类专业、技术人员；第二，国家机关、党群组织、企事业单位的负责人；第三，办事人员和有关人员；第四，商业工作人员；第五，服务性工作人员，第六，农林牧渔劳动者；第七，生产工作、运输工作和部分体力劳动者；第八，不便分类的其他劳动者。在八个大类中，第一、二大类主要是脑力劳动者，第三大类包括部分脑力劳动者和部分体力劳动者，第四、五、六、七大类主要是体力劳动者，第八大类是不便分类的其他劳动者。

第二种是由国家发展发展和改革委员会、国家经济贸易委员会、国家统计局、国家标准局批准，于1984年发布，并于1985年实施的《国民经济行业分类与代码》。这项标准主要按企业、事业单位、机关团体和个体从业人员所从事的生产或其他社会经济活动的性质的同一性分类，即按其所属行业分类，将国民经济行业划分为门类、大类、中类、小类四级。门类共13个：第一类，农、林、牧、渔、水利业；第二类，工业；第三类，地质普查和勘探业；第四类，建筑业；第五类，交通运输业、邮电通信业；第六类，商业、公共饮食业、物资供应和仓储业；第七类，房地产管理、公用事业、居民服务和咨询服务业；第八类，卫生、体育和社会福利事业；第九类，教育、文化艺术和广播电视业；第十类，科学研究和综合技术服务业；第十一类，金融、保险业；第十二类，国家机关、党政机关和社会团体；第十三类，其他行业。这两种分类方法符合我国国情，具有实用性，也符合我国的职业现状。

7.2　国际劳务合作的产生与发展

7.2.1　劳动力的跨国移动

经济学家普遍认为，资源的流动性是现代经济的重要特征，是衡量一个经济机制优劣与否、成熟与否的重要标志，一个保持较高流动性的经济机制，将使国民经济结构随时得到调整、资源配置得到优化、供求关系的失衡得到解决。因此，流动性本身必然增加经济资源的价值。对于劳动力资源来说也是这样，通过教育和健康投资等形成的劳动力资源的价值的实现和增值，往往要通过劳动力的流动来完成，其中包括劳动力的跨国流动。传统劳动经济学理论假定劳动力生产要素在国内是完全流动的，而在各国间是完全不流动的。但在现实生活中，一方面，劳动力在国内并非完全自由流动，受到诸多方面的限制；另一方面，劳动力在国际上也并非完全不流动，劳动力国际移动是客观存在的。

劳动力的移动主要是以改变就业类型、改善收入状况为目的的一种跨地域流动行为。劳动力在国际上的移动主要有间接和直接两种表现形式，间接意义上的流动主要包括劳动密集型产品的输出和输入、出口加工装配业务等。直接意义上的劳动力国际移动具有很长的历史，而且已成为当代国际经济生活中的重要现象。劳动力国际直接移动最明显的形式就是国际移民，国际移民无论在第二次世界大战前还是从第二次世界大战后直到今天，都相当普遍。国外就业是劳动力国际直接移动的又一表现形式。而国际工程承包和劳务输出输入是第二次世界大战后新兴的劳动力国际移动方式，并成为国际劳务合作的重要内容。

从微观机制上看，劳动力的移动决策是建立在对迁移前后成本和收益审慎权衡的基础上的。移动之后的收入越高、工作机会越多、工作前景越好，劳动力移动的动力就会越强；反之则相反。从移动的宏观表现上看，由于不同产业、地区和国家之间在工资收入、工作条件和工作前景方面存在差异，因而形成了劳动力在不同产业、地区和国家之间的移动。在20世纪六七十年代，随着大规模劳动力移动成为许多国家经济生活中的显著现象，各种有关劳动力移动的理论争相涌现，其中以刘易斯模型、托达罗模型和“推力—拉力”理论等最负盛名。

从劳动力移动决策来看，劳动者是否移动是经过评估自身条件、所处环境和外在因素后所作出的理性决策，其中根本影响因素为移动前后的工资收入差异。除此之外，年龄、受教育程度、家庭因素、迁移距离和劳动者的技能水平等也影响劳动者的移动决策。受以上因素的影响，劳动力的跨国移动表现出一个显著特点，即劳动力常常是从发展中国家流向发达国家、从低收入国家流向高收入国家、从工作机会少的地区流向工作机会多的地区。世界各地区接纳国际移民的情况可以很好地佐证这一点。

2020年欧洲接纳了8 700万移民，占全球移民人数的30.9%；亚洲接纳了8 600万移民，占全球移民人数的30.5%；北美紧跟其后，2020年国际移民为5 900万人，占全球移民人数的20.9%；在其他地区，非洲接待了9%的移民，拉丁美洲和加勒比地区接纳了5.3%的移民，大洋洲接纳了3.3%。

第二次世界大战后初期，劳动力的大规模流动首先在北美洲一定的区域范围内兴起，主要流向美国和加拿大两个发达国家，最初墨西哥和加勒比地区数百万劳动人口流向了美国，之后美国一直被人们看成是移民国家，而且继续以每年100多万的数量吸收来自世界各国的移民。2020年，北美地区作为传统移民迁入地区有超过5 900万来自世界各地的移民生活于此。迁入移民来源最多的地区分别是拉丁美洲与加勒比地区（2 500万人）、亚洲（1 750万人）以及欧洲（1 000万人）。美国是世界上拥有外国出生人口最多的国家，加拿大的外国出生人口也居世界第八。北美地区外国出生人口有86%生活在美国，占美国总人口的15%，加拿大的外国出生人口占其总人口的21%。

第二次世界大战以后，由于欧洲战后的重建和兴建新的工程项目需要很多劳动力，地中海沿岸各国有成千上万的劳工流向了西欧和北欧。作为全球国际移民的主要目的地区域，到2020年，欧洲已经有8 700万国际移民生活在该区域，过半移民（4 400万）出生在本区域内，但生活于欧洲其他地区。欧洲人在本区域内的迁徙是世界第二大人口迁徙路径（第一大人口迁徙路径是拉丁美洲与加勒比地区向北美地区的迁徙）。欧洲的许多国家，如俄罗斯、乌克兰、波兰与罗马尼亚都有大量迁出移民（约2 600万人）。根据2020年的数据，在欧洲国家中，德国的外国出生人口最多，达1 600万人，其中主要来自波兰、土耳其、俄罗斯与哈萨克斯坦等国家。但德国的最新数据（截至2022年）显示了德国近年的巨大变化。德国外籍人口有1 230万人，其中，国籍为欧盟国家的共有750万人，占在德外籍人士的42.63%；国籍为亚洲地区国家的有510万人，占23%；其中有350万人来自近东和中东。并且，有近110万人来自非洲地区，约占5%，还有70万人来自北美、中美、南美和澳大利亚地区，共占在德外籍人士的3%。截至2022年年底，在德国的外国人中，主要为土耳其人（达134万人）、乌克兰人（达105万人）和叙利亚人（达88.3万人）。受俄乌冲突引发大规模移民潮影响，2022年德国总人口数量增长1.3%，达到8 440万人；其中居住在德国的乌克兰人数量激增了6倍多。根据其数据库显示，2012年至2013年申请签证的人数增加了267 726人，而2014年申请人口有小幅回落，2015—2019年呈增长趋势。2020年开始，受全球疫情影响，申请签证人口断崖式下跌，由2019年的3 171 729人次跌至961 847人次。疫情过后，申请人数有所恢复，2022年基本恢复到疫情前水平，申请人数为2 836 490人次。

亚洲有46亿人口，世界国际移民的40%都来自这里，2020年全世界将近一半的国际移民出生在亚洲，并主要来自印度（最大移民来源国）、中国和其他包括孟加拉国和巴基斯坦在内的南亚国家。2020年北美地区的亚洲出生的移民增长到1 750万人，欧洲地区的亚洲移民也增长到2 300万人。同时，作为国际移民的目的地区域，亚洲各国共有迁入移民8 600万人。非亚洲出生移民数量一直处于相对较低的水平，迁入亚洲的外来移民主要是欧洲人。印度与中国两大人口大国，虽有大量移民生活在国外，但迁出移民占两国人口总量的比重仍然很小。虽然东亚地区并非主要的传统国际移民流动区域，但随着人口结构变化和社会的发展，老龄化与低生育等问题让中国、日本、韩国等国家重新审视迁入移民政策。为求学而形成人口流动也是东亚地区凸显的特点之一。经济发展与劳动力市场的差异促进了东南亚次区域内的国际移民流动。在南亚与东南亚地区，人口贩运网络引发的非常规移民占国际移民的比重都很高，其中多为短期劳务移民，同时移民流中还混杂着因常年冲突与动荡局势、自然环境恶化而形成的流离失所者。

纵观世界移民史，自20世纪下半叶起，国际移民的迁徙途径开始越来越具有全球性、流动性、连接性和长距离性，迁徙的方式与缘由也变得越来越复杂。这是移民目的国、来源国家、所在地区、种族和宗教背景、文化与语言、经济社会发展特征多样化作用的结果。在庞大的国际移民群体中，劳务移民占比最大。基于2019年的数据，对外来务工人员的全球存量最新统计表明，2019年大约有1.69亿外来务工人员，该数量接近当年全球移民总数（2.72亿）的2/3。和处于工作年龄（一般是15岁以上）的全球国际移民人口（2.456亿）相比，外来务工人员占到了68.8%。处于工作年龄的国际移民中男性数量超过女性（男性为1.28亿人，女性为1.176亿人）。2019年，大多数外来务工人员从事服务业（1.068亿人，占总数的71.1%），其余为制造业和建筑业（2 670万人，占总数的17.8%）和农业（1 670万人，占总数的11.1%）。在超过总人数70%的从事服务业的外来务工人员中，有8%为家政人员。

知识扩展7-2

菲律宾政府成功推动劳务输出

7.2.2　国际劳务市场

所谓国际劳务市场，就是劳动力付出劳动换取报酬的场所，这个场所不但范围广阔，而且较之一般商品市场有许多不同点。国际劳务市场从地理位置上来说设在输入国或地区内，而不是在输出国或第三国。这是因为劳务商品的出售过程既是生产过程也是消费过程，所以必须在需要劳务的地方交换，而且没有中间环节，一般是直接投入生产或服务领域中去。

现代国际劳务市场是随着国际贸易和国际经济合作的发展而产生和发展起来的。第二次世界大战后，殖民主义的国际经济体系基本瓦解，大规模战争结束后的各国经济进入恢复和发展时期，为满足世界政治和经济形势发展的需要，联合国第六届、第七届特别大会正式确定了各国“相互依存和相互交往”的原则，打开了国际经济交往和合作的新局面，引起了大量的国际劳务流动，从而开始逐步形成了现代国际劳务市场。国际劳务合作开始时多是以技术援助形式出现的，从一个国家派遣技术人员或其他服务人员（如工程师、研究员、专家、教师等）到另一个国家工作。由于当时的世界政治形势，无论什么形式的劳务输出都具有较强的政治色彩，因此，国际劳务合作发展也受到一定的限制。20世纪60年代末，随着国际政治气候趋向缓和，国际劳务合作开始迅速发展，国际劳务的输出和输入越来越成为一国实现经济增长和增加就业的重要途径，此时在国际范围内逐渐形成了劳务市场。

规模性的国际劳务市场是1973年后首先在中东地区形成的。70年代初石油涨价以后，阿拉伯产油国，如沙特阿拉伯、科威特、阿拉伯联合酋长国、巴林等，普遍扩大投资计划，对劳动力的需求迅速增加，开始接受外国移民工人。阿拉伯这些产油国原本的工业规模较小、技术水平相对落后，缺乏人才，因此世界各国向这些产油国提供了许多劳务人员，形成了第一个规模性的国际劳务市场。目前，国际劳务市场呈现多元化趋势，除了中东劳务市场以外，还形成了北美、西欧、非洲、东南亚、东亚等劳务市场。

国际劳务市场的发展也并非一帆风顺，受诸多因素影响，国际劳务市场在1982年后呈现出萎缩状态，各国各地区还根据自身对劳务的需求制定了一系列对外国劳务人员的鼓励、限制措施或法规。随后，在第三次科技革命的推动下，生产和资本国际化进一步展开，跨国公司和世界经济一体化进一步发展，世界性的产业结构调整进一步推进，使民族经济之间的界限开始大规模地消融，国际劳务合作进一步快速发展，并成为国际经济技术合作中最为活跃和最为重要的领域。

7.2.3　国际劳务合作发展的原因

当代国际劳务合作的产生具有其特定的历史背景和鲜明的时代特征，它是以国际分工进入生产国际化为物质基础的。其在20世纪70年代以后得以迅速发展有其客观必然性，主要表现为：

1）世界经济发展的不平衡性

20世纪七八十年代至今，由于世界各国经济发展水平差距逐渐拉大，有些国家技术落后、资源有限、资金短缺却人口较多，受其技术水平和市场所限，其国内企业数量和工业规模十分有限，这就造成了就业压力，劳动力供求不平衡。而有些国家技术先进、工业规模十分可观，但劳动力相对不足，这时就出现了劳动力缺口，需要引进外籍劳工来弥补国内劳动力的短缺。同时，由于经济水平不均、工业化程度不同，各国间的工资收入差距很大，同一质量和数量的劳动在各国间有不同的价格，根据劳动力迁移的决策机制，低工资水平国家的劳动力有动力向高工资水平的国家迁移。

2019年的数据显示，1.139亿（占总人数67%）外来务工人员生活在高收入国家，另外的4 900万人（29%）生活在中等收入国家，而去往低收入国家的外来务工人员仅占总人口的3.6%。在所有收入群体中，低收入国家的外来务工人员占劳动力总量的比重相对较低（大约2.3%），中低收入和中高收入国家分别为1.4%和2.2%，但在高收入国家，外来务工人员占劳动力总量的比重要高得多（约为18.2%）。由此证明，经济发展不均导致的工资收入差距大是诱发劳动力发生国际移动的根本动机。

2）科学技术的进步

人类社会发展至今，共发生三次重大科学技术革命，每一次科技革命都有力地推动了社会生产力的发展，同时也使劳动力的输出产生了一次飞跃。特别是从第三次科技革命发生以来，对航天技术、计算机及计算机软件技术人员的需求急剧增加，生产力发展水平低的国家开始需要技术劳务，就连发达的工业化大国也需要技术劳务和专家。科技革命直接影响到各国的劳动力供求状况，进而影响到国际上的劳动力移动。

随着科技的发展和一些不是资本主义老牌国家的新兴国家经济逐渐发展起来，为了提高其国际竞争力，这些国家纷纷制定了相应的政策和国家战略来吸引和保留科技人才。根据2020年的数据，前往经合组织地区的技术移民大约有370万人，占前往经合组织总移民数的95%，相比较而言，同年前往美国的移民数量为100万人，前往欧盟的为200万人。

3）经济全球化的发展趋势

经济全球化是当今世界大转折中最突出的特征，第二次世界大战以后，科学技术飞速发展，各国之间的经济关系也日益密切，各国为求发展，纷纷开始了经济全球化的进程。经济全球化促进国际劳务市场需求扩大，流动方向呈现多元化。其具体表现在以下三个方面：一是世界贸易的急剧增长。近25年来，全球贸易的增长速度始终高于生产的增长速度，这说明世界经济对世界市场的依存度越来越大，各国的生产和消费相互联系、相互融合，而国际贸易是追求经济利益和财富的手段，也是促使服务贸易产生的重要前提，并将最终导致劳动力流动的产生。二是跨国公司的发展。全球目前有超80 000家跨国公司及500 000万家分支机构，他们控制了全世界1/3的生产量、2/3的贸易量、70%的对外直接投资和70%以上的专利与其他技术转让权。跨国公司的蓬勃发展直接或间接地促进了劳动力的世界性移动和重新组合，全球范围内的人员跨国流动更为频繁，对外籍劳务的需求不断增加，国际劳务市场规模将稳步扩大。三是外国直接投资的力度加大。自20世纪80年代以来，国际投资的增长速度高于国际贸易的增长速度。不仅发达国家之间的相互投资在增长，而且发达国家与发展中国家、发展中国家之间的相互投资也在增长。通过对外直接投资，伴有企业经营控制权的生产要素或“一揽子”（如资本、劳动力、技术、管理和信息知识等）资源开始进行国际移动，从而促进了当代国际劳务合作的发展。

4）国际经济协调的作用与结果

国际经济协调是指为达到一定经济目的或解决共同面临的经济难题，不同国家（地区）、国家集团以及国际经济组织通过协商和会谈来制定共同的经济政策，并通过经济一体化组织、政府首脑会议、互访（或称经济外交）以及行业组织等形式，对国际经济关系进行联合调节。由于劳务合作中各方经济状况、文化背景、劳工政策等之间存在着种种差异，国际劳务合作的开展和扩大往往需要有关各方经济组织或政府进行协调。因此，国际经济协调在经济全球化进程中的地位和作用显得愈来愈重要，它既是国际经济活动的“催化剂”，也是当代国际劳务合作发展的“润滑油”。

思政视频 7-1

中国对外劳务合作

5）世界产业结构的调整和国际分工的深化

国际分工的深化和产业结构的调整，促使资金、原材料、设备、技术的国际自由流动，此外，发达国家往往在输出大量过时技术的同时，还输出了很多技术劳务和普通劳务，以缓解国内就业压力。发展中国家在引进技术发展经济的同时，也需要外籍的技术劳动力进行技术指导，以发展国内落后产业或创建国内空白产业，这些都推动了劳务输出。

7.2.4 国际劳务合作的作用

随着社会生产力的发展，国际分工的深化，国际上的经贸关系不断从低层次向高层次演进，其重点日趋从硬件转向软件，从商品、资本转向技术和劳务。第二次世界大战后，特别是70年代后，国际劳务合作规模不断扩大，采取的模式不断多样化，在国际经贸中的地位也不断提高。许多国家把开展国际劳务合作作为促进本国经济发展的有力手段之一，尤其是发展中国家，它们在国际劳务合作中大受裨益。国际劳务合作的作用可以从对劳务输出国的作用、对劳务输入国的作用和对世界经济的作用三个方面探讨。

1）国际劳务合作对劳务输出国的作用

（1）增加外汇收入，促进国际收支平衡。不论是发达国家中的劳务输出国，还是发展中国家的主要劳务输出国，都存在维持国际收支平衡的问题。尤其是发展中国家，其进口技术和设备数量大且价格高，而出口的商品量小、价格偏低，因而解决国际收支平衡问题更为困难和迫切。对外输出劳务是增加外汇收入、弥补国际收支赤字的一个主要方式。经济发展状态良好的高收入国家成为了侨汇主要汇出地，据统计，美国几十年来一直都是侨汇汇出金额最多的国家，印度、巴基斯坦、土耳其、南斯拉夫等国在劳务输出高峰期均有过十亿元的劳务收入。

（2）缓解劳务输出国就业压力。发展中国家一般人口增长较快，劳动力多为密集型劳动力，劳动供给大于劳动需求，就业压力大。从整个世界范围来看，每年劳务输入国给外籍劳务人员提供了近2 500万个就业机会，在相当大的程度上缓解了劳务输出国的就业压力。

（3）学习国外先进技术，积累经营管理经验，锻炼和培养大批适用人才。发展中国家由于经济文化落后，虽然引入了大量先进的技术和设备，但由于技术和管理人才不足，这些先进技术和设备不能发挥其应有的作用。在对外输出劳务的过程中，劳务人员可能会接触到一些先进的技术和设备，增加了学习机会，“免费”培训了人才。同时，在以国际承包形式输出劳务的过程中，劳务人员可直接参与国际竞争，积累经营管理经验，增强竞争意识。

（4）一些形式的劳务输出，特别是国际承包劳务输出，还能有效拉动商品与技术的出口。目前许多国家在劳务贸易中采取以劳动力为载体的联合输出战略，即劳动力与本国产品或技术配套出口的策略。拿技术层次较低的一般工程承包项目来说，原材料、设备费用要占工程承包项目总费用的一半以上，这就不仅要求劳务输出国提供有关勘探、设计和施工人员，还要提供有关的技术、设备和建筑材料，从而促进了输出国制造业的发展以及原材料、机器设备的出口。

（5）劳务人员增加了个人收入，提高了生活水平。由于工资的国际差异，劳务人员到别国从事生产或提供服务所获取的报酬一般均高于国内收入，有的是国内收入的数倍。例如，一名菲律宾大学本科毕业的年轻教师月收入约150美元，而一名在海外娱乐场所工作的普通菲律宾劳工每月则可以赚到500美元。如此悬殊的“脑体倒挂”现象使得许多菲律宾年轻人大量流向海外就业。

2）国际劳务合作对劳务输入国的作用

（1）输入大量外籍劳务，可以在一定程度上满足国内对劳动力的需求，促进经济增长。国内劳动力不足及其对经济增长的抑制作用，是劳务输入国引进外籍劳务人员的直接动因。不论发达国家还是发展中国家都如此，只不过是不同国家对劳务种类的技术层次要求不同而已。20世纪60年代和70年代初期，外籍工人大量迁入西欧，对缓解西欧因人口老化所造成的劳动力不足问题起了很大作用。至于输入劳务对人口稀少、劳动素质低下的国家来说其经济意义就更大了。这从第二次世界大战后中东地区经济飞速发展中可以明显地看到。

（2）输入外籍劳务有利于经济文化落后的国家引进和消化先进技术。通过引进外籍劳务，可以在很大程度上解决劳务输入国经济技术落后、科学文化不发达以及工程技术人员、经营管理人员和技术熟练工人奇缺等一系列问题。特别是在引进国际承包劳务的过程中，劳务输入国可以从项目设计到建筑甚至经营管理都聘请外国专家和工程技术人员及熟练工人进行，也可依靠他们培训本国工人和经营管理人员，这对劳务输入国特别是发展中国家民族经济的发展可以说是一条捷径。

（3）劳务输入可以降低产品成本、提高产品竞争力。劳动力的短缺会带来劳动成本的增加，从而导致产品的成本增加，降低产品的竞争力。通过引进劳务可以获得更低成本的人力，降低产品成本。新西兰经济研究所的资深经济学家邓·斯蒂尔说：“今后几年，由于新移民的减少，新西兰劳工工资将继续每年上升3.5%左右，这种情况正好发生在经济走下坡路的时候。”另一位经济学家克瑞格·埃伯特预计，技工短缺加上新元升值，将直接影响到企业利润，他们不得不多进口设备以扩大生产，这将使新西兰经济的年增长率从3%降至约2%。

3）国际劳务合作对世界经济的作用

（1）劳动力的国际流动使生产国际化日趋深化。国际劳务流动是生产国际化的产物，而劳务输出结构的变化和输入规模的不断扩大，反过来又推动了生产国际化的发展，加深了生产国际化的程度。

知识扩展7-3

日本放宽条件吸纳外国人才

（2）劳务输出扩大了国际贸易的范围和数量。劳务输出是国际劳务贸易中的一个重要形式。近年来劳务贸易额占国际贸易总额的1/4以上，同时劳务贸易还带动了与之相关的商品贸易的发展。

（3）劳务输出加速了先进科学技术的国际扩散。科学技术的发展为劳动力的国际流动提供了条件，劳务输出又加快了先进科学技术从一个国家向另一个国家的扩散。特别是由新兴工业部门的诞生所引起的产业结构的调整，或由于新学科建立所引起的国际劳务输出的增加，更显示出国际劳务流动促进了科学技术在世界上的传播。

7.3　各国关于劳务输出和输入的法规与管理

7.3.1　劳务输出国的劳务输出法规

劳务是生产要素的一部分，随着国际分工的深化，劳务的输出与输入不断加强。目前劳务的国际流动已成为国际经济技术合作的一个重要组成部分。劳务输出，即劳务出口，是指劳动力从一国去另一国以提供劳务来获取报酬；劳务输入，即劳务进口，是指一国从另一国进口劳务从事某项事业并支付报酬。输出劳务的国家称为劳务输出国，输入劳务的国家称为劳务输入国。劳务的输入与输出称为劳务的国际流动或劳务贸易，由于劳务贸易是通过输出和输入无形的劳动或服务进行的，无法在海关的统计中反映出来，故可称之为无形贸易，以区别于有形的商品贸易。劳务市场即劳动力提供劳务取得报酬的场所，这个场所范围广泛，涉及国民经济的各个部门。从地域上讲，劳务市场主要是指大量输入劳务的国家和地区。如今，劳务的发展不仅只是在一国之内存在，也早已跨出国门，延伸到国外，形成国际劳务。

各劳务输出国为了实施本国劳务输出计划，保护国民的海外就业以及对劳务输出进行必要的宏观管理，均制定了各自的法律、法规或条例。这些法规和条例是各国的立法机构或政府主管部门制定的。同所有的其他法规一样，为了适应变化的国内外情况，各国均对此类法规进行过修订。

亚洲主要劳务输出国关于劳务输出的立法可以分为下列四种情况：

第一种情况是有专门的海外就业法规的。菲律宾、斯里兰卡和尼泊尔三国有专门的劳务输出法规，各自的法规名称如下：菲律宾的法规名称为《海外就业规则与条例》，制定机构为菲律宾海外就业署。斯里兰卡的法规名称为《斯里兰卡海外就业局1985年第21号法令》，制定机构为斯里兰卡国外就业局。尼泊尔的法规名称为1985年颁布的《国外就业法》。

第二种情况是视劳务输出为移民而采用移民法，孟加拉国、印度和巴基斯坦属于这一类国家。孟加拉国于1982年9月颁布了《1982年移民条例》。印度议会于1983年颁布了《1983年移民法案》，印度中央政府于同年制定了《1983年移民规则》，作为对移民法的补充。巴基斯坦在1979年由总统废除了1922年的移民法，并制定公布了新的《1979年移民法令》。

第三种是实行国外就业和国内就业采用一项法规的。这一类国家没有专门制定海外就业法，也不采用移民法，而是采用劳动部门制定的有关劳动就业方面的法规，适用于国内就业，也用于国外就业。属于这种情况的亚洲国家有泰国、印度尼西亚和韩国。泰国于1985年颁布的《工人招募与保护法》中包括了为海外就业招募劳务人员的条款。印度尼西亚于1970年颁布的《人力招募条例》适用于国内就业合同，也适用于国外就业合同。韩国现行的劳务输出法规是1989年6月修订的

《就业保障与促进法》，该法主要是针对国内就业，同时也含有招募雇员去国外工作的条款。韩国工人自行去国外就业是自由的，不需要什么单位批准，但是韩国公司从国内招募成批工人出国工作，必须依法报政府主管部门批准。

第四种情况是正在立法的国家。

7.3.2 劳务输入国的移民控制及入境签证

劳务人员进入外国从事各种有报酬的服务活动，无论其劳务合同期限的长或短，他们的入境和居留都属于移民状态，必然要受到劳务输入国移民法规和移民政策的约束与管理。对劳务输入的控制主要是通过对入境签证的管理进行的，而且各国对劳务输入签证的申请、批准和签发的有关规定不尽相同。

例如新加坡，在劳务人员抵达以前，新加坡雇主与新加坡劳工部安排劳务人员的工作准证，原则上工作准证发给雇主并寄给外国从事劳务输出的机构或劳务人员，上述程序约需一个月。签证的签发可以在劳务人员抵达新加坡以后的两个月以内，由劳工部的工作准证管理机构签发工作签证，签证有效期为三个月。

知识扩展7-4

美国的H-1B签证引发的争议

比如美国由雇主向美国劳动部申请劳动证书，劳动部审查，若同意，通知美国移民归化局批准，移民归化局通知美国驻劳务输出国大使馆。美国驻劳务输出国大使馆接到通知后，2~3周进行面试，通过面试的发给签证，签证有效期为一年；若因公去美，美国一般发给三个月有效的签证。

再如韩国，去韩国接受技术培训的人员，由韩国接纳机构向韩国司法部申请“允许发给外国人工业技术培训签证”证书，连同含经韩国法律事务所公证的邀请函原件寄给将要培训的人员，韩国驻劳务输出国使馆发给三个月有效居留期不等的入境签证。

目前，国际劳务入境管理的总趋势是，各国都加强了劳务贸易保护主义，对劳务输入的数量进行严格的控制，对劳动力素质的要求越来越高，对普通劳务的需求日益减少，对专业技术人才的需求仍然很大。

7.3.3 关于劳务合作的国际组织与国际公约

1）国际组织

有关劳动力国际流动事务的国际组织是国际劳工组织（International Labor Organization）、国际劳工大会（International Labour Conference）和国际劳工局（International Labor Office）。

国际劳工组织1919年根据《凡尔赛和约》作为国际联盟的附属机构成立。1946年12月14日，成为联合国的一个专门机构，简称“劳工组织”。其宗旨是促进充分就业和提高生活水平；促进劳资合作；改善劳动条件；扩大社会保障；保证劳动者的职业安全与卫生；获得世界持久和平，建立和维护社会正义。其主要活动是：从事国际劳工立法、制定公约和建议书；提供援助和技术合作。该组织最高权力机构是国际劳工大会，每年开会一次。截至2015年，国际劳工组织有185个成员国。国际劳工组织的组织机构包括：国际劳工大会、理事会和国际劳工局。

国际劳工大会，即指国际劳工组织大会是国际劳工组织的最高权力机构。每年召开一次会议。大会按三位一体的原则，由每个会员国的4位代表组成，其中，政府代表2人，工人和雇主代表各1人。工人代表和雇主代表由政府分别与其最有代表性的社会团体、产业团体协商选任。主要任务是听取国际劳工局局长的工作报告；讨论、通过国际劳工公约和国际劳工组织建议书；对理事会提出的经费预算进行审查批准，以及对一些重大问题，如改善劳动条件、保护工人健康等作出决议。其成果以国际劳工公约和建议书的形式记录下来，形成公认的“国际劳工标准”。凡是批准了某一公约的国家必须就其在法律和实践中实施公约的情况定期提交报告，因为在法律上这些成员国受到这些国际契约的约束。

国际劳工局总部设于瑞士日内瓦，是国际劳工组织的常设工作机构，是国际劳工组织的三个主要机构之一，也是国际劳工大会、国际劳工组织理事会、国际劳工组4人理事会会议的秘书处，设局长1人，副局长和助理局长各3人。其主要任务有：为国际劳工大会准备国际劳工局局长报告书；起草提交国际劳工大会讨论的国际劳工公约和国际劳工组织建议书；应会员国政府请求，协助该国制定有关的劳动法律、法规。多年来，国际劳工局编辑、出版了大量的研究成果和报告，发行了上千种书刊。设于泰国曼谷的国际劳工组织亚太地区局在开发亚太地区人力资源、引导各国劳务输出行业进行科学管理等方面做了许多有益的尝试和探讨。

2）国际公约

国际劳工公约（International Labor Convention）是国际劳工组织的一种立法形式。国际劳工组织的立法包括国际劳工公约和建议书两种形式。国际劳工公约是一种正式的国际公约，各成员国一经批准，就要承担遵守公约的义务。建议书是一种非正式的文件，不需要成员国批准，只是供成员国在制定相应的国内法律或者政策时参考，不具有约束力。国际劳工公约或者建议书的草案必须经过出席大会2/3以上的多数国同意，才能被国际劳工大会正式通过。

联合国大会于1990年12月8日通过了《保护所有移民工人及其家庭成员权利国际公约》，该公约于2003年7月1日开始生效。公约通过具有约束力的国际准则规定合法和非法移民工人及其家属享有人权和福利等各方面的权利，同时规定移民原始国和目的地国履行保障移民工人权利的责任和义务。该公约前言部分几乎都是在说保障移民工人人权的重要性，公约的内容更是重复出现“人权”“权利”等词语。所以我们可以看出，联合国1990年公约就是一项人权公约，其核心价值目标就是保障移民工人人权。

其余的关于移民的公约还有：1949年的第97号公约《移民就业公约（修正）》、1955年的《保护（不发达国家）移民建议书》、1975年的《移民工人（补充规定）公约》、1975年国际劳工大会通过的《违法迁移及促进移民工人享有同等机会与同等待遇公约》（第143号）和第151号同名建议书以及2023年的《移民与难民庇护公约》等。

7.4 对外劳务合作业务

7.4.1 我国对外劳务合作管理

自改革开放以来，我国政府发布的相关管理条例已经具备了法律效力，一系列规章制度也成为对外经济公司开展业务的依据，其中包括经营资格核准和年审制度、对外劳务经营公司备用金制度、出国劳务培训制度等。

1）经营资格核准和年审制度

为继续深化简政放权、放管结合、优化服务改革，根据国务院关于清理证明事项等工作要求，商务部对相关规章进行了清理。2019年11月1日商务部第19次部务会议审议通过《商务部关于废止和修改部分规章的决定》，经国家市场监督管理总局同意，决定废止《对外劳务合作经营资格管理办法》（商务部、工商行政管理总局令2004年第3号）。对对外劳务合作企业的经营资格按照《对外劳务合作管理条例》进行审核。该条例规定从事对外劳务合作，应当按照省、自治区、直辖市人民政府的规定，经省级或者设区的市级人民政府商务主管部门批准，取得对外劳务合作经营资格。

申请对外劳务合作经营资格，应当具备下列条件：

（1）符合企业法人条件；

（2）实缴注册资本不低于600万元人民币；

（3）有3名以上熟悉对外劳务合作业务的管理人员；

（4）有健全的内部管理制度和突发事件应急处置制度；

（5）法定代表人没有故意犯罪记录。

负责审批企业对外劳务合作经营资格的商务主管部门在收到申请人证明材料之日起20个工作日内进行审查，作出批准或者不予批准的决定。予以批准的，颁发《中华人民共和国对外劳务合作经营资格证书》（以下简称《资格证书》）；不予批准的，书面通知申请人并说明理由。未依法取得《资格证书》并办理登记，不得从事对外劳务合作。

《资格证书》是经营公司开展对外劳务合作业务的资格证明，由商务部负责统一印制。商务部授权各省、自治区、直辖市及计划单列市商务主管部门负责本地区经营公司的《资格证书》的发放和管理工作。商务部对《资格证书》实行年审制度，经营公司须按规定及时参加年审，并提交相关材料。未通过年审的经营公司，不得继续对外签订新的劳务合作合同，并须承担已派出劳务人员的管理责任，地方商务主管部门须对其经营行为进行重点管理。连续两年未通过年审的经营公司，其对外劳务合作经营资格自动被取消。

2）对外劳务经营公司备用金制度

为规范对外劳务合作企业的经营行为，保障外派劳务人员合法权益，根据《对外劳务合作管理条例》，中华人民共和国商务部、中华人民共和国财政部共同制定《对外劳务合作风险处置备用金管理办法（试行）》。对外劳务合作风险处置备用金（以下简称备用金）是指对外劳务合作企业缴存的，用于《对外劳务合作管理条例》第十条所规定使用范围的专用资金。

一般来说，备用金用于支付对外劳务合作企业拒绝承担或者无力承担的下列费用：

（1）对外劳务合作企业违反国家规定收取，应当退还给劳务人员的服务费；

（2）依法或者按照约定应当由对外劳务合作企业向劳务人员支付的劳动报酬；

（3）依法赔偿劳务人员损失所需的费用；

（4）因发生突发事件，劳务人员回国或者接受紧急救助所需费用。

对外劳务合作企业应当自获得对外劳务合作经营资格并在工商行政管理部门登记之日起5个工作日内，在指定银行缴存备用金。备用金由商务主管部门负责使用、管理，同级财政部门负责监督，并接受审计部门的审计。备用金缴存标准为300万元人民币，以现金或等额银行保函形式缴存。备用金本金和利息归对外劳务合作企业所有，对外劳务合作企业可自由提取和使用备用金利息。

对外劳务合作企业拒绝或无力承担因发生突发事件，劳务人员回国或接受紧急救助所需费用的，商务主管部门应向对外劳务合作企业提供发生劳务人员回国或接受紧急救助所发生的费用证明，并书面通知对外劳务合作企业在5个工作日内支付有关费用。对外劳务合作企业在规定时间内未退还或支付有关费用的，商务主管部门应做出使用备用金的决定并书面通知有关对外劳务合作企业和指定银行，同时出具《对外劳务合作风险处置备用金取款通知书》（以下简称《取款通知书》）。指定银行根据书面通知和《取款通知书》，从备用金中将相应数额的款项以现金或转账方式支付给商务主管部门指定的劳务人员。

对外劳务合作企业拒绝或无力承担依法应向劳务人员支付的劳动报酬或赔偿劳务人员的损失所需费用的，商务主管部门凭人民法院判决、裁定及其他生效法律文书使用备用金。备用金使用后，对外劳务合作企业应当自使用之日起20个工作日内将备用金补足到300万元人民币。

3）出国劳务培训制度

为加强外派劳务人员的培训管理，提高外派劳务人员素质，保障外派劳务人员合法权益，促进对外劳务合作持续健康发展，2002年对外经济贸易部出台《外派劳务人员培训工作管理规定（修订稿）》，2004年中华人民共和国商务部制定《外派劳务培训管理办法》。“外派劳务培训”是指具有对外劳务合作经营资格的企业（以下简称“经营公司”）对外派劳务人员（含研修生）在出国（境）前进行的适应性培训。适应性培训是指外派劳务人员必须了解和掌握的国内外法律规章教育、外事教育、所在国（地区）风俗习惯和日常语言教育。经营公司开展对外劳务合作，须承担对外派劳务人员的培训义务。外派劳务人员应经过培训，掌握赴国外工作所需的相关技能和知识，提高适应国外工作岗位要求以及安全防范的能力。经营公司对外派劳务人员的培训可采取自行组织培训或委托相关培训机构培训的方式进行。外派劳务培训考试试卷由承包商会统一命题，供考试中心使用。地方商务主管部门和承包商会负责对考试情况进行监督和检查。外派劳务人员考试合格后，由考试中心向劳务人员发放《外派劳务人员（研修生）培训合格证》（以下简称《合格证》）。《合格证》由考试中心向承包商会领取。《合格证》有效期一般为三年，也可根据劳务合同需要适当延长。各经营公司在办理外派劳务出国手续时须主动向有关部门出示《合格证》，未获《合格证》的劳务人员不准派出。

根据《外派劳务人员培训工作管理规定（修订稿）》第十条规定，培训中心培训内容包括：

（1）我国对外劳务合作方面的法律、法规和规定。

（2）安全保密、外事纪律、涉外礼仪等方面的出国常识。

（3）派出单位与国外雇主、劳务人员所签合同的内容与条款的具体含义。

（4）从事国（境）外劳务工作应承担的义务和享有的权利及正确处理与外方雇主的关系、提高服务意识、保证工作质量、依法履行合同和正当保护自身合法权益等。

（5）派往国家（地区）的政治、经济、人文、地理等方面的情况。

（6）派往国家（地区）的有关法律、宗教、民俗等方面的情况，特别要提高对带有反动性质的外国宗教势力和邪教组织的鉴别与抵制能力。

（7）语言、专业技能及其他需要培训的内容。

7.4.2 劳务合作方式

1）按劳务合作发挥的作用来划分

（1）生产型劳务合作。

生产型劳务合作即一国向另一国的生产部门提供技术和劳务服务的活动。这主要是在工农业生产领域中的劳务合作，如提供设计人员、工程技术人员、施工人员等，这些人员是在劳务合作输入国的物质生产部门作为生产要素之一发挥作用的。

（2）非生产型劳务合作。

非生产型劳务合作即一国向另一国的非物质生产部门（如饮食业、旅馆、零售业、医院、银行、咨询业等）提供服务人员的活动，输入人员均从事非直接生产性的工作，合作内容大多为提供服务技术和管理人员。

2）按劳务合作的内容来划分

（1）一般劳务输出。

一般劳务输出，即提供简单的劳动力服务，通常与国际工程承包结合在一起。

（2）特种劳务输出。

特种劳务输出即提供某些特定行业和满足特定需要的专业劳务，如输出护士、厨师、工程师等专业人员。

（3）技术服务输出。

技术服务输出即派遣专家和技术人员到国外，与劳务输入国开展技术项目合作，或对其进行技术诊断和技术指导。

（4）技术人员培训。

技术人员培训即劳务输出国为工程所在国的技术人员和操作人员提供工艺流程和操作要领等方面的技术培训，还包括帮助工程所在国进行设备的安装、调试和维修等服务活动。

3）按劳务输出的方式来划分

（1）通过对外承包工程输出劳务。

国际工程承包一般要涉及考察、设计、施工、安装、调试、人员培训，甚至经营工作，而这些工作都需要派出一定数量的施工、技术和管理人员。

（2）通过技术和设备的出口输出劳务。

在技术和设备的出口，特别是科技含量较高的技术和设备出口中，技术和设备的进口国往往要求出口国派出有关技术人员进行技术指导，或对进口国的有关技术人员进行培训。

（3）通过对外直接投资进行劳务输出。

一国的投资者在海外创办独资企业、合资企业或合作企业的同时，往往会随之派出一些技术人员和管理人员，如果东道国允许，甚至会派出一些普通工人。

（4）政府或有关机构聘请的高级劳务。

有些国家或机构通过签署合同的方式，直接向国外招聘各类高级劳务，比如教师、体育教练等。

（5）直接输出劳务。

直接输出劳务即通过招工机构或雇主招募等形式，签订劳务输出合同，输出劳务人员。

（6）民间劳务。

民间劳务即劳务人员直接受聘于国外某个公司、机构或家庭，提供劳务服务，而不通过政府批准的中间机构的就业方式。

7.4.3 劳务输出程序

目前，国际劳务市场上的劳务人员大致分三类：第一类是执行承包合同的劳务人员，其雇主是劳务人员所在国的承包公司；第二类是执行工程分包合同的劳务人员，其雇主是工程的主承包公司，既可能是当地公司，也可能是外国承包商；第三类是执行纯劳务合同的劳务人员，前两类属于建筑工程劳务，包括设计人员、技术人员、管理人员、工人等；第三类范围很广，既有普通型劳务人员，又有知识型和技术型劳务人员，如医师、教师、厨师、海员、清洁工、公务员、技术工人、服务员等，无论派遣哪类劳务人员，要进入国际市场都大致需经过以下程序：

1）招募与应招

国际上招募劳务人员有两种方式：个人招募方式和集体招募方式。个人招募方式是劳务需求国的招募机构以单个劳务人员为招募对象，招募单位可以是劳务进口国的企业，或是国家指定的招募组织或国际机构，如联合国开发计划署要派遣技术人员到发展中国家进行技术指导和咨询服务，即由联合国以个人招募方式去各国招募。集体招募方式是劳务进口国在劳务需求量大、工种多时所采取的一种招募方式。它以集体为招募对象，不管应聘的人数多少，只签一份合同，合同签署人可以是国家对国家、国家对公司或公司对公司。

具体招募程序是：劳务进口国向劳务出口国的使馆提出申请，申请中注明招工人数以及对劳务人员的具体要求，然后使馆将雇主的申请转给本国政府，政府再将申请转给有关主管机构或公司，如果该机构或公司愿意受雇，即可直接与劳务进口国的有关机构联系或是进行谈判。

对于我国劳务人员来说，首先要了解招聘人员的公司是否具有商务部颁发的《对外劳务合作经营资格证书》或《对外承包工程经营资格证书》，具有上述两个证书的公司统称经营公司。关于这方面的信息可以向当地政府商务主管部门、中国对外承包工程商会外派劳务人员投诉机构了解，还可以通过商务部网站的对外劳务合作企业名录和对外承包工程企业名录查询。

2）签订劳务合作合同

劳务合同是确定雇佣关系的一种法律形式，其基本内容是明确合同双方的责任和义务以及经济关系。进入国际劳务市场通常要签订两个劳务合同。

① 劳务派出单位，即对外承包工程公司，与本国劳务派出机构签订合同。合同内容各国虽不尽相同，但主要内容大多包括：选派人数、合同期限、收益分配、劳动制度、休假规定、风险处理、违章责任等。我国已根据国际惯例和我国的实际做法制定了劳务合同范本。

② 劳务出口国的劳务代理公司与劳务进口国的劳务招募单位、机构、企业签订劳务合同，这种劳务合同通常以欧洲金属工业联络组织拟定的“向国外提供技术人员的条件”为蓝本。该文本共分为两个部分：第一部分包括雇主的义务，劳务费的计算与构成，工伤、疾病和死亡的处理等。第二部分包括工作条件与劳动保护、承包人的责任、适用法律与仲裁等，我国已经以此为蓝本制定了既符合我国国情，又能为劳务进口方接受的合同文本。

由于国际劳务市场情况不断发展变化，劳务合同文本内容亦应随时进行相应的修改和补充。

在中国外派劳务涉及三方面的合同：经营公司与外国雇主签订的《对外劳务合作合同》；劳务人员和经营公司签订的《外派劳务合同》；劳务人员和外国雇主签订的《雇佣合同》。需要注意的是，劳务人员签订的两份合同内容一定要和经营公司与外国雇主签订的《对外劳务合作合同》的内容一致。

3）劳务经营机构招募劳务人员

合同签订后，劳务输出代理机构就着手招募劳工。招募办法是将招募人数、工种要求、身体条件等进行公布或以其他方式将信息传递给管理机构。劳务人员在地方管理机构报名后，由地方管理机构进行挑选。挑选工作主要包括以下内容：检查个人身份证件和有关部门的介绍信，进行心理测验和体格检查，进行技能测定。经挑选合格者通常要进行短期培训，培训内容包括：提高身体素质，强化组织纪律，学习当地语言，了解当地历史、文化、宗教、习俗和有关的法律知识，掌握旅行知识等。培训期间还需办理护照、签证等。

4）办理出入境手续

要进入劳务进口国，须具备多种证件，其中最主要的是受聘合同、护照、签证和检疫证书。

①受聘合同。受聘合同又称工作合同，与劳务合同有所不同。若是以个人招募方式招募的劳务人员，其受聘合同与劳务合同相同，持劳务合同或聘书即可入境。若是以集体招募方式招募的劳务人员，劳务合同不发给本人，留在劳务代理公司，因此，劳务人员还需另外填写一份工作合同，凭劳务输入方批准过的工作合同方能入境。

工作合同的基本内容包括：姓名、出生日期和地点、父母姓名、本人家庭住址、职业、婚姻状况、配偶姓名、赡养人数、子女姓名及出生地点、工资级别及休假待遇等。

②护照。护照是主权国家的主管部门发给本国公民去国外旅行或在国外定居的证件，是国际社会公认的证明公民国籍和身份的唯一证件。任何一个国家都不允许无护照者入境。因此，出国前应按国家规定的手续办理和领取护照。护照有以下三种：外交护照（发给外交官和政府高级官员）、公务护照（发给因公出国人员）和普通护照（发给因私出国人员）。对因执行劳务合同而出国的人员颁发的是普通护照。我国普通护照分为由外事部门颁发的因公护照和由公安部门颁发的因私护照两种。

③签证。签证是一个主权国家的主管部门在本国或外国公民所持的护照或其他旅行证件上签注或盖印，表示准予出入境和居留，各国之间为了各自公民旅行需要，都签订有签证协定。有些国家可以互免签证，凭本国的有效护照便可出入对方国境，但大多数国家仍要求办理签证。因此，出国前应提前了解所去国家是否需要签证，如果需要，有关个人或机关应去劳务输入国驻劳务输出国的大使馆或领事馆根据该国要求办理签证。签证分为外交签证、礼遇签证、公务签证和普通签证，发放何种签证取决于入境者所持的护照类型。对劳务人员通常发给普通签证。如果在对方国停留时间较短，对方可能会发给入出境签证；若是在对方国停留时间较长，一般只发给入境签证。出境签证则待到出境时到劳务输入国的发证机关办理。

④检疫证书。检疫证书俗称“黄皮书”，是进入他国的必备证件之一。为防止某些传染病在国际上流行，各国政府根据世界卫生组织的有关规定，要求入境的外

国人进行疫苗接种，如天花、霍乱、黄热病等。因此，在出国之前必须了解清楚，前往国家是否有此要求，如果有，一定要按有关要求去检疫部门接种。接种的有效期按如下方法进行计算：天花初种8天生效，复种后当天生效，有效期3年；霍乱初种6天生效，有效期6个月；黄热病初种10天生效，有效期10年等等。

5）申请工作许可证和居留许可证

劳务人员进入劳务输入国后，尚不能马上开始工作，因为很多国家的劳工法和移民法都规定，外国人在本国就业必须领取有关当局的工作许可证。因此，劳务人员入境后要在该国规定的时间内携带有效护照、签证及与当地劳务机构签订的工作合同去有关当局办理工作许可证。只要具备上述证件，通常会很快发给工作许可证，许可证的有效期多为一年，一年后如有必要可以再延长。只要具有工作许可证，居留许可证也较容易办理。居留许可证的有效期通常与工作许可证的有效期相同。

根据《外国人在中国就业管理规定》规定，在中国就业的外国人应持职业签证入境（有互免签证协议的，按协议办理），入境后取得外国人就业证（以下简称就业证）和外国人居留证件，方可在中国境内就业。未取得居留证件的外国人（即持F、L、C、G字签证者）和在中国留学、实习的外国人及持职业签证外国人的随行家属不得在中国就业。特殊情况，应由用人单位按规定的审批程序申领许可证书，被聘用的外国人凭许可证书到公安机关改变身份，办理就业证、居留证后方可就业。

7.4.4 劳务成本和报价

劳务在国际上流动，也同商品一样有它自己的价格。劳务价格的高低受国际市场供给和需求变化的影响，国际市场供求关系失衡时，劳务价格也会偏离其本身的价值，一般供大于求时，劳务价格会下降，反之则上升。劳务价格还受劳务输出国的工资水平、劳务输入国的工资水平以及生活水平的影响。除此之外，技术劳务价格的高低更要看其“技术”的重要性、关键性和是否具有不可替代性。因此，劳务价格的估算是非常复杂的。

普通劳务价格包括成本、利润以及风险管理费。这里，劳务成本是指为派出一名劳务人员而支出的一切费用，分为国内费用和国外费用两个部分。国内费用主要包括国内工资、各种补贴和社会福利费、服装费、教育培训费、国内管理费等；国外费用主要包括国外工资、奖金、各种补贴、劳保用品费、文化娱乐用品费、住宿费、组织管理经营费等。国内开支和费用标准国家均有统一规定，国外费用则随国家和地区的不同、对外合同条件和待遇标准的不同而有较大差别，应具体情况具体对待。劳务成本是对外劳务报价的基础，因此，科学合理地确定劳务成本直接关系到为国家赚取外汇的水平。利润和风险管理费取决于经营企业和所面临的具体业务情况。

不同于普通劳务，技术劳务无法用成本、利润等来确定统一的固定价格，技术劳务的价格将依据技术劳务水平、内容、输出方的义务和保险责任以及引进方的经营消化能力及利润等因素的不同而不同。技术劳务的价格实际上是一个相对价格，即与其使用价值相对的价格。它在很大程度上取决于输入方在消费技术劳务后所能增加的价值。可见，技术劳务的价格取决于它的使用价值，即消费技术劳务后，可得多少经济效益。技术劳务的价格主要按输入方使用该类技术劳务后所得的利润来计算，应是输入方利润的一定份额，这在国际上称为利润分成原则。这个份额过低，输出方吃亏；过高，则输入方不易接受。

7.5　国际劳务合同

7.5.1　国际劳务合同的特点

国际劳务合同是处于不同国家的当事人，一方以提供劳务或服务收取报酬为目的，另一方通过雇用或聘用劳务人员以完成特定的劳务或工程项目为目的而签订的合同。从广泛意义上说，国际劳务合同指的是服务性质的合同，在实践中主要有以下几种：

（1）国际工程承包合同，它是一国的工程承包公司与他国的工程业主之间签订的一种劳务合同。合同约定由工程承包公司提供劳务承包建设业主所委托的工程项目，业主则根据工程承包公司提供的劳务支付相应的报酬。

（2）国际电信服务合同，即通过电信基础设施，为客户提供电信服务合同。

（3）国际旅游服务合同，主要是指开展国际业务的旅行社和旅游者之间的包价合同。

（4）国际单纯劳务合同，专指由派遣劳务人员国家的劳务输出公司与外国接受劳务人员一方订立的合同。如合同规定派遣工程技术人员、教师、专家学者、熟练工人、管理人员、服务人员、翻译、医生、会计、保姆、司机、海员及各类咨询、顾问人员等。这里着重研究后一种国际劳务合同。

劳务合同关系不同于一般的合同关系，这种关系虽然最初由民商法调整，但随着现代工业的发展和对工人劳动保护的加强，劳务合同逐渐与民商法分离，由另外制定的劳动法调整。由于劳动法是介于公法和私法之间的边缘法律，它在处理劳动合同争议方面呈现出明显的特点，随之也就使劳动合同在法律适用上有着不同于一般合同的许多特点。

对外劳务输出业务涉及劳务输出公司、劳务输出国中介公司、劳务人员、劳务输入国的雇主、劳务输入国的中介公司等多方当事人。由于各国对劳务输出或输入的管制政策不同，一项国际劳务输出业务需要签订多份国际、国内合同才能顺利完成。也就是说，国际劳务输出合同项下包括不同当事人之间订立的、内容彼此关联的多个协议。所以，无论是合同主体、合同内容还是法律适用，它与一般的国际贸易合同相比都更加复杂。我国劳务输出的法律实践至少会涉及两个合同、三个法律关系主体——输出方、输入方和劳务人员，这是由劳务输出的特点所决定的。

《中华人民共和国劳动合同法》中的各项规定也体现了上述特点。在当代国际经贸交往日益频繁和劳务合作不断加强的情况下，这些特点体现得更加突出：它是一种雇佣合同，即合同的双方当事人之间是一种雇佣与被雇佣的关系，受雇方按照雇主的要求、合同的规定完成所约定的工作或工程项目，通过提供劳务收取报酬。合同的标的是受雇人的劳务，这种劳务既可以是受雇人的体力也可以是受雇人的智力、知识技能等脑力。由于合同的标的是受雇人所提供的劳务，因而这类合同的履行也就表现为是一定的人的行为，即合同的履行是由受雇人提供他的体力劳动或脑力劳动来完成合同约定的某项工作或工程。人的行为是无法储存的，必须根据需要随时提供，随着工作的结束而完成。

在涉外劳务出口方面，凡属国际性的劳务合同，无论合同中订立多少条款，均无例外地含有上述几个特点。因此，所有劳务合同确立的权利义务关系，都会涉及劳务输入国和劳务输出国的法律，如项目所在国有关外国公司的开业权，外国劳工的劳动保护和生活待遇，以及必要的强制性责任条款等，必须作出明确的规定。

通常认为，国际劳务合同的特点有以下三点：

（1）标的的商业性。国际劳务合同的标的是服务，劳务作为商品提供给需求方，是一种特殊的商品进出口贸易。

（2）较小的风险性。劳务输出的交易双方建立的是雇佣关系。输出劳务的一方出卖的是劳动力、知识和技术，不承担风险，风险由雇主承担。

（3）平等性和保护性。国际劳务合同无论是对雇主还是对劳务输出方都应是平等的，它的平等性表现在条款当中，各方的义务、责任、待遇都应该公平合理。特别是对劳务输出方来说，远在异乡，可能还有语言障碍，工作和生活中会遇到很多困难。这就要求合同中详细地规定解决问题的办法和基本的保障措施，使劳务人员在发生问题时有法可依、有据可查。

国际劳务合同对劳务提供方来说，是为多余的劳务寻求就业出路，也是促进两国建立友好关系的一种方式；对于被提供方来说，是争取廉价劳动力开发本国资源、建设重点工程项目、促进经济腾飞的一个途径。国际劳务合同的标的是劳务，是无形的。因此，其合同内容与一般商品贸易合同也有许多的不同，主要是围绕输出方的待遇展开的。

7.5.2 国际劳务合同的主要内容

国际劳务合同是劳务进出口过程中所制定的合同，是提供方向需求方所在国输出劳务人员时，双方就有关输出劳务人员的权利义务和各相关事项达成一致意见的书面协议。虽然每个项目中要求提供的具体劳务内容可能有些差异，但所签订的劳务合同就雇主和劳务人员责任和义务的划分基本一致。目前，国际劳务合作合同通常以欧洲金属工业联络组织拟定的“向国外提供技术人员的条件”为蓝本。

国际劳务合同具备一般经济合同的结构，包括序文、合同条款和结尾三部分。

合同的序文在合同上被称为“合同的效力条款”，是合同生效的基本条件，在法律上具有重要意义，一般在序文中需要写明合同名称、当事人名称、法定地址、签字地点、签字日期、签约目的、签约原则等。合同的结尾也称为合同最后条款，一般用于明确合同使用的文字及其效力，如合同使用两种以上文字，应说明每种文本的法律效力，有时还订立对合同进行修改或补充的内容。合同的条款是合同的主干部分，是合同的实质性条款。国际劳务合同的条款需要包括：雇主和劳务提供方的责任、提供劳务的内容和范围、费用、工资及其支付方式、人员的派遣、工作时间与假期、动员费和旅费、保险和伤亡的处理、税款、履约担保及仲裁等。其中，动员费是劳务输入方在劳务人员动身以前一段时间内应付给劳务人员的一笔费用，以供劳务人员办理出国手续及安置家庭和准备行装之用，这是国际惯例。

7.5.3 国际劳务合同的基本条款

国际劳务合同的基本条款包括：

（1）雇主义务条款。雇主（一般称为甲方）应按合同规定支付劳务工资以及一切应由其承担的费用，有责任对劳务人员进行业务技术指导和培训，并为劳务人员提供必要的工作和生活条件，包括住房、家具、家用设备、办公室、办公用具、交通工具等，对此可商定一定的标准，或规定按国际惯例提供。同时雇主还需采取必要措施，防止发生工伤事故，保证劳务人员人身安全和合法权益。

（2）劳务提供方义务条款。劳务提供方（一般称为乙方）应按雇主要求配套工种，按合同规定的技术水平和工作能力，派遣身体健康的人员，按质按量地完成工作，同时保证他们遵守劳务所在国的法律及有关外籍人员活动范围限制的规定，尊重当地的宗教信仰、风俗习惯，不参加劳务所在国的政治活动，爱护根据合同规定由雇主提供的宿舍、设备及其他财产。此外，劳务提供方还应派遣一名全权代表常驻现场，负责对劳务人员的管理和与雇主的协调工作。

（3）劳务范围和内容条款。明确工程实施范围和劳务的具体内容。

（4）人员派遣和劳务人员条款。合同中应明确规定雇主对劳务提供方派遣人员的要求、启程日期、出入境手续的办理要求等。对劳务提供方派遣人员的要求，即雇主对派遣人员总数、各工种人数、各类人员的技术水平、各类人员的工龄、各类人员的职别的要求；启程日期，一般规定为在合同签订一个月后的若干天或确定一个具体的日期；出入境手续的办理要求，一般规定劳务提供方在合同签订后立即将派遣人员的姓名、性别、出生年月日、工种、护照号码以及劳务所在国所需的其他资料提交给雇主。雇主负责办理劳务提供方进入劳务所在国入境手续、劳动许可证、居留证以及劳务所在国法律规定的有关入境和提供劳务所需的证件，并负担由此所发生的费用。劳务提供方负责办理出入其国境及有关过境手续，并负担所需费用。

合同中应订明对劳动提供方不称职或违法乱纪的人员的更换和解雇的权限及手续。一般规定下列情况对人员进行更换或解雇：双方均认为不胜任工作的；触犯劳务所在国的法律的；不尊重当地宗教信仰和习俗而造成严重后果的；不遵守劳动纪律，违反操作规程的。

（5）工作时间、假日和休假条款。工作日即指合同规定劳务人员每个白天提供服务和劳动的正常工作时间。工作日通常规定为每天8小时，每周工作6天，公休1天。如因气候异常、材料供应、停水、停电、机械故障等原因造成停工，停工时间应视作正常工作时间，雇主应支付劳务人员正常工资。按照国际惯例，如劳务人员由住地至工作地单程所用时间超过15分钟，雇主不提供交通工具，但超过15分钟的时间记录正常工作时间。

一般规定，如果需要加班，经双方同意，劳务人员可以加班，并有权按小时领取加班费。加班费的计算方法通常为：一般平日或公休日（晚7点以前）加班，按同类人员小时工资的150%发放，节假日、休假期间加班以及平日夜班（晚7点至次日凌晨5点）按小时工资的200%发放。按这个比例发放的加班费，应是以包括伙食费在内的工资为基数的。如不包括，则应为加班工资另加伙食补贴。

对于休假条款，一般规定劳务人员应享受其本国法律规定的假日，并按劳务所在国的法律规定和习惯，适当享受其法律规定假日。按照国际惯例，劳务人员劳务期满11个月，可带薪回国休假1个月，往返旅费由雇主负担，如劳务人员不离开劳务所在国，雇主应支付一定数额的国际旅费补贴；如因工作需要劳务人员不能休假，雇主除照发工资、支付加班费外，还应给予额外的奖励。此外，如果劳务人员的父母、配偶、子女发生不幸，经双方协商而回国时，其往返路费由雇主负担，但不支付其回国期间的基本工资及伙食费。

（6）费用、工资和支付条款。动员费、征募费、国内旅费、人员集中时期所需的交通费、住宿伙食费、办理护照的相关手续费、服装费、安家费、行李费等，均由劳务输入方负担。工资条款应包括以下内容：各类人员的劳务工资、计价货币、支付币种比例、兑换率、保值及工资增长率。基本工资一般按月支付，起止薪日应为起于离开本国之日，止于离开劳务所在国之日。基本工资按工种和技术水平的不同而不同，可列表详细说明。如合同期限较长，应规定劳务人员合理的工资增长率，工资增长率一般根据当地物价上涨指数和劳务人员的技术熟练程度确定。按国际劳务市场惯例，劳务期满一年，其基本工资应按此工资增长率有所增长。

（7）劳务人员生活待遇条款。劳务人员的伙食、住宿和交通等事宜应在合同中作出明确规定，在一般情况下，雇主根据劳务人员的级别与职务来安排他们的食宿。按国际惯例，领队和工程师等一般每人一间房间，其面积不小于10平方米；医生、翻译、会计、厨师以及各类技术和管理人员每两人一间房间，每人平均面积不得小于8平方米；普通工人几人一间不定，但每人不得低于4平方米。居住处应有文娱、学习、用餐等专用活动场所，另配办公室，有的还详细规定办公设备标准。

生活待遇条款还应规定劳务人员享受的医疗、劳保和伙食标准。按照国际惯例，雇主应以1∶150的比例为劳务人员配备医生，如果劳务人员需要住院治疗，其住院费和各种医疗费由雇主负担。如果当地无法治疗，必须送往外地或回国就医时，也应由雇主支付路费。对于劳动保护用品，如由雇主提供，则应根据劳务人员所从事的劳动和工作的特点，确定劳动保护用品的种类、标准和数量，雇主应及时向劳务人员发放；也可由雇主每月按一定金额的劳保费支付给劳务人员，由劳务人员负责确定、购买、发放。从事建设工程的劳务人员，平均每月劳保费在30美元左右。劳务人员的伙食既可由雇主直接提供，也可由雇主提供伙食费，劳务人员自行解决。

（8）税款、保险和伤亡的处理条款。各自的国内税款，各自负担；劳务人员在雇主国投保人身险，按照每人每月20美元至25美元的标准支付；工伤或致残，雇主负担医疗费用，疾病死亡后，丧葬费和遗物运费由雇主负担。

（9）转让条款。劳务提供方如将劳务转让给第三方，必须事先征得雇主的同意。

（10）损害赔偿。由于雇主方的过失或指挥失误，造成对劳务人员的损害，包括死亡，由雇主赔偿一切损失；因劳务人员的过失或违约而造成对雇主的损失，劳务人员一方负责赔偿。

（11）保密条款。双方不得向任何第三方泄露劳务合作中的业务、技术秘密、合同条件及价格等，劳务人员在工作中使用的各项资料，用毕后要全部归还雇主。

（12）履约担保。劳务提供方在合同生效的30天内，应向雇主递交经其同意的劳务提供方关系银行的保函，金额为合同总价的5%~8%；雇主收到劳务提供方提供的银行保函后15天内，应向劳务提供方提供同等金额的履约保函。

（13）不可抗拒条款。由于天灾、传染病、战争、暴乱、法律更改、禁止出入境以及不发或延发签证、居留证、工作证等人力不可抗拒的原因，以致雇主不能履约或停工时，雇主不承担责任，但应负担劳务人员因此回国的旅费。

（14）仲裁条款。劳动合同应订有仲裁条款，其目的在于发生的不能通过友好协商解决的争议能够得到及时解决。仲裁机构是由双方选定的，但一般应选择东道国的仲裁机构作为劳务合同的仲裁机构，仲裁机构在收到争议双方签署的申请之后，根据国际惯例和当地的法律进行裁决，仲裁裁决是终局性的，裁决的结果对双方都有法律约束力。

● 本章小结

1.国际劳务合作是指一国的自然人或法人通过某种形式向另一国的自然人、法人或政府机构提供劳务以获取经济利益的一种国际经济合作方式，国际劳务合作实际上是一种劳动力要素，在国际上的重新合理配置。

2.劳务按劳动力提供服务所在的部门不同可以划分为要素性劳务和非要素性劳务。

3.当代国际劳务合作的发展动因有：世界经济发展的不平衡；科学技术的进步；经济全球化的发展趋势；国际经济协调的作用与结果；世界产业结构的调整和国际分工的深化。

4.国际劳务合作对劳务输出国的作用：①增加外汇收入，促进国际收支平衡；②缓解劳务输出国就业压力；③学习国外先进技术，积累经营管理经验，锻炼和培养大批适用人才；④一些形式的劳务输出，特别是国际承包劳务输出，还能有效拉动商品与技术的出口；⑤劳务人员增加个人收入，提高了生活水平。

5.国际劳务合作对劳务输入国的作用：①在一定程度上满足国内对劳动力的需求，促进经济增长；②有利于经济文化落后的国家引进和消化先进技术；③降低产品成本、提高产品竞争力。

6.国际劳务合作对世界经济的作用：①劳动力的国际流动使生产国际化日趋深化；②劳务输出扩大了国际贸易的范围和数量；③劳务输出加速了先进科学技术的国际扩散。

7.各劳务输出国为了实施本国劳务输出计划，保护国民的海外就业以及对劳务输出进行必要的宏观管理，均制定了各自的法律、法规或条例。

8.劳务人员进入外国从事各种有报酬的服务活动，无论其劳务合同期限的长或短，他们的入境和居留都属于移民状态，必然要受到劳务输入国移民法规和移民政策的约束与管理。对劳务输入的控制主要是通过入境签证的管理，而且各国对劳务输入签证的申请、批准和签发的有关规定不尽相同。

9.有关劳动力国际流动事务的国际组织是国际劳工组织、国际劳工大会和国际劳工局。

10.按劳务合作发挥的作用来划分，劳务输出可以分为生产型劳务合作和非生产型劳务合作；按劳务合作的内容来划分，劳务输出可以分为一般劳务输出、特种劳务输出、技术服务输出和技术人员培训。按劳务输出的方式来划分，劳务输出可以分为通过对外承包工程输出劳务、通过技术和设备的出口输出劳务、通过对外直接投资进行劳务输出、政府或有关机构聘请的高级劳务、直接输出劳务和“民间劳务”。

11.劳务输出程序包括招募与应招、签订劳务合作合同、劳务经营机构招募劳务人员、办理出入境手续、申请工作许可证和居留许可证。

12.普通劳务价格包括成本、利润以及风险管理费。这里的劳务成本是指为派出一名劳务人员而支出的一切费用，分国内费用和国外费用两个部分。利润和风险管理费取决于经营企业和所面临的具体业务情况。技术劳务的价格应是输入方使用技术劳务后所得利润的一定份额。

13.国际劳务合同的特点有以下三点：标的的商业性；较小的风险性；平等性和保护性。

14.国际劳务合同的基本内容包括雇主义务，劳务提供方义务，劳务范围和内容，人员派遣和劳务人员，工作时间、假日和休假，费用、工资和支付，劳务人员生活待遇，税款、保险、伤亡的处理，转让、损坏赔偿、保密、履约担保、不可抗拒及仲裁等。

● 基本概念

国际劳务合作　对外劳务合作　海外就业　国际劳工移民　出国合同工人　备用金制度　民间劳务　劳务报价

● 复习思考题

1. 试比较国际劳务输出（入）与对外劳务合作概念的不同之处。
2. 请指出劳务的类型及职业分类。
3. 简述国际劳务合作发展的原因。
4. 分析劳务输出国与输入国对劳动力移动的不同管理方式及原因。
5. 简述我国对外劳务合作管理的主要内容。
6. 简述国际劳务输出的程序。
7. 试概括国际劳务合同的主要内容。

● 案例分析

案例1：

目前，我国政府与国外政府签订的双边劳务协定数量之多是前所未有的，因而推动了我国对外劳务的发展。例如，外派劳务经营公司比较关心的韩国农业研修生问题（由于商务企业派遣的研修生脱岗率高、收费高，导致了韩国对商务系统公司产生疑虑。2002年11月底韩国驻华使馆就此问题正式分别照会商务部、劳动部，并告知将正式照会外交部），经商务部的积极协调，政府有关管理部门已经正式做出决定，由商务部牵头与韩国进行谈判，为此外交部已正式照会韩国驻华使馆。由商务部牵头与韩国谈判的结果是实力的体现，商务系统无论在机制上还是在组织行为上都远胜于境外就业中介机构。

由商务部牵头的另一个含义就是派遣赴韩国农业研修生的企业，不论是商务部系统的，还是劳务部系统的，都要按照一个模式进行管理，按照一个标准收费。

在双方政府的关怀下，中韩双边经贸往来越来越密切。所有这些都说明，只要政府重视合作，加强双边往来，就能够赢得更多的经济合作机遇。今后，各级政府应进一步发挥协调者的作用，围绕各地区的具体情况，多与我国劳务合作伙伴签订双边友好协定。

请回答：

（1）在国家层面上对劳务输出事业应如何加强管理、开辟环境？

（2）请谈谈您对促进中国劳务输出事业发展的战略和对策。

案例2：

近些年在国际市场上不断发展壮大的中国承包商有以下类型：

1.设计类企业，如中国天辰化学工程公司、中国寰球化学工程公司、天津水泥设计院等，其依靠自身在某专业方向的设计优势，通过培养提高国际商务能力和项目管理能力，逐渐向工程公司转变，有的依靠行业背景，形成了集团化的从设计到施工的能力和专业优势。而且，具有一支素质很高的人才队伍，这支队伍在专业技术、项目开发、融资和商务等方面具有很强的能力。拥有一定的先进技术，具有雄厚的资金和很强的融资能力，在工程承包项目中倾向于为业主提供“咨询设计—融资—建造—运营—合资合作”一条龙的整体服务，许多公司可以从项目立项阶段就开始介入，公司高端的项目设计和综合运筹管理、融资能力十分强。

2.综合类工程施工企业，如中建总公司、中国土木工程公司等大量的国家级企业和地方企业，依靠公司优势和自身专业特点，项目拓展面比较宽，所遇到的行业风险较小，经过多年的市场锤炼和磨合，已经初步具备较好的项目总设计和综合管理能力，这也是这类企业近几年发展比较稳定的重要因素之一。综合类工程施工企业所进行的国际工程承包项目领域，是中国大部分的国际工程承包业务的集中领域，取得了很好的发展并带动了大批的材料、设备和劳务出口。

3.外经型企业，如中国机械设备进出口公司、中国技术进出口总公司、中国成套设备进出口总公司、中国万宝工程有限公司、北方国际合作股份有限公司等，这些公司具有较强的商务能力和一定的市场资源整合能力，有的企业还具备一定的融资能力，建立了较为丰富的营销和信息网络，形成了一些成熟的市场。采用EPC、BOT方式总承包工程，将工程承包作为带动成套设备出口的基础业务，以工程承包开路，在援外优惠贷款下到境外开展合资合作。然而，这类企业缺乏必要的专业技术、项目的设计能力和施工能力，需要加大与设计类企业和施工企业的合作力度以便扩展业务和提高项目运作能力。

4.生产型企业，如中兴通讯、华为、哈电集团等，这类企业依靠其专业技术优势向国际市场拓展，但基本是在其所属的行业内通过承包工程，销售产品设备来参与运营。

总之，我国对外承包工程发展正进入一个非常好的发展时机，随着中国经济的不断增长和综合国力的增强，随着我国对外开放地区的逐渐扩大，中国的对外援助项目也在继续增加，这将为中国企业拓展业务提供更多的机会和平台。

请回答：

（1）请结合材料谈谈我国对外劳务输出的发展方向是什么？

（2）我国在对外劳务输出事业中有何竞争优势？

第8章 / 国际技术转让合作

学习目标

本章主要讨论国际技术转让相关问题，通过本章学习，重点掌握国际技术转让的基本概念、交易方式、主要内容；认识国际技术转让价格确定的特殊性以及技术使用费支付的独特方式。

8.1 国际技术转让的概念与特点

8.1.1 国际技术转让的基本概念

1）国际技术转让

国际技术转让（International Technology Transfer）主要研究技术要素在国际上的组合与配置，探讨不同主体在生产领域及相关服务领域里的合作。联合国国际贸易与发展会议制订的《联合国国际技术转让行动守则（草案）》中明确指出：国际技术转让是指制造产品、应用生产方法或提供服务的系统知识的转让，但不包括只涉及货物出售或只涉及货物出租的交易。也就是说，国际技术转让是指技术拥有者将某一特定技术知识或经验，通过技术贸易或合作与交流等方式传授给对方使用。国际技术转让可分为有偿转让和无偿转让两种。所谓无偿转让，主要是指国际上的科技交流与合作，其形式多种多样，如交流科技情报、资料、仪器样品；召开科学技术专题讨论会；互派专家学者讲学、研讨或传授技术；就某些科研项目共同研究、设计与实验等。另外，联合国系统的国际经济组织以及各国政府实施的技术援助也大都属于无偿的技术转让。有偿的技术转让即国际技术贸易，这种方式把技术当作商品，按商业交易形式和条件进行转让，技术所有人从中收取报酬。技术转让的标的物既可以是技术知识，也可以是含有技术的机器设备。

2）技术

技术是人们在生产活动中制造某种产品，应用某种工艺方法制造产品或提供服务的系统知识。技术的表现形式各种各样，既有文字、语言、公式、配方等，也有个人技能、生产经验等，不管什么方式，技术必须是可以传授给他人并能带来经济效益的。

8.1.2 国际技术转让的特点

不同于其他商品贸易，国际技术转让具有以下特点：

1）国际技术转让是技术使用权的转让

同商品贸易不同的是，在绝大多数技术交易中转让的是技术的使用权而非所有权。由于技术本身具有的特点，技术不仅是一种可以使相同的投入产生更大经济效益的生产要素，它还是一种知识、技巧等，可以被许多人重复使用。因此，技术所有人在交易中转让的是使用权，而自己仍保留所有权，除非技术转让合同中另有规定，否则技术转让人仍然可以继续使用该项技术制造产品或提供服务，或者再次转让获得经济收益。

2）技术转让常常同资本输出和机械设备出口结合起来

在跨国公司对外直接投资中经常以技术作为一定比例的股本参与投资。在国际工程承包、对外技术援助、机械设备出口中大都含有技术转让的内容。因此，许多发达国家经常利用技术输出来带动资本和设备的输出，以技术换市场。

3）技术价格的确定难度比较大

技术的作价方式很特殊。正如前面提到的，技术是一种重要的生产要素，可以使其他生产要素科学合理地组合与配置，使生产获得更大的经济效益，所以技术的价格不能单凭它的成本来计算，还要看它将来能够带来的经济收益以及其他因素来全面衡量。因此，合理地确定技术价格难度比较大。

4）技术转让经常受到限制

由于国际技术转让不仅涉及企业与企业之间的利益，而且关系到国家的利益。因此，各国出于政治、军事目的，为了保持本国在该领域的先进地位，都严格控制尖端技术、军事技术以及可用于军事上的先进技术的输出，对输出的技术项目实行严格的审批制度。特别是一些发达国家出于政治目的，严格限制对一些所谓敌对国家技术的输出。此外，在国际技术转让中，技术供方为了垄断技术和市场，以获取最大利益，往往在技术转让合同中增加一些限制性商业条款，这样做很不利于接受方国家的经济发展和科技水平的提高。尤其在发达国家和发展中国家之间的技术转让中，发达国家常常是技术的拥有者，是技术的供方，而发展中国家主要是技术的购买者或使用者，是技术的接受方，合同中的这些限制性条款对技术接受方很不合理，也不公平，因此受到许多发展中国家的反对。

8.2 国际技术转让的交易方式

国际技术转让的交易方式有许多种，其中许可贸易是最重要的方式。目前国际上的技术转让主要是通过该形式进行的。此外国际技术转让还有国际技术咨询服务、补偿贸易、建立合资企业、合作生产与合作开发和国际工程承包等其他交易方式。

8.2.1　许可贸易

许可贸易是指交易双方通过签订协议的方式来实现技术转让的一种手段。具体地讲，许可贸易是指技术许可方（供方）同意被许可方（接受方）使用、制造、销售与专利有关的产品，同意被许可方使用其商标和专有技术，而被许可方必须支付一定费用，承担一定的义务。因为许可贸易主要是技术使用权的交易，双方的权利和义务主要体现在所签协议中。该协议实际上是一种技术使用许可证，所以此种方式又叫作许可证贸易。

许可贸易在具体操作中，按被许可方取得的权限大小又可以分为如下几种类型：

（1）独占许可。在这种方式下，接受方在协议规定的期限和地区内对供方提供的技术拥有独占的使用权、产品的生产权和销售权。这里所说的独占权是指在协议期限内，技术供方不得再将该项技术转让给协议区域内的任何第三方，就连供方本人也要停止在该地区内使用该技术生产和销售产品，只有接受方才可以合法地使用该技术。

（2）独家许可。在这种方式下，接受方对供方提供的技术享有使用权、产品生产和销售权。在协议的期限和地区内，供方不得将该技术再转让给第三方，但供方仍保留对该技术的使用权、产品生产和销售权。独家许可与独占许可的最大区别在于：独家许可保留了许可方本人对有关技术的使用、制造和销售的权利。但是许可方同样不能再向第三方转让该技术。

独占许可和独家许可均为排他许可。在排他许可中，是否允许许可方继续使用该专利，取决于许可协议的具体条款。如果许可协议规定许可方放弃使用权，在这种情况下即为独占许可；如果许可协议允许许可方继续使用，这种情况下即为独家许可。

（3）普通许可。在这种方式下，接受方享有技术的使用权、产品的生产和销售权，而供方则保留了自己对有关技术的使用、制造和销售的权利，同时还保留了向第三方再进行转让的权利。因此，普通许可是对技术供方限制最少的一种许可贸易方式。

（4）从属许可。在这种方式下，技术接受方在协议规定的期限和地区内，可以将该技术再转让给第三方，也有人把这种许可方式叫作分售许可或者再转让许可。这种许可可以是独占的、独家的，也可以是非独占的，具体取决于原始许可协议的条款。但通常来说，从属许可一般都是普通许可授权，而不是独占许可授权，供方保留自己对技术使用、制造和销售的权利。

（5）交叉许可，或称互换许可。在这种方式下，交易双方以价值相等的技术互惠交换，即双方将各自拥有的专利、商标和专有技术提供给对方使用，双方提供的技术价值相等，双方的权利也对等，一般不需要支付使用费。交叉许可既可以是独占性的，也可以是非独占性的。

在上述几种类型中，依照授予技术接受方权力的大小，技术的使用费也依次由高到低，其中独占许可方式的技术使用费最高，其次是排他许可，普通许可的费用比较低，较适合发展中国家大量引进技术的需要。

8.2.2 其他交易方式

除了许可贸易方式外，还有其他一些含有技术转让内容的国际经济合作形式，如国际技术咨询服务、补偿贸易、建立合资企业、合作生产与合作开发、国际工程承包等。

（1）国际技术咨询服务。国际技术咨询服务是指被委托方（咨询方或服务方）根据委托方的要求，利用自己的技术、人力、仪器和设备等，就有关的技术项目、技术任务或某种服务所提供的技术咨询服务。它包括的内容很多，有技术培训、技术咨询、工程服务、共同研究与开发和产品设计等。其开展的方式也比较灵活，如技术培训和服务可以采取“派出去”和“请进来”的办法，“派出去”即委托方或技术接受方派出自己的技术人员和工人到技术提供方有关的工厂去学习、培训、实习；“请进来”即请技术提供方的专家或技术人员到技术接受方来安装调试设备，指导生产，传授技术。有关的费用及待遇问题可以在双方签订的协议中规定。

（2）补偿贸易。补偿贸易是指交易的一方向另一方提供机器、设备和技术等，另一方用价值相等的产品或劳务等给予补偿，是一种灵活的贸易方式。因买方在购买成套机械设备的同时，还要引进有关的技术，即进行专利和专有技术的转让，因而补偿贸易也是一种国际技术转让的方式。

（3）建立合资企业。不论是建立合资经营企业还是建立合作经营企业，合作双方都要具备合作条件。合作的条件一般是，东道国提供厂房、用地、劳动力、资源等东道国现有的生产条件，外方则提供资金、机器设备、技术和技术培训等作为合作条件，双方合作办企业。通过这种方式东道国既可以利用外资，又可以引进技术，可以说是一种比较好的国际经济合作方式。

（4）合作生产与合作开发。合作生产是不同国家的企业充分利用各自的优势在生产上进行合作，共同研究或制造某种产品。合作开发是资源国利用本国的资源，与外国企业进行合作，共同开发资源。无论上述哪种方式，都是一方提供资金或先进技术，另一方生产产品或双方共同开发，其中都包含大量的技术转让内容。

知识扩展8-1

“交钥匙工程”

知识扩展8-2

俄罗斯波罗的海化工综合体项目

（5）国际工程承包。就工程承包的具体内容来讲，小到单项设备的安装，大到成套设备的安装调试，甚至到“交钥匙工程”的承包。如果承包“交钥匙工程”，承包商要负责从工程设计、土建施工、原材料供应、提供机器设备并安装调试、培训技术人员直到工程试车并投产等全过程所需要的全部工作和物资技术投入。由于工程承包中含有大量技术转让的内容，所以把它也作为国际技术转让的一种方式。关于国际工程承包我们将在后面进行详细介绍。

8.3　国际技术转让的主要内容

国际技术转让的主要内容指的是技术转让的标的物，主要包括专利、商标和专有技术三种。

8.3.1　专利

专利通常是指专利权，它是指有关当局根据发明人的申请，经核查认定其发明符合法律规定的条件，而在一定期限内授予发明人的一种法定权益。在法律规定的有效期内专利所有人对其发明依法享有制造、使用、销售的权利。也就是说，专利所有人在一定期限内可以使用专利技术进行商品生产和销售，也可将专利使用权转让给其他人。未经专利所有人同意，任何人不得随意利用专利进行生产，否则即构成了法律上的侵权行为，专利所有者可以向有关当局提出诉讼，要求追究其法律责任和经济损失。专利权是一种工业产权，受到一国专利法的保护。在国际上也有专门保护工业产权的国际公约，如著名的《保护工业产权的巴黎公约》，我国已于1984年11月正式加入该组织。

专栏8-1　　专利的特点

（1）专有性，也称“独占性”。这是专利最重要和最本质的特征。一方面，专利是唯一的，即同样的发明创造，在一国领土范围内只能授予一个专利权，不能有第二个相同的出现。另一方面，除国家依法征用外，专利权人对其获得了专利权的发明创造享有独占性的制造、使用和销售的权利。不经过专利权人许可，任何其他人无权使用该项专利技术。若未经许可使用专利技术，将构成对专利权的侵权行为，侵权人将负法律责任。

（2）时间性。专利权人在一定时间内享受专利法的保护。在各国规定的专利权期限届满后，专利权人对其发明创造就不再享有制造、使用、销售、许诺销售和进口的专有权，公众可以无偿使用专利技术，而不构成侵权。《中华人民共和国专利法》第四十二条规定：发明专利权的期限为二十年，实用新型专利权的期限为十年，外观设计专利权的期限为十五年，均自申请日起计算。

（3）地域性。任何一项专利权，只在其授权的一定地域范围内有效。根据《巴黎公约》规定的专利独立原则，一个国家依照其本国专利法授予的专利权，仅在该国法律管辖的范围内有效，对其他国家没有任何约束力，外国对其专利不承担保护的义务，对其一项发明创造只在我国取得专利权，那么专利权人只在我国享有专利权或独占权。如果有人在其他国家和地区生产、使用或销售该发明创造，则不属于侵权行为。如果专利权人希望在其他国家享有专利权，那么，必须依照其他国家的法律另行提出专利申请。除非加入国际条约及双边协定另有规定之外，任何国家都不承认其他国家或者国际性知识产权机构所授予的专利权。

8.3.2 商标

商标是企业为了将自己制造或销售的商品与他人制造或销售的商品区别开来，而为商品加上的文字、名称、图案、记号或综合标志。在现代的商品大潮中，商标的作用越来越明显，它是消费者识别商品的标志，是保证产品质量的重要手段，是宣传商品、促进销售的有力手段。正因为如此，世界上大多数国家都对商标予以法律保护。商标权是商标所有人向有关当局办理注册登记后，依法取得的对商标的专有权，是受法律保护的，任何人不得仿冒，否则就构成了侵权行为，会受到法律的制裁。

商标的种类有很多，可以从不同的角度进行划分：

第一，按商标的结构分类。

（1）文字商标，是指由文字构成的商标。文字可以是任何国家的文字、字母和数字，如“牡丹”（电器）、“Panasonic”（电器）、“九冬”（皮装）、“TOYOTA”（汽车）等。

（2）图形商标，是指由图形所组成的商标。图形商标形象鲜明，易于识别，但不易上口，不便于说。

（3）组合商标，是指由文字与图形组合而成的商标。组合商标综合了文字商标和图形商标的长处，既形象鲜明，又容易上口，目前使用最广泛。

（4）立体商标，即用立体形状等作为商标。

第二，按商标的性质分类。

（1）注册商标，是指商标所有人向国家主管部门申请商标登记注册，按照法律程序，经核准注册的商标为注册商标。

（2）未注册商标，是指商标所有人未经法律规定程序获得专用权的商标。

（3）驰名商标，是指在市场上享有较高声誉并为相关公众所熟知的商标。

第三，按商标的用途分类。

（1）商品商标，是指用于生产产品上的商标，其目的主要是将同类产品区别开来，便于消费者认牌选购货物。

（2）服务商标，是指服务行业，如金融业、保险业、运输业、通信业、旅游业等，用在其所提供的服务上的一种标记，以区别不同企业所提供的服务，如中国民航的“CAAC”，中国远洋运输总公司的“COSCO”等。

（3）证明商标，是指专为证明商品等级、质量、功能、性质、产地、原材料或者服务质量的认证标记。证明商标不能由商品经营人所有，而只能为其他人或部门所有，如我国农业部农垦环境监测中心注册的“绿色食品”标记，国际羊毛局注册的“纯羊毛”标志都是证明产品质量和原材料的标志。一般情况下，证明商标的注册人自己不使用，而是提供给下面的企业使用。证明商标不能转让。

（4）联合商标，是指同一商标所有人在同一种商品上申请注册两个或两个以上的近似商标，目的在于加强商标的保护，防止与他人商标的混淆，如著名商标“娃哈哈”，又有“哈娃娃”为联合商标，由于它们之间十分相似，他人不能再申请注册，使得该商标的保护范围大为扩展。联合商标可以分别注册，但如果进行转让，必须一起转让或许可使用。

（5）防御商标，是指同一商标所有人将其商标在近似的商品上分别注册的商标。使用这种商标的目的就是防止他人在近似的商品上使用与其相同的商标，以避免混淆商品的来源，如美国的可口可乐就属于在一切商品上都注册了的防御商标。一般来讲，只有驰名商标才有资格作为防御商标取得注册。

第四，按商标的使用者分类。

（1）制造商标，是指生产者在其生产制造的产品上所使用的商标，用以表明产品的生产企业和产品的质量，以此扩大企业在市场上的影响，提高企业的知名度。

（2）销售商标，也称作商业商标，它是指经销商在其商品上所使用的商标。这种商标的使用者在生产或收购的商品上使用自己的商标，利用自己的商业信誉和良好的售后服务参与市场竞争。以往我国外贸公司注册的商标大部分属于此类，主要供出口之用。

（3）集体商标，是指由商会、协会等组织注册的为该组织所有的商标或几个不同所有人共同占有的商标。其成员可共同使用此类商标，使用该商标的所有商品或服务均具有共同的特点和信誉。集体商标一般不可以转让。证明商标、地理标志均属于集体商标。

8.3.3 专有技术

专有技术，又称“技术诀窍”或“专门技能”，是指那些未经公开、未申请专利、可以传授和转让的、从事生产或经营管理所必需的技术知识、技能和经验。它包括产品或工程设计、工艺流程、原材料配方成分、操作和测试方法以及与技术有关的经营管理专门知识、技巧、经验等。

专有技术同专利和商标有所不同，它具备如下几个特点：

（1）具有使用价值。可以根据此专有技术进行设计、生产、应用、经营管理并且产生经济效益。

（2）具有保密性。因为专有技术是未经公开的、保密的技术知识，知道它的人很少，更具有垄断性。保密是专有技术的基本特征，也是它的价值所在。

（3）具有可转让性。专有技术可以通过教授或以书面资料形式传授给他人，并能产生同样的经济效益。如果不可以传授，即使它再先进、新颖，也是转让不出去的，不应该属于技术贸易内容之中的。

（4）是一种特殊的知识产权。专有技术是人类经过长期实践活动，不断研究、探索、实验、总结出来的，它也是人类思维活动的结晶。但有两种情况使它未取得专利权：一种是有些专有技术不符合专利条件，不能取得专利权；另一种是有些专有技术符合专利条件，但所有人不愿意申请，而未取得专利权。由于它未取得专利权，因此不能受专利法保护，但在国际技术贸易中，它可以作为一种特殊的知识产权而得到其他有关法律的保护。

专栏8-2　　对专有技术的法律保护

目前，世界各国还没有专门立法对专有技术实行法律保护，但是各国法律原则上都确认专有技术是受法律保护的。专有技术若遭到他人侵犯，其所有人可以通过法律途径，取得法律上的救济。其主要法律途径有：

1.通过合同法予以保护

在含有专有技术的国际技术贸易合同中，规定合同当事人必须对专有技术保密。若未经技术提供方的同意，技术接受方使用或泄漏合同规定的专有技术，便构成违反合同行为，技术提供方可以以违反合同为理由起诉，要求法院制止违约行为或判决违约方赔偿损失。在专有技术转让合同履行期间，对专有技术的保密义务是双方面的，不但作为技术接受者的接受方要承担保密义务，作为技术提供者的提供方同样要采取必要措施，对合同涉及的技术秘密给予保密，否则，同样是违反合同的行为。合同中的规定只能对合同双方当事人具有约束力，对合同以外的任何第三方都无约束力。

一般来说，在专有技术转让合同正式签约之前，提供方和接受方在洽谈专有技术许可使用时，许可人必将有关的专有技术向被许可方披露，尽管双方暂无合同约束，但技术接受方仍负有保密责任。即使谈判未达成协议，接受方也不许使用其在谈判中所获悉的专有技术，也不可将专有技术泄露给其他任何人。

2.通过侵权行为法予以保护

侵权行为是指因过失、故意或违法行为使他人遭到损害的行为，该行为人称为侵权人。侵权人对其侵权行为必须承担法律责任。世界上许多国家法律规定，以不正当手段获取他人的专有技术和使用他人的专有技术是侵权行为，受害人可以通过法律要求侵权人赔偿损失。受害人的这种权利无须以契约为依据，只要受害人证明他在法律上享有此种权利，而这种权利被他人侵害，就可以起诉要求侵权人赔偿损失。

3.通过制止不正当竞争法予以保护

一些国家为了维护经济秩序，防止不正当竞争给经济发展和市场竞争造成恶果，先后制定了关于防止不正当竞争的法律。所谓不正当竞争，是指经营者在市场交易中违反自愿、平等、公平、诚实信用的原则，违反商业道德的行为。由于传统的知识产权法律，如著作权法、专利法和商标法都不能给予专有技术或称商业秘密法律保护，因此，各国愈来愈重视通过反不正当竞争方面的立法，加强对商业秘密的保护。

《中华人民共和国反不正当竞争法》第二十一条规定：经营者以及其他自然人、法人和非法人组织违反本法第九条规定侵犯商业秘密的，由监督检查部门责令停止违法行为，没收违法所得，处十万元以上一百万元以下的罚款；情节严重的，处五十万元以上五百万元以下的罚款。该法第十七条规定：经营者违反本法规定，给他人造成损害的，应当依法承担民事责任。经营者的合法权益受到不正当竞争行为损害的，可以向人民法院提起诉讼。因不正当竞争行为受到损害的经营者的赔偿数额，按照其因被侵权所受到的实际损失确定；实际损失难以计算的，按照侵权人因侵权所获得的利益确定。经营者恶意实施侵犯商业秘密行为，情节严重的，可以在按照上述方法确定数额的一倍以上五倍以下确定赔偿数额。赔偿数额还应当包括经营者为制止侵权行为所支付的合理开支。

4.通过刑法予以保护

《中华人民共和国刑法》里也都有相应的规定，如第二百一十九条规定，凡是有所列侵犯商业秘密行为之一，情节严重的，处三年以下有期徒刑，并处或者单处罚金；情节特别严重的，处三年以上十年以下有期徒刑，并处罚金。

8.4 国际技术转让的交易程序和合同条款

因技术转让的方式不同与合同的内容不同，技术交易的程序和做法也都不完全相同，但其主要内容和主要程序还是大同小异的。我国技术进出口的交易程序一般要经过三个阶段：交易前准备阶段、商签合同阶段、合同履行阶段。

8.4.1 交易前准备阶段

这一阶段的任务主要是对要转让的技术项目进行可行性研究。对于一般技术交易，企业可以根据市场行情和规则，自主进行技术交易，之后进行合同备案。对于关键且敏感的技术，需要报有关政府主管部门审批，具体步骤如下：

（1）技术进出口企业编制进出口项目建议书，报有关政府主管部门审查批准。

（2）项目建议书批准后，技术进出口企业编制可行性研究报告，报有关部门审查批准。

（3）可行性研究报告批准后，技术进出口企业便可进入正式的技术交易谈判阶段，如果企业无进出口经营权，则需委托有经营权的外贸公司代办有关技术的进出口手续。

8.4.2 商签合同阶段

这一阶段是整个技术交易程序中最重要的阶段，因为价格的确定、合同条款的规定，都关系到交易双方的切身利益。合同一经签订，即产生法律效力，有关当事人必须认真履行合同。其主要步骤是：

（1）正式对外询价。广泛了解和掌握国际市场上有关技术的价格，通过对有关技术、价格等有关因素进行综合比较，做到心中有数，为选择合适的交易对象，制定出正确的谈判策略，进而在谈判中争取主动打下良好的基础。

（2）正式对外谈判。技术转让的谈判应该包括两部分内容，一部分是技术谈判，另一部分是商务谈判。技术谈判主要谈技术的内容和范围、技术的质量标准、技术的检验与考核、质量担保、资料的数量和质量以及交付的时间和方式、技术交易的方式等。商务谈判主要是谈技术的转让价格、支付方式、交货（或资料）方式、包装、运输、检验、索赔、仲裁、侵权和保密、税费、适用法律、保险、不可抗力因素等。

（3）签订合同。技术交易合同是技术交易双方就技术引进或出口的有关事项达成的书面协议。合同的内容必须完整，文字一定要准确。另外，有许多国家的法律规定，技术贸易合同必须经政府主管部门批准，合同才能生效。

8.4.3 合同履行阶段

技术引进合同被批准后，接受方应统筹安排，加强与提供方协调，按照合同的规定，保质保量，按期履行合同。合同履行的主要内容有：

（1）提供方交付技术资料，接受方支付入门费。

（2）接受方派技术人员赴提供方接受培训。

（3）提供方交付机器设备、生产线；货到后接受方提货及报检。

（4）提供方派技术人员，协助接受方安装技术设备，帮助接受方掌握技术。

（5）投料试生产，提供方和接受方按照合同规定的技术标准验收，并签署验收报告。

（6）接受方支付合同价款。

（7）争议的解决、索赔等。

8.4.4 国际技术转让合同条款

国际技术转让合同条款分为两大部分：

（1）合同的一般条款包括：

① 序言；

② 关键词语的定义；

③ 技术转让的范围和内容（这是合同的中心内容，定义了被转让的技术的具体细节）；

④ 价格与支付，许可合同的价格就是技术转让的价格，又称许可使用费；

⑤ 保证与索赔，该条款的目的是保证技术接受方、提供方的利益不受到侵害；

⑥ 不可抗力；

⑦ 税费；

⑧ 适用法律与争端解决；

⑨ 合同的生效、期限、续展及终止；

⑩ 附件及其他。

（2）合同的特殊条款。作为一种特殊的商品，技术贸易合同也有它的特殊性，除了具备上述的一般共同点之外，不同内容的技术转让合同都有它们各自的特殊条款。特殊条款可能包括技术支持和培训、知识产权的处理、保密义务、责任限制、技术升级和后续支持等。

①专利许可合同的特殊条款有：

A.专利条款。合同中应该列明转让项目中所包含的专利内容，标明专利号、专利申请国别、申请的时间和有效期限，有利于引进方辨别真伪，从中选择适用的专利技术。

B.专利有效保持条款。根据各国专利法的规定，专利申请后还需按期向主管部门缴纳年金。为保证专利的有效性，合同中应规定技术提供方应定期向有关当局交纳年金。

C.侵权处理条款。侵权是指未经专利权人许可，第三者即实施专利，或专利权人被第三者指控侵犯了第三者的专利时所产生的一种违法行为。合同中应对侵权处理有明确规定。

②商标使用权转让合同的特殊条款有：

A.商标的内容和特征。合同中应明确注明商标名称、图样、使用该商标的商品。

B.商标的合法性和有效性。合同中必须注明商标的国别、注册时间、有效期限和使用的区域范围。

C.接受许可方使用商标的方式。商标的使用方式有三种：a.直接使用，即对商标不进行任何改动，直接用在自己的产品上；b.联结使用，即将自己的商标和提供方许可的商标，择其有代表性的部分联结在一起，组成一个新的商标；c.联合使用，即将自己的商标与提供方许可的商标并列使用或将提供方许可的商标与制造地点联系起来使用。无论采用哪种方法，都应在合同中明确规定。

D.商标许可的备案与注册。商标许可合同和含有商标使用权转让的许可合同，都应酌情向接受许可方国家商标管理机关办理备案或注册手续，以便转让的商标在接受许可方国家得到法律的保护。

E.关于产品的质量监督。提供方在向接受方转让商标使用权时，一般要求对接受方的产品质量进行监督，以维护其商标信誉。

③专有技术转让合同的特殊条款有：

A.专有技术内容。严格规定范围、内容、技术指标及有关技术资料的提供。

B.技术传授。因为有些专有技术不经传授是无法掌握的，合同中应规定详细的技术培训和技术指导等内容。

C.保密条款。专有技术存在的价值在于它的保密性，所以一般都在协议中制定严格的保密条款，包括保密范围、保密措施、保密期限和泄密责任。

D.关于改进技术的交换。国际惯例都规定：双方都有义务不断将自己的改进技术提供给对方。

8.4.5 关于技术转让合同中的限制性条款

1）限制性商业条款的概念

限制性商业行为普遍存在于国际贸易活动中，在国际技术贸易中尤为突出，表现形式也是多种多样的。目前，世界各国的科学技术和经济发展水平不同，在国际贸易中的地位和追求的利益不同，因此，对何种贸易行为属于限制性商业做法，不同类型国家的意见分歧很大，尤其是发达国家与发展中国家，它们的意见对立，对许多问题的看法不一致，如美国、西欧、日本等发达国家认为，凡是构成和导致市场垄断，妨碍自由竞争的贸易做法都属于限制性做法。而大多数发展中国家则认为，许多贸易做法本身虽不构成垄断或削弱竞争，但显然不利于或妨碍了技术引进方的经济技术发展，所以也应被看作是限制性商业做法而受到法律禁止。

1980年12月联合国第35届大会通过的《联合国关于控制限制性商业惯例的公平原则和规则的多边协议》对限制性商业做法作了如下定义：凡是通过滥用或者谋取滥用市场力量的支配地位，限制进入市场或以其他方式不适当地限制竞争，对国际贸易，特别是对发展中国家的国际贸易及其经济发展造成或可能造成不利影响，或通过企业之间的正式或非正式、书面或非书面的协议以及其他安排造成了同样影响的一切行动或行为都叫作限制性商业做法。如果将这些内容规定在合同中，我们称它为限制性商业条款（Restrictive Business Clauses）。

2）限制性商业惯例的主要特征

知识扩展8-3

高通公司垄断案

（1）实施主体是个人、企业、经济组织。在发展中国家的技术转让中，发达国家和拥有技术优势的跨国公司往往是主要的技术转让者，发展中国家则主要是技术引进者。

（2）利用某种优势，如专利、专有技术和商标等的垄断优势，在技术转让中处于有利的市场支配地位。

（3）是一种不合理、不公平的限制竞争或实行歧视的做法。大多数情况下，这种做法是转让方强加给受让方的，对受让方的贸易和经济技术造成不合理的限制，甚至是为法律所禁止的做法或合同规定。

专栏8-3　《中华人民共和国技术进出口管理条例》

有关限制性商业条款的规定

（1）在合同中不得要求受让人接受并非技术进口必不可少的附带条件，包括购买非必需的技术、原材料、产品、设备或者服务。这个限制性条款的含义，与TRIPS中所称的“强制性一揽子许可”的意思较为接近。在技术转让实践中，技术让与人利用受让人急于获得所需技术的弱点，以自己优势、主动的地位强迫受让人接受一些与技术转让并无关系的额外条件，这是让与人对知识产权滥用的典型表现，是显失公平的，因此应为法律所禁止。

（2）合同中不得要求受让人为专利权有效期限届满或者专利权被宣布无效的

技术支付使用费或者承担相关义务。专利权只在其存续期间内有效，如果专利权的有效期届满或者专利权被宣布无效，专利权人也就不再享有专利权。在专利权转让合同和专利实施许可合同中，如果在签订合同时，作为合同标的专利权有效期届满或者专利权被宣布无效，当事人双方就不应该再订立合同，即使订立，该合同也是无效合同，受让人也就不必为使用该技术而向原专利权人支付使用费或者承担相关义务。在专利实施许可合同中，如果在执行合同期间作为合同标的专利权的有效期届满或者专利权被宣布无效，该合同自动终止，受让人使用该技术就不再受到限制，也就不必再为使用该技术而向原专利权人支付使用费或者承担相关义务。

（3）合同中不得限制受让人改进让与人提供的技术或者限制受让人使用所改进的技术。技术进口合同的让与人获得技术后，在使用过程中，通过不断的实践摸索，会对原专利技术或者技术秘密作出革新、改良、改进或者升级换代，形成改进的技术成果，以促进劳动生产率的提高。一般情况下，技术让与人不愿意让受让人改进技术，因为受让人往往是让与人生产产品的竞争对手，如果对方改进了技术，由于对方技术领先很可能使自己在竞争中处于劣势；即使对方改进了技术，也要限制甚至禁止使用或者要求与对方分享。因此，在技术进口合同订立谈判时，让与人一般都要提出限制受让人改进技术或者限制受让人使用所改进的技术。让与人的这些做法是明显阻碍公平的市场竞争的行为，法律禁止这样的行为。不仅如此，在技术进口合同有效期内，改进技术的成果属于改进方。

（4）合同中不得限制受让人从其他来源获得与让与人提供的技术类似的技术或者与其竞争的技术。在技术进口合同中，当事人双方可以约定受让人使用技术的范围和期限，但是这并不意味着转让人可以滥用权利，以不合理的条款妨碍技术竞争和技术发展。转让人限制受让人从其他来源获得与让与人提供的技术类似的技术或者与其竞争的技术就是具体表现之一。除此之外，转让人限制受让人在合同标的技术基础上进行新的研究开发，以及限制受让人根据需求，按照合理方式充分实施专利和使用技术秘密等，都是妨碍技术竞争和技术发展的表现。含有上述条款的技术进口合同属于带有影响正当竞争、妨碍技术进步的内容的合同，应属无效。

（5）合同中不得不合理地限制受让人购买原材料、零部件、产品或者设备的渠道或者来源。这里用的一个词为“不合理地限制”，也就是说，在技术进口合同中，如果让与人合理地限制受让人购买原材料、零部件、产品或者设备的渠道或者来源，法律是允许的。这是考虑到在某些特殊情况下，在保护受让人利益的同时，也应适度照顾让与人的利益，以维护公平原则。因此，在合理的范围内，允许许可人限制受让人购买原材料、零部件、产品或者设备的渠道或者来源。比如说，当受让人需要购买与转让的技术有关的原材料、零部件、产品或者设备时，要求受让人只能从让与人那里购买等。这一规定是对原技术引进合同管理条例有关规定的修正，即未经审批机关特殊批准，技术引进合同中不得含有限制受让人自由选择从不同来源购买原材料、零部件或者设备的限制性条款。

（6）合同中不得不合理地限制受让人产品的生产数量、品种或者销售价格。也就是说，允许让与人以合理方式限制受让人产品的生产数量、品种或者销售价格。在专利实施许可合同和技术秘密转让合同中，让与人一般与受让人可能同为一种产品的竞争者，为了维护自身的利益，在合理程度范围内，适当限制对方产品的生产数量、品种或者销售价格，不属于有悖于公平的原则。这一规定也是对原技术引进合同管理条例有关规定的修正，即未经审批机关特殊批准，技术引进合同中不得含有限制受让人利用引进的技术生产产品的数量、品种或者销售价格的限制性条款。

（7）合同中不得不合理地限制受让人利用进口的技术生产产品的出口渠道。例如，在专利实施许可中有一种情形为排他许可，是指在一定地域内受让人在合同的有效期内对许可的技术享有独占实施权，让与人不得再把同一项专利技术在相同的地域和时间内许可给第三方实施。在多数情况下，在其他地域范围内，可能是让与人生产产品的市场，当其对专利技术实施许可后不想让受让人利用许可技术生产的产品进入自己已有的市场，适当地限制受让人利用许可技术生产产品的出口渠道的做法是合理的。

（8）2019年3月国务院修订了《中华人民共和国技术进出口管理条例》，删除了以下对技术进口合同中七种限制性条款的规定：①要求受让人接受并非技术进口必不可少的附带条件，包括购买非必需的技术、原材料、产品、设备或者服务；②要求受让人为专利权有效期限届满或者专利权被宣布无效的技术支付使用费或者承担相关义务；③限制受让人改进让与人提供的技术或者限制受让人使用所改进的技术；④限制受让人从其他来源获得与让与人提供的技术类似的技术或者与其竞争的技术；⑤不合理地限制受让人购买原材料、零部件、产品或者设备的渠道或者来源；⑥不合理地限制受让人产品的生产数量、品种或者销售价格；⑦不合理地限制受让人利用进口的技术生产产品的出口渠道。

（9）在2020年11月出台的《国务院关于修改和废止部分行政法规的决定》中，删除原《中华人民共和国技术进出口管理条例》第二十二条：设立外商投资企业，外方以技术作为投资的，该技术的进口，应当按照外商投资企业设立审批的程序进行审查或者办理登记。

8.5 国际技术转让价格的确定与支付

8.5.1 许可贸易中技术转让费的确定与支付

1）影响技术价格的指标

技术转让不同于一般商品的买卖，其合同价格的构成，即技术转让费的确定要比一般商品复杂。有人说，技术贸易是“精神智慧的转让”。由于这一特点，技术贸易合同中的技术价格不能像一般商品那样有个定期发布的、公开的国际市场价格可供参考，也没有一个实际的实体进行实物的直接比较。从某种角度来说，其价格的确定很大程度上是靠技术供方和接受方的意愿，因此随意性较大。一般来说，影响技术价格的指标主要有：

（1）技术直接费用的计算。技术的直接费用是指技术供方为该项技术转让交易所实际花费的费用，这些费用最终都体现在技术价格里。直接费用越多说明技术使用价格越高。

（2）技术的先进程度。越是尖端的技术其价值也越高，技术转让的价格也会相对高一些。对于一些成熟的技术，由于技术使用的时间比较长，开发技术所花费的费用大部分已收回，之后年平均分摊的费用逐年下降，随着技术先进程度的下降，技术的价格也会逐渐降低。

（3）预期技术产生利润的大小。技术价格不仅要看技术的直接费用的多少、是否具有先进性，还要看预期转让的技术能给接受方带来利润的大小，因为技术提供方需要从接受方利润中抽取一部分作为补偿提供方因转让技术而可能在市场占有、技术垄断利润方面受到的影响。

（4）技术转让交易方式的选择。技术转让交易方式不同，技术接受方得到的技术使用权限就不同。独占许可给予技术接受方的权限最大，其价格也最高。普通许可的费用相对比较低，其独占的程度也低。

（5）技术提供方提供的技术协作的多少。技术转让中，技术提供方能否进行技术协作、提供多少，对技术接受方尽快掌握技术、让引进的技术产生最大的经济效益关系重大。技术接受方十分重视提供方的技术协作，提供方提供技术协作的多与少会对技术价格产生影响。提供方提供的技术协作越多，技术转让价格越高。

（6）接受方吸收技术的能力。在提成支付方式下，技术接受方对技术的吸收能力直接关系到技术提供方回收技术使用费的时间。技术接受方吸收技术能力强，可以尽快扩大生产规模，增加产品的生产与销售，技术提供方可以较快地收回技术转让费，技术转让风险也相应小一些。因此，技术转让价格会低一些；反之，则相反。

（7）技术市场的供求情况。在国际技术市场上，对相同或类似技术的供给和需求情况也是衡量该技术价格高低的一项指标。

2）技术转让价格的确定

一般认为技术转让价格应包括三部分内容：一是技术的研究与开发费用的分摊。技术的研究与开发费用是指开发此项技术的实验研制费用。实际上，技术拥有者已经从技术的使用和多次转让中收回了其开发费用，但技术拥有者仍要技术接收方分担部分开发费用。二是转让费用。这是技术提供方在转让技术过程中预先垫付的，分为直接转让费用和间接转让费用。其具体包括：技术提供方派遣谈判人员谈判技术贸易合同的差旅费；作报价及准备报价资料的费用；技术转让所必需的技术文件、图纸资料、技术规程等的编制和印刷的费用；根据接受方提出的特殊要求而专门进行设计和实验研究的费用；接待接受方技术人员进行技术考察的费用；公司经营管理费以及其他的实际花费和机动费用等。三是提供方的提成收入，即技术提供方从接受方使用该技术后获得的新增利润中的提成。这部分收入基本上是提供方获取的纯利润，占全部额外利润的10%~30%，这个百分比折合成以净销售额为计算基础时为0.5%~10%，提成率大多数在2%~5%的范围内。当然，在不同国家和地区、不同行业里其提成率是有差异的。

知识扩展8-4

华西向梅奥转让生物人工肝专利

3）在技术转让合同中表现技术转让费的条款种类

（1）入门费。入门费在技术转让合同中也被称为初付费，是在技术转让合同生效后接受方向提供方支付的第一笔费用。这笔入门费往往就是前面所说的技术提供方为实现技术转让所垫付的直接花费。

（2）提成费。提成费就是前面所说的，在一定的提成年限内，技术提供方每年从接受方销售其产品获得额外利润中取得的分成。每年提成可以转换为一笔总付。

（3）一笔总付。一笔总付是技术转让双方在合同中规定，将一笔固定的费用在合同生效后的某个时间一次性或在某个较短的时间内（一般是在一年左右）分期分批地由接受方支付给技术提供方。

（4）一笔总付和提成相结合。一笔总付和提成相结合的支付是在合同生效时，除支付入门费外，也将本应逐年提成支付的提成费中的一部分提前支付，这部分提成费称为预提成费。有的合同还明确规定这部分提成费可以在其后逐年支付提成费时扣除或分批扣除。在技术转让合同中是采用一笔总付还是采用逐年提成方式支付要看双方的意愿，因为两种支付方法对技术转让的双方来说都各有利弊。

4）技术转让费的支付方式

技术转让费的支付一般有一次总付、提成支付和入门费与提成费结合支付几种。

（1）一次总付。一次总付是技术转让双方根据协议确定的技术转让内容和双方的权利、义务确定技术转让费，由技术接受方在约定的时间内一次或分期付给技术提供方。一次总付多定在协议达成后的一定时间内完成；分期支付可视具体情况分若干批完成。

一般来说，一次总付对技术引进方较为不利。这是因为，在这种方式下合同价格是固定的，今后无论生产效益是好是坏都不会影响技术提供方的收益，全部市场风险都由接受方承担，而且一次总付的金额和时间是事先在合同中确定的，接受方无法用支付款项来约束对方及时提供有价值的改进技术及技术服务。另外，从理论上说，一次总付的技术使用费应该低于入门费加提成费，但是一次总付的总额是以估计的引进技术项目生产产量或销售量为基础商定的，而这种估计数额往往与实际数额有差距。因此一次总付的技术使用费可能会高于或低于“入门费+提成费”。国际上普遍认为，这种方式比较适合容易吸收的技术转让、较为成熟的和非尖端的技术转让，而且技术引进方要有充足的资金，打算尽快摆脱对技术提供方的依赖，不需要对方不断改进技术和提供技术服务等。

（2）提成支付。其具体做法是：双方在签订技术转让合同时，不规定技术转让费总额，只规定提成的比例和以什么为基础计算提成等。当技术引进方利用引进技术取得经济效益时，可根据合同的上述规定计算提成费并支付给技术提供方。采用这种方式的关键是确定提成率的大小，即许可方从接受方利润中的分成占提成基价的百分比，可用公式来表示：

$$提成率=\frac{接受方利润\times提供方分成率}{提成基价}\times100\%$$

$$提成费=提成基价\times提成率$$

这里接受方利润、提供方分成率和提成基价都是在计算时估算出来的。其中，提成基价是指以什么为基础来计算提成费，有如下几种方法：

①按销售价格提成，即按产品销售价格和总销售额的百分比计算提成费。这种方式的特点是引进方在利用引进技术生产的产品实际销售出去并产生经济效益时，才开始进行支付。支付只与销售价格和总销售额相联系，与成本和利润无关。为了保证提供方的利益，激发引进方的销售积极性，一般规定提成率随销售额的增加而递减，国际上普遍采用的是这种方式。按产品净销售价计算提成费，则计算公式为：

$$提成费（F）=Q\cdot PN\cdot Y\cdot R$$

其中：

F：技术许可方向被许可方收取的费用，即提成费。

Q：受让方每年生产产品的数量，并默认所生产的产品全部被销售。提成有按件提成和按量提成两种。按件提成是计算每年生产产品的台量，单位是台/年，或件/年；按量提成的单位是吨/年。

PN：产品的净销售价。所谓净销售价，是从总销售价中扣减掉特定的扣除费用，如包装费、税费、保险费、运输费、实际允许的批发折扣和配套零部件等的费用，单位为元/吨、元/件或元/台。

Y：提成的年限。

R：技术许可方从净销售额中分得收益的百分比，称为提成费率或提成率。

②按利润提成，即按使用引进技术后所获得的利润的一定比例提成，但由于项目的市场盈亏风险以及计算利润上的困难，技术提供方一般都不愿意采用利润提成方式。

③按产品的数量或单位提成。产品有不同的计量单位，如可以按重量、长度、体积、马力、千瓦/小时等不同的方式计量，一般按每单位产品付给一定金额的提成费。这种方式不随成本、价格和币值的变动而变动，只根据技术引进方的总产量提成，产量越大，提成越多，可促使技术提供方积极提供改进技术，主动进行技术协助。

此外，还有其他的方式，如规定最低提成费和规定最高提成费等。

（3）入门费与提成费结合支付。这种方式的做法是，协议签订后若干天内或者收到第一批资料后的若干天内先垫付一笔约定金额（入门费），待项目投产后再按合同规定办法支付提成费。

专栏8-4　　技术使用费的计算

例题1.某公司报价，入门费300 000美元，提成率为销售价的5%，产品预计年销售量为2 500台，每台净销售价是1 000美元，提成年限为4年。请问：

（1）合同总价是多少？

（2）该报价方式的特点是什么？对许可方有哪些利弊？

答案：

（1）合同总价为入门费加提成费。

提成费=Q·PN·Y·R

=2 500×1 000×4×5%

=500 000（美元）

合同总价=300 000+500 000=800 000（美元）

合同总价是800 000美元。

（2）这种计价方式的特点是：入门费在合同中是一笔固定的费用，而提成费是定期以被许可方净销售额为基础计算后支付给许可方的。对许可方来说，在这种计价方式中入门费很重要，对许可方有一定保证，但需要注意提成的计算方式。它对许可方不利的方面是：支付时间比总付方式晚；许可方需承担一定的风险。其对许可方有利的方面是：可以分享技术引进企业成长的收益。

例题2.现有甲、乙两个公司报价：

甲公司报价，一次总价800 000美元，分4次付清，合同期限4年。

乙公司报价，入门费300 000美元，提成率为净销售价的5%。产品预计总销售2 500台，每台净销售价是1 000美元，提成年限为4年。请问：

（1）乙公司的总报价是多少？

（2）作为技术引进方，你认为哪个公司的报价更有利？说明理由。

答案：

（1）合同总价为入门费加提成费。

提成费=Q·PN·Y·R

=2 500×1 000×4×5%

=500 000（美元）

合同总价=300 000+500 000=800 000（美元）

合同总价是800 000美元。

（2）技术引进方采用乙公司报价有利的方面是：只有取得实际经济效益时才支付；使用费金额与被许可方使用技术的效果直接联系；许可方提供技术服务和协助积极主动。

技术引进方如果采用甲公司报价则有很多风险，比如在未取得任何效益的情况下支付技术转让费，不利于资金周转；所有经营、生产、销售等方面的风险全部由被许可方承担。

8.5.2 其他交易方式中技术使用费的确定与支付

1）技术使用费的构成与支付

技术使用费的构成主要有：专家费、直接费用、间接费用和服务方利润。

（1）专家费。它包括专家的基本工资、福利费、津贴和其他补贴等。专家的基本工资要视其工作的技术程度高低而不同，福利费则需根据具体情况来确定，各国的福利标准有差异，一般是工资的15%~50%。

（2）直接费用。直接费用是指服务项目所需的其他开支，包括专家的差旅费、通信费、资料费、实验费等。

（3）间接费用。间接费用是指用于支付服务公司的办公费用、管理人员的工资、固定资产折旧、营业费和相关税等，因此也被称为经营管理费。

（4）服务方利润。这是除了上述各种成本外，服务方单独收取的一笔费用，作为服务方的利润。

技术服务合同的计价与支付方式：

（1）固定计价。所谓固定计价，是指在合同中对服务项目确定一笔固定的服务费金额，合同执行过程中固定不变。这里需要在合同中对相应的内容做出明确规定，如技术服务人员的数量、服务内容和服务时间等。固定计价的技术服务费可以规定一次付清，也可以规定分期付清，如国际工程承包中，技术服务合同通常规定：一次付清的付款时间是在接受方考核合格之后。分期支付一般分三次支付，第一次在设备开始安装时支付；第二次在试车考核合格后支付；第三次是在工厂的性能保证期结束后支付。

（2）滑动计价。所谓滑动计价，是指服务费不在合同中固定下来，而是根据实际情况进行变动。具体来说，在合同中只规定服务内容、涉及的专业和工种、每种技术人员的人均日工资标准、利润、对技术人员的要求等。对技术人员的人数和技术服务时间也原则上先规定一个范围，在合同的实际执行中，再根据技术服务项目的需要，使服务费随服务人员的数量和服务时间的实际情况进行调整。滑动计价的支付方式一般为分次支付、每月支付一次或者每季度支付一次。

2）国际技术投标中技术投标价的构成与支付

技术投标是指技术卖方（即技术投标人）根据招标人对技术的要求和条件，在限定的期间内对招标技术提出报价，向招标人发出愿意订立合同的意愿。这种方式是把招标投标模式应用到技术交易活动中，使技术贸易更具有竞争性。

技术投标最重要的环节是技术报价，报价低了不能中标，报价高了又可能亏损，因此技术卖方需要做大量的工作，尽可能地报出合理的价格。技术投标价格是由成本和利润构成的，其中成本又包括直接成本和间接成本两部分。

（1）直接成本。直接成本包括人工费和材料消耗费。人工费是指直接参加本成果或本项目研究、设计、实验的科技人员的实际工资及附加工资。所谓材料消耗费是指原材料费、燃料费、水电交通费、技术资料费、仪器折旧费、大型仪器购置费和基建费等。

（2）间接成本，即间接科研费用（包括公益金、协作费和管理费等）。

（3）利润。在技术投标报价中利润的取值非常重要，利润取值的大小关系到投标获胜的概率，即利润越低，中标的可能性就越大；利润越高，中标的概率就越小。同其他技术交易方式不同，技术投标中，技术报价的决定因素有很多。除了要考虑技术成本以及技术接受方（即招标人）引进技术后的预期利润外，还要考虑投标竞争因素。投标竞争者越多，中标的机会就越少，因此应该采取科学合理的利润确定方法。

● 本章小结

1.国际技术转让是指制造产品、应用生产方法或提供服务所需的系统知识的转让，并不延伸到货物的单纯买卖或租赁。

2.不同于其他商品贸易，国际技术转让具有以下特点：国际技术转让是技术使用权的转让；技术转让常常同资本输出和机械设备出口结合起来；技术价格的确定难度比较大；技术转让经常受到限制。

3.国际技术转让的交易方式有许多种，其中许可贸易是最重要的方式，目前国际上的技术转让主要是通过该形式进行的。此外，国际技术转让还有国际技术咨询服务、补偿贸易、建立合资企业、合作生产与合作开发和国际工程承包等其他交易方式。

4.国际技术转让的主要内容包括专利权贸易、商标权贸易和专有技术转让等。

5.因技术转让的方式不同，合同的内容不同，技术交易的程序和做法也都不完全相同，但其主要内容和主要程序还是大同小异的。我国技术进出口的交易程序一般要经过三个阶段：交易前准备阶段、商签合同阶段以及合同履行阶段。

6.在签订国际技术转让合同时应注意限制性条款问题。限制性商业行为普遍存在于国际贸易活动中，在国际技术贸易中尤为突出，表现形式也是多种多样的。我们国家的有关技术引进法规中也规定了技术提供方不得强迫接受方接受不合理的限制要求，因此我们在技术引进工作中应按我国有关法律规定去做，确实保护好我们的合法权益。

7.技术转让不同于一般商品的买卖，其合同价格构成，即技术转让费的确定要比一般商品复杂。有人说，技术贸易是“精神智慧的转让”。鉴于这一特点，使技术贸易合同中的技术价格不能像一般商品那样有个定期发布的、公开的国际市场价格可供参考，也没有一个实际的实体进行实物的直接比较。从某种角度来说，其价格的确定很大程度上是看技术提供方和接受方的意愿，因此随意性较大。

8.技术转让费的支付一般有一次总付、提成支付和入门费与提成费结合支付几种，其中比较常用的是入门费与提成费结合支付方式。

● 基本概念

国际技术转让 专利权 商标权 专有技术 许可贸易 独占许可 排他许可 普通许可 从属许可 限制性商业条款 一次总付 提成支付 入门费与提成费结合支付

● 复习思考题

1.什么是国际技术转让？其特点是什么？

2.国际技术转让的交易方式有哪些？

3.什么是许可贸易？它有哪些类型？

4.简述国际技术转让的主要内容。

5.简述国际技术转让的交易程序。

6.国际技术转让合同的主要条款有哪些？

7.技术转让价格是如何确定的？

8.简述技术转让合同的计价与支付方式。

9.什么是一次总付、提成支付、入门费与提成费结合支付？

10.不同计价方式对许可方和被许可方各有什么利弊？

11.计算分析题。

作为技术引进方，现有北京、上海两家公司向你报价。具体情况是，北京公司报价：一次总算1 000 000美元，分5次付清，合同期限5年；上海公司报价：入门费400 000美元，提成率为净销售价的5%。产品预计总销售2 400台，每台净销售价是1 000美元，提成年限为5年。请计算上海公司的总报价。你选择与哪家公司合作，为什么？

第9章 / 国际租赁合作

学习目标

通过本章学习，了解国际租赁的发展概况；知道开展国际租赁的重要意义；掌握国际租赁的概念、类型；认识国际租赁合同的主要内容及条款并学习租赁租金的计算。

9.1 国际租赁发展概述

9.1.1 国际租赁概述

1）国际租赁的概念

国际租赁（International Leasing）的概念在不同的国家和地区的解释略有不同。例如，在美国，租赁是指在一个规定的期间转让固定资产（土地或可折旧资产）的使用权的协议；在中国香港，租赁是指出租人与承租人就一指定资产的租用事宜订立的合约。出租人保留资产的拥有权，但将资产在某协定期间的使用权转让给承租人，从中收取指定租金；在我国，租赁是指位于不同国家的出租人和承租人之间在约定期间内将出租资产交给承租人有偿使用的租赁关系。这种业务方式具有融资性质，当企业进行创业或者要扩大生产规模，但生产设备不足，而且无力筹集到资金来购买时，企业通过租赁公司先租赁设备发展生产，获得利润后，用利润来缴纳租金，最后还清全部租金和余值后可以取得设备的所有权。在这一过程中，企业通过“融物”达到了融资的目的。出租人通过购买设备再出租，收取租金，最后收回全部设备投资并拥有或者出售设备，从而获得了投资的效益。目前，越来越多的大型设备生产厂商本身也是出租人，通过国际租赁方式可以促进机械设备的销售。因此，当代的国际租赁可以说不仅是一种新兴的投资和融资渠道，而且还是一种现代营销手段，对于跨国租赁公司和大型的专业化设备租赁公司来说，还是某些设备的资源配置、管理和再制造利用中心。

2）国际租赁的合作关系

在国际租赁合作业务中，有关当事人主要有：①出租人，即出租资产的人，在法律上，它享有租赁资产的所有权。目前，在国际租赁业务中充当出租人的有专业租赁公司、银行和保险公司等金融机构，此外还有制造商、经销商和经纪人等。②承租人，即支付租金、享有租赁资产使用权的人。在现代国际租赁业务中，承租人通常是企业，不是个人。③供货人，即生产租赁物的制造商，或其他供货商。④其他当事人。国际租赁业务中的租赁资产通常是一些大型的机械设备、轮船、飞机、车辆、计算机、办公用具、石油勘采设备、卫星系统和房地产等。它们往往都是一些需要很多资金来购买的商品，使用者一时难以筹集足够的资金来购买，于是国际租赁这种融资和融物结合起来的方式便应运而生，并得到越来越广泛的使用。

3）国际租赁的业务程序

国际租赁有多种类型，如融资租赁、经营租赁、衡平租赁、出售回租租赁、综合租赁等。由于类型的不同，租赁的业务程序也有一定的区别，归纳起来国际租赁的一般程序如图9-1所示。

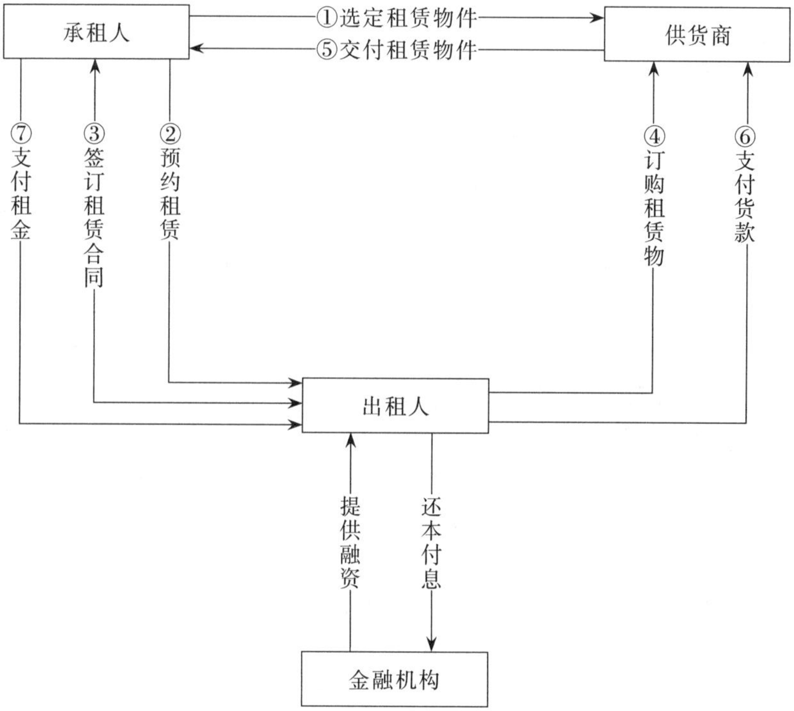

图9-1　国际租赁的一般程序

第一步，选定租赁物件，即承租人根据自己生产经营的需要，选定合适的生产厂家就有关规格、型号等技术要求以及价格、交货期等项目进行洽谈。

第二步，预约租赁，即承租人将已选定的预租赁物件提供给租赁公司（出租人），并要求租赁公司报出租费估价，双方进行协商后，办理租赁预约手续。

第三步，签订租赁合同。租赁公司通过对承租人的资信进行调查后，认为其符合租赁公司的要求，即可与承租人签订租赁合同。

第四步，订购租赁物，即租赁人按照租赁合同中规定的要求，向承租人选定的生产厂家订购货物，并签订购货合同。

第五步，交付租赁物件，即由生产厂家按照合同规定交货日期，向承租人直接交付租赁物件。承租人对收到的货物进行安装、调试、试运行，验收合格后，将验收结果告知租赁公司，开始计算租期。

第六步，支付货款。在接到承租人的验收合格通知后，租赁公司向供货商支付货款。货款的支付按照购货合同的规定执行，所需货款由租赁公司承担。在多数情况下，租赁公司可以从金融机构获得资金融通，并签订贷款协议，到期还本付息。

第七步，支付租金。承租人按照租赁合同规定支付租金，一般规定每月、每季度、每半年或一年支付一次。

9.1.2 国际租赁的产生与发展

租赁业的起源可以追溯到很遥远的古代时期，但是国际租赁业在全世界范围内真正发展起来是在第二次世界大战结束之后。现代国际租赁业最早是在美国发展起来的。1952年，美国加州的一家食品店老板，J.H.叙恩费尔德接到一个大订单，但当时设备力量不足，又无力筹措资金购置设备。在这种情况下，他决定先租设备，用生产后的获利来归还租金，最后取得设备所有权。他打破了先投资购买设备后生产的传统做法，是对传统租赁观念的一种挑战。在此基础上，叙恩费尔德创办的世界上第一家现代租赁公司（即现在的美国国际租赁公司），成为现代国际租赁发展的开端。到了20世纪60年代，国际租赁业务迅速扩展到欧洲和日本。自20世纪80年代开始，国际租赁业更是快速增长。据《世界租赁年报》报道，从全球租赁交易额来看，2010年至2020年总体保持平稳快速增长，2010年租赁成交额为5 945亿美元，2020年为13 381亿美元，年均复合增长率为8.45%。现在国际租赁已逐渐发展成为发达国家扩大出口和促进海外投资的重要手段之一。

我国的租赁业务始于20世纪80年代，当时金融服务领域对外开放尚未提上议事日程，设立国际租赁公司主要是作为引进外资的窗口，开辟利用外资的新渠道，因此全国融资租赁企业地区分布极不均匀。目前，全国31个省、自治区、直辖市都设立了融资租赁公司，但绝大部分分布在东南沿海一带。中国工商企业登记注册的数据显示，截至2022年12月底，全国融资租赁企业总数约为762 514家，较2021年年底的676 387家增加了86 127家，增长12.7%。

按照监管部门不同，我国专业从事融资租赁业务的机构包括金融租赁公司、内资融资租赁公司和外资融资租赁公司三类。这三类企业的差别主要集中于出现发展时间、审批部门、企业性质、监管力度以及业务范围等方面。金融租赁公司是指经中国银行保险监督管理委员会批准，主要从事融资租赁业务的非银行金融机构。金融租赁公司需要具备独立法人资格，注册资本最低限额为3亿元人民币。内资融资租赁公司是指在中国境内由企业法人或其他经济组织投资设立的融资租赁公司。内资融资租赁公司注册资本最低限额为1亿元人民币。外资融资租赁公司是指在中国境内由外国企业投资设立的融资租赁公司。外资融资租赁公司注册资本最低限额为等值1亿元人民币的外币。截至2022年12月底，全国外商融资租赁公司仅4 605家，余下75万家均为内资融资租赁公司。

前瞻产业研究院发布的《中国融资租赁行业发展趋势与投资决策分析报告》统计数据显示，2010年全国融资租赁合同余额已达7 000亿元。2013年全国融资租赁合同余额突破2万亿元。2014年全国融资租赁合同余额达到32 000亿元，同比增长52.4%。2018年全国融资租赁合同余额为66 500亿元，同比增长9.38%。但受新冠疫情的影响，最近两年融资租赁业务有所下滑，截至2022年3月底，全国融资租赁合同余额约为60 810亿元，其中，金融租赁公司融资租赁合同余额约为25 100亿元，业务总量占全国的41.3%。

租赁业作为一门新兴的现代服务行业，对我国经济发展起到了一定的支撑和推动作用。近40年来，租赁业支持了我国数千家企业的技术改造工作。我国通过国际租赁合作方式引进了飞机、汽车、机器设备、通信设备等，累计引进和利用外资70多亿美元。我国国际租赁的业务类型也越来越丰富，除了采用刚开始的融资租赁外，还采用了衡平租赁、经营租赁、出售回租租赁、项目租赁、风险租赁等目前国际上通行的租赁方式。

专栏9-1　　美国融资租赁行业的发展

美国的融资租赁业起步早，在政策支持、基本操作等方面都有值得中国借鉴的地方。

美国政府十分重视租赁业对国民经济的推动作用，通过相关政策给予租赁业大力支持。早在20世纪60年代，肯尼迪政府就实施投资税收抵免制度，鼓励银行进入租赁业，推动租赁业蓬勃发展。随后租赁公司与银行形成分工合作的关系。1981年，美国出台新税法，放宽租赁业税收优惠政策。美国运用税收优惠等利益机制激励投资和租赁，发挥其促进经济发展的作用：一是引导投资方向，促进企业技术更新；二是吸引投资增长，抑制经济衰退；三是让租赁双方共享税收优惠，成为租赁业发展的动力；四是让先进设备快速投入生产。进入21世纪，美国运用租赁等杠杆手段，鼓励企业技术创新，形成经济的良性循环。总之，美国政府十分重视租赁业，通过税收等政策支持其发展壮大，以激活经济，保持企业的竞争力。

美国对融资租赁和经营租赁的区分，在法规、会计、税收等方面与中国有较大差异。美国的判断标准更多的是考量会计准则和税收法规。银行更侧重融资租赁，而租赁公司多从事经营租赁。租赁公司通常不用自有资金，其模式是：银行等机构向租赁公司提供融资，租赁公司再向用户经营租赁，所有权归租赁公司，租赁期内留置给银行。这样租赁公司无需自负资金压力，也不影响负债率。美国租赁公司的收益水平高于中国，主要来自佣金、利差和设备残值。残值处理既是收益来源又是风险所在。租赁被视为一种产品和市场工具，租赁公司具有强烈的市场意识，坏账率低，逾期三个月则确认坏账。美国租赁要求提交保证金，根据客户信用确定比例，同时需要第三方担保，部分租金要提前收取以控制风险，租金多按月支付，也可跳月或不等额，租期以60个月居多，80%的项目来自供应商的推荐，租赁可帮助供应商控制市场。相比之下，中国租赁公司较传统，自负两种角色风险大收益低。但近年通过创新，如存一租三已与美国殊途同归，未来可关注美国租赁延伸租期、提供特色服务等方向。预计美资租赁公司将进入中国市场。

美国租赁业发展所依托的税收、信用和法律环境具有以下特点：税收方面，美国出台多项优惠政策鼓励租赁业发展，如提高租赁公司折旧额和呆账准备金比例，允许租金税前列支等。相比之下，银行贷款不享受类似政策。美国通过租赁推动产业升级，扩大就业和产出，从而扩大税基。这是“积极财政政策”的体现，可保持经济良性循环。信用环境方面，美国拥有发达的个人和企业信用评级体系，各类数据可在网上查询。我国可通过完善企业信用数据库，利用报表和统计资料等丰富信息源建立具有说服力的评级体系。法律环境方面，美国租赁相关法律有利于规范发展，如租赁违约，出租人可向承租人追索全部租金；承租人不交出设备视为刑事问题。美国租赁公司高度重视合同的完善，认为评审可挽救，合同不可有误。

综上，美国租赁业的发展得益于国家层面的政策支持、行业层面的信用体系和法律层面的规范环境，这为我国租赁业的发展提供了宝贵的借鉴意义。

9.1.3 开展国际租赁合作的意义

国际租赁具有许多其他合作方式所没有的优点，它既可以作为推销商品的方式，又可以作为筹措资金的手段，还可以作为一种投资或贷款的形式。国际租赁业务从其性质上来讲，既有别于传统的商品买卖，又不同于传统的企业筹资与信贷，是典型的贸易与信贷、投资与筹资、融资与融物相结合的筹资方式。开展国际租赁合作的意义主要是：

1）对于出租方来说

（1）通过租赁为资金寻找出路。许多租赁公司本身就是大的银行集团或者金融机构。通过购买机器设备再出租给企业进行生产经营，可以取得比较稳定的租金收入，最后完全收回设备的投资，并获得可观的投资效益，使过剩资金得到充分利用，拓展了信贷合作的领域，促进了投资的扩大，如20世纪80年代以来，我国境内的中外合资租赁公司中，日本银行和其他金融机构占外方投资者的80%，这些大银行和金融机构利用租赁方式将资金投入到我国市场。

（2）通过租赁为产品和服务寻找出路。许多大的租赁公司往往也是国际上大的生产厂商或为其附属机构。其为了促进产品的销售，千方百计地寻找各种渠道打入国际市场，扩大出口。许多大型跨国公司、大制造企业纷纷进入我国的租赁行业，如德国的西门子、美国的惠普、AT&T、IBM等，其目的主要是向中国推销其产品，占领中国市场。另外，以租赁的方式，可以使制造商和租赁公司通过出租机器设备，带动技术服务和其他相关服务的输出。

（3）通过租赁可以获得国家对租赁物在税收上的优惠。许多国家为了促进租赁业的发展，在税收上给予租赁公司一些优惠，如美国税务局规定，租赁期在8年以上的设备，可减免出租人10%的应缴所得税，6~7年的可减免7%，4~5年的可减免4%。

2）对于承租方来讲

（1）国际租赁是企业融资的一项有效途径。解决资金问题可以有很多国际融资途径，租赁可以说是融资的一项有效途径。因为对于承租企业，可以先租设备进行生产，然后用出售生产的产品所获得的利润来支付租金，最终还可以付清设备余款，获得设备的所有权，从而达到通过“融物”进而融资的目的。现在许多中国企业在生产规模扩大、设备技术改造方面遇到的最大困难就是资金短缺问题。国际租赁是企业引进外资的又一重要渠道。

（2）国际租赁有助于企业提高资金的利用率。对于企业，租赁设备而不是购买设备的好处是企业不需要先行支付一笔现金作为定金，不会占用企业过多的流动资金，这有利于改善企业的现金流量，使企业腾出更多的财力改善其他方面的生产经营活动。这一点对从事国际工程承包的企业尤其重要。

（3）可以避免因通货膨胀造成的损失。由于租金在企业租赁物件时已经固定下来，所以如果物价上涨，租金的实际价值是下降了，对于承租人来说没有什么损失；而如果用现金购买了该物件，当物价上涨时，折旧回来的货币的实际价值减少了，购买者要承担物价上涨引起的损失。因此，租赁能在一定程度上避免因通货膨胀带来的损失。

（4）出售回租方式可以帮助企业盘活资产。如果企业一方面需要继续使用现有的厂房和设备，另一方面又急需一笔流动资金来扩大生产规模或者维持目前生产的正常运转，在这种情况下，企业可以将厂房和设备出售给租赁公司，然后再租回来继续使用，这样做的好处是，该企业在不影响生产的情况下，可以将固定资产转变为现金，盘活了原有的资产，使企业又有了新的发展。

（5）可以间接地享受国家对租赁公司在税收优惠上的好处。由于国家对租赁公司在应缴纳税费上的减免规定，租赁公司能够以较低的价格购买到租赁物件，再以优惠的租金出租该物件。这样，承租人可以间接地享受到国家对租赁在税收优惠上的好处。

专栏9-2　　融资租赁与一次性付款购买的比较

（从综合成本角度分析）[①]

某公司需要一台设备，设备价格为1 000 000元，该设备折旧年限为8年，预计残值为50 000元，企业所得税税率为25%，该公司可选择两种方式购置设备：

（1）通过融资租赁方式购置：首付30%，租期为3年，每月等额付租，租赁利

① 资料来源：佚名．融资租赁案例分析［EB/OL］．［2020-05-05］．https：//wenku.baidu.com/view/eedf2f7　fec06eff9aef8941 ea76e58fafab04530.html.

率为8.694%，手续费费率为1.5%。

（2）通过一次性付款方式购置。

设备使用期内的资金价值按贷款利率折现（为测算方便，我们以年利率8%折现），各年的折现系数分别为0.9259、0.8573、0.7938。

根据会计准则规定，贷款购置时，折旧可以税前提取或列支，融资租赁可以按租赁期限（最短不少于3年）提取折旧，折旧额税前提取或列支。

利用等额年金法计算每期租金为22 161元。

通过比较我们可以发现，一次性付款购置设备总成本为1 000 000元（300 000+700 000），综合考虑税收节约及资金时间价值，折为现值为849 397元。融资租赁购置设备总额为1 112 796元（300 000+797 796+15 000），折为现值为796 294元。实际节约资金为53 103元（849 397−796 294）。利用融资租赁可以使得企业在前3年节约税收明显多于分期付款购买，也就是说，利用融资租赁企业获得了一笔经营资金（以上案例中的数字是按照2008年的利率及有关租赁公司的收费标准计算的）。

另外按法定年限折旧时，3年的累计折旧是356 250元，以3年期融资租赁合同租入设备时，3年的累计折旧是950 000元。相比之下，折旧费用加大593 750元。折旧费用的加大，就是企业所得税税基的等额减少。由于企业所得税的税率是25%，因此，在3年内减少的所得税是148 437.5元。

显然，租赁作为一种以物为载体的新的融资产品，绝不能简单比较租赁利率与贷款利率的高低。租赁的融资成本略高的表面劣势，完全可以通过对租金支付方式的设计消化掉。在融资租赁中企业实际上获得了税前还贷和加速折旧、延迟纳税带来的资金时间价值。融资租赁在很多情况下是企业购置固定资产的较好选择。

注：财政部、国家税务总局1996年4月7日以财工字〔1996〕41号文发布的《关于促进企业技术进步有关财务税收问题的通知》第四条第三款规定："企业技术改造采取融资租赁方式租入的机器设备，折旧年限可按租赁期限和国家规定的折旧年限孰短的原则确定，但最短折旧年限不短于三年。"

9.2 国际租赁的主要类型

9.2.1 融资租赁

融资租赁，也叫金融租赁或完全支付租赁，是国际租赁业务中使用得最多、最普遍的租赁方式。其具体做法是：承租人先从生产厂家或供货商那里选定所需要的设备，谈妥规格、价格、交货条件等，然后与出租人签订租赁合同，再由出租人按已谈妥的条件向生产厂家或供货商购买设备，出租给承租人。在租赁期间出租人通过收取租金的形式回收全部购买设备的资金、利息和利润。它具有如下特点：

（1）租赁期限比较长。融资租赁基本上与出租物件使用寿命相同，但一般在租赁期满时，租赁资产仍需留下一些残值（有时是象征性的）。

（2）租赁公司保留设备的所有权。虽然在租赁有效期内，承租人拥有独家使用设备的权利，但是设备的所有权仍然归租赁公司所有。承租人必须按照租赁合同的要求去做，如果发生故意损坏租赁物件的事情，是要受到处罚的。

（3）由于设备是承租人选定的，租赁公司对设备的性能及是否适用不负任何责任，而且对设备的管理、维修保养和保险都由承租人负责。

（4）租赁期满时，承租人有权做出是否购买所租物件的选择。出租人可以将出租期满的设备按照二手市场公平价格或以合同规定的象征性价格卖给承租人。

知识扩展9-1

二手车的融资租赁

（5）在这种方式下，租赁公司为购买该物件所支出的全部费用可以通过收取租金的形式得到完全的支付。

9.2.2　经营租赁

经营租赁，也称服务性租赁或未完全支付租赁。在这种方式下，由出租人负责从厂商那里选购设备或其他可供租赁的物件，然后向承租人出租。出租人负责租赁物件的维修保养等服务。其主要特点是：

（1）出租人既提供融资的便利，又提供必要的服务，包括设备维修、保险和技术服务等，使承租人在得到融资好处的同时，也得到了便利的服务。

（2）租赁期比较短。因租赁的期限比租赁物件的使用寿命要短，因此对租赁物件的选择有一定的要求。一般适用租赁的物件有大型计算机、汽车、轮船、工程建筑设备等。

知识扩展9-2

春秋航空公司的经营租赁业务

（3）在合理的情况下，一般允许承租人在租赁期内提前解约，而改租更先进的设备。

（4）由于租赁物件技术更新快，出租人要承担设备过时和承租人解约的风险，另外还要提供设备的维修保养等服务，因此其租金要高于融资租赁。

（5）由于上述原因，出租人不能从一次租赁中收回全部投资，需要将此物件再次或多次出租，因此又称这种方式为“未完全支付租赁”。

9.2.3　衡平租赁

衡平租赁又称杠杆租赁，是融资租赁的一种特殊形式。其主要做法是，出租人在购买价格昂贵的设备时，自筹所需资金的20%~40%，其余60%~80%的资金由出租人以设备作抵押，向金融机构贷款，然后将设备出租给承租人，并将向承租人收取租金的权利转让给金融机构，作为偿还贷款的额外保证，但设备的所有权仍归出租人所有（如图9-2所示）。

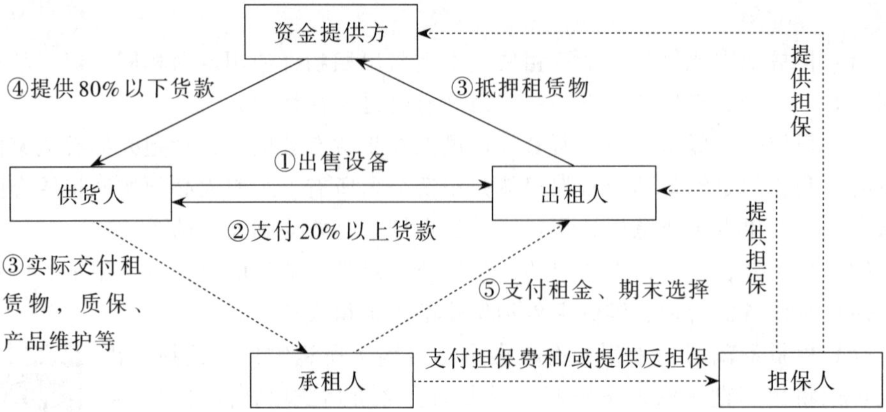

图9-2　衡平租赁

衡平租赁与融资租赁比较相似，但除了具有融资租赁的特点外，还具有以下特点：

（1）衡平租赁是一项非常复杂的交易，涉及的当事人多达五六个，如出租人、承租人、贷款人、受托人和保证人等，需要签订一系列协议，如参与者协议、信托协议、合约信托、租赁协议、购买协议等。

知识扩展9-3

杠杆租赁

（2）在这种方式下，出租人只需投资相当于设备价款的20%~40%，但可以拥有设备的所有权。另外，根据美国税法规定，租赁公司在购买新设备时，可以享受减税待遇，所以租赁公司只需投入一小部分设备款，却可以享受百分之百的减税待遇。

（3）这种方式一般要求租赁期满时，租赁物件的残值必须相当于原来价值的20%，或者至少还可使用1年。

（4）由于这种方式手续繁琐，又涉及多个当事人，所以适合衡平租赁的物件一般都是价值昂贵的大型飞机、轮船、卫星、海上钻井设备、大型工厂设备等。

9.2.4　其他租赁方式

其他租赁方式有：

（1）出售回租租赁，或称售出与返租式租赁。它的具体做法是：某些厂家出于资金周转的需要，将自己仍需使用的设备出售给出租公司，然后再将设备原封不动地租回来。

（2）综合性租赁。它包括租赁与补偿贸易相结合、租赁与加工装配贸易相结合、租赁与包销相结合的租赁方式。

专栏9-3　　出售回租租赁[①]

天津钢铁集团有限公司（简称天钢集团）是集烧结、炼铁、炼钢、连铸、轧

---

① 资料来源：佚名．出售回租租赁成功案例［EB/OL］．［2020-08-08］．http://www.gwflc.com/al/&FrontComContent_list01-1307604833635CurrentIds=8__11&comContentId=11&comp_stats=comp-FrontComContent_list01-1307604833635.html.

钢、金属制品生产工艺为一体，年产钢750万吨、钢材700万吨的大型现代化钢铁联合企业。

2011年长城融资租赁有限责任公司（简称长城公司）与天钢集团签订2.67亿元的租赁合同。此次合作，长城公司以售后回租形式为承租人提供租赁服务，形成应收租赁款后保理转让给交通银行。出售回租租赁即承租人和供货人为同一人，租赁物不是外购的，而是承租人在租赁合同签订前已经购买并正在使用的设备，承租人将设备卖给租赁公司，然后反租回来（如图9-3所示）。这种租赁方式适用的领域包括拥有设备而流动资金不足或者希望优化负债结构的企业，其优点在于盘活了存量资产，资金用途灵活广泛，不影响设备的占有、使用和收益。

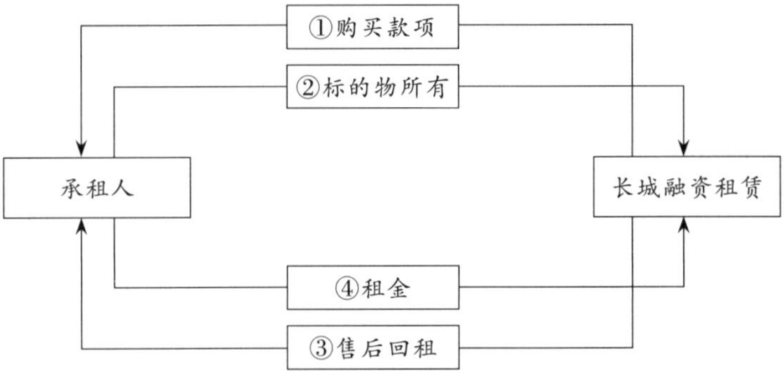

图9-3 出售回租租赁

9.3 国际租赁合同的主要内容

由于国际租赁业务本身的复杂性，一笔国际租赁业务往往涉及多项合同，如进出口销售合同、金融贷款协议、国际租赁合同等。

9.3.1 进出口销售合同

在融资租赁业务方式下，进出口销售合同是由出租人作为买方，按照承租人与供货商达成的条件，代承租人与供货商签订的，并由承租人联署签字确认同意的书面协议。合同的主要内容同其他进出口销售合同基本相同，主要包括：

（1）货物名称、规格型号。

（2）包装。包装条款一般包括包装材料、包装方式、包装规格、包装标志和包装费用。

（3）数量。数量主要包括商品的数量和计量单位，应当明确具体。

（4）价格。价格一般包括单价和总价。

（5）装运条款。装运条款包括装运期、装运港、目的港等。

（6）付款条件。付款条件主要包括支付工具、支付方式、支付时间与地点等内容。

（7）保险。保险条款因合同类型的不同而有不同规定。

（8）检验。检验包括检验时间与地点、检验方法、检验机构与标准等。

（9）索赔。索赔一般包括罚金、异议与索赔条款。

（10）不可抗力。不可抗力主要关于事故的范围、事故处理的原则和办法等。

（11）仲裁。仲裁主要是仲裁地点、仲裁机构、仲裁程序及效力等。

9.3.2 金融贷款协议

金融贷款协议是出租人与金融机构之间达成的融通资金协议。与一般贷款合同一样，国际租赁项下的贷款合同主要包括：

（1）借贷双方当事人；

（2）贷款的目的；

（3）金额；

（4）贷款期限；

（5）借款利率；

（6）还款方式；

（7）各方权利和义务；

（8）担保条款等。

9.3.3 国际租赁合同

国际租赁合同是出租人与承租人之间为租赁某一物件而明确相互权利与义务的协议，是确定双方租赁关系的法律文件。在国际租赁业务众多合同中，租赁合同是重要的主体部分，它的主要条款包括：

（1）合同当事人。合同开头应标明合同双方，即出租人和承租人的名称、地址、银行账号。

（2）签约日期、地点。在合同的开头还要注明合同号码、合同签约日期和地点。

（3）合同的租赁物。其主要是租赁物的名称、规格、型号、技术要求、数量和使用地点。关于这一条款，一般另有详细的附表，该附表是合同重要的组成部分。

（4）租赁物的所有权。合同中规定，合同租赁物的所有权不属于承租人，承租人对租赁物只有使用权。承租人对租赁物不得进行销售、转让、转租、抵押或采取其他任何侵犯租赁物所有权的行为。承租人必须保持租赁物的完好状态。

（5）租赁期限。合同中应规定租赁的期限。

（6）租金。租金是以租赁物的总成本为基础计算的。租赁物的总成本包括租赁物的购置款项、海运费、保险费、贷款利息及银行费用等。此外，还有租金的支付货币和支付办法等内容的规定。

（7）租金的变更和罚款利息。如果租赁期内租金发生变动，必须以书面形式通知对方并得到对方的确认。如果承租人延期支付租金，则出租人除了要计算延期内租金利息外，还要加收一定的罚款利息。

（8）租赁物的交付与验收。这项主要规定租赁物的交付时间与地点，承租人应在规定的时间内提交验收报告，否则即认为验收已经完毕，而且验收合格。另外，还规定如果发现租赁物与合同规定不符，出租人有义务协助承租人妥善处理。

（9）租赁物的维修、保险。其主要包括租赁物件的维修、保险所发生的费用分担问题的规定。

（10）租赁期满后租赁物件的处理。租赁期满后，租赁物的处理方法一般有：①出租人将租赁物按现实公平市场价卖给承租人；②承租人继续租赁；③租赁物退还给出租人。

（11）租赁保证金。在订立合同时，作为履行合同的担保，承租人要向出租人交纳一定金额的保证金，租赁期满时退还承租人。如果承租人发生违约行为，出租人则要从中扣除一部分款项作为对其的补偿。

（12）经济担保。其包括承租人经济担保人的责任及其他。

（13）争议的解决。其主要包括合同当事人发生争议时的解决方法和地点。

（14）出租人权利的转让和抵押。租赁期间，出租人有权将合同规定的全部或部分权利转让给第三方，或以租赁物作抵押。

（15）合同附件。合同的附件是合同的组成部分。

9.4 租金的计算

9.4.1 租金的构成

在国际租赁合作中，租金的计算非常重要。构成租金的因素很多，一般来说主要有租赁物件的购置成本，租赁期间的利息，设备的进口手续费、维修费、管理费、保险费及其他费用等。租赁方式不同，构成租金的要素就会不同，在具体计算租金时应该结合不同租赁方式的特点进行。

1）租赁物件的购置价格

租赁物件的购置价格主要包括成本、运费、保险费和进口关税。在计算这笔费用时，应该将租赁期满的租赁物件的残值扣除，因为这部分残值将会通过出售得到回收。如果是在租赁期内全部折算，只有名义上的残值则除外。

2）租赁期间的利息费用

由于租赁公司购买租赁物件的款项大部分是通过各种渠道融资而来的，因此在租金的构成中，利息是很重要的部分。利息的计算要根据签约时国际金融市场的利率来确定。

3）经营管理方面的开支和手续费

这是除上述费用以外的，经营管理租赁项目所必需的一切开支。在国际租赁业务中，租赁物件的购置价格和贷款利息都是比较固定的，而经营管理方面开支的计算需要综合考虑各种因素。而且租金的高低是否合理也要看这一部分是如何确定和计算的，如各种税金，包括承租人应缴纳的资产税和增值税等。在衡平租赁方式下，税收优惠可使租金降低，应予以考虑；在融资租赁方式中，保险费由承租人承担，不计入租金内；在经营租赁方式中，租金则由出租人承担，应列入租金内。净利润是出租人预计的利润，通常均略高于银行放款的利息，因出租者除了提供融资外，还承担着一定的经营风险。

9.4.2 租金的计算方法

1）附加率法

附加率法是在租赁资产的货价基础上再加上一个特定的比率来计算租金的方法。其计算公式为：

$$每期租金=租赁资产货价\times\frac{(1+租金支付期数\times折现率)}{租金支付期数}+租赁资产货价\times附加率$$

2）年金法

将一项租赁资产在未来各租赁期间内的租金额按一定比例予以折现，使其现值总和等于租赁资产的概算成本，以此来计算租金的方法叫年金法。

3）递减式计算方法

递减式计算方法的计算公式为：

每期租金=各期占款本金数×年利率×占款年数+各期应还本金数

4）平均分摊法

一般租金计算方法是：

$$(每期)租金=\frac{(租赁货价-估计残值)+银行利息+手续费}{租金支付期数}$$

其中：

（1）租赁货价。这是指购买该租赁物时所花费的成本，租赁物的购置价格应该是国际市场同类物的平均价格，加上一定的保险费和运费。

（2）估计残值。采用融资租赁方式时，是以全部回收投资计算租金，则残值基本等于零。如采用其他租赁方式，到期残值的估计应结合每种方式的特点来计算。总之，残值估计得多与少直接影响租金的数额。

（3）银行利息。利息按银行复利办法计算出以后，再按期分摊支付。利息的高与低，关系到租金的高与低。

（4）手续费。手续费包括经营租赁业务的必要开支。

（5）租金支付期数。租金可以按月、按季度支付或半年、一年支付一次。如果是每年支付一次租金，租赁期限为5年，则租金支付期数为5期。

专栏9-4 国际融资租赁合同中关于租金、服务费和保证金的条款

租金条款：

1.甲方为乙方融资购买租赁物件，乙方承租租赁物件须付租金给甲方。

2.租金是购买租赁物件的成本与租赁费之和。

成本是甲方为乙方购买租赁物件和向乙方交货所付的货款、运费、保险费（含财产保险）及双方一致同意计入成本的费用与租前息（甲方支付上述费用从其支付或实际负担日起至还租期限起算日止所产生的利息总金额）之和。

计算租金的租赁费率由国际金融市场浮动利率和筹措手续费、风险费率和甲方应得的合理利差两部分组成。签订合同之日确定的租赁费率为合同的固定租赁费率，在还租期内固定不变。外汇计息方法依据中国银行的规定执行。

3.租金概算表为甲、乙双方签订合同时的财务预算表，其租金根据概算成本和暂定租赁费率计算，具有暂时性。

4.《实际应付租金通知书》为乙方偿还甲方租金的依据，根据实际成本和还租期限内的固定租赁费率计算。计算实际成本时，如甲方支付货款的货币与合同规定货币不符，按甲方实际兑换的汇率折成合同规定的货币计算。租前息按固定租赁费率计算。

5.实际成本核算完毕后，甲方向乙方发出《实际应付租金通知书》。除计算错误外，乙方同意不论租赁物件使用与否，都以该通知书中载明的日期、金额、币种等向甲方支付租金。

6.如乙方提前偿还租金，需提前1个月同甲方协商，甲方同意后，方可提前偿还租金，但需加收两个月利息。

如乙方未按期支付租金，应缴纳延迟利息，延付1个月内按原固定租赁费率的130%计收；1个月后，每超过1天加收所欠租金额的0.005%。

服务费和保证金条款：

1.乙方在购买合同签订日后15天内向甲方交付一定金额，作为付给甲方的服务费。

2.乙方按租金概算表的规定，在购买合同签订日后15天内交付甲方保证金。保证金不计利息，在第一期租金到期时自动抵作该期租金的全部或部分。

3.因乙方未及时支付保证金和服务费致使购买合同不能执行所造成的损失由乙方负责。[①]

9.4.3 租金的支付

在国际租赁合同中，一般要对租金的金额、支付办法、支付地点、开始支付的日期、支付货币和租金支付次数等加以明确规定。

---

① 资料来源：陈建．国际经济合作教程［M］．北京：中国人民大学出版社，2005.

1）国际租赁的支付办法

国际租赁的支付办法归纳起来主要有两种类型，一种是等额分期支付，另一种是不等额支付。等额分期支付的做法是：承租人每月、每季度、每半年或一年支付一次等额的租金。不等额支付的做法是：根据时间、生产和销售情况来决定什么时间支付以及每次支付多少。其具体方法有：

（1）季节性支付。由于有些租赁物件在不同的季节里需求不一样，为了促销和扩大租赁业务，租赁公司往往在不同的销售季节里采用不同的租赁价格，如在租赁市场上，当该物件的租赁需求旺盛时，收取相对于平时高一些的租金；反之，则收取相对于平时低一些的租金。

（2）逐步递增支付。顾名思义，这种方法就是根据生产和销售的预期情况，在订立租金支付条款时确定按一定比例逐步增加每次租金的支付数额。

（3）延期支付。有时承租人为了得到一段时间的宽限，会希望延期支付租金。这样做会导致承租人支付的租金数额的增加。

2）支付货币

一般情况下，支付租金的货币应该同购买该租赁物件所使用的货币相同，但具体如何去做应该按照合同中的规定执行。无论使用何种货币，都应注意规避汇率变动带来的风险。

● 本章小结

1.在我国，租赁是指位于不同国家的出租人和承租人之间在约定期间内将出租资产交给承租人有偿使用的租赁关系，这种业务方式具有融资性质。

2.在国际租赁合作业务中，有关当事人主要有：①出租人，即出租资产的人，在法律上，它享有租赁资产的所有权；②承租人，即支付租金、享有租赁资产使用权的人；③供货人，即生产租赁物的制造商或其他供货商；④其他当事人。

3.国际租赁有多种类型，如融资租赁、经营租赁、衡平租赁、出售回租租赁、综合租赁等。

4.国际租赁具有许多其他合作方式所没有的优点，它既可以作为推销商品的方式，又可以作为筹措资金的手段，还可以作为一种投资或贷款的形式。国际租赁业务从其性质上来讲，既有别于传统的商品买卖，又不同于传统的企业筹资与信贷，是典型的贸易与信贷、投资与筹资、融资与融物相结合的筹资方式。

5.融资租赁也叫金融租赁或完全支付租赁，是国际租赁业务中使用最多、最普遍的租赁方式。

6.经营租赁也称服务性租赁或未完全支付租赁。在这种方式下，由出租人负责从厂商那里选购设备或其他可供租赁的物件，然后向承租人出租。出租人负责租赁物件的维修、保养等服务。

7.衡平租赁又称杠杆租赁，即出租人在购买价格昂贵的设备时，自筹所需资金的20%~40%，其余60%~80%的资金由出租人以设备作抵押，向金融机构贷款，然后将设备出租给承租人，并将向承租人收取租金的权利转让给金融机构，作为偿还贷款的额外保证。

8.国际租赁合同是出租人与承租人之间为租赁某一物件而明确相互权利与义务的协议，是确定双方租赁关系的法律文件。

9.构成租金的因素很多，一般来说主要有租赁物件的购置成本，租赁期间的利息，设备的进口手续费、维修费、管理费、保险费及其他费用等。

● 基本概念

国际租赁 出租人 承租人 融资租赁 经营性租赁 衡平租赁 完全支付租赁 未完全支付租赁 租金

● 复习思考题

1.什么是国际租赁？简述它的业务程序。

2.开展国际租赁的重要意义有哪些？

3.国际租赁有哪些类型？其特点各是什么？

4.为什么说融资租赁是完全支付租赁？

5.为什么将衡平租赁称为杠杆租赁？

6.简述国际租赁合同的组成及主要内容。

7.租金是怎样计算的？

● 案例分析

由于技术设备改造需要，中北机械设备制造股份有限公司将以融资租赁方式引进一套成套设备。该设备的货价为1 000万元人民币，租赁期为2018年1月1日—2022年12月31日，共5年，分5次偿还，于每年年末支付租金，年利率为5%，估计到期残值为16万元人民币，进口手续费为1.5%。请问：每期租赁费为多少？

第10章 / 国际发展援助

学习目标

通过本章学习，熟悉和了解国际发展援助的基本概况及中国的对外经济援助等相关问题；重点学习和掌握国际发展援助的主要方式及业务程序。

10.1 国际发展援助的基本概况

10.1.1 国际发展援助的定义

国际发展援助（International Development Assistance）的定义有广义和狭义之分。广义的国际发展援助，指的是一种特殊形式的国家之间的转移支付，可以看成是一个国家对另一个国家提供的无偿的或优惠的有偿货物或资金，用以解决受援国所面临的政治、经济、社会、环境等各种发展过程中遇到的问题。狭义的国际发展援助，则是指国际经济组织、发达国家和一些经济发展程度比较高的发展中国家政府及所属机构、民间团体以提供资金、物资、设备、技术等方式，帮助发展中国家发展经济和提高社会福利的活动。本书中所指的国际发展援助，主要指的是狭义的国际发展援助。

有关国际上实施经济技术援助的提法有很多，我们国家习惯上称其为“对外经济技术援助”；有的国际组织则把它称为“国际发展援助”；联合国发展系统的援助则采用“国际发展援助”这一提法。这主要是指在联合国范围内为促进国际合作，以解决国际上属于经济、社会、文化及人类福利性质之国际问题，而向发展中国家提供的一种援助。将援助与发展问题结合起来，比较好地概括了当代国际上在这一领域里开展合作活动的宗旨。

10.1.2 国际发展援助产生的背景

国际发展援助的产生包含政治和经济两方面因素。

从政治上来看，第二次世界大战后，世界上出现了社会主义和帝国主义两大阵营相抗衡的局面。这导致了国际发展援助的产生并推动了它的发展。两大阵营的主要国家除了要加强自己势力范围内国家的军事力量，还要在经济上使这些国家富强起来，因此都加强了对自己势力范围内国家军事上和经济上的援助。另外，资本输出一直是帝国主义宗主国剥削和控制殖民地的重要手段。第二次世界大战后，作为新独立的国家，为了摆脱帝国主义宗主国的束缚，不愿意接受有附带条件的外国资本的输入，但是又需要发展资金。于是，由政府及国际机构提供发展援助的方式便应运而生。

从经济上来看，大多数发展中国家虽然战后从殖民地与半殖民地的桎梏中解放出来，但在经济上仍然处于贫困与落后的状态，尤其是人口增长过快和经济发展缓慢是发展中国家面临的两大难题。要控制人口和加快经济增长速度，除了主观的努力外，客观上还需要建设资金和技术。这样，接受外国的无损于本国政治、经济独立与主权的发展援助就成为十分必要的了。而对于发达国家，提供援助往往既可以加强与受援国的政治经济关系，又可以带动本国商品的输出，是一举两得的好方法。在这些国家对外提供的援款中，绝大部分附带有限制性采购条件，即援款必须全部或部分购买援助国的商品。例如，在发达国家的对外财政援助中，有全部或部分采购限制的要占到80%以上。近年来，援助与对外开展经济贸易合作挂钩的趋势日益增长。例如，经济合作与发展组织的成员向发展中国家赠款提出的条件是：受援国必须使用赠款聘请援助国的咨询机构进行项目可行性研究，这样，援助国的咨询机构就可以在咨询报告中提出建议，由本国的设备厂商和工程公司为所确定的项目提供设备与劳务。

10.1.3　国际发展援助的演变

第二次世界大战结束以来，随着世界政治经济格局的变化，国际发展援助也经历了不同的发展阶段，对战后世界经济的发展做出了贡献。

第一阶段，战后重建阶段。在这一阶段，美国为了在政治和经济上加强对西欧国家的控制，帮助遭受第二次世界大战严重破坏的西欧国家尽快恢复经济，开始实施“马歇尔”计划。1947年，美国政府根据美国国务卿马歇尔提出的建议制订了“欧洲复兴方案”，其法律形式就是1948年国会通过的“经济合作方案”，又称“马歇尔计划”。该计划主要向受援国提供资金、设备和物资，帮助受援国家生产，恢复金融秩序，加强西欧各国的经济合作关系。与此同时，当时的苏联也向其他社会主义国家提供了大量的经济技术援助，援助的重点主要在这些国家的国营重工业部门。

第二阶段，南北关系阶段。在这一阶段出现了新的援助对象，即一批刚刚独立的发展中国家。为了巩固已经取得的政治独立，摆脱对原宗主国的依赖，这些刚独立的第三世界国家开始把发展民主经济、改变贫穷落后的面貌作为重要而紧迫的任务。然而长期的殖民统治遗留下来的畸形经济结构严重制约着这些国家的经济发展，他们迫切需要国际社会提供一定的援助。这时的西欧等发达国家基本上都完成了本国的重建与复兴计划，经济迅速发展起来，需要扩大国外市场。国际发展援助的格局发生了变化，从两大阵营内部的援助转向了对发展中国家的援助，开始了南北之间的发展关系。在这一时期，提供援助的主要是一些国际经济组织和发达国家，中国等一些社会主义国家也都提供了大量的经济技术援助。

第三阶段，南南合作新阶段。由于石油输出国的崛起，国际发展援助发生了重要变化。在发达国家逐渐减少对发展中国家援助的同时，石油输出国成为援助发展中国家的重要力量，开创了南南合作的新阶段。

第四阶段，调整阶段。进入20世纪80年代，世界经济普遍陷入了“滞涨阶段”，石油输出国也受到油价下跌的影响，都不同程度地减少了对外援助。同时，许多国家开始调整本国的对外援助政策，如强调与受援国之间的“政策对话”、加强对项目的评估、增加官方援助项目中的商业成分等。这些措施对援助项目的成功，加快受援国的经济改革，利用援助带动商品和资本输出起到了积极作用。

第五阶段，改革与发展阶段。近年来，一些国际发展援助机构，如联合国组织、世界银行等都在进行着改革。目前，世界银行正努力形成一种官方援助与贸易共生的援助机制，即在为官方对外援助提供融资渠道的同时，鼓励更多双方民间商业活动的参与，提高援助的效果。一些主要援助国家也在调整自己的援助政策，改革对外援助机制，如英国为了适应目前形势的变化，对本国的援外管理体制进行了较大的改革，把原来的海外发展管理局ODA提升为国际发展部DFID，以此加强英国对外援助的管理和参与世界发展事务的能力。另一个目的是，通过DFID管理的双边对外援助项目，探索出一些由企业参与的、可以获得较高利润回报的官方援助的方式，也可以说是期望通过发展对外援助促进本国经济的发展。再如，法国为了适应形势的变化，加紧改革对非洲的援助与合作方式。其指导思想是：由“输血”逐步转变为“帮助造血”。改变过去的宗主国形象，与一些非洲国家签订“伙伴协议”；改革政府主管机构；设立社会发展基金，用于补贴“伙伴协议”国家的小型社会项目，使援助更贴近平民百姓。

第六阶段，回归阶段。进入21世纪以来，国际发展援助总体上处于回归阶段，即把关注的焦点再一次集中到贫困问题以及各种人道主义援助上。2001年的美国“9·11”事件之后，世界银行等国际发展援助机构指出，“贫困是孕育恐怖事件的温床，减少贫困是维护世界和平的重要手段之一”。2009年索马里海盗事件使贫困问题再次引起了国际社会的高度重视，索马里是全世界人道主义援助危机最严重的国家，而消除贫困是解决索马里海盗问题的关键所在。在这样复杂而变化多端的国际背景下，伴随着上述一系列新问题及新矛盾的产生，新形势下的减贫战略就成了国际发展援助面临的新课题。

2000年在联合国千年首脑会议上，150位与会国家与政府首脑通过了《联合国千年宣言》，提出了21世纪人类发展的努力目标，世界各国就消除贫穷、饥饿、疾病、文盲、环境恶化和对妇女的歧视，商定了有时限的目标和指标：千年发展目标（Millennium Development Goals，MDGs）。千年发展目标是一幅由全世界所有国家和主要开发援助机构共同设计的蓝图，具体分为8大领域18项主要目标。前7个目标是发展中国家应承担的自身经济社会发展的主要责任，第8个目标是发达国家要承担帮助不发达国家的责任。

专栏10-1　　联合国千年发展目标

联合国千年发展目标见表10-1。

表10-1　　联合国千年发展目标表

目标分类	主要目标
消灭贫穷和饥饿	1.靠每日不到1美元维生的人口比例减半（从1990年的29%减少到14.5%）
	2.饥饿的人口比例减半
普及初等教育	3.确保不论男童或女童都能完成全部初等教育课程
促进两性平等	4.在小学教育和中学教育中消除两性差距，至迟于2015年在各级教育中消除此种差距
降低儿童死亡率	5. 5岁以下儿童的死亡率降低2/3
改善产妇保健	6.产妇死亡率降低3/4
与疾病作斗争	7.遏制并开始扭转艾滋病毒/艾滋病的蔓延
	8.遏制并开始扭转疟疾和其他主要疾病发病率的增长
环境可持续力	9.将可持续发展原则纳入国家政策和方案中；扭转环境资源的流失
	10.无法持续获得安全饮用水的人口比例减半
	11.到2020年使至少1亿贫民窟居民的生活有明显改善
全球合作发展	12.进一步发展开放的、遵循规则的、可预测的、非歧视性的贸易和金融体制，包括在国家和国际两级致力于善政、发展和减轻贫穷
	13.满足最不发达国家的特殊需要。这包括对其出口免征关税、不实行配额；加强重债穷国的减债方案，注销官方双边债务；向致力于减贫的国家提供更为慷慨的官方发展援助
	14.满足内陆国和小岛屿发展中国家的特殊需要
	15.通过国家和国际措施全面处理发展中国家的债务问题，使债务可以长期持续承受
	16.与发展中国家合作，为青年创造体面的生产性就业机会
	17.与制药公司合作，为发展中国家提供负担得起的基本药物
	18.与私营部门合作，普及新技术，特别是信息和通信技术产生的好处

资料来源：根据UNDP（http：//www.undp.org）资料整理。

根据联合国《千年发展目标2015年报告》，2015年，联合国千年发展目标已基本达成。目标达成的具体成果如下：

第一，所有地区极端贫困水平下降。生活在极端贫困中的人数下降超过一半，从1990年的19亿降至2015年的8.36亿。世界依靠每日低于1.25美元维持生活的人口数量也已比1990年的水平减半。发展中地区营养不足的人口比例也基本减半。

第二，小学教育普及度提高。2015年发展中地区的小学净入学率达到91%，比2000年的83%有所提高。全世界小学教育适龄儿童失学人数基本减半。

第三，性别平等有所改善。就发展中地区整体而言已经实现消除小学、中学和高等教育中两性差距的具体目标。1995年以来90%的国家议会中女性的数量有所增加。

第四，儿童死亡率大幅降低。1990年至2015年间，全球5岁以下儿童死亡率下降超过一半，在撒哈拉以南非洲，2005年至2013年间5岁以下儿童死亡率的年下降速度比1990—1995年间快了4倍多。

第五，孕妇保健水平提升。1990年以来，全世界孕产妇死亡率下降了45%。

第六，与疾病抗争能力增强。2000年至2013年间，新感染艾滋病毒的人数下降了约40%。2000年至2015年间，全球疟疾发病率下降了约37%，疟疾死亡率下降了58%。1990年至2013年间，结核病死亡率下降了45%，流行率下降了41%。

第七，环境可持续性增强。1990年以来，98%的消耗臭氧物质已消除。全球使用经改善的饮用水源的人口比例从1990年的76%上升到2015年的91%。全球147个国家实现了饮用水的具体目标，95个国家实现了卫生设施的具体目标，77个国家两者都已实现。

第八，全球合作频繁。2000年至2014年间，来自发达国家的官方发展援助实际值增长了66%，达到1 352亿美元。发达国家从发展中国家进口的免税百分比从2000年的65%提高到2014年的79%。2000年至2015年，移动电话订户数量增长了近九倍，互联网普及率从6%上升到了43%。2015年，移动电话信号覆盖了95%的世界人口。

虽然，联合国千年发展目标已经宣告结束，但当时仍存在许多不足。

在消除极端贫困和饥饿方面，全球极端贫困人口比例显著下降，但取得成果的地区分布是不均衡的。东亚、南亚和东南亚减贫成果显著，特别是中国，在减少极端贫困方面取得了巨大成就，数亿人口摆脱了贫困，这对全球贫困率的下降产生了重大影响。但撒哈拉以南非洲、部分拉丁美洲减贫表现不佳，仍存在相当规模的极端贫困人口。

在普及初等教育方面，全球初等教育入学率和完成率显著提高。许多国家通过实施免费教育政策、提供经济激励和改善教育基础设施等措施，成功地提高了儿童入学率。但教育质量仍是一个重大挑战，许多发展中国家的学校缺乏足够的教师、教学材料和基础设施。撒哈拉以南非洲和某些南亚国家的进展相对较慢。这些地区的儿童入学率和完成率仍然较低，辍学率很高。

在促进两性平等方面，女性在高等教育、政治参与等方面依然处于劣势，这在一些发展中国家尤为明显，并且女性更可能从事低薪、非正规和无保障的工作。工资差距问题在许多国家依然存在，女性的收入普遍低于男性。

在降低儿童死亡率、改善妇产保健方面，存在严重的地区发展不均衡。撒哈拉以南非洲和南亚尽管儿童和产妇死亡率有所下降，但下降速度相对较慢，死亡率仍然很高。另外，在爆发冲突和人道主义危机的地区，如部分中东国家，儿童与产妇死亡率的降低受到严重影响。

在与疾病斗争方面，全球在抗击HIV/AIDS、疟疾和结核病等方面取得了一定进展，但这一进展并不均匀。例如，撒哈拉以南非洲，许多患病者不能得到及时的治疗，在青少年和高风险群体的疾病预防方面也没有很好地开展工作。

在环境可持续性方面，千年发展目标完成效果并不理想，在森林砍伐、生物多样性、温室气体排放、水资源管理、城市可持续发展、清洁能源使用等方面均有显著不足，发展中国家尤为明显，需要各国进一步协商努力。

在全球发展合作方面，尽管在某些方面取得了进展，如增加对最不发达国家的援助，但在国际援助的规模和有效性、贸易公平性、债务减免、技术转移、全球治理结构以及气候变化方面，千年发展目标在建立全球伙伴关系以促进发展方面仍存在显著不足。

重点来看，国际发展援助所面临的问题很多，其中比较突出的问题就是一些援助项目的效果不尽如人意，援助的方式还需要不断改进，发达国家应该承担更多的义务等。例如，过去国际援助机构曾提供给那些低收入国家大量援助，然而所产生的作用却非常有限，这些国家经济和社会面貌依然落后，而且还在继续贫穷，与富国之间的差距不断扩大。

今后，国际发展援助在继续朝着调整与改革方向发展的同时，将出现许多新的发展趋势，如对外援助的方向与国家发展战略的联系越来越紧密，现在许多发达国家开始重视非洲这个拥有丰富的自然资源、人口众多的巨大潜在市场，这从近年来日本、欧盟加强与非洲的合作关系上可以看出来；再如国际发展援助与贸易、投资和技术合作更加紧密地结合在一起，使其成为名副其实集资本、技术、劳务、信息、管理、土地资源等诸多生产要素国际移动于一身的综合性国际经济合作方式；另外，发达国家和国际经济组织对外援助所附加的限制会越来越多，在向受援国家提供经济援助时，往往要看其“人权状况、民主状况和公共事务管理状况”而定；此外，近年来，国际发展援助中还出现了以援助促和平、以援助作诱饵来满足援助方某些要求的现象，使国际经济援助日益成为一些国家政治、军事和外交的配合手段。

2015年是新的全球目标启动之年，9月召开的联合国首脑峰会上，联合国所有会员国通过了《改变我们的世界：2030年可持续发展议程》，呼吁各国在2030年前达成17个可持续发展目标（Sustainable Development Goals，SDGs），共包括169项具体目标。这17个目标旨在转向可持续发展道路，解决社会、经济和环境三个维度的发展问题。

专栏10-2　　　　联合国可持续发展目标

联合国可持续发展目标见表10-2。

表10-2　　　　联合国可持续发展目标表

目标分类	主要内容
1.无贫穷	在全世界消除一切形式的贫困
2.零饥饿	消除饥饿，实现粮食安全，改善营养状况和促进可持续农业发展
3.良好健康与福祉	确保健康的生活方式，促进各年龄段人群的福祉
4.促进两性平等优质教育	确保包容和公平的优质教育，让全民终身享有学习机会
5.性别平等	性别平等不仅是一项基本人权，而且是和平、繁荣和可持续世界的基石
6.清洁饮水和卫生设施	为所有人提供水和环境卫生并对其进行可持续管理
7.经济适用的清洁能源	确保人人获得负担得起的、可靠和可持续的现代能源
8.体面工作和经济增长	促进持久、包容和可持续经济增长，促进充分的生产性就业并使人人获得体面工作
9.产业、创新和基础设施	基础设施投资对实现可持续发展至关重要
10.减少不平等	减少国家内部和国家之间的不平等
11.可持续城市和社区	建设包容、安全、有抵御灾害能力和可持续的城市和人类住区
12.负责任消费和生产	产业、创新和基础设施
13.气候行动	气候变化是跨越国界的全球性挑战
14.水下生物	保护水下生物
15.陆地生物	可持续管理森林，防治荒漠化，制止和扭转土地退化，遏制生物多样性的丧失
16.和平、正义与强大机构	让所有人都能诉诸司法，在各级建立有效、负责和包容的机构
17.促进目标实现的伙伴关系	重振可持续发展全球伙伴关系

资料来源：根据UNDP（http：//www.undp.org）资料整理。

距离2030年实现可持续发展目标的期限，我们已进入最后的倒计时。

根据《2019年可持续发展目标报告》，在2019年，可持续发展目标在许多关键领域取得了进展。极端贫困大幅减少，5岁以下儿童死亡率与2000年相比下降了49%，免疫接种挽救了数百万人的生命，世界上绝大多数人口现在都能获得电力。各国正在采取绿色行动保护我们的地球：海洋保护区的数量自2010年以来翻了一番，各国正在共同努力解决非法捕捞问题；186个缔约方已经批准了气候变化《巴黎协定》，几乎所有国家都已经通报了他们的第一笔国家自主贡献。大约150个国家制定了应对快速城市化的挑战的国家政策，71个国家和欧盟现在有300多项政策和工具支持可持续消费和生产。其他众多参与者——国际组织、企业、地方政府、科学界和民间团体参与可持续发展目标的方式为未来十年带来了巨大希望。

尽管取得了一定进展，但仍有许多需要亟待关注和解决的领域，并且世界开始面临接踵而至、错综复杂的全球性危机和冲突，包括不断加剧的逆全球化浪潮以及全球新冠肺炎疫情等。这些危机将对2030年可持续发展目标的实现产生不利的冲击。根据《2022年可持续发展目标报告》，由于新冠肺炎疫情，在业贫困率二十年来首次上升，额外使得800万名工人陷入贫困，导致多年的扶贫成果化为乌有；通货膨胀造成食品价格飙升，影响了47%的国家，全球1/10的人口由此遭受饥饿。此外，疫情与冲突也使全球各国的医疗、教育、可持续发展等方面都承受着巨大的压力。但在危机面前，《2022年可持续发展目标报告》也明确指出，所有危机以及预防和应对危机的方法都在可持续发展目标中得到了系统的解答，这需要我们继续坚定地沿着可持续发展道路前行。

专栏10-3　　千年发展目标（MDGs）与可持续发展目标（SDGs）的关系①

SDGs很大程度上是在MDGs基础上形成的，二者既紧密联系，又存在显著区别。与MDGs相比，SDGs具有显著的新特点：

一是形成过程体现自上而下与自下而上的结合。MDGs由联合国组织国际和各国统计专家选择相关指标，经过内部讨论自上而下形成，没有经过联合国成员国以及其他利益相关方的广泛讨论和磋商。而SDGs的目标设定由联合国发起，通过各个国家、国际组织和利益相关方广泛的、充分的开放讨论，并经联合国成员国谈判和磋商，形成共识，达成一致，是自上而下和自下而上的结合。

二是目标要求更高。MDGs的核心关切的是当代人的基本生存权和发展权，其基本内容包括“消除极端贫困与饥饿，普及初等教育，降低儿童死亡率，与疾病作斗争”等。而SDGs则强调在保障生存的同时，增强环境可持续性和社会包容性，其焦点由基本的人类生存发展拓展至强调以人和地球为中心，保障人权、创造平等和可持续的未来，为人类发展提出了更高的要求和目标。

三是更强调对所有国家的适用性。MDGs的对象国是发展中国家，特别是最贫穷的国家和最弱势的群体，以减贫为核心内容。SDGs的对象国为联合国所有成员国，强调“不让任何人掉队”，目标是在关注减贫的基础上强调经济、社会、环境

① 资料来源：俞海．下一个15年世界将是什么样？[N]．中国环境报，2015-11-05（4）．

的可持续发展。

四是环境指标明显增多。在MDGs中仅有一项环境目标，即目标七“确保环境的可持续性”，包括3个子目标：将可持续发展原则纳入政策和计划；降低生物多样性丧失；减半无法持续获得安全饮用水和基本卫生设施的人口比例。SGDs中与环境直接相关的目标有5个，子目标有31个，涵盖污染防治、生态保护、气候变化等多个领域，可持续发展中环境作业明显得到关注和加强。

五是更强调执行手段的重要性。虽然全世界在多个MDGs方面取得显著成绩，但仍有部分目标未能实现。国际社会认为，缺乏有效的执行手段是MDGs未能全面实现的一个重要原因。因此在SGDs制定中探讨了如何加强执行和实施手段。由此，建立和平、正义与强大的机构，促进目标实现的伙伴关系最终成为其中两个可持续发展目标。

10.2 国际发展援助机构

国际发展援助机构是专门从事向发展中国家提供发展援助的各类国际组织和各国政府或各地区的有关机构。

10.2.1 联合国发展系统

联合国发展系统是联合国向发展中国家提供援助的机构体系，该系统是一个非常庞大而又复杂的体系，拥有30多个组织和机构。这些组织和机构在世界各国或地区设有众多的办事机构或代表处。目前，直属联合国发展系统的主要组织和机构有：

（1）经济及社会理事会（含5个区域委员会）；

（2）开发计划署；

（3）人口活动基金会；

（4）儿童基金会；

（5）技术合作促进发展部；

（6）贸易与发展会议；

（7）环境规划署；

（8）粮食计划署等。

联合国发展系统还包括16个专门机构，它们是由各国政府通过签订协议成立的国际专业组织：

（1）国际劳工组织（ILO）；

（2）联合国粮食及农业组织（FAO）；

（3）联合国教科文组织（UNESCO）；

（4）世界卫生组织（WHO）；

（5）国际民用航空组织（ICAO）；

（6）万国邮政联盟（UPU）；
（7）国际电信联盟（ITU）；
（8）世界气象组织（WMO）；
（9）国际海事组织（IMO）；
（10）世界知识产权组织（WIPO）；
（11）国际农业发展基金（IFAD）；
（12）联合国工业发展组织（UNIDO）；
（13）国际原子能机构（IAEA）；
（14）世界贸易组织（WTO）；
（15）国际货币基金组织（IMF）；
（16）国际复兴开发银行（IBRD）。

这些专门组织根据自己的专业范围，承担执行联合国发展系统相应部门的发展援助项目。虽然这些组织本身具有自己的预算和各种机构，是独立的国际组织，但由于它们通过联合国经济及社会理事会的协调同联合国发展系统进行合作，并以执行机构的身份参加联合国的发展援助活动，所以称它们为联合国发展系统的专门机构。

10.2.2　世界银行集团

世界银行集团是向发展中国家提供发展援助的主要机构，主要有国际复兴开发银行（也就是平时所说的世界银行，也称为第一世界银行，International Bank for Reconstruction and Development，IBRD）、国际开发协会（也称为第二世界银行，International Development Association，IDA）和国际金融公司（International Finance Corporation，IFC）。它们向发展中国家提供援助的主要形式是给予优惠贷款，并以帮助发展中国家提高生活水平为它们的共同目标。

（1）国际复兴开发银行。国际复兴开发银行的主要业务是对发展中国家政府或由政府担保的私人企业提供贷款和技术援助。国际复兴开发银行贷款期限一般为15~20年，利率随国际金融市场利率水平的变化定期调整，并对借款国每年提取的贷款金额收取0.75%的承担费，宽限期通常在5年左右。

对于不同收入水平的国家，IBRD的贷款条件可能会有所不同，并且这些条件并不是固定的，而是会根据世界银行的政策和国际金融市场的状况进行调整。IBRD根据人均国民总收入将经济体分为四个组别：低收入国家，人均国民总收入为1 045美元或更少；中低收入国家，人均国民总收入在1 046美元至4 095美元之间；中高收入国家，人均国民总收入在4 096美元至12 695美元之间；高收入国家，人均国民总收入为12 696美元或更多。较低收入的国家可能会获得更长的贷款期限和宽限期。

（2）国际开发协会。国际开发协会是世界银行的一个附属机构，为世界各国发展提供贷款。IDA的贷款需要人均国内生产总值低于某一门槛的非常贫困国家才能申请。人均国内生产总值的门槛每年都会进行调整，不再是固定的580美元（按1989年美元计算），而是根据最新的经济数据和世界银行的政策进行更新。这些国家或地区往往拥有70%以上的农村人口；人口出生率高达25‰以上；婴儿死亡率在20‰左右；人口的识字率低于15%；医疗卫生条件差，医生和医院拥有率低；劳动生产率低下，失业率高。IDA的贷款期限一般可以达到50年，宽限期为10年，第二个10年每年只需还本金的1%，其余30年每年还本金的3%。由于条件特别优惠，所以被称为“软贷款”。IDA贷款通常是无息的，但可能会收取微小的服务费和承诺费，费率随着时间而变化。IDA贷款可以以特别提款权（SDR）计价，并且借款国可以使用自己的货币或其他可接受的货币来偿还贷款。

（3）国际金融公司。国际金融公司也是世界银行的一个附属机构。国际金融公司的贷款条件是：①只有发展中国家的私人公司才能向国际金融公司申请援助性贷款，只需借款国政府同意，不需要政府的担保，国际金融公司就可考虑给予贷款。贷款的重点是发展中国家的中小企业。②国际金融公司提供的援助性贷款一般不限定用于某一特定的方面，可以由得到贷款的企业自由支配，但必须接受国际金融公司的监督。

10.2.3 区域性援助机构

区域性援助机构主要指（以地理或行业为标志成立的）经济集团或政府间组织中从事有关发展援助活动的机构。目前，这种区域性组织很多，其中影响比较大的有经济合作与发展组织（经合组织）、欧洲联盟、石油输出国组织、亚洲开发银行等。

（1）经合组织。经合组织十分重视对内和对外经济援助和发展问题，成立了发展援助委员会。1961年，经合组织通过了《关于共同努力援助的决议》，提出了从事发展援助国家应遵循的四项原则：第一，今后的发展援助要扩大对发展中国家的援助并努力提高援助效果；第二，进行切实而持续的经济援助，从而对发展中国家的经济发展做出贡献；第三，为减轻发展中国家的债务负担，要扩大中长期低息贷款的比例；第四，发展援助委员会应经常审查成员方的援助效果。1969年，该委员会在其《关于援助财政条件和方式的建议》中，确定了各个成员方官方发展援助的赠与成分不低于25%。1972年该委员会又规定其成员每个财政年度计划的平均赠与成分应达到84%，1978年又将这一指标提高到86%，对最不发达国家应达到90%，成为发展中国家外部发展资金的主要来源。

来自开发援助委员会（Development Assistance Committee，DAC）成员国的官方发展援助（Official Development Assistance，ODA）各年份变动情况见表10-3[①]。

① 资料来源：https：//stats.oecd.org.

表10-3　　经合组织国家官方发展援助（ODA）统计表　　金额单位：亿美元

年份	ODA国家	美国	德国	英国	法国	日本
2000	812.2	151.7	87.9	64.3	70.7	120.8
2001	836.2	170.3	88.6	67.3	73.0	100.3
2002	897.6	195.0	88.6	68.2	88.8	98.8
2003	941.8	234.8	93.0	77.7	96.1	89.0
2004	1 000.0	276.1	92.8	85.1	100.5	84.3
2005	1 315.6	379.6	123.7	113.5	116.6	127.9
2006	1 244.2	310.2	126.3	125.9	119.5	115.7
2007	1 148.8	279.6	134.0	89.4	99.6	81.5
2008	1 282.1	332.9	143.3	111.8	101.9	90.1
2009	1 302.8	360.7	126.0	124.7	121.9	80.7
2010	1 374.9	366.7	141.5	143.8	129.9	90.2
2011	1 363.1	375.1	144.7	143.8	123.4	83.5
2012	1 312.6	364.4	141.6	144.0	122.1	80.6
2013	1 380.5	365.3	147.8	183.7	110.6	107.0
2014	1 404.2	379.6	169.1	185.7	103.1	94.3
2015	1 492.0	351.9	215.0	191.3	103.7	102.5
2016	1 654.4	387.0	293.5	206.9	110.2	103.9
2017	1 649.2	383.2	286.7	213.5	126.6	117.9
2018	1 613.2	364.1	275.6	217.8	135.7	101.9
2019	1 604.4	349.1	267.4	221.7	131.9	116.5
2020	1 729.2	369.9	313.6	207.3	168.4	131.7
2021	1 848.9	475.3	324.6	162.8	167.2	157.7
2022	2 133.4	514.5	375.6	167.3	190.7	200.7

（2）欧洲联盟。欧洲联盟简称欧盟，其向发展中国家提供援助主要有两个渠道：一个渠道是通过《洛美协定》向发展中国家提供援助。根据该协定，非加太地区的81个发展中国家的44种工业品和99.5%的农产品，可以不限量地免税进入欧盟市场，而且这种优惠是非互惠的。在过去的25年里共签订并执行了4个《洛美协

定》。目前，欧盟和非加太地区已经达成了新的贸易和援助协议以取代旧的《洛美协定》。新协议参照原来的《洛美协定》，但是赋予了更多的时代内容，提倡自由贸易是这个新协议的基础。该协议规定，欧盟将在今后5年向非洲、加勒比和太平洋地区国家提供138亿美元的援助。另一个渠道是通过欧盟与许多阿拉伯国家签订的诸如贸易优惠、财政与技术优惠、劳务合作等协议向发展中国家提供援助。此外，欧盟还经常与其他国际援助机构一起向发展中国家提供联合援助。

（3）石油输出国组织。石油输出国组织简称欧佩克（OPEC），是1960年9月建立起来的石油生产国与出口国组织。该组织为反对国际石油垄断资本的控制，协调发展中国家的一些石油生产国之间的石油政策做出了贡献，是南南合作的典范。欧佩克通过双边合作和多边合作安排，向发展中国家提供特别信贷、贷款、捐款等援助。1975年3月成立阿拉伯非洲经济开发银行。1976年建立石油输出国组织特别基金（现更名为国际发展基金），主要向发展中国家提供经济援助。该基金的贷款条件是：①用于弥补发展中国家财政收支赤字；②用于资助发展中国家的发展项目和经济计划；③向各个有助于发展中国家的国际开发机构提供认缴捐款。

（4）亚洲开发银行。亚洲开发银行简称亚行，是根据联合国亚洲及太平洋经济委员会的提议，于1966年11月在日本召开的亚洲开发银行第一届董事会上正式成立，总部设在菲律宾首都马尼拉。到2022年1月，亚洲开发银行共有成员68个，主要有日本、中国、印度、菲律宾、美国、法国、新加坡、孟加拉国、巴基斯坦、印度尼西亚、斯里兰卡等国家和地区。

知识扩展10-1

亚洲基础设施投资银行

亚行的主要业务是对其成员提供贷款和技术援助。亚行的贷款可分为硬贷款和软贷款两种。硬贷款的利率为浮动利率，每半年根据国际金融市场利率调整一次，贷款期限为10~30年；软贷款只提供给人均国民收入低于670美元且还债能力有限的成员，贷款期限为40年，不收利息，只收1%的手续费。除了提供贷款外，亚行还为发展项目在各个阶段上提供技术援助。技术援助的形式主要是开展技术培训、技术咨询、重要问题研究和技术服务等，其所需资金一般是由技术援助特别基金提供的捐款。

10.2.4 主要援助国家的援助机构

国际上主要援助国家都设有专门机构负责对外提供发展援助。美国政府专门负责对外援助事务的机构是国际开发署；日本对外提供发展援助的主要机构叫日本国际协力银行；德国从事发展援助的主要机构有德意志开发银行和复兴信贷银行；法国主管发展援助的机构有合作部、文化科学和技术关系管理总局、中央合作金库、财政部和领地国务部。

（1）美国国际开发署。美国国际开发署根据美国对外援助法于1961年成立，是半独立机构，署长直接归美国总统领导。

美国国际开发署负责制订发展援助方案。该援助通常包括贷款和赠款两部分，贷款的条件是具有伸缩性的，其优惠程度取决于受援国的经济情况、偿还能力和贷款用途。对取得国际开发协会贷款资格的发展中国家，贷款期限为40年，宽限期10年，宽限期内贷款利率为2%，偿还期内贷款利率为3%；对于人均收入低于1 300美元的发展中国家，贷款期限为25年，宽限期10年，宽限期前5年的贷款利率为2%，后5年的贷款利率为3%，偿还期内的贷款利率为5%；对于人均收入在1 300美元以上的发展中国家，贷款期限为20年，宽限期10年，宽限期前5年的贷款利率为3%，后5年的贷款利率为5%，偿还期内的贷款利率为6%。

美国援助的主要地区是中东，每年对这一地区的援助额占其援助总额的60%，其次是拉美和非洲。美国对外援助有防务援助、开发援助和紧急援助三种。美国的援款大多数附有限制性采购规定，并常常附有改善人权和民主状况、实行市场经济等限制条件。

美国对外发展援助政策的制定总是与其政治和经济利益紧密联系在一起，并随着政治经济利益的需要而不断调整着。由于冷战的结束，美国对外援助的目的也发生了变化，由原来的抵制共产主义转变为帮助其他国家消除贫困、疾病、战乱和解决环境污染问题，但这种帮助是建立在“自利主义”之下的，也就是说通过对外援助建立新的出口市场，从而促进美国的经济发展。“9·11”事件后，美国对外援助的政策还与国家安全战略相配合。近年来，美国的对外援助呈现出以下特点：①发展援助成为对外援助的重点；②对外援助项目的执行机构更加多元化；③对外援助和反恐之间紧密结合。除了国际开发署，美国民间社会、商务团体和地方管理机构在促进自身发展的援外活动中也发挥着重要的作用。

（2）日本国际协力银行。日本国际协力银行于1999年10月1日由日本进出口银行和日本海外经济协力基金合并成立，总部设在东京，其在全球20多个国家设有办事处。

日本国际协力银行的前身日本海外经济协力基金是1961年成立的日本对外发展援助主要机构。该基金的宗旨是：为东南亚及其他发展中国家和地区开发产业与稳定经济提供援助，在其所需要的资金难以从日本输出入银行和普通金融机构借入时，该基金向它们提供必要的资金，以促进海外经济合作。

日本国际协力银行的主要目标是通过提供资源、外商投资和促进国际贸易来促进日本与海外国家之间的经济合作。它促进日本的出口和进口，在海外国家的活动中扮演着一个重要的角色，试图促进国际金融秩序的稳定和可持续发展。

日本政府提供的发展援助主要包括赠款、贷款和技术援助等形式。通常赠款只提供给那些最不发达的发展中国家，用来帮助它们提高农业生产能力和用于其他需要资金进行开发的项目。基金的贷款分两种：一种是直接贷款，即直接向发展中国家政府或政府机构提供贷款；另一种是一般性贷款和投资，即向日本本国企业提供贷款和投资，以支持日本私人企业在海外从事开发和投资活动。技术援助一般包括培训受援国技术人员、向受援国派遣专家和技术人员进行技术指导与合作。

日本政府贷款的基本情况是，贷款期15~30年，宽限期5~10年，贷款利率

2.6%以下，其中赠与成分平均在60%左右。贷款中的限制性采购部分约占2.5%，对有些非限制性采购贷款，日本通常要求受援国在经合组织成员内，通过国际招标采购商品和劳务。日本的援助一般集中在资源开发和交通运输等基础设施的建设方面。

10.3 国际发展援助方式

国际发展援助方式可以从不同的角度划分，如从援助提供的内容来看，援助可分为财政援助和技术援助；从援助提供的渠道来看，援助可分为双边援助和多边援助；从援款的使用方向看，援助又可分为项目援助和方案援助。

10.3.1 财政援助和技术援助

1）财政援助

财政援助是指援助国或国际组织为满足受援国经济和社会发展的需要，为解决其财政困难，而向受援国提供的资金或物资援助。财政援助分赠款和贷款两种，贷款又分无息贷款和低息优惠贷款。财政援助在资金的使用方式上又可以分为官方发展援助（ODA）、其他官方资金以及混合贷款。

（1）官方发展援助。官方发展援助占据国际发展援助的主要部分，其必须具备以下3个条件：第一，是由政府或政府实施机关提供的；第二，是以促进发展中国家经济发展，提高人民生活福利为目的的；第三，是优惠或赠与部分不少于25%的援助。

专栏10-4　　现今ODA的特点

ODA有以下几个特点：第一，ODA一般都带有浓厚的政治色彩。第二，ODA一般伴随着一些附加条件，比如援助国要求被援助国必须采购援助国商品和使用援助国的劳动力等。国际上一直在为取消ODA附加条件，也就是为Untied化做着努力。第三，大部分国家没达到联合国规定的援助标准。联合国规定ODA的比例应达到各国国内生产总值的0.7%（ODA/GDP≥0.7%）。但在实际中，包括美国、日本等在内的发达国家并没有达到这个要求；相反，自20世纪80年代以来，这个比例还有所下降。第四，援助的赠与成分，也就是说无偿援助的部分在不断增加。第五，援助格局发生了变化。比如，日本、挪威等国的援助地位不断上升，美国的援助地位在下降。第六，双边ODA地理位置相对稳定。美国主要向拉美及中东地区提供援助；法国主要向非洲讲法语的国家提供援助；英国主要向南亚和非洲的英联邦国家提供援助；日本主要向东南亚国家提供援助；石油输出国组织成员国主要向阿拉伯国家提供援助。第七，强化援助项目的管理和评估。近年来，很多国际机构都推广和采用DAC的“五标准评估法”。五标准指的是，项目的妥当性、有效性、实施效率性、影响、自立发展性。第八，回归援助的原点，重视减少贫困项目的援助。前面我们讲过，国际发展援助的一个主要目标是减少贫困。2001年“9·11”

事件以后，国际机构指出，贫困是恐怖事件的温床。为了杜绝恐怖事件的发生，援助机构开始加大对贫困项目的援助。

（2）其他官方资金。其他官方资金也是政府性质的资金，其赠与成分也必须不低于25%。与官方发展援助所不同的是，其他官方资金不是由援助国政府及其机构实施的援助，而是由政府指定专门银行或基金会通过出口信贷方式向受援国提供援助。

（3）混合贷款。混合贷款是指对外援助中，部分使用政府的赠款或优惠贷款，部分使用出口信贷，实际上是官方发展援助和其他官方资金结合起来的一种方式。

2）技术援助

技术援助是援助国或国际组织向受援国提供技术方面的资助。其主要形式有派遣专家或技术人员到受援国进行技术服务；培训受援国的技术人员，接收留学生和研究生，并为他们提供奖学金；承担考察、勘探、可行性研究、设计等投资前的工作；提供技术资料和文献；提供物资和设备；帮助受援国建立科研机构、学校、医院、职业培训中心和技术推广站等。技术援助形式可分为有偿的和无偿的两种。有偿援助是技术提供方以优惠贷款方式向技术引进方提供各种技术服务；而无偿技术援助则是技术的提供方免费向受援国提供各种技术服务。技术援助的资金主要来自官方发展援助。

10.3.2　双边援助和多边援助

1）双边援助

双边援助是两个国家或地区之间通过签订援助协议或经济技术合作协定，由援助国直接提供资金、技术、设备、物资等，以帮助受援国发展经济或度过暂时的困难。双边援助的提供往往与两国之间的政治、经济利益有密切的关系，带有浓厚的政治色彩，而且双边援助一般都附有限制性采购条件。双边援助中又包括财政援助和技术援助。目前双边援助在整个国际发展援助中占有重要的地位。

2）多边援助

多边援助是国际经济机构利用成员国的捐款、认缴的股本、优惠贷款及在国际资金市场上的借款或业务收益等，按照它们制订的援助计划向发展中国家或地区提供的援助。多边援助机构主要有联合国发展系统、经合组织、亚洲开发银行等。在多边援助中，联合国发展系统主要以赠款方式向发展中国家提供无偿技术援助，而世界银行等国际金融机构则多以优惠贷款方式提供财政援助。在特殊情况下，多边援助机构还提供紧急援助和人道主义援助等。

10.3.3　项目援助和方案援助

1）项目援助

项目援助是指援助的资金直接与项目挂钩，每一个援助的目标都是一个具体的建设项目，如资助受援国开发动力和矿藏资源；建设工业、农业、水利、道路、港口、电信工程；兴办文化、教育、卫生设施等。由于项目援助都是以某一个具体的项目为目标，并且往往与技术援助相结合，所以援款不会被挪用，有利于促进受援国经济发展和技术水平的提高，援助效果比较好。近年来，许多发达国家和国际经济组织，尤其是世界银行实施的援助项目都是通过这种方式进行的。

2）方案援助

方案援助则与项目援助不同，它不是按某个具体的建设项目提供援助，而是根据一定的计划进行。一个援助方案的完成可能需要数年或数十年，包括若干个项目，如联合国的国际发展战略方案已落实了四个十年方案，到2000年完成。方案援助是发达国家通常采用的一种援助方式，主要用于一般进口划拨、预算补贴、国际收支津贴、偿还债务、区域发展和规划。

10.3.4 国际发展援助的实施程序

1）联合国发展系统技术援助的实施程序

联合国发展系统提供无偿技术援助的程序如下：第一步是制订国别方案及全球方案（又称区域方案或者是国家间方案）。第二步是编制项目文件，也就是受援国与联合国的有关机构一起为实施的项目编制文件。项目文件记载实施项目的所有资料，项目文件是受援国与联合国的有关机构执行和监督项目的依据。编制好项目文件后，进入项目的实施阶段，这一阶段包括：任命项目主任；聘用专家和顾问；选派出国培训人员及购置实施项目所需要的设备。项目完成以后，需对项目进行一个客观和实事求是的评价分析。第三步是进入项目的后续活动阶段，它是指项目结束后，由联合国发展系统的有关机构、受援国政府、其他援助机构对项目采取后续援助活动。

2）世界银行贷款的实施程序

世界银行贷款有如下特点：第一，申请贷款的时间较长，一般需要1年半或者更长时间。第二，贷款期限较长，一般为20年。第三，贷款实行浮动利率，利率每半年调整一次。第四，还本付息实行“货币总库制”。货币总库，由各国已支付未偿还贷款余额组成，并用几十种货币折算成美元进行混合计算。也就是说，把汇兑风险分担在所有借款国之间。

世界银行贷款必须具备以下几个条件：第一，贷款只发放给不能以合理条件从其他途径获得资金而且有偿还能力的世界银行的会员国。第二，贷款一般只用于世界银行批准的项目。第三，贷款项目建设必须实行公开竞争性招标。第四，贷款项目的执行必须严格接受世界银行的监督。

世界银行贷款主要分为项目贷款、部门贷款、结构调整贷款、技术援助贷款、紧急复兴贷款、小额扶贫贷款6大类。项目贷款、部门贷款、技术援助贷款前面已经提到过，结构调整贷款是向受援国在宏观经济、部门经济和机构体制改革方面所提供的贷款。紧急复兴贷款是向由于自然或社会原因所造成损失的发展中国家提供的贷款，世界银行曾因大兴安岭火灾为中国提供过这类贷款。小额扶贫贷款是20

世纪90年代中后期推出的为发展中国家穷人提供的无抵押担保的小额信贷。

世界银行贷款发放的程序如下：首先是项目选定，由借款国向世界银行提供选定项目名单，由世界银行进行筛选。项目的准备是借款国对经世界银行筛选过的项目进行可行性研究，这一阶段一般需要1~2年。其次是项目的评估，是指世界银行对项目进行全面的论证分析。项目谈判时，借款国受世界银行的邀请，到世界银行总部对项目的贷款金额、期限、还款方式等进行具体谈判，一般需要10~14天。经过了以上几个阶段，进入项目的执行阶段，这一阶段一般由借款国负责。最后是项目的总结评价，是世界银行对其提供贷款项目所要达到的目标、产生的效益和存在的问题进行的全面总结。

3）政府贷款的实施程序

政府贷款的实施程序包括：受援国选定贷款项目，并与援助国进行非正式会谈；援助国对双方感兴趣的项目进行调查和评估；援助国与受援国正式会谈，并由援助国通过外交途径对项目贷款作出正式承诺。

4）双边成套项目援助的实施程序

双边成套项目援助的实施程序包括：

（1）确定项目考察、设计承包单位；

（2）项目专业考察；

（3）项目设计、审查与批准；

（4）确定项目施工单位；

（5）项目施工准备；

（6）项目施工、设备安装与试生产；

（7）成套项目验收、移交和结算。

10.3.5　国际发展援助前景及展望

MDGs以及SDGs提出后，随着国际经济社会的发展，国际发展援助领域发生了深刻的变化，为了适应这些变化，国际社会一直在MDGs以及SDGs全球发展框架下对国际发展援助进行规范和调整。

1）援助理念

2011年在韩国釜山举办的“援助有效性问题高层论坛”中，首次把“援助”放在“发展”的框架下讨论，促使国际发展援助的理念从“援助有效性”朝着“发展有效性”转变。相比而言，援助有效性注重援助过程，要求援助过程中援助国与受援国各方要更加协调；而发展有效性更加注重援助结果，希望援助对受援国的发展起到带动作用，从而使援助的结果更具可持续性。

2）援助体系

随着经济全球化的发展，部分发展中国家经济实力逐渐增强，新兴市场国家崛起。发达国家由于受到经济危机和债务危机的影响，经济增速放缓。与此同时，全球贫困人口分布呈现出新的格局，国际援助体系也随之发生了重大的改变。

这种转变具体表现为新兴经济体崛起，并日渐成为国际援助领域的一支重要力量。虽然没有对非DAC援助国援助额的完全统计，但是这些国家援助额的增长趋势是明显的，自2000年以来，实际增长了3倍。新兴经济体不同于传统的援助国，它们突破了西方主导的旧有援助体系的框架，为受援国提供了更多更有效的选择。其在南南合作框架下的援助更有利于发展中国家进行经贸合作，开拓新兴市场。

3）援助方式

以前国际援助资金主要来源于发达国家的ODA，现在又有许多非ODA方式成为国际发展援助的重要补充，这些方式包括民间援助、私人慈善和创新性发展融资。目前ODA依然是国际发展援助的主要资金来源，但用于国际发展援助的其他方式的融资来源也在继续增长。此外，来自发达国家和发展中国家的私人慈善日益被视为ODA的重要补充之一。

21世纪以来，OECD成员国的ODA总额显著增加，并对全球范围的减贫做出了很大的贡献，若干与健康有关的MDGs取得重大进展，国际发展援助也在MDGs的推动下更加标准化，但也存在一些不足，减贫进展不平衡、不平等的问题加剧；对环境的可持续性没有足够的重视；受援国没有充分的自主权。为了实现更具包容性和可持续的发展愿景，国际发展援助的方向也将有所改变：消除贫困仍处于中心地位；援助将着重解决不平等问题；援助将更具参与性；援助将更注重参与国的自主权，国际发展援助更广泛；援助将着重解决环境问题。

10.4 国际发展援助与中国

10.4.1 中国对外援助情况

中国的对外援助始于1950年。中国政府在力所能及的范围内，通过无偿援助、无息贷款和优惠贷款三种方式向非洲、亚洲、东欧、拉美和南太平洋地区的160多个国家提供了援助。根据2021年发布的《新时代的中国国际发展合作》白皮书，2013年至2018年，中国向亚洲、非洲、拉丁美洲和加勒比、大洋洲、欧洲等122个国家或地区以及20个国际和区域性多边组织提供援助。其中，亚洲地区30国，非洲地区53国，大洋洲地区9国，拉丁美洲和加勒比地区22国，欧洲地区8国[①]。亚洲和非洲作为贫困人口最多的两个地区，接受了中国80%左右的援助。在援款项下，中国政府帮助受援国建成了近2 000个与当地人民生产和生活息息相关的各类项目，涉及工业、农业、交通、通信、文教、卫生以及社会公共设施等领域，近年来，应对气候变化成为中国对外援助的一个新领域。此外，根据受援国要求，中国派遣技术人员赴当地提供技术服务和指导，实施成套项目建成后的技术援助和单项技术援助。中国还向受援国提供了大批物资和少量现汇援助。

---

① 资料来源：中华人民共和国国务院新闻办公室.《新时代的中国国际发展合作》白皮书［EB/OL］.［2021-01-10］.http：//www.mod.gov.cn/gfbw/fgwx/bps/16068256_3.html.

中国政府为帮助受援国增强自主发展能力，长期以来一直通过官员研修研讨、技术人员培训、在职学位教育等方式进行援外培训工作，积极开展援外人力资源开发合作项目。2013—2018年，中国举办7 000余期培训，共约20万名人员受益。此外，中国还对遭受重大自然灾害的国家及时提供紧急人道主义援助，如印度洋海啸、巴基斯坦大地震、马达加斯加飓风、朝鲜火车爆炸、印度尼西亚地震、菲律宾强台风等。中国积极参与国际救援行动，帮助其进行灾后重建。

中国的对外援助帮助受援国解决了一些国计民生的困难，有助于受援国培养自己的技术力量，并逐步走上发展民族经济的道路。同时通过对外援助，加深了中国与受援国之间的了解和友谊，加强了中国的国际地位，推动了中国对外关系的发展。

中国负责对外援助的主要机构是商务部、外交部、财政部、中国人民银行及各专业部委等。2017年中央深改组审议通过《关于改革援外工作的实施意见》，强调"优化援外战略布局，提升对外援助综合效应"，首次将对外援助定位成"对外战略布局"。2018年，国家国际发展合作署的成立也标志着中国对外援助在中国对外合作层面地位的进一步提升。近年来，随着中国改革开放的深入发展和国际形势的不断变化，中国对对外援助资金和对外援助方式也做了调整和改革。

目前，中国援外的资金主要包括以下三种方式：政府贴息优惠贷款、无息贷款和无偿援助。2013—2018年，中国对外援助金额为2 702亿元人民币。其中，提供无偿援助1 278亿元人民币，占对外援助总额的47.30%，重点用于帮助其他发展中国家建设中小型社会福利项目以及实施人力资源开发合作、技术合作、物资援助、南南合作援助基金和紧急人道主义援助项目。提供无息贷款113亿元人民币，占对外援助总额的4.18%，主要用于帮助其他发展中国家建设社会公共设施和民生项目。提供援外优惠贷款1 311亿元人民币，占对外援助总额的48.52%，用于帮助其他发展中国家建设有经济社会效益的生产型项目和大中型基础设施，提供成套设备、机电产品、技术服务以及其他物资等。

1）政府贴息优惠贷款

这是一种国际上通行的援助方式，由中国金融机构提供具有援助性质的优惠贷款，其优惠利率与银行基准利率之间的利息差额由国家援外费补贴。政府贴息优惠贷款方式的优点是，政府援外资金和银行资金相结合，能扩大对外援助的规模；银行作为实施优惠贷款方式的执行机构，能提高援外资金的使用效率。

优惠贷款主要用于帮助受援国建设有经济效益和社会效益的生产性项目与大中型基础设施，或提供成套设备、机电产品、技术服务以及其他物资等，优惠贷款本金由中国进出口银行通过市场筹措，贷款利率低于中国人民银行公布的基准利率，由此产生的利息差额由国家财政补贴。目前，中国提供的优惠贷款年利率一般为2%至3%，期限一般为15年至20年（含5年至7年的宽限期）。

实施优惠贷款方式的主要程序是：第一，根据受援国需要和中国的战略，中国政府与受援国政府就贷款额度、期限、利率等主要贷款条件签订框架协议；第二，根据受援国或中国企业提出使用贷款的项目，经商务部初审后，推荐给中国进出口银行；第三，中国进出口银行经评估确认项目有效益后，与受援国政府指定银行在框架协议范围内签订借款协议并组织实施；第四，商务部与中国进出口银行就政府补贴利息事宜签订协议。

2）无息贷款

无息贷款主要用于帮助受援国建设社会公共设施和民生项目，无息贷款期限一般为20年，其中试用期5年，宽限期5年，偿还期10年。目前，无息贷款主要向经济条件较好的发展中国家提供。

3）无偿援助

无偿援助主要用于帮助受援国建设医院、学校、低造价住房、打井供水项目等中小型社会福利项目。此外，无偿援助还用于实施人力资源开发合作、技术合作、物资援助、紧急人道主义援助等领域的项目。

中国对外援助主要有8种方式：成套项目、一般物资、技术合作、人力资源开发合作、援外医疗队、紧急人道主义援助、援外志愿者和债务减免。

中国的对外援助以提供双边援助为主，同时在力所能及的前提下支持和参与联合国等多边机构的发展援助工作，并本着开放的态度同多边组织和其他国家在发展援助领域积极进行交流，探讨务实合作。

当前，国际发展援助总规模逐渐扩大，南南合作发展迅速，并成为南北合作有益、有效的补充，中国愿在南南合作的框架下，在尊重受援国意愿的基础上，与有关方开展优势互补、富有成效的三边和区域合作，共同推动全球减贫进程。

对中国在国际援助体系中的地位和发展方向，可以明确的是：

首先，作为世界上最大的发展中国家，中国人口多、底子薄、经济发展不平衡，发展仍然是中国长期面临的艰巨任务，这决定了当前中国的对外援助仍属于南南合作范畴，是发展中国家间的相互帮助。今后，中国将一如既往地推动南南合作，在经济不断发展的基础上逐步加大对外援助投入，共同推动全球减贫进程。

其次，坚持在南南合作框架下开展对外援助的同时，中国倡导与时俱进、改革创新。中国对外援助将顺应国内外形势的发展变化，积极总结经验，及时调整改革管理机制，创新对外援助方式，在以下方面不断提高对外援助工作水平：

第一，加强对外援助理论研究。中国作为一个自身在许多方面仍需要援助的国家，如何实现对其他国家提供力所能及的援助，如何形成一套较为完整、适合中国国情和经济发展水平的对外援助理论体系，如何援助更有效，这些都是值得深入研究的问题。

第二，提高援外透明性。至今，中国尚没有相应的对外援助法律、法规。中国对外援助透明度较低，应通过及时发布援外信息，减少国际社会的顾虑，提高援外透明度，为中国对外援助发展营造友好环境。

第三，建立健全对外援助管理体系。中国应吸收西方的经验，加快援助体系建设。一是优化对外援助机构，加强援外人员队伍的建设。根据援外的实际需要，整合管理机构，强化组织保障；充实管理型、专家型人才，提高援外人员素质。二是加强援外管理，提高对外援助效率，特别要强化援外项目的监督和评估制度的建设。

第四，加强国际援助交流。一方面，为了消除西方社会对中国援外的误解，中国应该积极稳妥地开展援外国际交流，派代表团参加联合国发展筹资问题会议、联合国千年发展目标高级别会议等。另一方面，为了学习西方发达国家的成功经验，应派小组赴欧盟、日本、美国等地进行交流和研讨，并且应重视与新兴市场国家的交流，共同探讨对外援助经验，积极推进南南合作。

第五，扩大与多边援助组织的合作。中国当前的援助渠道以双边援助为主，多边援助非常有限。为了确保国际援助的有效性和可持续性，今后，中国应加强与多边援助组织互动，将注意力集中在自己的比较优势领域，进而彼此合作。

10.4.2 中国对非洲的援助

1）背景

非洲是一个物产丰富，有着悠久文明历史的大陆，现在却成为一个资源丰富而经济贫困的大陆。即使是第二次世界大战结束后，西方殖民体系下独立的亚非拉地区国家，表面上看这些国家都站在了相同的起点上，但半个世纪过去之后，人们却发现这些新兴国家的发展实在是差别太大了，尤其是撒哈拉沙漠以南的非洲国家远远落后于其他地区。近几年，西方发达国家对非洲的援助大大增加，中国也不例外，跟随对非援助的浪潮，加大了对非洲援助的力度。

中国对非援助始终是在平等相待、不干涉内政和互利互惠的“和合”援助理念指导下进行的。在历史上，中国与非洲国家之间相互友好交往的历史十分悠久，现在形成政治上相互支持、经济上互利合作的新型关系。

2）影响

非洲大陆一直是中国对外援助的重点地区。2021年的《新时代的中国国际发展合作》白皮书显示，对非洲的援助占中国提供的全部援助的44.65%，接近一半。中国对非援助对非洲经济社会发展产生了实效，推动了非洲经济的复苏和发展。其主要表现在以下方面：

第一，促进了非洲经济的复苏和增长。自1956年以来，中国已经帮助非洲国家兴建了包括水电站、体育馆、医院和学校在内的多个民生项目。2000年“中非合作论坛”成立以来，对非发展援助和投资呈现快速增长态势。在2006年的首届中非领导人北京峰会上，中国政府宣布了对非援助资金3年内翻一番、向非洲国家提供30亿美元的优惠贷款和20亿美元的优惠出口买方信贷、减免债务、建立经济贸易合作区、设立总额达50亿美元的中非发展基金以鼓励中国企业赴非投资兴业等八项一揽子援助倡议。在2009年召开的第四届“中非合作论坛”部长级会议上，中国政府又提出了新八项与民生和环境保护息息相关的对非援助一揽子措施，包括未来3年内在非洲建立100个清洁能源项目；提供100亿美元优惠性质贷款，以增强非洲国家的融资能力；设立金额为10亿美元的非洲中小企业发展专项贷款；进一步扩大对非产品开放市场（逐步给予非洲国家95%的产品免关税待遇）；加强对非的医疗合作、对非人力资源培训和中非人文交流。在2018年中非合作论坛北京峰会暨第七届部长级会议上，中国提出将免除与中国有外交关系的非洲最不发达国家、重债穷国、内陆发展中国家、小岛屿发展中国家截至2018年年底到期未偿还政府间无息贷款债务，以政府援助、金融机构和企业投融资等方式，再向非洲提供600亿美元支持。中方将与非洲共同制定并实施中非农业现代化合作规划和行动计划，实施50个农业援助项目，向非洲受灾国家提供10亿元人民币紧急人道主义粮食援助，向非洲派遣500名高级农业专家，培养农民致富带头人。同时中方继续鼓励和支持双向投资，努力减少投资壁垒，合作商签、更新和落实双边投资协定，为双方投资创造良好环境。

知识扩展10-2

非盟会议中心

第二，使非洲实现了外援和外资来源的多元化，增强了非洲自主选择的能力和决定自身发展道路的自主性。中国带给非洲实用技术，培养了大批非洲人才，提高了非洲国家的生产能力、人民的消费能力和实际生活水平，通过加强科技人文交流合作，中方欢迎非方科技人员积极参与先进适用技术与科技管理培训班、国际杰出青年科学家交流计划与藤蔓计划（国际青年创新创业计划），开展非洲青年科技人员创新中国行活动，鼓励中非双方智库开展科技创新政策对话，增进中非政产学研各界的交流和了解。中国经济快速发展客观上带动了国际市场初级产品价格上涨，增加了非洲初级产品输出国的外汇收入，改善了其国际贸易环境，增强了其偿债能力。非洲经济近年来能持续保持年均5%~6%的经济增长率，“中国因素”功不可没。

知识扩展10-3

麦洛维大坝

第三，提升了非洲的投资环境。非洲基础设施落后，严重制约了经济发展，糟糕的交通运输，不仅使非洲国家间的区域贸易以及一国内部的贸易成本高昂，而且阻碍了外资投资非洲的步伐。水电站和铁路建设是中国投资的两大重点。中国目前已投资33亿美元建设的10个水电站项目可为撒哈拉以南非洲新增6 000兆瓦电力供应，使该地区电力供应提升30%。中国正在改建的1 350千米铁路及新建的1 600千米铁路是对该地区现存5万千米铁路网的一个重要补充。

知识扩展10-4

坦赞铁路

第四，中国对非洲的援助一直坚持“授人以鱼，不如授人以渔”的原则，注重对非洲人力资源的培养和人才培养工作，以提升非洲发展的造血能力。2018年，中国宣布将实施头雁计划，为非洲培训1 000名精英人才，提供5万个中国政府奖学金名额等。另外，中国在非企业也通过建立培训中心、在职培训、选派优秀员工赴华培训等方式，为东道国培训大批熟练技术人员。

10.4.3 中国接受国际经济组织援助情况

中国在1979年开始接受联合国发展系统的援助，之后又开始接受日本等一些发达国家对中国的发展援助。进入20世纪80年代以后，中国与国际发展援助机构的经济技术合作全面展开。表10-4是中国接受的所有两国间ODA的情况。

表10-4　　中国接受的所有两国间ODA的情况　　金额单位：百万美元

年度	总　额	1位		2位		3位	
		国家	比例	国家	比例	国家	比例
1992	2 077.2	日本	51%	意大利	10%	德国	9%
1993	2 245.0	日本	60%	德国	11%	西班牙	6%
1994	2 393.9	日本	62%	德国	13%	法国	6%
1995	2 531.3	日本	55%	德国	30%	法国	4%
1996	1 670.9	日本	52%	德国	30%	法国	6%
1997	1 228.6	日本	47%	德国	31%	法国	4%
1998	1 731.7	日本	67%	德国	19%	英国	3%
1999	1 830.8	日本	67%	德国	17%	英国	3%
2000	1 256.2	日本	61%	德国	17%	英国	7%
2001	1 079.8	日本	64%	德国	15%	英国	5%
2002	1 211.5	日本	68%	德国	12%	法国	6%
2003	1 139.5	日本	67%	德国	13%	法国	7%
2004	1 585.4	日本	61%	德国	16%	法国	6%
2005	1 692.9	日本	63%	德国	15%	法国	9%
2006	1 165.4	日本	48%	德国	21%	法国	12%
2007	1 131.2	日本	33%	德国	22%	英国	12%
2008	1 389.0	德国	30%	日本	20%	法国	15%
2009	1 188.4	法国	31%	德国	29%	日本	12%
2010	748.2	德国	43%	法国	42%	英国	12%
2011	574.3	德国	85%	法国	51%	英国	11%
2012	1 963.0	德国	37%	日本	27%	法国	19%
2013	1 468.4	德国	43%	日本	22%	法国	16%
2014	1 206.0	德国	55%	法国	17%	日本	12%
2015	1 240.2	德国	60%	法国	13%	日本	12%
2016	1 217.0	德国	69%	法国	13%	英国	5%
2017	1 066.5	德国	67%	法国	18%	英国	5%
2018	1 133.4	德国	71%	法国	14%	英国	3%
2019	1 201.0	德国	70%	法国	15%	英国	7%

资料来源：http：//www.mofa.go.jp/mofaj/gaiko/oda/shiryo/kuni.html.

40多年来，中国利用国际经济组织的援助和外国政府贷款成效显著，对促进中国国民经济发展，提高人民生活水平起到了很好的促进作用。利用外国政府贷款和国际发展援助已经成为中国利用外资的重要组成部分。

下面通过中国与联合国及世界银行、中国与其他国家的合作事例来认识和了解中国与国际机构、中国与外国政府之间在国际发展援助方面的合作。

1）中国与联合国的合作

1971年中国恢复了在联合国的合法席位。1979年起，中国改变了只捐款不接受援助的政策，开始接受联合国的无偿援助。项目涉及体制改革、制度创新、科技政策、技术引进、区域发展、新能源开发、环境保护、小城镇建设、流域治理、湖泊整治、防沙治沙、消除贫困、艾滋病防治、节能减排、绿色经济等诸多领域。这些援助项目对中国经济发展和社会进步起到了很大的推动作用。尤其值得一提的是，为帮助中国尽快摆脱新冠肺炎疫情的影响，2020年2月，联合国开发计划署向中国政府捐赠总价值约50万美元的紧急医疗物资。

2）中国与世界银行的合作

中国从1981年开始利用世界银行贷款。近年来，随着中国经济发展水平的提高，世界银行已经不再为中国提供第二世界银行贷款。世界银行的贷款弥补了中国资金的不足，在基础设施建设、教育、卫生、减少贫困方面起到了很大的推动作用。

值得一提的是，2019年12月，世界银行执董会审议通过了2020—2025财年对华国别伙伴框架这一指导未来5年世界银行对华合作的战略性文件，强调世界银行将与中方开展强有力并具有选择性的合作。未来5年，国际复兴开发银行对华贷款规模将保持在每年10亿～15亿美元，国际金融公司对华业务规模将保持在每年8亿～12亿美元。

3）美国政府对华援助

1979年中美建立外交关系，同年，中国开始接受多边国际组织和西方发达国家的经济援助。根据美国国际开发署的公开数据，美国对中国的援助开始于1980年。

就援助规模而言，从1999财年到有公布统计资料的2009财年的11年间，美国对华援助总额为4.65亿美元，占同期美国对外援助总额（2 535亿美元）的0.18%。就项目和参与机构而言，美国对华援助项目目前有30种左右，近20个政府机构负责提供资金和项目实施。

美国对外援助项目众多，不同的项目有不同的管理者和政策目标。对华援助项目目前依然运行的，除了包含较多的援助机构和项目、不易具体分类的“其他有效的赠与项目”以外，国际开发署管理的经济支持基金、国务院管理的民主援助相关项目、国际开发署管理的发展援助以及公共卫生类援助项目达2.6亿美元，占美国对华援助总额的54%，构成了美国对华援助的主要内容。美国对华提供经济支持基金援助始于1999年，至2009财年已达1.1亿美元，年均达1 000余万美元，占同期美国对华援助的1/4。

美国对华的援助还包括民主项目，由美国民主基金会、民主基金、教育与文化交流项目三种组成。2001—2009财年，这三种项目援助金额分别为2 324万美元、4 531万美元和42万美元。除了大部分教育与文化交流项目外，其余项目的具体实施者均为非政府组织、大学和研究机构、教会或企业。

美国对华援助主要包括以下领域：社会基础设施和服务、教育、供水和卫生、经济基础设施和服务、能源、运输和通信、生产部门、农业、林业和渔业、工业、采矿和建筑业、贸易和旅游以及人道主义援助等。近年美国对中国的援助规模整体呈下降趋势，从2010年的0.61亿美元下降到2019年的0.35亿美元。

4）德国政府对华援助

目前来看，德国援助的地理分布相对稳定，对亚洲的援助占总额的30.46%、对非洲的援助占总额的22.21%、对美洲的援助占总额的7.28%、对欧洲的援助占总额的4.64%、对中东的援助占总额的13.15%。2018年，德国提供援助最多的前10个国家分别为阿拉伯叙利亚共和国（7.68亿美元）、哥伦比亚（5.16亿美元）、中国（5.07亿美元）、伊拉克（5.02亿美元）、阿富汗（4.38亿美元）、约旦（3.31亿美元）、埃及（2.69亿美元）、印度（2.44亿美元）、黎巴嫩（2.42亿美元）、斐济（2.42亿美元）。其中，2018年德国对华援助5.07亿美元，与2017年的4.29亿美元相比上升幅度达18%。

知识扩展10-5

德国复兴信贷银行

5）日本政府对华援助

日本自1954年加入科伦坡计划（Colombo Plan），并开始向发展中国家提供政府开发援助（ODA），并于2004年10月6日迎来了50周年纪念日。1979年12月5日，日本前首相大平正芳访华时正式向中国承诺提供日元贷款，自此中日开始了政府间的经济技术合作。这一决定使得日本成为了西方国家中最早决定对中国提供ODA的国家。从援助形式来看，日本对中国的ODA主要有三种，即日元贷款、无偿援助和技术援助，其中日元贷款的数额最大，效果最显著，如表10-5所示。

表10-5　**2001—2020年日本对华ODA的实绩**　单位：亿日元

年度	无偿援助	技术援助	日元贷款	总　额
2001	63.33	77.77	1 613.66	1 754.76
2002	67.87	62.37	1 212.14	1 432.38
2003	51.50	61.80	966.92	1 080.22
2004	41.10	59.23	858.75	959.08
2005	14.40	52.05	747.98	814.43
2006	24.02	43.24	1 371.28	1 438.54
2007	14.49	37.08	463.02	514.59

续表

年度	无偿援助	技术援助	日元贷款	总　额
2008	19.92	33.91	−5.35	48.48
2009	13.08	32.62	−145.12	−99.42
2010	14.66	34.68	−485.31	−435.97
2011	8.43	32.36	−623.85	−583.06
2012	8.66	114.19	−849.89	−727.04
2013	5.42	25.69	−865.53	−834.42
2014	3.97	18.78	−1 082.63	−1 059.88
2015	0.95	11.18	−905.69	−893.56
2016	1.03	6.31	−1 000.99	−993.65
2017	0.29	6.10	−1 070.45	−1 064.06
2018	0.09	4.56	−936.53	−931.88
2019	0.21	3.39	−866.98	−863.38
2020	0.00	1.92	−858.89	−856.97

资料来源：http：//www.mofa.go.jp/mofaj/gaiko/oda/shiryo/kuni.html.

2007年以前日本一直是为中国提供两国间ODA金额最多的国家，日本为中国提供的两国间ODA约占中国获得的所有两国间ODA总额的一半。从ODA的援助用途上看，早期主要使用在中国的铁路、公路、港口、机场以及环境保护、教育、医疗保健等基础设施建设上。目前，日本对中国的援助项目不再以基础设施建设为重点援助对象，而是更加重视环境保护、农业发展等方面。

2017年9月，日本政府宣布对中国提供的日元贷款正式结束。事实上，日本从2008年就已经全面停止了对中国的所有新贷款，2008年以后至今在完成之前签订的贷款项目。

从早期数据看，截至2000年，日本政府共向中国提供了4批日元贷款，协议总额为24 535亿日元，用于建设143个项目。具体而言，在对华日元贷款的决定方式上，日本只在1979年度采取了每年决定援助金额的“单年度决定方式”，此后三次的日元贷款都采用每次决定未来5～6年对华援助额度的“多年度决定方式”，结合中国的5年计划来实施。具体过程是，中日双方先就贷款项目和贷款金额达成一个一致框架，然后再根据项目的实际需要和日本的财政情况，分年度安排项目和金额。第一批日元贷款从1979年开始，贷款协议金额为3 309亿日元，共安排了6个项目；第二批日元贷款在1984年至1989年实施，共安排了16个项目，贷款协议金额为5 400亿日元；第三批日元贷款在1990年至1995年实施，共安排42个项目，贷款协议金额为8 100亿日元；第四批日元贷款“多年度一揽子决定方式”改为“3+2方式”，分别是1996年至1998年5 800亿日元和1999年至2000年3 900亿元，总计达9 700亿日元，共安排79个项目。

从2000年至2007年，日本对中国的援助金额大幅减少，在2000年达到历史最高值2 143.99亿日元后，自2001年开始持续大幅减少。2007年度的对华日元贷款仅为463.02亿日元，是自日本开始对华提供日元贷款以来最少的一年，比2000年减少了78.40%。

另外，2008年以后日本对华经济援助进入只余少量无偿资金援助和技术援助的所谓“后ODA时代”。由于国际形势、经济危机以及国内经济的增长速度放缓，日本对华ODA的金额有所减少。从经济上看，其对中国的经济发展并没有造成很大的影响；从中国的经济发展形势来看，中国对外来援助的需求逐渐减弱，更多的是需要出口和投资机会来发展经济；从政治上看，中日两国形成了更为平等的关系。

日元贷款的使用在一定程度上弥补了中国国内建设资金的不足，支持了中国重点项目的建设，特别是在日元贷款项目中，中西部地区的项目占了很大比重，这些项目的建成对中西部地区的经济和社会发展、促进地区间经济协调发展等发挥了有益的作用。同时，日元贷款是互利互惠的，日本是中国最大的贸易伙伴，中日经贸关系在中国整个对外经贸关系中占有十分重要的地位。20多年来，中国利用日元贷款从日本引进了大量先进设备、适用技术和管理经验，也为日本企业进入中国市场提供了条件，对中日双方都是有利的。

● 本章小结

1.国际发展援助有广义和狭义之分。

2.狭义的国际发展援助是指国际经济组织、发达国家和一些经济发展程度比较高的发展中国家政府及所属机构、民间团体以提供资金、物资、设备、技术等方式，帮助发展中国家发展经济和提高社会福利的活动。

3.国际发展援助的产生包含政治和经济两方面因素。

4.70多年来，随着世界政治经济格局发生变化，国际发展援助也经历了不同的发展阶段，对第二次世界大战后世界经济发展做出了贡献。

5.国际发展援助机构是专门从事向发展中国家提供发展援助的各类国际组织和各国政府或各地区的有关机构。

6.联合国发展系统和世界银行集团是向发展中国家提供发展援助的主要机构。联合国发展系统提供无偿技术援助，世界银行集团提供贷款。

7.国际发展援助方式可以从不同的角度划分，如从援助提供的内容来分，援助又可分为财政援助和技术援助；从援助提供的渠道来分，可分为双边援助和多边援助；从援款的使用方向来分，援助又可分为项目援助和方案援助。

8.中国开展对外经济技术援助是从20世纪50年代开始的，70多年来中国对外经济技术援助从来没有间断过，一直是中国对外工作的重要组成部分。

● 延伸阅读

1. 联合国《人类发展报告》(Human Development Report)，公布上一年度的联合国政策理论、战略重点及主要数据，可以在联合国网站免费下载。

2. 世界银行《世界发展报告》(World Development Report)，公布上一年度的世界银行政策理论、战略重点及主要数据，可以在世界银行网站免费下载。

3. 开发援助委员会网站，可查阅援助国每年提供的援助的主要数据。

● 基本概念

国际发展援助　联合国　世界银行　经合组织　官方开发援助　财政援助　技术援助　双边援助　多边援助　日元贷款

● 复习思考题

1. 什么是国际发展援助?
2. 国际发展援助的主要机构有哪些?
3. 简述国际发展援助的方式及含义。
4. 简述国际发展援助的实施程序。
5. 比较分析联合国发展系统的技术援助和世界银行集团的贷款。
6. 中国有哪些对外援助方式?
7. 请评价一下国际发展援助的作用。
8. 请评价中国在国际援助体系中的地位及发展趋势。

主要参考文献

［1］田青．国际经济一体化理论与实证研究［M］．北京：中国经济出版社，2005.

［2］李琮．经济全球化新论［M］．北京：中国社会科学出版社，2005.

［3］刘昌黎．世界经济区域化、一体化进入以双边自由贸易为主的新阶段［J］．世界经济研究，2005（4）.

［4］洛奇．全球化的管理——相互依存时代的全球化趋势［M］．胡延泓，译．上海：上海译文出版社，1998.

［5］陈湛匀．国际投资学［M］．上海：复旦大学出版社，2008.

［6］李小云，唐丽霞，武晋．国际发展援助概论［M］．北京：社会科学文献出版社，2009.

［7］陈建．国际经济合作教程［M］．3版．北京：中国人民大学出版社，2012.

［8］卢进勇，杜奇华，杨立强．国际经济合作［M］．2版．北京：北京大学出版社，2018.

［9］孙莹．国际经济合作［M］．北京：机械工业出版社，2015.

［10］蔡昉，等．劳动经济学：理论与中国现实［M］．北京：北京师范大学出版社，2017.

［11］宁光杰．劳动经济学［M］．北京：经济管理出版社，2015.

［12］匡增杰．全球区域经济一体化新趋势与中国的FTA策略选择［J］．东北亚论坛，2013（2）.

［13］王志乐．全球公司：跨国公司发展的新阶段［J］．新远见，2013（4）.

［14］黄梅波．2015年后全球发展伙伴关系的建立——基于联合国发展合作论坛的视角［J］．厦门大学国际发展论坛，2013（9）.

［15］黄梅波．联合国千年发展目标：实施与评价［J］．厦门大学国际发展论坛，2013（7）.

［16］黄梅波．中国对外援助：政策演变及未来趋势［J］．厦门大学国际发展论坛，2012（3）.

［17］贺文萍．中国对非洲：授其以鱼，更授其以渔［J］．关注，2013（5）.

［18］孔文泰．浅谈经济全球化对发展中国家的影响及对策［J］．法制与经济，2013（7）.

［19］林治洪，陈岩，秦学志．中国对外投资决定因素——基于整合资源观与制度视角的实证分析［J］．管理世界，2012（8）.

[20] 刘宏，赵晓敏. 中国对外直接投资的现状与问题研究 [J]. 国际贸易，2012 (11).

[21] 刘凤祥，王红霞. 2012年外国直接投资新动向及启示 [J]. 国际经济合作，2013 (3).

[22] 潘悦. 推进中国国际投资合作的新思考 [J]. 国际贸易，2013 (6).

[23] 高海红，刘东民. 2012—2013年国际金融形势回顾与展望 [J]. 全球化，2013 (2).

[24] 安德杰，迈克莱，迈圭尔. 信贷快速增长与国际信贷：亚洲面临的挑战 [J]. 胡妍斌，王辰，译. 新金融，2013 (9).

[25] 编辑部. 世界银行贷款支持中国建设城市清洁发展项目 [J]. 国际融资，2013 (5).

[26] 王辉. 国际劳务合作中的劳工权利保障研究 [D]. 南京：南京大学，2013.

[27] 辛灵. 国际工程承包市场新特点及前景 [J]. 国际经济合作，2019 (1).

[28] 杨正琪. 国际工程承包风险分析与防范研究 [J]. 中国设备工程，2020 (5).

[29] 张宇. 2019年度国际承包商250强榜单解读 [J]. 工程管理学报，2019 (5).

[30] 杜芸. "一带一路"背景下中国国际工程承包发展现状研究 [J]. 现代营销，2019.

[31] 王炜瀚. 国际商务 [M]. 北京：机械工业出版社，2019.

[32] 章昌裕，储祥银. 国际经济合作实务 [M]. 北京：中国商务出版社，2015.

[33] 郑明贵. 国际经济合作理论与实务 [M]. 南昌：江西高校出版社，2014.

[34] 卫华. 国际总承包工程投标报价的策略与技巧分析 [J]. 河南建材，2019 (4).

[35] 吴修国. 工程招投标与合同管理 [M]. 上海：上海交通大学出版社，2019.

[36] 彭麟，蒋叶. 工程招投标与合同管理 [M]. 武汉：华中科技大学出版社，2018.

[37] 卢进勇，杜奇华，李锋. 国际经济合作教程 [M]. 4版. 北京：首都经济贸易大学出版社，2016.

[38] 夏英祝，闵树琴. 国际经济合作 [M]. 合肥：安徽大学出版社，2015.

[39] 刘兵，龚健冲. 工程招投标与合同管理 [M]. 成都：电子科技大学出版社，2016.

[40] 梁庆. 国际工程承包合同管理需要注意的几点事项 [J]. 工程建设与设

计，2019（13）.

［41］许焕兴，赵莹华. 国际工程承包［M］. 大连：东北财经大学出版社，2016.

［42］李惠强. 国际工程承包管理［M］. 上海：复旦大学出版社，2014.

［43］孙言茂. 安哥拉某项目变更及索赔管理［J］. 城市建设理论研究（电子版），2017（7）.

［44］卢进勇，杜奇华. 国际经济合作［M］. 3版. 北京：对外经济贸易出版社，2020.

［45］赵慧娥，李锋. 国际经济合作［M］. 2版. 北京：中国人民大学出版社，2022.

［46］孙莹. 国际经济合作［M］. 2版. 北京：机械工业出版社，2022.

［47］SULLIVAN. Technology Transfer［M］. London：Cambridge University Press，1995.

［48］LOVELOCK，PATTERSON，WALKER. Marketing［M］. Sydney：Prentice Hall Australia Pty. Ltd，1998.

教学参考资料

［1］UNCTAD.World Investment Report（1991—2022）. United Nations Publication.

［2］UNCTAD.Trade and Development Report（1991—2022）. United Nations Publication.

［3］中国国家统计局 https：//www.stats.gov.cn

［4］中华人民共和国商务部 https：//www.mofcom.gov.cn

［5］中华人民共和国外交部 https：//www.fmprc.gov.cn

［6］国家国际发展合作署 http：//www.cidca.gov.cn

［7］世界银行 http：//www.worldbank.org

［8］国际货币基金组织 http：//www.imf.org

［9］联合国 https：//www.un.org

［10］经济合作与发展组织 https：//www.oecd.org